中国科学院规划教材

中 国 税 制

（第二版）

胡怡建　编著

科学出版社

北 京

内 容 简 介

本书立足于社会主义市场经济，总结税收研究新成果，反映税制改革新内容，力求以简明扼要、系统条理、具体务实的方式反映最新的税收政策、制度和管理的全貌。全书共 13 章：第一章为税制学概论，介绍有关税收基础知识和基本理论问题；第二至十二章为税收制度，分章介绍各具体税种的基本政策和制度内容；第十三章为税收管理，包括税收立法、执法和行政司法管理等内容。

本书适合作为高等院校财经类专业本科生教材，也可供相关领域的社会工作人员和研究人员参考。

图书在版编目(CIP)数据

中国税制/胡怡建编著. —2 版. —北京：科学出版社，2009
中国科学院规划教材

ISBN 978-7-03-023017-1

Ⅰ. 中… Ⅱ. 胡… Ⅲ. 税收制度-中国-教材 Ⅳ. F812.422

中国版本图书馆 CIP 数据核字(2008)第 143573 号

责任编辑：林 建/责任校对：陈玉凤
责任印制：张克忠/封面设计：耕者设计工作室

科 学 出 版 社 出版
北京东黄城根北街 16 号
邮政编码：100717
http://www.sciencep.com

新科印刷有限公司 印刷

科学出版社发行 各地新华书店经销

*
2006年8月第 一 版 开本：B5(720×1000)
2009年2月第 二 版 印张：23 3/4
2013年6月第七次印刷 字数：454 000

定价：**33.00 元**
(如有印装质量问题，我社负责调换)

前 言

　　国家为了履行其为社会提供公共品和公共服务的公共职能，要求有相应的财力基础，而税收是国家财力的主要形式和收入来源。国家征税不但关系到国家财政收入，也构成了纳税人的税收负担，影响企业和个人的经济利益。同时，国家在征税过程中，对资源配置、收入分配和经济发展也会产生重要影响。随着我国社会主义市场经济的改革和发展，现代税收体系的建立和完善，我国的税法制度也变得越来越复杂。因此，无论是从事生产经营的企业管理人员，还是制定执行经济政策法规的政府管理人员，都比以往任何时候更需要重视税收，更好地熟悉、掌握税收政策、制度和管理知识。

　　"中国税制"是一门系统反映税收政策、制度和管理内容的学科，也是我国财经类专业教学体系中的一门主要课程。自 2006 年本书第一版出版以来，为适应市场经济发展，我国税收政策制度发生了重要变化，内外资企业所得税两税合一，实行新车船税和土地使用税，提高个人所得税起征点。税收政策制度的调整需要我们对教材作出相应调整，为此，我们在修改和更新的基础上对教材作了再版。

　　因作者水平有限，加之时间仓促，书中错漏之处在所难免，恳请同行专家和读者批评、指正。

胡怡建

2009 年 1 月

目 录

第一章

税制学概论

■ 第一节　税收特征

一、税收涵义

税收在历史上也称为税、租税、赋税或捐税，它是国家为向社会提供公共品，凭借行政权力，按照法定标准，向居民和经济组织强制、无偿地征收取得的财政收入。税收这一定义可从以下几个方面进行理解：

（一）税是财政收入的一种形式

税收从字义上可理解为"税"和"税的征收"两重含义。其中税是指归国家所有或支配的特定社会产品；而税的征收是指把社会产品由私人转为国家的过程和方式。税和税的征收习惯上称为税收，特指国家财政收入形式。税收不但是财政收入形式，而且是财政收入的主要形式。在现代经济社会，国家财政收入除了税收以外，还有债、费、利等多种形式。其中，债是指国家作为债务人，以债券的形式向国内外居民或经济组织发行，有偿使用，到期必须还本付息的公共债务；费是指国家在向社会提供各种劳务和服务过程中，按受益原则所收取的服务费；利是指国家从国有企业或国有资产经营收益中获得的利润。在上述各种财政收入形式中，税收是国家财政收入的主要形式和主要来源。

（二）行使征税权的主体是国家

税收又称为国家税收，是国家为了履行其向社会提供公共品职能的需要而存在，是随着国家的产生而产生，并随着国家的消亡而消亡。因此，行使征税权的主体必然是国家，也就是税收法律由国家制定，征税活动由国家组织进行，税收收入由国家支配管理。由于政府是国家的具体形式和现实体现，因此，征税权具体由代表国家的政府行使。行使征税权的政府包括中央政府和地方各级政府。

（三）国家凭借行政权力征税

行使征税权的主体是国家，而国家一般具有社会公共品提供者和公共财产所有者双重身份。因而，国家就能同时行使行政管理权和财产所有权两种权利来取得财政收入。财产权即财产所有权，在财产归属国家所有的前提下，国家对其拥有的财产可以凭借财产所有权取得财产收益。行政权亦称为国家行政管理权，国家对其行政权力管辖范围以内的个人或经济组织，可以凭借行政权取得税收收入。国家征税是基于公共权力，在国家为整个社会提供公共品，满足社会公共需要的前提下，由国家作为公共权力的代表来行使征税。

（四）征税为社会提供公共品

国家是以履行社会公共职能为基础的行政权力机关。国家在履行其公共职能的过程中必须要有相应的人力和物力消耗，形成一定的支出。国家履行其公共职能的支出，一般具有受益的非排斥性和享用的非竞争性特点，也就是国家提供的公共品能使社会成员普遍受益，不存在一部分社会成员享用而排斥另一部分社会成员享用。因此，国家履行公共职能的公共支出一般不可能采取自愿出价的方式，而只能采取强制征税方式，由居民和经济组织来负担。也就是说，国家征税的目的是为了满足履行其提供公共品的财政需要。这具有两方面的含义：一方面说明国家征税的目的是满足国家提供公共品的财政需要；另一方面也反映了国家征税要受到提供公共品目的制约。国家税收必须用于满足提供公共品需要，非公共品需要的财政支出不宜用税收来提供，而应当采用其他方式来解决。

（五）税收须借助于法律形式进行

法律是体现国家意志，强制调整人们行为的规范。法律作为体现国家意志的行为规范，用于调整社会生活和经济生活的各个方面，其中调整经济关系是法律规范的重要作用。法律调整与其他规范调整相比较，具有体现国家意志，强制性、公正性和普遍适用性的特点，这就决定了税收必须借助于法律的形式来进行。税收是国家为实现其提供公共品职能，而向居民和经济组织征收的财政收入，税收只有通过法律的形式，才能使社会成员在纳税上得到统一。由于征税引起企业、经济组织和个人一部分利益的减少，这就必然会使国家与纳税人之间发生利益冲突。国家只有运用法律的权威性，才能把税收秩序有效建立起来，也只有通过法律形式，才能够保证及时、足额地取得税收，并使国家在税收上的意图得到贯彻执行。

二、税收特征

税收作为财政收入的一种形式，具有区别于其他财政收入形式的特点。税收特征可概括为强制性、无偿性和规范性。

（一）税收的强制性

税收的强制性是指政府凭借行政权力，以法律形式来确定政府作为征税人和社会成员作为纳税人之间的权利和义务关系。这种权利和义务关系表现在：首先，政府作为征税人具有向社会成员征税的权利，并同时承担向社会成员有效提供公共品和公共服务的义务；而社会成员作为纳税人具有分享政府所提供的公共品和公共服务利益的权利，并同时承担向政府纳税的义务。其次，政府征税是凭借行政权强制执行，而不是凭借财产权协议解决。最后，税收征纳双方关系以法律形式来确定，对双方当事人都具有法律上的约束力。税收的强制性是税收范畴最为明显的形式特点，这是由税收作为补偿公共品或公共服务价值的这一性质所决定的。政府向社会成员提供公共品和公共服务的非排斥性特征决定了分享公共品和公共服务的消费者不可能自愿出价，而只有采取强制征税的方式，使政府向社会提供公共品和公共服务的价值得以补偿。

（二）税收的无偿性

税收的无偿性是就政府同具体纳税人而言，权利和义务关系是不对等的。政府向纳税人征税，不是以具体提供公共品和公共服务为依据。而纳税人向政府纳税，也不是以具体分享公共品和公共服务利益为前提。因此，就政府和纳税人之间具体关系而言，纳税人从消费公共品和公共服务分享利益是无偿的，而政府向纳税人征税也是无偿的。税收的无偿性也是由税收作为补偿公共品和公共服务价值的这一性质所决定的。尽管政府税收同政府提供公共品和公共服务在价值上必须是对等的，否则公共品和公共服务就无法提供。但消费者对公共品并不表示偏好，提供公共品的政府对消费者的公共品受益也无法测度，因而不能采取直接的价格形式，只能采取间接的税收形式，从而决定了税收无偿性的特点。

（三）税收的规范性

税收的规范性是指政府通过法律形式，按事先确定的标准实施征税。税收规范性表现在：首先，对什么征税，征多少税，由谁交税必须是事先明确的，而不是任意确定的。其次，税收的标准必须是统一的。最后，税收征纳关系以法律为依据，是相对稳定的。税收规范性特征既是税收补偿公共品价值的内在要求，同时也为政府提供公共品创造了条件。

■ 第二节　税收职能

税收职能是内在于税收分配过程中的功能，可以从两个方面考察：首先，税收作为政府提供公共品、满足社会公共需要的价值补偿所具有的功能。其次，税收作为政府履行职责的政策工具所具有的功能。税收的这种功能可概括为财政收入职能、资源配置职能、收入分配职能和宏观调控职能。

一、财政收入职能

税收的财政收入职能，是税收所具有的从社会成员中强制性地取得一部分收入，为政府提供公共品、满足公共需要所需物质的功能。

（一）税收收入的特点

税收收入作为财政收入的主要形式，在财政收入中占有主要地位，是与税收收入的特点相联系的。与其他财政收入相比，税收具有以下其他财政收入形式所不具备的特点：

（1）来源的广泛性。税收征收是以政府提供公共品为依据，政府提供公共品使社会成员分享利益，从而有权对所有分享公共品的社会成员征税，使税收具有广泛收入来源。

（2）形成的稳定性。税收稳定性是由多种因素决定的。首先，税收来源广泛，使不确定因素对税收影响较小。其次，税收按法定标准征收，只要有稳定的收入，就有稳定的税收。最后，税收受法律制度保护，强制征收，从而保证税收收入的实现。

（3）获得的持续性。税收由社会成员直接缴纳，但最终来源于国民收入，只要社会再生产连续不断地进行，国民经济正常运行，国民收入被源源不断地创造，从而使税收能持续地获得。同时，也由于政府取得税收后收入归政府所有，无需直接归还给纳税人，能为政府长期占有。

（二）税收收入的规模

政府的税收收入规模应该有多大，并不是政府主观意愿的结果，而是由政府提供公共品需要和政府取得收入可能两方面因素共同决定的。

1. 提供公共品的需要

税收是为政府提供公共品的需要而存在，因此，税收收入规模首先取决于政府提供公共品的财力需要。但是，由于公共品分为纯公共品和准公共品两类，而两类公共品在提供方式上又有不同的特点，因此，需要把两类公共品的提供加以区别分析。

（1）提供纯公共品的需要。纯公共品是指社会成员普遍需要，但由于非排斥性和非竞争性特点，无法由市场提供，而只能由政府提供，并且，是必须通过税收进行价值补偿的产品和劳务。因此，税收规模首先取决于政府提供纯公共品所需要的收入规模。由政府支出提供的纯公共品的项目主要有国防支出，行政管理支出（包括行政、警察、司法、消防、国际关系等）。提供纯公共品需要是政府税收收入规模的最低需要。

（2）提供准公共品的需要。准公共品是指社会成员普遍需要，但由于不完全具有非排斥性和非竞争性，因而具有公共品和私人品两者兼有的特点。可以由市场提供，也可以由政府提供，选择哪一种提供方式主要取决于效率、公平等多种因素。如果准公共品由政府提供比市场提供效率更高，或更有利于公平，必须由政府提供，那么，税收收入规模就要考虑政府提供准公共品的需要。由政府支出提供的准公共品的项目主要有社会福利（包括老年、失业、伤残、医疗、保健、住宅），教育，交通等。但准公共品不同于纯公共品必由政府提供，也可以由市场提供。

2. 取得收入的可能

税收收入规模不但取决于提供公共品的需要，也取决于取得收入的可能，而收入的可能主要由收入的来源和征收能力两方的因素共同决定。

（1）收入来源。税收收入来源于国民收入，因此，从取得收入的可能考虑，税收收入规模首先取决于国民收入规模。在一般情况下，国民经济比较发达的国家，国民收入水平较高，税收来源比较充裕，为扩大税收收入规模提供了可能。反之，在国民经济比较落后的国家，国民收入水平比较低，增加税收的余地也就比较小。因此，随着一个国家的经济发展，税收收入规模会有一个长期增长的趋势，这种增长不仅反映在税收规模绝对值的增加上，也反映在税收规模相对值的增加上。

（2）征税能力。国民经济的发展，国民收入水平的提高，为税收收入规模扩大提供了可能。但是，要使国民收入转化为税收收入，使税收收入的可能转化为税收收入的现实，还取决于政府的征税能力。一般而言，在国民经济和国民收入水平相近的情况下，税收制度比较合理，税收征管比较严密，政府征税能力比较强，税收收入规模就会相对大一些。征税能力弱，税收收入规模就会相对小一些。

（三）税收的财政收入职能

税收既要为政府提供公共品筹集足额稳定的收入来源，又应适度合理征收，有利于社会经济的发展。

1. 税收的足额稳定

（1）税收收入足额。是指税收要为政府筹集足额资金，以满足社会公共需要。税收足额是一个相对量的概念，是相对于政府支出而言。同样额度的税收相对于支出比较小的政府是足额的，而相对于支出比较大的政府却是不足的，因此，政府支出也要受财政收入的制约。政府既可以通过增加税收使税收收入由不足变为足额，也可以通过减少支出使税收收入由不足变为足额。量出为入与量入为出相结合，是税收收入足额的辩证内涵。

（2）税收收入稳定。是指税收收入要相对稳定在国民生产总值或国民收入的一定比例的合适水平上，非属特殊情况，不宜经常或急剧变动，以避免税收对经济正常秩序造成的不良冲击。税收收入的稳定又是相对于政府的合理支出需要而言的，在发生较大的经济变动或政府职能变动时，必然要求打破旧的稳定，建立新的稳定的税收收入水平。在正常情况下，税收应保持持续稳定增长。

2. 税收的适度和合理

税收收入的足额稳定，是从短期来考虑保证财政的需要，而税收收入的适度和合理，则是从长期来考虑保证财政的需要。或者说税收收入的足额稳定，主要是从财政本身来考虑税收收入问题，而税收收入的适度和合理，则主要是从财政和经济的关系来考虑税收收入问题。

（1）税收收入的适度。是指税收收入取之有度，税收征收率不能过高，要尽可能避免过度征收而伤害企业和个人的积极性，影响经济的持续、稳定发展，最终又影响税收收入增长。它要求征税应注意培养税源，不伤及税本。我国古书上说的"生财有大道，生之者众，食之者寡，为之者疾，用之者舒，则财恒足矣"，就是讲的处理聚财与生财的关系在于税收要取之有度。

（2）税收收入的合理。是指在税收收入总量适度的前提下，取之于不同经济主体的税收，要相对合理。要照顾到地区差异、行业差异、资源条件差异等因素，做到多得多征，少得少征，无得不征，使税收收入在个量上也要做到适度而符合常理，也即纳税人的负担合理。

二、资源配置职能

税收的资源配置职能是税收所具有的，通过一定的税收政策、制度，影响个人、企业经济活动，从而使社会经济资源得以重新组合、安排的功能。在市场经济条件下，应通过市场价格调节，使经济资源得到有效合理配置。否则征税不但会减少人们的可支配收入，也会影响人们对商品消费和投资的选择，资源的地区间流动。税收的资源配置影响主要体现在以下几方面：

（一）税收的消费选择影响

在消费者个人收入、消费偏好确定的条件下，不同商品的相对价格决定了个人对不同商品的选择组合。在市场所决定的个人消费确定的前提下，征税会对个人消费选择产生一定影响，但不同的税收对个人消费选择的影响不同。税收对个人消费选择的不同影响，主要在于征税产生的收入效应和替代效应两种不同的效应。税收的收入效应是指征税减少个人商品购买力，而不改变个人对商品选择的税收影响。而税收的替代效应是指征税改变不同商品的比价关系，不但减少个人商品购买力，同时改变个人对商品选择的税收影响。

假定市场存在 X 和 Y 两种可相互替代的商品，如果对个人收入征收个人所得税，只会产生减少个人可支配收入，减少对 X 和 Y 两种商品购买力影响的收入效应，而不会产生改变两种商品选择的替代效应。如果把所得税改为商品消费征税，商品消费税可分为两种情况：一种是对 X 和 Y 两种商品按同样的税率征税，也只会产生同时提高 X 和 Y 两种商品价格，减少个人 X 和 Y 两种商品购买力影响的收入效应，而不会产生改变两种商品选择的替代效应。另一种是对 X 和 Y 两种商品中的一种征税另一种免税。假定只对 X 商品征税，而 Y 商品不征税，这意味着 Y 商品的相对价格下降，纳税人会作出增加 Y 商品消费，减少 X 商品消费的替代效应。由于人们的消费选择改变，将使生产和资源由 X 商品向 Y 商品发生转移，改变市场决定的资源的生产和消费配置。

（二）税收的资源流动影响

在市场竞争条件下，以追求利润极大化为目标的企业和个人投资，在地区选择上总是流向回报率高的地区。在资本能够自由流动的情况下，地区之间投资回报的差异一方面反映了地区之间投资供求关系，地区投资回报率高说明相对于其他地区投资的需求大于投资的供给，地区投资回报率低说明相对于其他地区投资的需求小于投资的供给。地区之间投资回报的差异另一方面也对地区之间投资供求关系起着调节作用，地区投资回报率高会吸引更多投资，使该地区投资回报率相对下降；而地区投资回报率低则会较少吸引投资，而使该地区投资回报率相对上升。市场调节能使地区之间投资保持平衡。

对投资所得征税，必然会降低投资回报率，不但会对人们的消费和投资的选择产生影响，也会对人们投资的地区选择产生影响。所得税对投资的地区流动影响主要在于所得税政策。假定市场在区域上分为 X 和 Y 两个地区，如果对 X 和 Y 两个地区的投资实行统一的所得税，只会减少投资回报率，改变人们的消费和投资选择，而不会改变对 X 和 Y 投资的地区选择。如果对 X 地区投资所得不征税，而对 Y 地区投资所得征税，或 X 地区投资所得税负低于 Y 地区，不但会改变人们的消费和投资选择，也会改变对 X 和 Y 投资的地区选择。增加对税后投资回报相对较高的 X 地区投资，减少对税后投资回报相对较低的 Y 地区投资，使资源更多流向税率较低、税负较轻的 X 地区，改变市场决定的资源地区配置。

（三）税收的外部经济影响

在市场经济下，如果不存在外部经济，价格能够自动反映产品的市场供求矛盾，并自动地调节平衡产品的市场供求，使资源得到有效合理利用。因此，价格是市场经济下资源配置的基本调节方式。但是，由于存在外部经济，包括外部成本和外部收益，在外部经济影响下，企业的会计成本和收益不能真实反映企业的实际成本和收益，导致价格失真，使企业决策有可能偏离有效资源配置状态。在这种情况下，通过纠正性税收，有可能改善根据市场价格所决定的资源配置状况。

1. 税收的外部成本影响

外部成本是相对于内在成本而言，也就是在企业生产成本中没有得到反映的成本，或者说是企业成本和社会成本之间的差额。如企业污染就属于比较典型的没有计入企业成本，不需由企业负担补偿，却给社会带来损害的外部成本。在市场经济下，企业是按边际收益等于边际成本时的利润极大化来决定价格和产出的。如果存在外部成本，企业内部成本必然小于社会成本，按企业内部成本计算的产品价格必然低于按社会成本计算的产品价格，企业按内部成本计算的产出必然大于按社会成本计算的产出。这就会导致产品价格过低，产出过大。如果对于产生外部成本产品征税，以税收替代外部成本，使税后的企业成本等同于社会成本，可以使企业按社会成本来决定价格和产出，有利于改善资源配置状况。

2. 税收的外部收益影响

外部收益是相对于内在收益在而言，也就是在私人收益中没有得到反映的收益，或者说是私人收益和社会收益之间的差额。如利用三废（废水、废气、废渣）作为原材料生产的三废利用品就属于比较典型的没有计入企业收益，却给社会带来福利的外部收益。由于企业是按边际收益等于边际成本时的利润极大化来决定价格和产出，在存在外部收益的情况下，按企业内部收益计算的产品价格低于按社会收益计算的产品价格，按企业内部收益计算的产出也小于按社会收益计算的产出。这就会导致产品价格过低，产出过小。如果对产生外部收益的产品减税或给予补贴，减税或补贴相当于边际外部收益，可以使企业按社会收益计算价格和产出，有利于改善资源配置状况。

（四）税收的资源利用影响

在商品经济社会，资源由于它的稀缺性而成为商品，有它的价格。因此，对于使用矿产、土地等自然资源理应实行有偿收费，并按市场供求原则制定资源使用价格。在自然资源属于国家所有的情况下，国家对于使用国有资源的企业，可以按资源的绝对收益和级差收益实行有偿收费，也可以实行以税代费，按受益征税。对企业使用国家资源实行有偿收费或征税，不但可以增加国家财政收入，把使用资源收费或征税计入成本，也有利于企业节约使用资源，真实反映生产成本，有效进行生产决策。按资源级差收益收费或征税，也能促使企业合理利用资源和有效配置资源。

三、收入分配职能

税收的收入分配职能，是税收所具有的，影响社会成员收入再分配的功能。税收收入分配职能主要体现在调整要素分配格局和不同收入阶层的收入水平。在现代市场经济的税收制度下，对个人直接征收的所得税，对个人间接征收的消费税，对个人财富积累征收的财产税，以及具有专款专用性质的社会保险税，都会对个人收入分配产生一定的影响。

（一）所得税的个人收入分配影响

个人所得税是对个人所得课征的一种税。个人所得税征收一方面减少个人可支配收入，即减少个人收入水平；另一方面也调整个人收入结构，影响个人间收入差异。个人所得税主要是从以下几个方面对个人收入分配产生影响：

1. 税基的个人收入分配影响

个人所得税的税基是应税所得，应税所得是个人所得减去扣除项目。在计算应税所得时，一般有两种扣除方法，即标准扣除和分项扣除。标准扣除是按固定数额扣除，分项扣除是按项目扣除。在对个人所得进行标准扣除情况下，由于不同所得的个人按同样标准数额扣除，一般低收入者扣除比例高于高收入者，即使在比例税率下，也具有累进征收特点，有利于缩小高收入者和低收入者之间的收入差异。在对个人所得进行分项扣除的情况下，由于是选择项目进行扣除，因此，对个人收入分配的影响取决于扣除项目的选择。如果是选择同个人生活基本支出有关的费用项目进行扣除，有利于减少低收入者纳税，缩小高收入者和低收入者之间的收入差异。

2. 税率的个人收入分配影响

个人所得税的税率是税额与个人收入的比例，一般有比例税率和累进税率两种税率形式。在比例税率情况下，对于取得不同收入的个人，按同样比例征收，只影响个人收入水平，不改变个人收入分配结构，即高收入者和低收入者之间的收入差异。在累进税率情况下，由于税率随个人收入增加而递增，低收入者按比较低的税率计算征税，而高收入者按比较高的税率计算征税，不但影响个人收入水平，也改变个人收入分配结构，缩小高收入者和低收入者之间的收入差异。累进税率幅度越大，个人所得税的再分配功能也越强。

3. 征税方式的个人收入分配影响

个人所得税的征税方式一般有综合所得税和分类所得税两种征税方式。在分类所得税的情况下，如果对工资所得和资本所得在税收上区别对待，使工资所得税率低于资本所得税率。由于个人收入差异主要在于资本所得，区别对待的税收也能够改变个人收入分配结构，缩小高收入者和低收入者之间的收入差异。在综合所得税的情况下，由于把个人各种收入汇总，统一按综合税率计算征收，只能以税基确定和税率形式选择对个人收入分配产生影响，综合所得税本身不能体现对不同所得在税收上的区别对待。

4. 负所得税的个人收入分配影响

负所得税是在征收所得税的情况下，对于个人所得低于平衡所得，计算给予补助的方法。平衡所得是指由政府部门确定的，既不纳税，又不享受补助的收入点。负所得税的基本计算公式为：$P = tY - B$，其中，B 为基本补助金，t 为税率，Y 为个人收入，P 为补助或纳税，正数代表纳税，负数代表补助。在负所得税的情况下，由于收入低于核定水平，可以享受补助，补助额度同收入成反向运动，即在收入低于平衡所得时，收入越低，补贴越多。负所得税加强了所得税对个人收入再分配的效果。

（二）商品税的个人收入分配影响

商品税是对企业销售商品所取得的收入，或对个人购买商品所支付的金额征收的一种税。由于商品税作为间接税是可以转嫁的，因此，商品税征收既减少个人购买能力，也调整个人消费结构。商品税可分为一般商品税和选择性商品税，两种商品税对个人收入分配产生不同影响。

1. 一般商品税的个人收入分配影响

一般商品税是对商品实行普遍征收的一种商品税。假定对商品实行普遍征税，又按相同的税率征收，在商品税可以转嫁的情况下，普遍地提高了商品的销售价格，或个人购买商品的货币支付。因此，一般商品税减少个人商品购买能力，相当于减少个人收入水平，产生税收的收入效应。一般商品税对个人收入再分配效果被认为是累退的。这是因为随个人收入增加，边际消费倾向递减，收入中用于消费部分减少，在按比例对个人消费征收商品税的情况下，商品税占个人收入比重随收入增加而递减，从而扩大高收入者和低收入者之间的收入差异。一般商品税对个人收入分配的影响是基于一般商品税是可转嫁的税种，如果一般商品税不能转嫁，那么，一般商品只是对企业的收入再分配，而不是对个人的收入再分配。

2. 选择性商品税的个人收入分配影响

选择性商品税是选择部分商品征收商品税。选择性商品税对个人收入分配的影响主要取决于选择哪些商品征税。如果选择非生活必需品和奢侈品征税，那么，可以使选择性商品税对个人收入分配产生累进效果。这是因为随个人收入增加，个人收入中用于购买生活必需品的比重减少，而用于购买非生活必需品和奢侈品的比重增加。因此，选择非生活必需品和奢侈品征税，使选择性商品税占个人收入比重随个人收入增加而递增，使按比例征收的选择性商品税产生累进效果，从而缩小高收入者和低收入者之间的收入差异。如果选择生活必需品征税，那么，对个人收入分配将比一般商品税产生更强烈的累退效果。如果实行一般商品税，但按差别比例税率征收，在调整个人之间收入差异方面将同选择性商品税产生同样的收入分配效果。选择性商品税对个人收入分配的影响也是基于选择性商品税是可转嫁的税种，否则，选择性商品税也只是对企业收入分配。

（三）社会保险税的收入分配影响

社会保险税是对个人或企业所得征收，专款用于医疗保险、失业救济、退休养老等社会保障事业的税收。社会保险税对个人收入分配的影响取决于纳税人的选择，社会保险税可以选择个人或企业征税。

1. 对个人征税的收入分配影响

对个人收入征收社会保险税，直接减少个人收入水平，但对个人收入结构，即对个人之间收入差异的影响，取决于征税项目的选择。如果是以个人综合所得为课税对象，按比例征收，社会保险税对个人产生收入分配的比例效果；按累进征收，社会保险税对个人产生收入分配的累进效果。如果以个人工薪所得为课税对象，按比例征收，社会保险税对个人产生收入分配的累退效果。因为，低收入者的收入主要来自于工薪所得，而高收入者的收入主要来自于资本所得，以工薪所得为课税对象，扩大了高收入者和低收入者之间的收入差异。

2. 对企业征税的收入分配影响

对企业征收的社会保险税对个人收入分配的影响取决于社会保险税的负担归宿。如果通过提高商品价格或减少企业职工工资，由消费者或职工负担，社会保险税对个人产生收入分配的累退效果；如果由企业所有者负担，社会保险税对个人产生收入分配的累进效果。

以上社会保险税对个人收入分配影响只从收入角度考虑，而没有考虑社会保险税的支出，如果考虑社会保险税的支出主要用于低收入者，社会保险税将减少对个人收入分配的累退性，或增加对个人收入分配的累进性。

（四）财产税的收入分配影响

财产税可分为财产收益税、财产占有税和财产转移税。对财产征税一般会产生调节财产所有者和非财产所有者之间的收入再分配效果。

（1）财产收益税。是对财产出租取得收入征税，对财产收益征税会产生与所得税相近的收入分配效果，缩小财产所有者与非财产所有者之间的收入差异。

（2）财产占有税。是对财产所有或占有征税，一般是对不动产从量定额征税，如土地税、房产税。由于一般不能用财产来抵缴税款，财产占有税也会缩小财产所有者与非财产所有者之间的收入差异。

（3）财产转移税。主要是指遗产赠与税。财产转移税如果用收入缴税，会缩小财产继承或受赠者与非继承受赠者的收入差异；财产转移税如果用财产抵税，会起到减少财产集中程度的作用。

四、宏观调控职能

税收宏观调控职能是税收所具有的，通过一定的税收政策、制度，影响社会经济运行，促进社会经济稳定发展的功能。税收宏观调控职能主要为控制需求总量、调节供给结构、促进经济增长。

（一）税收的需求总量影响

总需求和总供给的平衡，是宏观经济平衡的主要内容。在总需求和总供给关系中，如果供给既定，总需求大于总供给，将会引起通货膨胀，物价上涨；总需求小于总供给，将会导致经济萎缩。因此，以稳定经济为目标的税收，在于调节社会的需求总量。社会需求总量由消费、投资和政府支出构成，税收是消费和投资的一个变量因素。对个人收入征税，将减少个人可支配收入，进而减少个人消费支出或投资支出。对个人消费支出征税，减少个人消费支出。对企业收入和支出征税，将影响企业投资支出。运用税收对需求总量的调节作用，主要是根据经济情况变化，制定相机抉择的税收政策措施来实现经济稳定。在总需求过度而引起经济膨胀时，选择增税的紧缩性税收政策，以控制需求总量；在总需求不足而引起经济萎缩时，选择减税的扩张性税收政策，以刺激需求总量。

（二）税收的供给结构影响

在总需求和总供给关系中，如果出现总需求大于总供给的总量失衡，既可以通过控制需求来取得经济平衡，也可以通过扩大供给来实现经济平衡。这是因为总需求大于总供给的经济失衡，既可能是由于总需求的过度膨胀引起（对这种由于需求过度引起的经济失衡，主要是通过控制总需求以取得经济平衡），也可能是由于总供给的不足引起（对这种由于总供给不足引起的经济失衡，主要是通过扩大总供给来实现经济平衡）。因总供给不足引起的经济失衡，往往又是由于供给结构不合理引起，当国民经济中的某些关键部门，如能源、交通、通信等部门发展滞后，就会因经济结构失衡而拖累整个经济的发展，使供给不能满足需求，在这种情况下就要通过调整供给结构来扩大供给，促进经济平衡。

税收对供给结构的调整主要是通过减税政策。因为，从供给角度分析：商品税是影响企业成本的一个重要变量因素，降低商品税有利于降低企业生产成本，扩大企业产出；企业所得税是影响企业赢利能力的一个重要变量因素，降低企业所得税有利于提高企业赢利水平，增强企业扩大再生产能力；投资税是影响企业投资规模的一个重要变量因素，降低投资税有利于扩大企业投资规模。因此，减税政策是刺激生产、增加投资、扩大供给的重要措施。当然，税收本身又是一把双刃剑，同时对需求和供给产生双重影响。控制需求同时限制了供给，刺激供给同时也会扩大需求，这就取决于需求和供给关系中的主要矛盾。在使用有效税收政策时作出是控制需求还是扩大供给。在扩大供给方面更多考虑从调整供给结构，促进关键部门，尤其是滞后于经济的瓶颈部门的供给来实现经济平衡，还是增加投入，扩大供给总量来实现经济平衡的选择。

■ 第三节　税收原则

税收原则又称税收政策原则或税制原则，是制定税收政策和设计税收制度的指导思想，也是评价税收政策好坏和鉴别税制优劣的准绳。税收原则通常以简洁明了的税收术语，来高度抽象地概括税收政策制度的决策者的思想意志，并以全面系统的原则体系，来综合反映社会对税收政策制度的多方面要求。税收原则一旦确立，就成为一定时期和一定国家据以制定、修改和贯彻执行税收法令制度的准则。现代市场经济条件下经济学家所提出的税收原则理论除了筹集资金，满足公共需要的财政原则和便利，最少征收费用的税务行政原则以外，着重强调效率、公平、稳定的税收三原则。

一、效率原则

税收的效率原则是就资源配置而言，也就是税收对经济资源配置应依据效率准则或实现效率目标。

（一）经济效率

经济效率也即资源配置效率，是指在经济资源稀缺的条件下，如何充分利用资源，使资源得到最有效合理的安排，以最少的资源投入取得最大的经济效益。

1. 经济效率定义

经济效率一般是以帕累托效率来定义。如果资源的配置和使用已经达到这样一种状态，即任何资源的重新配置已不可能使一些人的境况变好而又不使另一些人的境况变坏；或者说，社会分配已经达到这样一种状态，任何分配的改变都不可能使一些人的福利有所增加而不使其他人的福利减少，那么这种资源配置已经使社会效用达到最大，这种资源配置状态被称为资源最优配置状态或帕累托最优。实现帕累托最优需同时符合交换最优、生产最优和交换生产结合最优三个条件。其中，交换最优是指任何两个消费者，对任何两种商品进行交换时的边际消费零售价替代率相等；生产最优是指任何两个生产者，使用任何两种资源进行生产时的边际技术替代率相等；交换和生产结合最优是指同时满足交换和生产最优条件，即商品消费的边际替代率同商品生产的边际技术转换率相等。

2. 经济效率实现条件

根据帕累托效率的定义，只有同时满足交换最优、生产最优、交换和生产同时最优时，经济资源配置是最有效的。而实现帕累托效率，必须具备两个条件，即经济处于完全竞争并且不存在外部经济影响。

（1）完全竞争市场。是指不受任何阻碍和干扰的市场经济。在完全竞争市场，存在大量的买者与卖者，任何一个买者或卖者都无法以个人的力量影响商品价格；产品是同质、无差别的；各种生产资源可以完全自由流动。在完全竞争市场，由于上述条件，长期均衡能够达到边际收益等于边际成本，等于平均成本，达到帕累托最优。对生产者来说，达到利润极大化，生产成本最低，产出最大；对消费者来说，由于面对的生产平均成本最低，所以商品价格也最低；对市场来说，实现资源的最优配置，即以价格为导向，通过竞争，使资源得到最合理配置。

（2）外部经济影响。是指外在因素影响，包括外部成本影响和外部收益影响。当存在外部成本时，生产的私人成本和社会成本之间存在差额，私人成本低于社会成本的差额即外部成本。由于按边际收入等于边际成本的利润极大化决定企业产出，当存在外部成本时，按私人成本计算的产出必然大于按社会成本计算的产出。当存在外部收益时，生产的私人收益和社会收益之间也存在差额，私人收益低于社会收益之间的差额即为外部收益。同样，当存在外部收益时，按私人收益计算的产出必然小于按社会收益计算的产出。因此，无论是外部成本还是外部收益，都使企业产出偏离完全竞争市场的最优产出，无法实现资源最优配置。因此，只有在完全竞争市场，又没有外部经济影响下，才能达到资源配置最优。

同资源配置最优状态相联系的问题是资源配置效率的改进，或称为资源次优配置。如果生产资源在各部门之间的分配和使用处于这样一种状态，即当生产资源重新配置时，不使任何人受损，却使一些人受益，那么，这种资源重新配置就是一种效率的提高。或者可以进一步说，即使生产资源的重新配置使一些人受损，但却使另一些人受益，只要资源重新配置使一些人的受益大于另一些人的受损，那么，这种资源重新配置也可被看作是一种效率的提高。

（二）税收效率原则

税收效率原则就是通过税收实现效率目标，包括提高资源配置效率和减少效率损失两个方面。从效率定义可以引申出这样的结论：如果社会资源配置已经处于最优配置状态，那么任何资源的重新配置都是低效的或无效的；反之，如果资源配置还没有处于最优配置状态，那么，通过资源的重新配置有可能提高资源配置效率。从资源配置的行为主体进行分类，整个社会资源配置可分为市场配置和政府配置两类。市场配置是以企业和个人为主体，通过价格机制自发地调节生产和消费，平衡供给和需求，引导资金流量和流向。而政府配置则以政府为主体，通过税收、政府支出、公债、货币等经济手段以及计划、行政、法律等手段来引导、安排资源配置的实现。在市场经济体制下，以价格为核心的市场配置被认为是最有效的，是最基本的资源配置方法，在社会资源配置中处于基础地位。而政府配置是基于市场配置的局限和缺陷，通过对资源的重新配置来提高资源配置效率，处于再配置地位。因此，税收效率原则应该是：当以价格为核心的资源配置作为最基本的资源配置方式已经使资源处于最优配置状态时，政府税收对资源的重新配置都将干扰经济效率有效发挥，使经济变得低效或无效，在这种情况下税收应避免或减少对经济的干预，以避免或减少效率损失。反之，如果市场配置并没有使资源处于最优配置状态，那么有可能通过税收对经济资源的重新配置，提高资源配置效率，在这种情况下税收有必要积极干预经济，从而提高经济效率。

二、公平原则

税收的公平原则是就收入分配而言，也就是税收对收入再分配应依据公平准则或公平目标。

（一）公平涵义

从收入再分配方面来说，税收对收入再分配所依据的准则或所要实现的目标是公平。然而，由于对公平的不同角度的认识，形成了对公平不同的理解和衡量标准，主要有机会标准、效用标准和均等标准三种。

1. 机会标准

事实上指的是机会均等标准。按这样的标准，在市场经济中，每一个社会成员都具有同等的权利和机会来参与市场竞争，即使竞争的结果由于个人之间在智力、体力和偏好上（个人在工作和闲暇之间选择）的差异而导致分配上的差异，那么这种分配上的差异也被认为是公平的。这种机会均等标准以禀赋原则为基础，主张个人对自身努力所得的成果应具有当然的权利，而政治制度应保障个人这种合法权益。机会均等标准是以参与竞争的权利和机会是否均等为公平分配的基础。因此，只要个人参与竞争的权利和机会是均等的，不管收入分配的结果差异是如何大，都被认为是公平的。反之，参与竞争的权利和机会是不均等的，不管收入分配的结果差异如何小，也被认为是不公平的。

2. 效用标准

事实上指的是社会效用极大化标准，即公平收入分配应使社会效用极大化。由于个人总效用随个人收入增加而递增，边际效用随个人收入增加而递减，因此，个人收入水平越高，边际效用越低；而个人收入水平越低，边际效用越高。因此，如果个人之间存在收入分配差异，只要将高收入者的收入转给低收入者使用，在社会总收入不变的前提下就能增加社会总效用，从而增加社会福利，一直到社会成员的个人边际效用完全相等，社会效用达到极大化。因此，按效用标准，只有在社会成员的个人边际效用完全相等时，收入分配才是公平的，反之则可以通过收入再分配来增加社会效用，增加社会福利。

3. 均等标准

均等标准从极端意义上来讲，是指均等财富或均等收入分配，或者称为平均主义分配。因为，既然社会生活中的每个人都应有同等价值，那么，每个人都应得到同等的福利，否则，社会收入或财富分配就是不公平的。

均等标准和机会标准是两种完全不同的公平观。按机会均等标准，公平分配在于分配的前提，只要机会是均等的，即使社会收入或财富分配存在极大差异也被认定为是公平的，这种公平也可以称为公平竞争；按均等标准，公平分配在于分配的结果，只要社会收入或财富的分配结果存在差异，不管这种分配的前提条件如何，都被认定为是不公平的。

均等标准和效用标准是两种相近的公平观，分别以收入、财富和边际效用相等作为衡量公平的标准。在个人效用曲线相同的情况下，均等标准和效用标准是一致的。因为，在个人效用曲线相同的情况下，当个人边际效用相同时，社会效用极大化，个人收入也均等化；在个人效用曲线不一致的情况下，个人的边际效用相等，达到社会效用极大化，但个人收入没有均等化。极端均等标准是均等收入或财富，除此以外，非极端的和比较缓和的均等标准，并不要求收入和财富的分配绝对平均，但从人道主义角度考虑，既承认收入和财富差异，又要缩小这种差异，并保证每个社会成员生存权利，即社会成员都必须具有为生存而必需的基本收入或财富。

（二）税收公平原则

税收是在市场对个人收入分配已经决定的前提下，对个人收入进行的再分配。在市场经济下，个人收入的初次分配是按要素报酬进行。劳动取得工资，资本取得利息和股息，土地供应取得地租。个人的劳动能力、拥有资本规模大小直接决定了个人收入水平和收入结构。由市场决定的个人收入分配，从公平分配的意义上来看存在很大的局限性。这种市场分配的缺陷也不可能由市场本身解决，需要由政府主要运用税收来予以解决。从纠正市场分配的缺陷考虑，税收的公平原则应是创造平等竞争环境，按受益征税，依据能力负担，可以概括为竞争原则、受益原则和能力原则。

1. 竞争原则

税收的竞争原则是着眼于收入分配的前提条件，通过税收为市场经济的行为主体——企业和个人创造竞争环境，鼓励平等竞争。由于按公平的机会标准是创造平等竞争的机会，因此，在市场已经为行为主体提供了平等竞争的环境下，税收应不干预经济活动。对于由于市场的缺陷，而无法为行为主体提供平等竞争环境的前提下，税收应为行为主体的平等竞争创造条件。如由于企业资源条件差异、行业垄断、个人的遗产继承等原因而导致不平等竞争，形成收入和财富的差异，税收应对形成不平等竞争和收入财富差异的条件进行调节，促进平等竞争，实现平等竞争的目标。

2. 受益原则

税收的受益原则是根据市场经济所确立的等价交换原则，把个人向政府支付税收看作是分享政府提供公共品利益的价格，因此，个人税收负担应根据各人分享的公共品受益大小来确定。按受益标准，征税和受益应是对等的。对于从政府提供公共品受益多的人，应承担较多的纳税义务；反之，则应承担较少的纳税义务。受益原则的运用是假定市场所决定的收入分配是合理的，税收分配是一种资源的转移，因此需依据对等原则进行。受益原则作为政府征税的依据，作为解释税收存在原因自有它的理论意义。但是，由于公共品受益的非排斥性特点，使公共品受益边界无法确定，即无法确定谁受益、受益多少，从而无法通过竞争价格由市场提供。因此，受益标准作为一般原则无法在实践中推行。但在特定情况下，以税代费，按受益标准征税也是可行的。主要是对于部分由政府提供的准公共品，这些公共品受益边界较为清楚，消费的竞争性又较强，由于受收费效率原因而征税，谁受益、谁纳税，并按受益大小确定纳税，可以提高分配效率。

3. 能力原则

税收的能力原则是以个人纳税能力为依据行使征税。由于公平的均等标准是均等个人收入和财富的分配，或缩小个人收入和财富的分配差距，而由市场决定的个人收入和财富分配的结果必然不符合均等标准。因此，以个人收入或财富作为衡量能力标准，按个人纳税能力行使征税，使负担能力比较强的人承担较多的纳税义务，负担能力比较弱的人承担较少的纳税义务，通过税收调整个人收入和财富分配结果，实现均等收入的公平目标。能力原则包括普遍征税和能力负担两个方面。

（1）普遍征税。依据普遍征税原则，市场经济中的行为主体凡是具有纳税能力的都必须普遍征税，消除税收上的一切特权。同时，排除对不同行为主体的区别对待，以及对某些行为主体不应有的减税和免税，并制止和消除逃避纳税行为的发生，使税收普及于税收管辖权下的一切行为主体，包括自然人和法人，体现在税收法律面前人人平等的这样一种平等思想。普遍征税主要是强调税收的横向公平。

（2）能力负担。依据能力负担原则，凡是具有同等负担能力的纳税人应同等纳税，以体现税收的横向公平；凡是具有不同负担能力的纳税人应区别纳税，以体现税收的纵向公平。税收的横向公平和纵向公平都涉及负担能力的指标选择。反映个人纳税能力的指标主要有收入、支出、财富三种：

第一，以个人收入为衡量纳税能力指标。个人收入是个人货币收入的统称，包括工资、薪金、利息、股息、租金等收入。个人收入反映了个人的纳税能力，同样收入的纳税人可以被看作具有同等纳税能力，而不同收入的纳税人可以被看作具有不同纳税能力。以个人收入作为衡量个人纳税能力的指标，具有资料全面、基础广泛、易于掌握的特点。但由于具有同等能力的个人因不同偏好，如在劳动和闲暇选择偏好不同，从而具有不同收入。同样收入的纳税人因不同的个人情况，如独身和已婚、少子女和多子女、健康和疾病等差异，从而具有不同的纳税能力。因而给纳税能力的确定，也带来了技术上的困难。

第二，以个人支出为衡量纳税能力指标。个人支出是个人收入扣除个人储蓄后的余额。在净储蓄为正值的情况下，个人支出小于个人收入；在净储蓄为负值的情况下，个人支出大于个人收入。个人支出也反映了个人的纳税能力，同样支出的纳税人可以被看作具有同等纳税能力，而不同支出的纳税人可以被看作具有不同纳税能力。以个人支出作为衡量个人纳税能力的指标同以个人收入作为衡量个人纳税能力的指标比较，同样具有支出相同的纳税人因个人情况不同而给个人纳税能力的确定带来技术上的困难的问题。所不同的是以个人支出为衡量个人纳税能力指标，在基础上不如收入广泛，一般由于储蓄因素使支出小于收入；在管理上不如收入易于掌握，这是因为收入相对集中，而支出极其分散。

第三，以个人财富为衡量纳税能力指标。个人财富是个人收入的积累，有动产和不动产，有形财产和无形财产，自有财产和转移财产之分（如财产赠与、继承等）。同以收入和支出为衡量个人纳税能力指标比较，在基础上财富也不如收入广泛，在管理上财富也比收入、支出更不易掌握，特别是动产或无形资产。

从收入、支出、财富三种指标比较分析，相对而言，收入基础广泛，管理上可行，是反映个人纳税能力的最主要的指标。而支出、财富也是反映个人纳税能力的重要指标。因此，公平税收应主要以个人收入为课税基础，同时，还可以选择支出和财富为课税基础。

三、稳定原则

税收的稳定原则是就税收的宏观调控而言。也就是税收对经济发展的宏观调控应依据稳定准则，或实现稳定目标，促使经济稳定发展。

（一）经济稳定

经济稳定是政府宏观经济政策的重要目标，包括价格稳定、充分就业和经济适度增长。

1. 价格稳定

价格稳定是指价格总水平的稳定，一般以价格指数来反映价格稳定的状况。价格指数是计算期价格同基期价格的比率。当价格指数大于 1 时，说明价格总水平上升；反之，则说明价格总水平下降。价格总水平的上升一般又称为通货膨胀，而价格总水平的下降一般又称为通货紧缩。无论是通货膨胀还是通货紧缩，都是经济不稳定的表现。在现代经济中，价格的不稳定主要反映为通货膨胀，包括由于社会总需求大于商品可供量而引发的需求拉上型通货膨胀以及由于工资、原材料、资源等成本上升而引发的成本推动型通货膨胀。因此，实现价格稳定应分别就价格不稳定原因，控制需求或控制成本，消除膨胀的缺口或紧缩的缺口。

2. 充分就业

充分就业是指劳动力资源的充分利用。充分就业是与失业相对而言，并以失业率指标来反映就业状况。失业率是非自愿失业人数与劳动力人数的比率。失业率越高反映为就业水平越低；反之，则说明就业水平越高。非自愿失业按其形成原因可分为以下四类：

（1）摩擦性失业。是在劳动力流动过程中，由于辞去原来工作，寻找新的工作过程中而出现的暂时性失业。

（2）结构性失业。是在经济环境发生变化的情况下，由于经济结构性调整，使一些新的行业和职业不断形成，而一些旧的行业和职业不断淘汰，从而出现在劳动力供求总量平衡的前提下，一部分人找不到工作，而一部分工作却没有人做的情况。

（3）需求不足性失业。由于总需求和总供给共同决定国民总产出水平，而总产出水平又决定就业总水平，而当总需求不足时，国民总产出就达不到资源充分利用的国民总产出（包括劳动力资源的充分利用），就不能提供应有的就业机会，从而使失业出现。

（4）季节性失业。由于生产的季节性原因而出现的临时性失业。

在以上四种失业中，摩擦性失业和季节性失业是属于临时性的正常失业，是无法消除解决的。失业的存在使经济资源没有得到充分利用，导致投入不足，影响经济发展。因此，需要就不同的失业原因，通过就业指导、职业培训、扩大需求来达到充分就业。

3. 经济增长

经济增长是指一个国家经济实力水平的提高或增强，一般以国民生产总值或人均国民生产总值的增长率来衡量，以经济增长速度指标来反映。经济增长率 $G = \Delta Y / Y$，即国民生产总值增量对国民生产总值的比率。经济增长取决于经济能力的增强，因为经济增长取决于劳动力、资本等要素投入的增加以及主要由技术进步所决定的要素生产率的提高。在正常情况下，要素投入和技术进步共同决定了经济增长速度。由于经济增长速度决定了一个国家的经济实力和国民的经济利益，因此，经济增长速度也就成为经济发展的重要目标。但是，经济高速增长也可能引起资源浪费、结构失衡和效益下降，并且受瓶颈部门的制约而使经济大起大落，导致经济不稳定。为促使经济稳定发展，经济应保持均衡、持续、适度增长。

（二）税收稳定原则

在市场经济条件下，市场机制具有自动调节经济平衡、保持经济稳定的功能。但市场经济也有很大的局限性，在现代货币制度下，市场不能有效地自动调节经济平衡，经常由于总需求小于总供给而导致需求不足的失业，或总需求大于总供给而导致的需求拉上的通货膨胀，以及经济的过快增长或停滞增长，使经济不能保持稳定发展。市场经济缺陷导致的经济失衡不可能由市场本身解决，需要由政府运用财政政策、货币政策和就业政策等政策手段来调节总需求或总供给，促使经济稳定发展。政府的宏观经济政策能够促进经济稳定是由于政府财政收支、货币供给影响总供求。其中，税收是总供给的一个组成部分，同时，税收又直接或间接影响总需求中的消费、投资等因素。因此，在宏观经济方面，税收应同财政支出、货币等其他政策手段协调配合，依据稳定准则调节经济，实现稳定经济的宏观政策目标。

1. 调节价格稳定

价格水平是由总需求和总供给共同决定的。当总需求等于总供给时，一方面决定了均衡的国民收入水平，另一方面也决定了均衡价格水平。当均衡价格水平决定后，总需求或总供给的变化会影响价格水平的变化。

（1）需求拉上的通货膨胀。当总需求和总供给共同决定的国民收入已经达到潜在国民收入时，继续增加总需求就会使总需求大于总供给，引起价格水平上升。这种需求拉上的通货膨胀是由于总需求和总供给已经达到充分就业均衡状态，即资金、劳动力和生产能力等资源已被充分利用，在这种情况下，进一步扩大需求不能使产出增加，只能使价格上升。然而，税收是总需求构成中的重要变量因素，提高所得税税率能减少总需求，减少通货膨胀，稳定价格。

（2）成本推动的通货膨胀。由于生产投入要素（包括自然资源和劳动力资源）的价格提高使生产成本上升，在企业按边际收入和边际生产成本来决定产出和价格时，企业的生产成本上升导致了价格上升，这种由于成本上升而引起的价格上升称为成本推动的通货膨胀。然而，税收不但是总需求构成中的重要变量因素，也是成本构成中的重要变量因素。通过调整税率结构，降低对生产投入要素征税，包括降低商品征税和工资征税，能降低企业生产成本，控制成本推动的通货膨胀，稳定价格。

需求拉上和成本推动是两种不同类型的通货膨胀，或者说是两种不同成因的通货膨胀。但实际经济中两种通货膨胀的原因是相互交织、相互影响的。例如，需求拉上引起价格上升，而价格上升引起成本上升，成本上升又引起价格上升，因此，需要同时从需求和成本两方面采取措施，以实现稳定价格的目标。

2. 实现充分就业

在上述四种类型的失业中，税收对需求不足的失业能发挥一定的调节作用。国民收入水平可分为现实的国民收入水平和潜在的国民收入水平，当总需求等于总供给时，决定了国民收入水平。在总需求等于总供给时所决定的国民收入水平为现实的国民收入水平，同现实的国民收入水平相对的是潜在的国民收入水平，也就是当资源达到充分利用时的国民收入水平。现实的国民收入水平和潜在的国民收入水平可能是一致的，也可能是不一致的。当现实的国民收入水平低于潜在的国民收入水平时，由于资源没有得到充分利用，就会发生有效需求不足的失业。税收作为总需求的一个重要变量因素，税收变动会直接影响总需求的变动，并间接影响就业水平的变动。当现实国民收入水平小于潜在国民收入水平时，降低税率，减少税额有利于扩大需求，增加产出，增加就业；反之，提高税率，增加税额，就会减少产出，减少就业。如果当现实的国民收入小于潜在的国民收入，从而导致因需求不足的失业时，降低税率或减少税额，增加总支出，能使现实国民收入等同于潜在国民收入，从而实现充分就业。

3. 促进经济增长

经济增长取决于多种因素，其中比较主要的是经济的投入要素，包括劳动力供给、储蓄、投资和技术进步，这些因素共同作用于经济增长和发展过程。税收对经济增长影响是通过影响经济增长的因素，如劳动供给、储蓄、投资和技术进步而间接起作用的。

（1）税收的劳动供给影响。对劳动所得征税，会同时产生增加工作的收入效应和减少工作的替代效应，纯效应取决于劳动者个人对收入和闲暇的偏好。虽然税收会影响劳动供给的增加或减少，但劳动供给的增减是否影响经济增长，又取决于生产的技术构成所决定的劳动和资本比例。如果劳动供给已超出资本对劳动的要求，增加劳动供给并不能增加产出。只有当劳动供给低于资本对劳动的要求，劳动供给已足以影响产出时，通过税收激励增加劳动供给才对产出增长起作用。

（2）税收的储蓄影响。对个人所得征税会减少个人收入，减少储蓄报酬率，减少储蓄水平。对企业利润征收企业所得税，会减少企业税后利润，减少企业储蓄。税收一方面减少个人和企业储蓄，另一方面又增加政府储蓄，政府储蓄被看作政府税收减去政府消费支出的余额。因此，从社会储蓄角度分析，如果个人、企业边际储蓄倾向大于政府边际储蓄倾向，减税有利于增加社会储蓄；反之，如果个人、企业边际储蓄倾向小于政府储蓄倾向，征税有利于增加社会储蓄。

（3）税收的投资影响。投资既是可动用资金的函数，又是预期报酬率的函数；税收征收既减少可动用资金来源，又降低预期投资报酬率。因此，税收减少个人和企业投资。但是，税收一方面减少个人和企业投资，另一方面又增加政府投资。因此，从社会投资角度考虑，如果个人和企业边际投资倾向大于政府边际投资倾向，减税有利于增加社会投资；反之，如果个人和企业边际投资倾向小于政府边际投资倾向，征税有利于增加社会投资。虽然税收会影响投资，但投资对经济增长影响还取决于资本同劳动两种经济投入要素的协调。在生产的技术构成既定情况下，只有当社会资本小于劳动对资本的要求时，通过税收激励，扩大投资才会对经济增长产生作用。并且，也只有当政府投资效益大于个人和企业投资效益时，通过税收减少个人和企业投资，扩大政府投资才有利于经济增长。

（4）税收的技术进步的影响。技术进步既是经济发展水平的标志，又是经济发展的条件。在同样资金和劳动投入情况下，整个社会的技术水平高低决定着经济增长率的高低。因为技术进步决定资本生产率，从而决定经济增长率。由科技进步所决定的生产的技术构成也决定着资本和劳动的构成比例、产业结构以及经济结构。因此，科技进步成为经济发展的关键。技术进步虽然是科学技术问题，由科技发展所决定，但也受到科技政策的导向。如果对于新兴产业、企业技术改造、新产品开发给予税收政策优惠，对于高风险的科技产业给予特定税收政策，也会起到鼓励技术进步、促进科技发展的作用。

（三）税收稳定机制

税收对经济的稳定可分为税收自动稳定机制和税收政策抉择两种稳定方式。

1. 税收自动稳定机制

税收自动稳定机制是税收制度本身所具有的稳定经济的方式，是税收制度对经济的一种自动反应能力。根据税收的自动稳定机制，在经济增长，GNP（国民生产总值）上升时，个人收入和企业利润水平上升，税收相应增加；反之，在经济衰退，GNP 下降时，个人收入和企业利润水平下降，税收相应减少。税收对经济的这种自动反应和调节能力的大小取决于税收弹性系数大小，税收弹性系数是税收收入变化百分比同 GNP 变化百分比之比。税收收入弹性系数 $E_t =$ $(\Delta T/T) \div (\Delta Y/Y)$，其中，$\Delta T$ 是税收收入增量，T 是税收，ΔY 是 GNP 增量，Y 是 GNP。在税收弹性系数 $E_t > 1$ 时，说明在经济增长时，税收增长幅度大于 GNP 增长幅度，税收对经济稳定具有较强的自动反应和调节能力。在税收弹性系数 $E_t < 1$ 时，说明在经济增长时，税收增长幅度小于经济增长幅度，税收缺乏对经济稳定的自动调节能力。税收的自动稳定机制是在税收制度设计时，采取累进所得税的方式。累进程度越高，这种税收自动稳定机制的功能也就越大。税收自动稳定机制的主要优点是它的自动反应能力，避免了在政策抉择时所遇到的时滞因素对决策的不利影响，使作用目标准确，作用效果比较快。但税收自动稳定机制也会产生它的拖累影响，即当经济处于复苏时，一部分增加的国民收入被税收吸纳，阻碍了经济复苏，实际上在经济增长过程中成为一种紧缩的因素，从而对经济增长形成拖累。同时自动稳定机制仅仅缓解经济周期变化的变动幅度，而无法消除经济周期波动。

2. 税收政策抉择

税收政策抉择是政府根据经济形势的变化所作出的税收政策变动及其选择。相机抉择的税收稳定政策的任务，就在于消除税收自动稳定器所无法消除的经济波动。它包括两个方面，即扩张性的税收政策与紧缩性的税收政策。

（1）扩张性税收政策。在经济发生萎缩时期，政府一般要实行扩张性的税收政策。这就是减少政府税收，增加个人可支配收入，从而造成私人消费支出增加，社会总需求扩大，结果使国民生产总值上升到充分就业水平。与扩张性的支出政策不同，增加政府支出可直接扩大社会总需求，在乘数作用下可按边际消费倾向的大小以倍数形式扩大国民生产总值。而减少政府税收是通过增加个人可支配收入的途径扩大社会总需求，在某种程度上可以说是间接的，减税也可以倍数形式造成国民生产总值增加，但由于减税个人所增加收入的边际消费小于政府支出，因此，减税带动的 GDP（国民生产总值）增加小于政府支出。

（2）紧缩性税收政策。在经济发生通货膨胀时期，政府一般要执行紧缩性的税收政策。这就是增加政府税收，减少个人可支配收入，从而造成私人消费支出下降，社会总需求缩小，国民生产总值水平下降。政府在不同的经济情况下，根据宏观经济政策的调节要求，及时选择并作出开征或停征税种，提高或降低税率，扩大或缩小税基，增加或减少税收优惠，以实现经济的稳定。为了提高税收调节效果，税收的这种政策抉择需要选择弹性比较大，税基比较宽，调整速度比较快的税种。所得税和商品税作为两大税种，在经济稳定中起着重要作用，但两种税对经济稳定也有不同的调节特点。从控制需求角度分析，所得税调节相对比较有效。从影响成本角度分析，商品税调节相对比较有效。而从作用于供应角度分析，所得税和商品税各有特点，所得税对储蓄、投资结构影响比较大，而商品税对生产结构影响比较大。

（3）税收政策抉择的局限性。税收政策抉择主要优点是它的政策选择的灵活性，能根据经济情况变化和政策需要对经济作出调整。但税收政策抉择的主要局限在于时滞因素。一般来说，税收政策的时滞包括三种类型，即认识时滞、执行时滞和反应时滞。

第一，认识时滞。从某种经济行为发生到政府决策这段时间称为认识时滞，它包括发现问题、统一认识、争取行政和立法部门的支持等。

第二，执行时滞。在统一认识之后，从决策到实施，有一段过程包括立法机关的审议与通过，行政机关的安排与准备，这段过程所经历的时间称为执行时滞。例如，税收结构的改变或税率的变动，经议会的决议与各级财政机构的执行，至少需要几个月。如果遇有政治阻力或行政上缺乏效率，那么执行时滞就更长。

第三，反应时滞。即外部时滞，指从政策执行到经济效应发生的一段时间。各种政策反应的时滞不同。即使是提高所得税率这种极简单的措施，纳税人有时要花好几个月时间去调整自己的支出水平。由于政策抉择是由人来制定政策，并要经过认识问题、制定政策、执行政策、产生作用的过程，因此，经济抉择变动对经济影响效果取决于税收政策制度是否合理，时滞问题是否能得到克服。因为，在信息传递、形势判断、政策制定、政策实施任何一个环节发生偏差都会影响政策效果，甚至产生相反效果。然而，即使在上述每一个过程都没有发生偏差，也可能由于从接受信息到政策产生效果需要一个比较长的过程，会产生政策时滞，包括认识时滞、执行时滞和反应时滞，从而影响政策效果。

■ 第四节　税收要素

税收分析和研究会涉及很多问题，但需要解决的最基本问题是：对什么征税？征多少税？向谁征？这些基本的问题涉及税基、税率和纳税人三个税收基本要素。税收三要素不但回答税收的基本问题，也是税收理论分析、政策制定、制度设计的基本工具，是税收的基本范畴。

一、税基

税基课税的客观基础，主要解决对什么征税的问题，是明确征税对象、确定计税依据、划分税收类型的主要依据，也是调整政府税收收入和纳税人税收负担的重要政策工具。税基可以从广义、中义和狭义不同角度分析。

（一）广义税基

是指抽象意义上的课税基础。从宏观角度进行考察，可把整个税基归为以下几种类型：国民收入型，以国民收入为课税基础的税收统称，如各种所得税就属于这种类型；国民消费型，以居民消费支出为课税基础的税收统称，如各种商品税就属这种类型；国民财富型，以社会财富为课税基础的税收统称，如各种财产税就属这种类型。

（二）中义税基

是指具体税种的课税基础，也可称为课税对象。是从微观角度进行考察，是确定税种的主要标志，也是税收分类的主要依据。由于具体税收种类很多，不可能一一列举，现仅就最具特点的典型税种的课税基础进行介绍。一是以商品销售额为课税基础，主要有销售税、消费税、营业税、周转税等税种。二是以商品增值额为课税基础，主要有增值税。三是以企业利润为课税基础，主要有企业所得税。四是以个人收入为课税基础，主要有个人所得税。五是以工资额为课税基础。主要有工薪税或社会保险税。六是以财产价值额为课税基础。主要有财产税和财产转移税。

（三）狭义税基

是指计算税额时的课税基础，也可以称为计税依据，是计算政府税收和纳税人税收负担的最重要因素。相对于中义税基而言，狭义税基的范围和规模都比较小。因为在现代税制中，由于计税时的各种扣除，使计税依据仅为课税对象中的应税部分。例如，商品税是以商品销售收入为课税对象，但很多国家实行选择性商品税，仅对部分商品的销售收入征税。又如，个人所得税是以个人收入为课税对象，但计税依据是应税所得，允许有多种项目的税前扣除，仅对部分个人所得征税。再如，企业所得税是以企业利润为课税对象，也允许有多种项目的税前扣除，从而使部分利润免予征税。计税依据必须按税法规定予以计算。我们平时习惯上讲的税基就是指狭义税基，扩大税基是指扩大课税对象中的征税部分，而税基侵蚀则是指课税对象中的征税部分缩小。

二、税率

税率是税额与税基的比率，用公式表示：税率＝税额/税基。税率主要是解决征多少税的问题。税率也是影响并决定政府税收和纳税人税负的最重要因素。作为税收基本要素的税率可以从税率形式和税率分析方法两方面同时考察。

（一）税率形式

税率按它的形式特征可以分为累进税率，比例税率和定额税率三种。这是最基本的税率分类方法，在制定税法，计算税额等实际工作中被广泛使用。

1. 累进税率

如果在税率公式中，随着税基的扩大，税率也相应上升，我们把这种税率形式称为累进税率。累进税率在设计时一般把税基按从小到大的顺序分为若干等级，并相应地把税率按从低到高的顺序排列，根据税基和税率来确定、计算税额。累进税率又可进一步分为全额累进税率和超额累进税率。

（1）全额累进税率。把税基全部数额作为计税依据，按最高边际税率计算税额的一种税率形式和税额计算方法。

（2）超额累进税率。把税基全部数额作为计税依据，并分别按税基各等级所适用的相应税率计算税额的一种税率形式和税额计算方法。

2. 比例税率

如果在税率公式中，随着税基的扩大，税率保持常数不变，或税收与收基的比率保持不变，我们把这种税率形式称为比例税率。比例税率又可以进一步分为单一比例税率和差别比例税率。

（1）单一比例税率。是指同一种税只设置一个比例税率，所有纳税人按同一税率计算纳税。

（2）差别比例税率。是指同一种税设置两个或两个以上的比例税率，不同纳税人要根据不同情况分别按不同税率计算纳税。差别比例税率可以按产品、行业或地区设计。

3. 定额税率

按课税对象的实物量计算税额的一种税率形式和税额计算方法。实物量指标可以按不同对象特点选择吨、千克、箱、包、度等计量单位。

（二）税率分析方法

累进税率、比例税率和定额税率三种基本税率形式是税制设计，税额计算、缴纳的基本工具，在税收管理的实际工作中被广泛使用。然而，从理论研究和实证分析要求来看，仅使用累进税率、比例税率和定额税率是不够的。作为分析工具，累进税率和累退税率、边际税率和平均税率、名义税率和实际税率被更广泛地使用。

1. 累进税率和累退税率

累进税率和累退税率是分析税率调节效果的工具。在税率计算公式中，如果随税基扩大、税率相应上升，这种税率形式可称为累进税率；反之，如果随税基扩大，税率下降，这种税率形式可称为累退税率。虽然，从现行税收制度中还难以找到使用累退税率的情况，但累退税率作为一种分析方法已被广泛使用。因为，一些使用比例税率或定额税率的税种，可能具有累退特点。例如，消费税一般使用比例税率，但由于随个人收入增加，个人消费支出占个人收入比例下降，税收占个人收入比例也下降。因此，也可以把它看作是累退的。累进税率和累退税率作为分析工具，可以从以下几方面分析税率调节效果：从公平角度分析，累进税率由于随收入增加而税负加重，使收入高的纳税人上缴税收占收入比例高于收入低的纳税人，使税后高低收入者之间的收入差距比税前缩小。而累退税率则起到相反的效果。从效率角度分析，累退税率由于随收入增加而上缴税收占收入比例下降，对个人增加收入起到鼓励作用，而累进税率则起到相反的效果。

2. 边际税率和平均税率

边际税率和平均税率是分析税率调节效应的工具。边际税率是最后一个单位的税基所适用的税率，而平均税率是全部税额与收入之间的比率，或者称为平均负担率。边际税率和平均税率之间具有紧密的内在联系。在累进税制的情况下，平均税率随边际税率的提高而上升，但平均税率低于边际税率。在累退税制的情况下，平均税率随边际税率下降而下降，但平均税率高于边际税率。在比例税制的情况下，边际税率就是平均税率。边际税率和平均税率作为分析工具，可从以下几方面分析税率调节效应。从调节方式来看：边际税率偏重于分析税率的心理影响，因为纳税人印象最深的是边际税率，而很少关心平均税率。而平均税率偏重于分析税收负担率。从调节对象看：边际税率偏重于调节的结构分析，作为分析税收对供给影响的工具；而平均税率偏重于调节的总量分析，作为分析税收对需求影响的工具。从调节效应看：边际税率偏重于分析税收的替代效应，分析税收对人们选择决策的影响；而平均税率偏重于分析税收的收入效应，分析税收损失的弥补方式。

3. 名义税率和实际税率

名义税率和实际税率是分析税收负担的工具。名义税率即法定税率，也就是税法所规定的税率，而实际税率是税收实际负担率。名义税率和实际税率一般具有比较大的差异，差异的原因主要由于现代税制允许有大量的税前扣除，也由于通货膨胀因素。名义税率和实际税率的差异可分为两种情况：如果税收制度允许税前扣除，那么名义税率就会高于实际税率；如果实行累进税制，在通货膨胀的情况下，名义税率低于实际负担率。

三、纳税人

纳税人是享有法定权利，负有纳税义务，直接缴纳税款的单位或个人。纳税人主要解决向谁征税或由谁纳税的问题。纳税人可分为自然人和法人两类：

1. 自然人纳税人

在法律上，自然人是指基于出生而依法在民事上享有权利、承担义务的人，包括本国公民和居住在所在国的外国公民。在税收上自然人也可进一步分为自然人个人和自然人企业。自然人个人就是指个人，是一般意义上的自然人。自然人作为纳税人必须具备属本国公民或者在所在国居住或从事经济活动的外国公民的条件。自然人企业是指不具备法人资格的企业。例如，独资企业和合伙企业虽属企业，但不具备法人资格，以个人名义直接行使企业权利，并由个人承担义务，企业不独立纳税，而是由财产所有者作为自然人纳税。

2. 法人纳税人

法人是指依法成立并能以自己名义独立参与民事活动，享有民事权利和承担民事义务的社会组织。它具有以下基本特征：必须是经国家认可的组织；能够独立取得和处理财产；能够独立地承担民事上的财产义务以及能以自己的名义参加民事活动和诉讼。法人包括从事生产经营、取得利润的营利性企业，以及非营利性的公益组织。

同纳税人有联系，但又有区别的另一个范畴是负税人。从严格意义上讲，纳税人是法律上的纳税主体，而负税人是经济上的负税主体，纳税人和负税人既可以合一，也可能分离，完全取决于税负转嫁。一般认为，当存在税负转嫁的情况下，纳税人和负税人分离，而在没有税负转嫁的情况下，纳税人和负税人是合一的，即纳税人就是负税人，负税人也就是纳税人。

第五节　税制体系

一、税收分类

现代经济社会普遍实行了复合税制，也就是一个国家的税收制度由多种税组成。复合税制使税种形式多样，有利于适应现代经济的复杂情况和多重政策目标要求，但同时也使得税收制度变得十分复杂。因此，无论从理论分析还是实际操作，都要求把复杂的税种按一定的标志进行归类，以便对税收进行统计、比较和分析。

（一）按税负能否转嫁为标志进行分类

以税负能否转嫁为标志可以把税收分为直接税和间接税两类。凡由纳税人自己承担税负，不发生转嫁关系的税称为直接税，例如，所得税和财产税。凡纳税人可将税负转嫁于他人，发生转嫁关系，由他人负担的税称为间接税，例如，流转税。这是西方税收学中最基本的分类方法。划分直接税和间接税的意义主要在于帮助分析税收负担及其税负运动。

（二）按课税对象性质进行税收分类

按课税对象的性质可以把税收分为流转税、所得税、财产税、资源税和行为税等五类。其中，流转税是以商品流转额和非商品流转额为课税对象的税收统称。所得税是以收益所得额为课税对象的税收统称，包括对个人收益所得征收的个人所得税和对企业收益所得征收的企业所得税。财产税是以财产价值为课税对象的税收统称。资源税是以资源绝对收益和级差收益为课税对象的税收统称。行为税是以特定行为为课税对象的税收统称。按课税对象性质特点分类主要意义在于帮助分析不同税种的性质和经济作用，并为合理设计税制提供前提条件。

（三）按税收管辖和支配权进行税收分类

按税收管辖和支配权可以把税收分为中央税、地方税、中央和地方共享税三种类型。其中：中央税收入归为中央，由中央立法，并由代表中央的国家税务局进行税收征收和管理；地方税收入归为地方，由中央或地方立法，并由代表地方的地方税务局进行税收征收和管理；中央税和地方共享税收入在中央和地方之间按一定标准分享，由中央立法，并由代表中央的国家税务局进行税收征收和管理。按税收管辖和支配权进行分类主要意义在于帮助分析中央和地方收入来源和责权关系。

（四）其他税收分类方法

除了上述税收分类方法以外，还有一些其他的分类方法。一是以税收收入形态采取实物还是货币为依据分为实物税和货币税。实物税采取实物形态，货币税采取货币形态。二是根据立法者预期税法生效期限长短为依据分为经常税和临时税。凡能长期持续生效的为经常税；反之，则为临时税。三是按计税依据采用价值量还是实物量为依据分为从价税和从量税。按价值量计算的为从价税；反之，则为从量税。四是以税率形式特点为依据分为比例税、累进税、定额税。分别是按比例税率、累进税率还是定额税率计算征税。五是以是否考虑纳税人的纳税情况和纳税能力为依据分为对人税和对物税。凡考虑纳税人的纳税能力情况的为对人税；反之，则为对物税。

二、税制结构

税制结构是指实行复合税制的国家，在按一定标志进行税收分类的基础上所形成的税收分布格局及其相互关系。由主体税特征所决定的税制结构大体可归纳为以下三种类型：

（一）以流转税为主体的税制结构

以流转税为主体的税制结构模式，是指在整个税制体系中，以流转税作为主体税，占最大比重，并起到主导作用。根据资料统计，绝大多数发展中国家，少数经济发达国家实行这种税制结构模式。作为大多数发展中国家以流转税为主体与发展中国家的社会经济发展状况的特点相适应。譬如流转税多采用统一税率，对商品和劳务的流转额课征，征管简单方便，且不受成本变动的影响，能够保证财政收入的稳定可靠和及时，这在发展中国家税源相对匮乏的条件下是极其重要的。以流转税为主体的税制结构模式就其内部主体税特征而言，还可以进一步分为以下两种类型：

（1）以一般商品税为主体。一般商品税是对全部商品和劳务，在产制、批发、零售及劳务服务等各个环节实行普遍征税。一般商品税具有普遍征收、收入稳定、调节中性的特点。一般流转税在课税对象确定上，既可以对收入全额征税，也可以对增值额征税。前者称为周转税，虽征收简便易行，但重复课税，不利于专业化协作；后者称为增值税，可避免重复征税，但对核算有较高要求。

（2）以选择性商品税为主体。选择性商品税是对部分商品和劳务，在产制、批发、零售及劳务的某些环节选择性征税。选择性商品税具有个别征收、收入较少、特定调节的特点。选择性商品税既可以选择在产制环节，也可以选择在零售环节征税。

（二）以所得税为主体的税制结构

以所得税为主体的税制结构模式，是指在整个税制体系中，以所得税作为主体税，占最大比重，并起主导作用。根据资料统计，绝大多数经济发达国家，少数发展中国家实行这种税制结构模式。经济发达国家之所以选择建立以所得税为主体的税制结构模式，主要是因为所得税与现代市场经济关系密切。所得税以纳税人的所得为课税对象，税收收入能准确反映国民收入的增减变化，同时能灵活调节纳税人的实际收入，对消费、储蓄和投资等行为能产生迅速而强有力的影响和制约作用。以所得税为主体的税制结构模式就其内部主体税特征而言，还可以进一步分为以下三种类型：

（1）以个人所得税为主体。也就是把对个人收益所得课征的所得税作为主体税。以个人所得税为主体税一般是在经济比较发达国家，个人收入水平较高，收入差异较大，需要运用个人所得税来稳定财政收入，促进个人收入的公平分配。

（2）以企业所得税为主体。也就是把对企业课征的企业所得税或法人所得税作为主体税。在经济比较发达，又实行公有制经济的国家，在由间接税制向直接税制转换的过程中，有可能选择以企业所得税而不是个人所得税为主体税。

（3）以社会保险税为主体。也就是把对个人和企业共同征收的社会保险税作为主体税。在一些福利经济国家，为实现社会福利经济政策，税制结构已经由个人所得税为主体转向社会保险税为主体。

（三）流转税和所得税双主体的税制结构

双主体税制结构模式，是指在整个税制体系中，流转税和所得税占有相近的比重，在财政收入和调节经济方面共同起着主导作用。选择流转税和所得税并重的税制结构模式，既能确保财政收入的稳定可靠，又能使税收的刚性与弹性相结合，充分发挥税收的宏观调控作用。一般来说，在由流转税为主体向所得税为主体的转换过程中，或者在由所得税为主体向发展增值税、扩大流转税的过程中，都会形成双主体的税制结构模式。双主体的税制结构模式虽然是一种现实的税制结构模式，但从发展角度分析，只是一种转换时期的过渡模式，将被流转税为主体的税制结构模式，或所得税为主体的税制结构模式所替代。

三、税制体系

我国现行税制体系是在 1994 年分税制改革基础上所建立起来的复合税制体系。主要是从课税对象性质和税收管辖支配权特征进行分类。

（一）按课税对象特征分类

我国现行税制，按课税对象性质分为流转税、所得税、资源税、财产税和行为税五类。

（1）流转税：是以商品流转额和非商品流转额为课税对象的税收统称，我国现行流转税包括增值税、营业税、消费税、关税等税种。

（2）所得税：是以收益所得额为课税对象的税收统称，我国现行所得税包括企业所得税、外商投资企业和外国企业所得税、个人所得税等税种。

（3）资源税：是以资源绝对收益和级差收益为课税对象的税收统称，我国现行资源税包括资源税、土地使用税、耕地占用税等税种。

（4）财产税：是以财产价值为课税对象的税收统称，我国现行财产税包括房产税、契税等税种。

（5）行为税：是以特定行为为课税对象的税收统称，我国现行行为税包括土地增值税、印花税、车船使用税、车辆购置税、城市维护建设税等税种。

（二）按管辖和支配权分类

我国现行税制，按税收管辖和支配权把税收划分为中央税、地方税、中央和地方共享税三类。

（1）中央税。属于中央税的税种主要有消费税、车辆购置税、关税、船舶吨税和海关代征的增值税。

（2）地方税。属于地方税的税种主要有城镇土地使用税、房产税、城市房地产税、耕地占用税、土地增值税、车船使用税、车船使用牌照税、契税、屠宰税、筵席税。

（3）中央和地方共享税。属于中央和地方共享税的税种主要有：①增值税（不包括海关代征的部分）：中央政府分享 75％，地方政府分享 25％；②营业税：铁道部、各银行总行、各保险总公司集中缴纳的部分归中央政府，其余部分归地方政府；③企业所得税：铁路运输、国家邮政、中国工商银行、中国农业银行、中国银行、中国建设银行、国家开发银行、中国农业发展银行、中国进出口银行和海洋石油、天然气企业缴纳的部分归中央政府，其余部分中央政府和地方政府各自分享。2003 年起，中央政府分享 60％，地方政府分享 40％；④外商投资企业和外国企业所得税：中央政府和地方政府各自分享，2003 年起，中央政府分享 60％，地方政府分享 40％；⑤个人所得税，中央政府和地方政府各自分享，2003 年起，中央政府分享 60％，地方政府分享 40％；⑥资源税：海洋石油企业缴纳的部分归中央政府，其余部分归地方政府；⑦城市维护建设税：铁道部、各银行总行、各保险总公司集中缴纳的部分归中央政府，其余部分归地方政府；⑧印花税：股票交易印花税收入的 97％归中央政府，其余的 3％和其他印花税收入归地方政府。

➢思考题

1. 税收有哪些形式和特征？
2. 税收有哪些主要职能？
3. 税收如何影响消费选择？
4. 税收如何影响资源在地区间流动？
5. 如何运用税收纠正外部经济？
6. 所得税对个人收入分配有哪些主要影响？
7. 社会保险税对个人收入分配有哪些主要影响？
8. 如何运用税收控制需求总量？

9. 如何运用税收调节供给结构?

10. 如何运用税收提高资源配置效率?

11. 反映个人纳税能力的指标主要有哪些?

12. 如何运用税收调节价格稳定?

13. 如何运用税收实现充分就业?

14. 税收为什么具有自动稳定机制?

15. 税收政策抉择的主要内容是什么?

16. 税收政策抉择主要有哪些局限?

17. 按税负能否转嫁为标志税收如何进行分类?

18. 按课税对象性质税收如何进行分类?

第二章

流转税

■ 第一节　流转税概论

一、流转税性质

流转税是以流转额为课税对象而设计征收的税种统称，流转额包括商品流转额和非商品流转额。其中，商品流转额是指在商品生产和经营活动中，由于销售或购进商品而发生的货币金额，即商品销售收入或购进商品支付金额；非商品流转额是指从事非商品生产经营的劳务而发生的货币金额，即提供劳务取得的营业服务收入额或取得劳务支付的货币金额。从消费角度看，流转税是对个人和企业消费的商品和劳务课税，因此，也可以称为消费税。从经营角度看，流转税是对企业销售商品和提供劳务的经营收入征税，因此，也可以称为营业税。从消费和经营角度同时看，流转税课征的商品范围包括商品和劳务，其中，商品又可以进一步分为资本品和消费商品，流转税的商品征税主要是对消费商品交易征税，对以财产形式出现的资本品，如土地、房产、权益交易转让也往往纳入商品课税的商品范围，因此，也可以称为交易税。流转税的名称和表现形式尽管很多，但在本质上都是对商品流转额和非商品流转额征税，属流转税的范畴。

二、流转税特点

流转税作为整个税收体系中的重要组成部分，具有不同于其他大类税收的特点，可归纳为以下几个方面：

1. 税收负担的间接性

税收负担可分为直接负担和间接负担，直接负担是指纳税人因纳税面承受的福利牺牲，而间接负担是指负担人因税负转嫁而间接承受的税收负担。流转税一般由企业作为纳税人履行纳税义务，但在市场价格的情况下，纳税人缴纳的流转税能够随商品价格运动转嫁由消费者负担，因而，企业是纳税人，而消费者是负担人，承担部分或全部税收。由于消费者所承担的税负并不是由消费者纳税而引起，而是由于税负转嫁运动而引起，因而消费者所承担的税负是间接的，这种消费者间接承担的流转税也可以称为间接税。

2. 税收分配的累退性

税收征收可分为累进、比例和累退三种方式。累进征收应使税负随个人收入增加，负担能力增强而提高；比例征收应使税负与个人收入始终保持等比例关系；而累退性征收应使税负随个人收入增加，负担能力增强而降低。流转税在名义上一般按比例征收，而消费者负担却具有累退特点。这是因为随个人收入增加，个人边际消费倾向下降，个人储蓄倾向提高。这意味着随个人收入增加，个人消费支出占收入比例下降，如果按消费支出比例征税，那么流转税占个人收入比例必然下降，从而使流转税比例征收具有累退特点，不符合公平税收原则要求。

3. 税收征收的隐蔽性

流转税的纳税人可分为生产经营的厂商和消费者个人，在现行流转税中，除个人消费支出以消费者个人为纳税人，一般均以生产经营厂商为纳税人，但通过商品价格运动转嫁给消费者负担。由于消费者负担的税收并不是由个人直接缴纳，而是在消费商品支付价格时间接负担，因而没有强烈的纳税意识和负税感觉。特别是流转税采取价内税方式下，流转税并不是依附于价格之外，而是内含于价格之中，消费者在消费时只支付价格，并不支付税收，在不知不觉中承担税负。流转税在征收上的隐蔽性使推行流转税比推行所得税的阻力减少。

4. 税收管理的便利性

流转税主要是对生产经营厂商征税，相对于个人征税而言，由于厂商规模较大，税源比较集中，纳税户减少，征收管理就比较方便。同时，流转税对商品销售和提供劳务征税，征税的主要依据是商品销售额，相对于所得税而言，较少需要或不需要核算成本、费用、利润，以及考虑通货膨胀因素，在核算和管理上比较简单。因此，在经济相对落后，管理基础相对薄弱的国家或地区就比较重视流转税，也比较容易推行流转税。

5. 税收收入的稳定性

流转税是以商品流转额和非商品流转额为课税对象，因此，只要有商品销售和劳务服务并取得收入，就可以按确定的税率征收。由于流转税不受或较少受生产经营成本、费用和利润的直接影响，因此，收入相对稳定。同时，在现代商品经济社会，社会产品主要以商品形式出现，意味着流转税能够就生产经营厂商和个人、商品流转额和非商品流转额、生产和流通的各个环节普遍征税，从而使流转税有可能形成覆盖面宽而广泛、税源大而普遍、收入稳定的特点。

■ 第二节　流转税设计

流转税是对商品流转额和非商品流转额而征收的大类税收统称，由许多具体形式的税种组成，这些税种尽管具体形式不同，但在税制设计或制定中都遇到课税对象、征税范围、计税依据、纳税环节、税率结构等基本要素及其对这些要素作出选择。

一、流转税课税对象

流转税的课税对象为商品流转额和非商品流转额，具体可分为总值型和增值型两种类型。

1. 总值型

总值型的流转税课税对象为从事商品生产经营的商品销售收入总额，或从事劳务服务的营业收入总额。以商品销售收入总额或营业服务收入总额为课税对象，相对于以增值额为课税对象而言，税基增大，由于不涉及扣除额的核算，使计税核算和征管难度降低。但在多环节征税的情况下，会引起重复征税、重叠征税，不利于产品间和企业间税负平衡。

2. 增值型

增值型的流转税课税对象为：从事商品生产经营或劳务服务的增值额。增值额是企业从事生产经营活动新创价值额，或者税是企业商品销售或营业服务收入额扣除同企业商品销售或营业服务有关的物质消耗后新增价值额。以增值额为课税对象相对于以收入总额为课税对象而言，税基缩小，计税核算和征管难度增大。但在多环节征税情况下可减少或消除重复征税、重叠征税、产品间或企业间税负不平衡的问题，合理税收负担，稳定税收收入。

二、流转税征收范围

流转税以商品流转额和非商品流转额为课税对象征税，但并不意味着对全部商品和劳务征税，在课税对象的征收范围上可以有宽狭不同的选择。以商品征收为例，现行流转税的征收范围可归纳为以下三种类型：

1. 对商品普通征税

商品可分为消费品和资本品，对商品普通征税意味着流转税的征税范围既包括消费品，也包括资本品。在其他条件不变的情况下，实行对商品普遍征税，可以扩大流转税税基，平衡消费品和资本品的税负，有利于增加流转税收入，减少流转税对消费品和资本品产销选择的干预。但同时也不利于对资本品产销的税收激励和投资的税收激励。

2. 只对消费品征税

只对消费品征税也就意味着对资本品不予征税。对资本品不予征税出于多种可能的原因：

（1）计划价格下的价值转移。如果实行计划价格，国家在制定价格时把生产资料价格定得低，而消费品价格定得高，使生产资料的价值部分地转移到了消费品价值中。同这种价值转移制度相适应，对生产资料不予征税，只对消费品征税，可以缩小征税范围，平衡两类商品的利润，简化征税过程。

（2）市场价格下的税收激励。由于流转税既影响消费者价格，又影响生产者利润，因而对产销两方面产生影响。只对消费品征税，而对资本品不予征税，这种对消费品和资本品区别对待的税收政策，有利于从税收上激励资本品的生产和消费，同时也对投资产生激励效果。

3. 选择少数消费品征税

选择少数消费品征税也就意味着对资本品和大部分消费品不予征税，从而使税基缩小，流转税收减少。这主要出于以下两方面的考虑：

（1）减少流转税对生产流通过程的不利干预。由于流转税通过直接影响商品价格从而间接影响商品生产和消费，在市场价格能够有效发挥作用前提下，缩小流转税课征范围，减少对商品征税，可以减少流转税对商品生产流通过程的不利干预，更有效地发挥市场对资源配置作用。

（2）发挥税收对资源配置调节作用。由于市场经济的局限性，在市场价格不能有效发挥作用的领域或范围内，例如，对于烟酒等少数高利率商品、产生外部成本商品，需要以税替代价格或收费的商品，通过税收有可能提高资源配置效率。因此，即使政府把收入重点转移到收益所得征税，仍有必要保留对少数消费品征税，发挥税收对资源配置调节作用，有利于提高经济效率。

三、流转税计税依据

流转税的计税依据有从价计税和从量计税之分。对于从价计征的还有含税价格计税和不含税价格计税之别。

1. 从价计税和从量计税

从价计税是以计税金额为计税依据来计算应纳税额，计税金额是计税价格乘上计税数量。从价计税由于以商品价格或劳务价格为依据，因此，商品价格变化会影响计税金额变化，从而影响税额变化，同种商品由于价格不同而税额不同。

从量计税是以计税数量为计税依据来计算应纳税额，计税数量包括计税重量、容积、体积。从量计税由于以商品数量为依据，因此，商品价格变化不影响税额变化，同种商品也不会因价格差异而引起税额差异。

2. 含税价格和不含税价格

从价计税的计税价格可分为含税价格和不含税价格两类。

（1）含税价格。含税价格是包含税金在内的计税价格，价格由成本、利润和税金组成，税金内含于价格之中，一旦商品销售实现，就可取得内含商品价格中的税款。一般在实行价内税的情况下，商品交易价格即为含税价格，如果商品价格为不含税价格，就要按组成计税价格计算含税价格。组成计税价格计算公式为：组成计税价格＝不含税价格/（1－税率）或（成本＋利润）/（1－税率）。

（2）不含税价格。不含税价格是不包含税金的计税价格，价格由成本、利润组成，税金依附于价格之外。一般在实行价外税的情况下，交易价格即为不含税价格，如果商品价格为含税价格，也要按完税价格计算计税价格。不含税价格计算公式为：不含税价格＝含税价格/（1＋税率）。

四、流转税纳税环节

流转税主要是对商品流转额征税，而商品流转一般要经过原材料采购、生产制造、商业批发、商业零售等多道流转环节，在同一流转环节也会经过多次流转过程。因此，流转税制设计涉及纳税环节的选择。

1. 多环节普遍征税

在生产流通每一环节普遍征税，或者说每经过一道流转环节就征一次税，这种多环节道道征税方法有利于扩大征税面，加强流转税对生产流通过程的调节，减少税收流失。但多环节普遍征税会增加税收征收管理的复杂性。如果按全额征税，还会造成重复征税、重叠征税、税负不平衡问题。同时在市场价格情况下，道道加税使价格扭曲，不利于价格对经济的有效调节。

2. 单一环节征税

在生产流转诸环节中选择某些环节征税，减少纳税环节，主要可分为以下两种情况：

（1）在产制环节征税。商品从生产到消费尽管要经过多道流转环节，但各个流转环节情况不完全相同，有些流转环节必须经过，如产制环节，有些流转环节不一定经过，如批发、零售环节。因此，选择商品产品必须经过的产制环节征税，既可以保证税收收入，又可以简化征收手续。但如果按全额征税，仍然不能解决重复征税、重叠征税、税负不平衡问题。同时在产制环节征税，如果商品价值不能最终实现，也有可能引起虚假税收收入。

（2）在零售环节征税。由于在产制环节无法确定商品的属性，要对消费品征税就只能选择零售环节征税。选择零售环节征税，还可以减少税收对生产流通的干扰和因税收导致的价格扭曲，保持流转税"中性"特征。但仅在零售环节征税，使税基大为缩小，容易引起税收流失。

五、流转税税率

税率是税收制度的中心环节，直接关系到国家税收收入和纳税人税收负担。流转税税率设计主要涉及税率形式和税率幅度等问题。

1. 税率形式

流转税税率可分为定额税率和比例税率两种税率形式。税率形式同计税依据的确定方式是相联系的。凡是从量税一般适用定额税率，按商品销售的实物量计算税额。凡是从价税一般适用比例税率，按商品销售的价值量计算税额。比例税率有单一比例税率和差别比例税率之分。单一比例税率是一个税种只采用一种税率比例，主要发挥税收的收入功能。差别比例税率是一个税种采用多种税率比例，不但其有收入功能，同时也发挥税收的调节功能。差别比例税率既可按行业设计，也可按产品设计，还可按地区设计，主要取决于税收的政策目标。

2. 税率幅度

如果说税率形式和税率结构体现了税收政策。那么，税率水平就决定着税收负担。税率水平取决于多种因素，大致可归纳为以下几方面；

（1）税制结构。在税收总量既定的前提下，税负的分布结构是决定税率的基本因素。如果政策上强调税收对生产流通过程的直接干预，更多地依赖流转税取得政府收入，实行以流转税为主体的税制结构，那么也就要求提高流转税税率水平。反之，则可降低流转税税率水平。

（2）税基大小。在税制结构既定的前提下，流转税的课税对象、征收范围、纳税环节同税率水平互为消长。如果流转税的征收范围比较宽，课税对象为收入金额，实行多环节征税，由于税基比较大，那么，税率就可以定得低一些。反之，流转税的征税范围比较狭，课税对象为增值额，实行单环节征税，由于税基比较小，那么，税率就需要定得高一些。

（3）利润水平。就具体行业、产品、地区而言，流转税税率水平要根据行业或产品的平均利润率水平来确定。对于平均利润率水平比较高的行业或产品，税率相对可定得高一些。反之，对于平均利润率比较低的行业或产品，税率则需要定得低一些。在计划价格下，按行业或产品平均利润率设计税率可以平衡行业和产品收益，缓解因比价关系不合理而引起的不同行业、产品利差悬殊的矛盾。但在市场价格下，价格已不再由政府制定，由价差所决定的利差起到了反映并调节供求的作用，在这种情况下，按产品和行业平均利润设计税率就具有很大的局限性，要受到一定限制。

（4）国家政策。考虑到产业政策、行业规划和产品结构调整，国家通过流转税进行结构性调节也是必要的。根据重点行业还是一般行业，短线产品还是长线产品，是否关系到国计民生，实行高低税率，区别对待，以体现国家政策要求，这在计划经济下比较有效。

第三节 流转税类型

根据流转税的课税对象、征收范围、计税依据、纳税环节、税率形式等基本要素的不同政策选择，大致可把流转税分为周转税、销售税、增值税和消费税四种类型。

一、周转税

周转税是对从事产品生产、经营和劳务服务的企业和个人，在产制、批发、零售和劳务每一个周转环节，以商品销售收入和营业服务收入全额，按从量或从价，差别比例税率课征的流转税。

1. 周转税特点

周转税在税制设计的政策选择上具有以下特点：课税对象选择收入全额；征收范围选择全部商品和劳务；计税依据从价或从量，但主要实行从价课征；纳税环节选择产制、批发和零售多环节；税率形式选择按行业和产品设计差别税率。

2. 周转税利弊分析

（1）周转税的合理性。周转税作为流转税的一种重要形式，自然就有它存在的理由。从税收收入功能角度分析：周转税由于税基大、纳税环节多，因而能以较低的税率取得较多的流转税收入，有利于实现以流转税为主体的税制结构；周转税由于普遍征税，使征收管理比较方便，可降低税征成本，并可减少税收流失，在经济相对落后、管理基础比较差的国家和地区比较容易推行实施。从税收调节功能角度分析，由于在产制、批发、零售各个流转环节征税，使税收调节渗透到生产流通的整个过程中。从流转税调节的积极意义来看，能够弥补价格的缺陷，配合价格调节生产和消费；发挥差别税率对产品生产和消费的奖限作用，促进产业结构和产品结构的合理调整；对同一产品、同一行业按同样税率征收，有利于企业加强核算、平等竞争。

（2）周转税的局限性。周转税作为传统的流转税，曾经是最主要的流转税形式，但在实践中，由于周转税所具有的无法克服的局限性，逐渐被销售税和增值税所替代。周转税的局限性主要表现在以下三个方面：首先，多环节，按全额征税导致重复征税、重叠征税，使同种产品由于生产企业的组织形式不同而税负不同。例如，全能企业和专业化协作企业生产同种产品，由于交易环节不同使税负不同。这种税负差异不但使企业之间税负不平衡，影响企业之间的平等竞争，反过来也由于税负因素影响制约企业专业化协作发展，而诱导小而全、大而全的全能企业发展。其次，按全额、多环节征税，使税负随交易而增加，价格随税负增加而上升，从而使价格发生扭曲，影响并制约价格对经济的正常调节。特别是对市场定价商品，在价格有效发挥作用情况下，周转税将影响市场经济的有效运行。最后，纳税人也可通过减少周转环节、减少纳税，从而影响税收收入的稳定性。

二、销售税

销售税是对从事产品生产、经营的企业和个人，选择产制、批发、零售的某一环节，以产品销售收入全额、按比例税率课征的流转税。

1. 销售税类型

销售税实行单环节征税，按课税环节可把销售税分为产制销售税、批发销售税和零售销售税三类。

（1）产制销售税。产制销售税是在应税产品产制出厂环节，对产制厂商，以销售收入全额，按单一比例税率课征。选择在产制环节征税，优点是产制环节是商品周转必经环节，税源集中，可减少纳税单位数目，易于征服管理，降低征税成本。缺点是税收仍渗透到产制过程，容易导致价格扭曲，不利于发挥价格的正常调节。

（2）批发销售税。批发销售税是在应税产品批发环节，对批发商，以批发销售收入全额，按单一比例税率课征。批发销售税同产制销售税比较，使纳税环节后移，避免了税收对产制过程的干预。但由于批发环节并不是商品流转必经环节，如果制造厂商直接向零售商销售，或直接零售，就无法征收批发销售税，而只能退回到产制销售税，或进入到零售销售税。

（3）零售销售税。零售销售税是在应税产品零售环节，对零售商，以其销售收入全额，按单一比例税率课征。零售销售税同批发销售税比较。使纳税环节进一步后移，可以进一步减少税收对商品流转过程的干预，减少税收对价格的扭曲。同时，零售环节又是商品周转必经环节，也是征税不可逃避环节。但零售环节征税同产制、批发环节征税比较，纳税单位增多，征收管理比较困难，征税成本也有所提高。

2. 销售税利弊分析

销售税同周转税比较而言，它的最为明显的特点是把多环节征税改为单环节征税。尽管可以在产制、批发和零售环节选择征税，但都属于单环节征税。在保留按全额征收的情况下，把多环节征税改成单环节征税，可以避免重复征税、重叠征税，克服同一产品因企业组织形式不同而税负不同的矛盾，有利于专业化协作发展。也可减少税收对生产流转过程的干预，减少税收对价格的扭曲，有效发挥价格调节作用。但是纳税环节减少，要求相应提高税率。销售税容易引起税收流失，也会引起产品价值在生产流转过程中逐步增加实现，而税收集中在一个流转环节征收的矛盾。虽然理论上的销售税对全部商品在单一环节征税，但在具体实施时也会出现将部分商品和服务从征税范围中剔除，或对进一步用于生产的办公用具、汽车、燃料及其他装备在零售环节征税，从而出现重复征税，或不能对全部商品征税。同时，在一此国家，零售销售税往往是地方税，同一国家内一些地方征税，而另一些地方不征，或一些地方税率高，另一些地方税率低，也会导致为避税而采取跨地区购物，造成不必要的效率损失。

三、增值税

增值税是对从事产品生产、经营的企业和个人，在产制、批发、零售的每一个周转环节，以产品销售和营业服务所取得的增值额，按单一税率课征。

1. 增值税类型

增值税是按增值额课征，所谓增值额是指新增价值额，在计算时是以销售收入减去法定扣除项目。由于在理论上对增值额的理解不同，在实践中，对法定扣除项目不同，因而也就形成了生产型、收入型和消费型不同类型的增值税。三种不同类型增值税的主要区别在于对资本处理方式不同。

（1）生产型增值税。是以销售收入总额减去所购中间产品价值后的余额为课税对象计算增值税，增值额＝工资＋利息＋租金＋利润＋折旧，或者增值额＝消费＋净投资＋折旧。由于增值额相当于国民生产总值，因此，称为生产型增值税。生产型增值税由于扣除范围小，税基大，在同等税率下可以取得较多的财政收入，或以较低的税率取得同等财政收入。

（2）收入型增值税。是以销售收入总额减去所购中间产品价值与折旧额后余额为课税对象计算增值税，增值额＝工资＋利息＋租金＋利润，或者增值额＝消费＋净投资。由于增值额相当于国民收入，因此，称为收入型增值税。收入型增值税税基小于生产型增值税税基。

（3）消费型增值税。是以销售收入总额减去所购中间产品价值与固定资产投资额后的余额为课税对象计算增值税，增值额＝消费。由于增值额相当于消费，称为消费型增值税。消费型增值税税基小于收入型增值税税基。同生产型增值税比较，消费型增值税由于对固定资产允许抵扣，可以彻底避免重复征税，降低资本密集型产业的生产成本。目前，世界上大多数国家实行消费型增值税。

2. 税利弊分析

（1）增值税的合理性。增值税同周转税比较，最为典型的特点是把按全额征税改为按增值额征税。在保留按多环节征收的情况下，把按全额征税改为按增值额征税，可以避免重复征税、重叠征税，克服同一产品因企业组织形式不同而税负不同的矛盾，有利于促进专业化协作发展。由于按增值额征税，在单一税率情况下，按最终产品销售收入计算的税额等同于各流转环节计算征收的增值税，已纳税额计算比较方便，出口退税计算也比较方便，有利于促进出口贸易。在差别税率情况下，如果各环节价税分开，也便于出口退税的计算。增值税在计算扣除中间产品已纳税额时必须依据发票抵扣，使购销企业之间在纳税上相互牵制，便于税务机关查核，有利防止或减少偷漏税，稳定税收收入。增值税同销售税比较具有税收随商品价值的增加和实现而征收，从而克服销售税所具有的商品价值在商品周转过程中逐渐增加和实现，而税收在单一环节征收的缺陷。同时，增值税比销售税更具有"中性"税收的特点，减少税收对生产流通过程的干预，减少超额负担，减少效率损失。

（2）增值税的局限性。增值税也存在很大的局限性，特别是在经济比较落后、管理基础比较差的国家和地区推行实施具有一定难度。这主要是因为：相对于周转税而言，增值税仍然保留着多环节征税，纳税户数没有减少。但由于增值额的核算比较复杂，不但要求有完整的会计制度和税务征管理制度，也增加核算和管理难度，增加政府和企业的管理及税务执行成本。增值税也由于税基缩小，而名义税率提高。

四、消费税

消费税是对从事产品生产、经营的企业和个人，选择少数商品，在产制或零售环节，从价或从量，按差别税率课征。

1. 消费税特点

消费品税作为一种选择性的商品征税，同一般商品税比较既有共同点，又有不同点。例如，同销售税比较，都是对商品征税，都是选择单环节征税，但在课税范围、计税依据和税率设计上并不完全相同。消费税的课税范围比较窄，只是选择少数商品或劳务征税，而销售税的课税范围比较广，对商品实行普遍征税；消费税的计税依据为价值量和实物量，实行从价、从量两种课征方式，而销售税的计税依据为价值量，实行从价课征方式；消费税税实行差别税率，就不同商品设计不同税率，而销售税（主要是零售销售税）实行单一税率，对不同商品设计相同税率。

2. 消费税设计原则

消费税实行选择性商品、按差别率课征，在税制设计时，除了财政收入目的以外，主要依据以下几方面原则：限制消费，对烟、酒等高利润，并会给社会带来消极后果的商品进行课征利于限制消费；平衡供求，对石油进口而课征有利于平衡国内供求矛盾；公平分配，对奢侈品、贵重物品、娱乐用品等商品进行课征可以减少流转税累退性，促进所得公平分配；以税代费，对燃料、汽车、污染等课税主要从受益原则考虑，实行以税代费。消费税作为非中性税，可以起到弥补市场缺陷的作用。

五、流转税比较

上述周转税、销售税、增值税和消费税在课税对象、征税范围、纳税环节、计税依据、税率结构等税制要素选择上有不同的特点，从而形成不同类型的流转税，如表 2-1 所示。

表 2-1   流转税类型

税种	征税范围		课税对象		计税依据		纳税环节		税率结构	
	普遍	选择	全额	增值额	从价	从量	单一	多重	单一	差别
周转税	√		√		√	√		√		√
销售税	√		√		√		√		√	
增值税	√			√	√			√	√	
消费税		√	√		√		√			√

第四节   流转税模式

一、流转税模式

依据课税对象、征收范围、计税依据、纳税环节、税率形式的不同特点，可将流转税分为周转税、销售税、增值税和消费税四种类型。但是，在现行税收制度下，绝大多数国家都征收两种或两种以上类型的流转税，由于各国在流转税种组合的选择上不同，因而也就形成了不同的流转税模式。

1. 周转税模式

实行周转税模式的国家，流转税一般仅选择周转税一种类型，并通过周转税来达到政府收入和经济调节目的。周转税作为流转税的一种类型，既可以实行单一周转税，也可以实行多种周转税组合。在历史上，周转税模式曾经是流转税的最主要模式。然而，在实践中由于周转税所具有的不可克服的矛盾，逐渐被销售税和增值税所替代，特别是经济发达国家都已废弃了周转税。但在亚洲、非洲和拉丁美洲，目前仍有少数国家实行周转税。中国曾经实行的工商统一税制和工商税制是比较典型的周转税模式。

2. 销售税和消费税结合模式

替代周转税的一种可供选择的模式是销售税和消费税结合模式。实行销售税同消费税结合模式的国家，流转税一般选择销售税和消费税两种类型：销售税作为一般商品税，选择在产制、批发或零售环节对商品普遍征税，并选择单一或差别比例税率征收，主要发挥流转税的收入功能；消费税作为选择性商品税，在产制或零售环节，选择少数商品，按差别比例税率或差别定额税，从价或从量征收，主要发挥流转税的个别调节功能。实行销售税和消费税结合模式的国家，在销售税和消费税关系处理上也有两种不同处理方式：一种是选择少数商品征收消费税，其余没有征收消费税的商品征收销售税；另一种是对全部商品征收销售税，并选择少数已征收销售税的商品再征收消费税。美国是比较典型的实行销售税和消费税结合模式的国家，在零售环节就一般商品，依据零售价格，按单一税率课征销售税。同时，在产制环节选择烟、酒、石油等少数商品，按差别税率从量或从价课征消费税。

3. 增值税和消费税结合模式

替代周转税的另一种可供选择的模式是增值税和消费税结合模式。实行增值税和消费税结合模式的国家，流转税一般选择增值税和消费税两种类型。增值税作为一般商品税，在产制、批发、零售各个环节，按增值额对商品普遍征税，并选择单一或差别比例税率征收。增值税作为"中性"税收，主要发挥流转税的收入功能；消费税作为选择性商品税，在产制或零售环节，选择少数商品，按差别税率从价或从量课征。实行增值税和消费税结合模式的国家，在处理增值税和消费税关系上也有两种处理方式。一种是除少数需要特定调节的商品征收消费税外，绝大多数不征消费税的商品征收增值税；另一种是对全部商品征收增值税，在普遍征收增值税的基础上，选择少数商品征收消费税。以上两种方式在税制关系处理上不完全相同，达到的收入和调节的效果也不完全相同。增值税和消费税结合主要是因为增值税是作为"中性"税收出现的，因而无法发挥个别调节作用，需要有消费税来弥补"中性"增值税在个别调节方面的局限。如果增值税要发挥个别调节作用，必然要求设计差别税率，这就会给已经十分复杂的增值税在核算和管理上增添新的难度，从而影响增值税的实施。实行增值税和消费税结合模式对于实行增值税的国家，特别是市场经济发育还很不健全，经济比较落后的国家就显得十分必要。

二、流转税结构

在现行流转税中，除了实行周转税模式的国家以外，都同时征收两类以上的流转税：销售税和消费税或增值税和消费税。如果按课税范围分类，我们可以把周转税、销售税和增值税归为一般商品税，把消费税归为选择性商品税。从整个税制体系看，随着经济发展流转税在总税收中的比重呈下降的趋势，OECD 国家平均已由 1965 年的 38％下降为 1989 年的 30％。而在流转税内部，随着经济发展，在流转税占总税收比重呈下降趋势的情况下，一般商品税占总税收比重呈上升趋势，OECD 国家平均已由 1965 年的 12％上升为 1989 年的 17％；而选择性商品税占总税收比重呈下降趋势，OECD 国家平均已由 26％下降为 1989 年的 13％。由于一般商品税比重的上升和选择性商品税比重的下降，使一般商品税和选择性商品税的地位发生变化，一般商品税比重已由低于选择性商品税发展为超过了选择性商品税。

三、流转税模式选择

如果把一般商品税视为"中性"税收，一般商品税的征收主要实现流转税的收入功能，而把选择性商品税视为"非中性"税收，选择性商品税的征收主要实现流转税的调节功能，那么从流转税的发展变化趋势来看，也反映出流转税的收入功能得到加强，而流转税的调节功能在不断削弱的变化倾向。在现行的税制模式中，周转税由于对全部商品，按收入全额、多环节、差别税率征收，渗透到生产流通过程，对经济造成过多干预，不符合最优流转税的要求。而销售税和消费税结合模式、增值税和消费税结合模式，由于实行一般商品税和选择性商品税结合，并对一般商品税按相同和相近税率征收，而选择性商品税按差别税率征收，能够兼顾税收的效率和公平政策目标，符合最优流转税的要求。因此，在现行税制体系下，绝大多数国家选择这两类流转税模式有它的客观必然性。问题是在这两类税制模式中，哪一类模式更优，这取决于各个国家的客观条件以及除公平、效率以外的政策考虑。增值税同销售税比较，增值税实行多环节按增值额征税，有利于稳定地增加税收收入。因此，以流转税为主体的税制体系或希望从流转税中取得主要税收来源的国家，一般均实行增值税同消费税结合模式。

➤思考题

1. 流转税有哪些主要特点？
2. 总值型流转税和增值型流转税有哪些主要区别？
3. 周转税有哪些主要特点？
4. 消费税有哪些主要特点？
5. 流转税有哪些主要模式？
6. 增值税和消费税的共同点和不同点分别是什么？
7. 销售税和消费税结合模式的主要特点是什么？
8. 增值税和消费税结合模式的主要特点是什么？
9. 流转税模式有哪些主要类型？
10. 中国流转税应选择什么样的模式？

第三章

增值税

第一节　概论

一、增值税特点

增值税是以增值额为课税对象征收的一种税，当今被世界许多国家采用。对增值税的理解可从增值额入手，而增值额可以从两种角度来理解：从某一生产经营环节角度看。增值额是指某个生产经营环节在一定期间内销售商品和提供劳务所取得的销售收入大于购进商品和劳务所支付金额的差额，即该纳税人在本期新创造的价值，即产品价值 $C+V+M$ 中的 $V+M$。从某一商品生产经营过程看。增值额就是某种商品各个生产经营环节的增值额之和，即该商品实现消费时的最终销售价。增值额和销售额的关系是该产品的增值额合计数相当于零售销售额。增值税是商品税的一种形式，除具有按商品销售和提供劳务收入征税的一般商品税共性以外，又具有其自身的特殊性。从大多数已实行增值税国家的制度分析，现实中的增值税一般具有以下三个特点：

（1）以增值额为课税对象。从征税对象看，无论各国的法定增值额有多大的差别，增值税都是以增值额而不是以销售全额为课税对象。以增值额为课税对象是增值税的最基本的特点。

（2）实行普遍征税。从征税范围看，增值税依据普遍征税原则，对从事商品生产经营和劳务提供的所有单位和个人征税。虽然各国的征税范围有宽有窄，但增值税的又一基本特点是它至少不是只局限于对少数商品或劳务征税。

（3）实行多环节征税。从纳税环节看，增值税实行多环节征税，即在生产、批发、零售、劳务提供和进口等各个经营环节分别课税，而不是只在某一环节征税。

二、增值税的建立和发展

我国现行的增值税是在借鉴国外经验和教训的基础上，经过不断探索和改进而逐步形成的。早在 1979 年，国家税务总局部分城市实行增值税试点。1984年，在总结试点城市经验的基础上，国务院正式发布了《中华人民共和国增值税条例草案》，将机器机械、钢材钢坯、自行车、缝纫机、电风扇及其零配件等 12类商品纳入增值税的范围，对其他商品则征收产品税。当时对增值税实行"扣额法"和"扣税法"两种计税方法，税率从 6％～16％共 5 个档次。以后又对增值税进行了多次改革，征收范围已扩大到生产和进口环节的绝大部分产品。1994年的税制改革对增值税制进行了较为彻底的重新构造：一是将增值税的征收范围扩大到工业、商业和进口环节产品，以及加工、修理修配劳务；二是实行价外计税的办法，以不含增值税的价格为计税依据，使成本、价格和利润均不含增值税因素，能够较真实地反映企业的经营业绩；三是实行凭增值税专用发票注明的税款进行抵扣的制度，在计算本环节销售货物和提供劳务的应纳税款时，允许将购进货物和应税劳务的已纳税款予以扣除，即所谓"发票扣税法"，从而较好地解决重复征税的矛盾；四是减少税率档次，简化计税办法，由改革前 8％～45％共12 个税率档次减为 17％的基本税率和 13％的优惠税率两档，同时对不符合增值税计征条件的小规模纳税人采取按固定比例的征收率，实行简易计税办法。2004年 7 月 1 日起，东北三省实行了增值税转型试点。即在保持税率不变情况下，对装备制造业、石油化工业、冶金工业、船舶制造业、汽车制造业、农产品加工业一般纳税人购入固定资产所含进项税，允许在当年新增增值税中抵扣，不足抵扣的可在以后年度内继续抵扣。2009 年 1 月 1 日起，在全国范围内实行增值税转型改革，在税率不变的前提下，允许全国范围内（不分地区和行业）增值税一般纳税人抵扣其新购进设备所含的进项税额。同时，取消进口设备增值税免税政策和外商投资企业采购国产设备增值税退税政策，将小规模纳税人征收率统一调低至 3％，将矿产品增值税税率恢复到 17％。

三、增值税的理论优点

以增值额为课税对象的增值税之所以能够代替长期以来实行的以销售额为课税对象的周转税，为许多国家所采纳并得到广泛推行和迅速发展，其主要原因在于增值税在制度设计上比周转税更合理、更科学，在理论上具有传统的周转税所无法比拟的优点。

（1）消除重叠征税。周转税按全额实行多环节征税，因而形成重复征税或重叠征税，而且商品周转环节越多，重叠征税的矛盾也就越突出。而增值税是按增值额征税，从而消除了重复征税、重叠征税，并且不会因商品周转环节变化而影响税负的变化，因此，税收负担比较合理。

（2）促进专业化协作。周转税由于存在重复征税、重叠征税，并且因商品周转环节的变化而影响商品税负的变化。周转环节多的专业化协作企业生产的产品的税负重于周转环节少的非专业化协作企业生产的产品，从而限制了生产的专业化协作发展。而增值税不存在重复征税、重叠征税，也不因商品周转环节的变化而影响商品税负的变化，使专业化协作企业和非专业化协作企业同等纳税，从而为生产的专业化协作发展消除了税收上的障碍。

（3）稳定财政收入。周转税由于商品周转环节的变化而影响商品税负的变化，为企业通过改变协作生产、减少周转环节进行合法避税提供了可能，从而使财政收入失去了稳定性和可靠性。而增值税既不会因经济结构的变化而影响财政收入的变化，也不会因生产组织方式的变化而影响财政收入的变化，使财政收入比较稳定。

（4）激励国际贸易。周转税按全额征税，并因商品周转环节的变化而影响商品税负的变化，在商品出口时因难以核算该商品已纳税额而无法按实际已纳税额退税，因此，一般只退该商品最后一道环节税。而增值税是按增值额征税，各环节已纳增值税等同于按最终销售额计算的总体税负，因而，可以在商品出口时把各环节已纳税款全部退还给企业，使出口商品实行彻底退税，从而促进对外贸易的发展。

（5）减少税收扭曲。周转税由于按全额、多环节、差别税率征收，使税收直接渗透于生产、流转过程。在市场经济有效运行的情况下，干预市场经济的正常运行。增值税由于按增值额、多环节、相对单一税率征收，使税收保持"中性"，减少了税收对经济的干预，在市场有效运行情况下，减少税收对经济扭曲。

（6）强化税收制约。周转税只按销售额征税，各企业纳税是独立的，没有相互间的税收制约关系。而增值税是按增值额征税，采用税收抵扣的方法，即每一道生产流转环节征税取决于本生产流转环节的销售税额以及前道生产流转环节的销售税额，在实行凭发票抵扣税款的情况下，就形成了各道生产流转环节企业之间的税收制约，健全了税款核算制度。

增值税是一种新型的商品税，同传统的周转税比较，具有许多优点，但也有它的局限性。主要是征收管理比较复杂，征收成本费用比较高，需要严格完整的会计和核算制度，因而增加了推行增值税制的难度。

■ 第二节 纳税人

一、纳税人

在我国境内销售货物或提供加工、修理修配劳务以及进口货物的单位和个人为增值税的纳税义务人。增值税的纳税人具体包括国有企业、集体企业、私营企业、股份制企业、外商投资企业和外国企业、其他企业和行政单位、事业单位、社会团体、个体经营者及其他单位和个人。上述负有增值税纳税义务的单位，既包括独立核算的单位，也包括不独立核算的单位；其他个人是指携带自用物品进境的个人；企业租赁或承包给其他人经营的，承租人或承包人为纳税人。境外的单位和个人，在境内销售应税劳务而在境内未设有经营机构的，其应纳税款以其代理人为扣缴义务人；没有代理人的，以购买人为扣缴义务人。

二、纳税人认定

增值税实行凭增值税专用发票抵扣税款的制度，要求增值税纳税人会计核算健全，并能够准确核算销项税额、进项税额和应纳税额。为了严格增值税的征收管理，按照增值税纳税人的生产经营规模及财会核算健全程度，可将增值税的纳税人可分为一般纳税人和小规模纳税人两种。一般纳税人和小规模纳税人具体认定标准如下：

（1）规模标准。一般纳税人和小规模纳税人的基本划分依据是生产经营规模。凡是从事货物生产或提供应税劳务，以及以从事货物生产或提供劳务为主并兼营货物批发或零售，年应税销售额在100万元以下的纳税人，或者从事货物批发或零售，年应税销售额在180万元以下的纳税人，为小规模纳税人，反之则为一般纳税人。

（2）核算标准。如果企业规模达不到一般纳税人标准（即生产和劳务年销售额50万元，批发和零售年销售额80万元），但只要会计核算健全，能够按照会计制度和税务机关的要求准确核算销项税额、进项税额和应纳税额，并能提供准确的税务资料的，经主管税务机关批准，可以被认定为一般纳税人。从事成品油销售的加油站一律为一般纳税人。

（3）其他标准。如果规模达到一般纳税人标准，但个人、非企业性单位，不经常发生应税行为的企业，以及全部销售免税货物的企业应视同小规模纳税人按简易办法纳税。

三、纳税人管理

（一）一般纳税人的管理

1. 一般纳税人的认定管理

（1）增值税一般纳税人须向税务机关办理认定手续，以取得法定资格。一般纳税人总分支机构不在同一县（市）的，应分别向其机构所在地主管税务机关申请办理一般纳税人认定手续。

（2）申请一般纳税人应提出申请报告，并提供营业执照，有关合同、章程、协议书，银行账号证明以及税务机关要求提供的其他有关证件、资料。主管税务机关在初步审核企业的申请报告和有关资料后，发给"增值税一般纳税人申请认定表"，企业应如实填写该表（一式两份），并将填报的该表经审批后一份交基层征收机关，一份退企业留存。对于企业填报的"增值税一般纳税人申请认定表"，负责审批的县级以上税务机关应在收到之日起 30 日内审核完毕。符合一般纳税人条件的，在其税务登记证副本首页上方加盖"增值税一般纳税人"确认专章，作为领购增值税专用发票的证件。

（3）新开业的符合一般纳税人条件的企业，应在办理税务登记的同时申请办理一般纳税人认定手续。税务机关对其预计年应税销售额超过小规模企业标准的暂认定为一般纳税人；其开业后的实际年应税销售额未超过小规模纳税人标准的，应重新申请办理一般纳税人认定手续，符合一般纳税人认定条件的，可继续认定为一般纳税人；不符合一般纳税人认定条件的，取消一般纳税人资格。

（4）纳税人总分支机构实行统一核算，其总机构年应税销售额超过小规模企业标准，但分支机构是商业企业以外的其他企业，年应税销售额未超过小规模企业标准的，其分支机构可申请办理一般纳税人认定手续。在办理认定手续时，须提供总机构所在地主管税务机关批准其总机构为一般纳税人的证明（总机构申请认定表的影印件）。

（5）已开业的小规模企业，其年应税销售额超过小规模纳税人标准的，应在次年1月底以前申请办理一般纳税人认定手续。

为加强增值税一般纳税人（以下简称一般纳税人）的管理，在一般纳税人年审和临时一般纳税人转为一般纳税人过程中，对已使用增值税防伪税控系统但年应税销售额未达到规定标准的一般纳税人，如会计核算健全，且未有下列情形之一者，不取消其一般纳税人资格：一是虚开增值税专用发票或者有偷、骗、抗税行为；二是连续3个月未申报或者连续6个月纳税申报异常且无正当理由；三是按规定保管、使用增值税专用发票、税控装置，造成严重后果。

2. 一般纳税人的管理

对于被认定为增值税一般纳税人的企业，由于其可以使用增值税专用发票，并实行税款抵扣制度，因此，必须对一般纳税人加强管理，进行税务检查。按规定，一般纳税人如果违反专用发票使用规定的，税务机关应按税收征管法和发票管理办法的有关规定处罚；对会计核算不健全，不能向税务机关提供准确税务资料的，停止其抵扣进项税额，取消其专用发票使用权；对某些年销售额在一般纳税人规定标准以下的，如限期还不纠正，则取消其一般纳税人资格，按小规模纳税人的征税规定征税；纳税人在停止抵扣进项税额期间所购进货物或应税劳务的进项税额，不得结转到经批准准许抵扣进项税额时抵扣。

（二）小规模纳税人的管理

小规模纳税人虽然实行简易征税办法并一般不使用增值税专用发票，但基于增值税征收管理中一般纳税人与小规模纳税人之间客观存在的经济往来的实情，国家税务总局根据授权专门制定实施了《增值税小规模纳税人征收管理办法》，规定：

（1）基层税务机关加强对小规模生产企业财会人员的培训，帮助建立会计账簿。

（2）对没有条件设置专职会计人员的小规模企业，在纳税人自愿并配有本单位兼职会计人员的前提下，可采取以下措施，使兼职人员尽快独立工作，进行会计核算：①由税务机关帮助小规模企业从税务咨询公司、会计师事务所等聘请会计人员建账、核算。②由税务机关组织从事过财会业务，有一定工作经验，遵纪守法的离、退休会计人员，帮助小规模企业建账、核算。③在职会计人员经所在单位同意，主管税务机关批准，也可以到小规模企业兼任会计。

（3）小规模企业可以单独聘请会计人员，也可以几个企业联合聘请会计人员。

■ 第三节　征税范围

一、征税范围

在我国境内销售货物或提供加工、修理修配劳务以及进口货物都属于增值税的征税范围。

（一）销售货物

我国现行增值税对货物（包括电力、热气、气体在内的所有有形动产）销售，除免税项目以外，均应纳入增值税的征税范围。一般来说，货物的销售是指有偿转让各种有形动产的所有权，能从购买方取得货款、货物和其他经济利益的行为。然而，由于客观情况十分复杂，税法对特殊情况进一步作出了明确的界定。

1. 代购代销

代购代销货物本身的经营活动属于购销货物，在其经营过程中货物实现了有偿转让，应属增值税的征收范围。

（1）委托代购。是指受托方按照协议或委托方的要求从事商品购买。如果受托方按发票购进价格与委托方结算，并将原增值税发票转交给委托方，受托方向委托方收取代购手续费，视为代理服务，按代理服务征收营业税。如果受托方没有将原增值税发票转交给委托方，而是将原增值税发票自留，并另开增值税发票给委托方，并向委托方收取代购手续费，应视为自营销售，应按销售价连同代购手续费征收增值税。

（2）委托代销。是指受托方按照协议或委托方的要求销售委托方的货物。如果受托方以委托方的名义代销货物，按委托价格代销，并收取代销手续费，委托方应按销售价格征收增值税，而受托方应按代销手续费征收营业税。如果受托方以自己的名义代销货物，受托方应按销售价格征收增值税，并与委托方结算时委托方按结算价格作货物销售征收增值税，受托方按结算价格作货物购入，计算进项税额抵扣。

2. 视同销售

增值税对货物销售征税一般是指货物所有权已经发生转移并能取得经济补偿，这是一种常规的销售方式，应按规定征收增值税。但在有些情况下，货物没有对外销售，也应视同销售征税。这种视同货物销售应征增值税的行为主要反映在以下几方面：

（1）总分支机构间的货物调拨。在一般情况下，总分支机构间的货物调拨只是货物的内部调拨，不作销售处理，也不征增值税。但如果总机构和分支机构不在同一县（市），而将货物从一个机构移送到另一个机构用于销售的内部调拨，应视同销售征税。

（2）自产或委托加工收回货物内部使用。企业将自产或委托加工的货物用于连续生产增值税应税货物或劳务，不作销售征增值税。但企业将自产或委托加工的货物用于本企业内部的基本建设、专项工程、集体福利和个人消费等非应税项目的，应视同销售征增值税。

（3）自产、委托加工收回或购买货物其他使用。纳税人将自产、委托加工收回或购买的货物作为投资，提供给其他单位或个体经营者，分配给股东和投资者，无偿捐赠给他人，均应视同销售征增值税。

3. 混合销售

混合销售是指一项业务同时涉及增值税货物销售和营业税劳务。如一家生产企业在销售商品同时，还向同一顾客提供运输服务，这一项业务行为被称为混合销售行为。对于混合销售行为是作增值税的商品销售，还是作营业税的劳务，需视企业性质来确定。凡是从事货物的生产、批发或零售的企业、企业性单位及个体经营者，以及以从事货物的生产、批发或零售为主并兼营非应税劳务的企业、企业性单位及个体经营者的混合销售行为，视同销售货物征收增值税；其他单位和个人的混合销售行为，视为销售非应税劳务，征收营业税。上述所称以从事货物的生产、批发或零售为主并兼营非增值税劳务，是指纳税人年货物销售额与非应税劳务营业额的合计数中，年货物销售额超过50％。

例：A设备生产企业向B企业出售一台设备，并同时进行技术转让，设备款不含税价800万元，设备生产原材料和零部件购入不含税价400万元，专有技术收费234万元。计算该设备应纳增值税。

解：

应纳增值税＝[800＋234/(1＋17％)]×17％－400×17％＝102（万元）

4. 兼营销售

兼营销售是指增值税的纳税人在销售货物和提供增值税应税劳务同时，还兼营非增值税应税劳务。兼营与混合销售行为的主要区别在于：混合销售是一项业务同时包含增值税货物销售和营业税劳务；而兼营是一个纳税人同时经营增值税业务和营业税业务。税法规定，对于兼营销售，纳税人应分别核算货物销售额或应税劳务额和非应税劳务额，不分别核算或不能准确核算的，其非应税劳务应与货物销售或应税劳务一并征收增值税。

例：A设备生产企业向B企业出售一台设备，设备款不含税价800万元，设备生产原材料和零部件购入不含税价400万元；并向C企业进行技术转让，专有技术收费234万元，计算该设备应纳税。

解：

应纳增值税＝800×17％－400×17％＝68（万元）

应纳营业税＝234×5％＝11.7（万元）

5. 其他列举应税销售

税法还针对某些特殊的销售行为进一步明确应纳入增值税的征税范围。

(1) 货物期货（包括商品期货和贵金属期货），在期货发生实物交割时在实物交割环节征收增值税。

(2) 银行销售金银的业务，在销售时征收增值税。

(3) 融资租赁业务，经人民银行批准的融资租赁业务，征收营业税。没有经人民银行批准的融资租赁业务，租赁货物的所有权转让给承租方的，视同货物销售征收增值税；不发生所有权转移的视同租赁服务征收营业税。

(4) 基本建设单位和从事建筑安装业务的企业附设的工厂、车间生产的水泥预制构件、其他构件或建筑材料，用于本单位或本企业建筑工程的，在移送使用时征收增值税。但对在建筑现场制造的预制构件，凡直接用于本单位或本企业建筑工程的，不征收增值税。

（5）典当业的死当物品销售业务和寄售业的代委托人销售寄售物品的业务，征收增值税。

（6）销售计算机软件的业务，征收增值税。但销售计算机软件连同所有权一起转让的，作无形资产转让征收营业税。

（7）集邮商品，如邮票、首日封、邮折等的生产、调拨以及邮政部门以外的其他单位和个人销售的，应当征收增值税。但邮政部门销售邮政物品征收营业税。

（8）销售自己使用过的旧固定资产，由于固定资产可作进项税抵扣，旧固定资产出售应征收增值税。

（二）提供应税劳务

目前，我国增值税仅对加工和修理修配两种劳务征收增值税。加工是指纳税人受托加工货物，即由委托方提供原料和主要材料，受托方按照委托方的要求制造货物并收取加工费的业务。修理修配是指受托对损伤或丧失功能的货物进行修复，使其恢复原状和功能的业务。纳税人在我国境内提供加工和修理修配劳务的，不论是以货币形式收取加工费，还是从委托方确定货物或其他经济利益，都应视为有偿提供应税劳务，征收增值税。但是，单位或个体经营者聘用的员工为本单位或雇主提供的劳务，免征增值税。

（三）进口货物

进口货物是指将货物从我国境外移送到我国境内的行为。凡进入我国国境或关境的货物（除免税的以外），进口者在报关进口时，应向海关缴纳增值税。

二、优惠政策

增值税一般没有减免税，这是因为增值税抵扣制度决定了不适宜采取减免税方式。但我国现行税制仍有部分减免税规定。

（一）增值税的减免税

税法对免税货物的确定实行严格控制，控制权集中于国务院，任何地区、部门均不得规定增值税的减免项目。现行增值税免税项目主要为：

（1）从事种植业、养殖业、林业和水产业生产的单位和个人销售的自产初级农业产品。初级农业产品的具体范围，由国家税务总局直属分局确定。

（2）销售和进口的避孕药品和用具。

（3）销售和进口向社会收购的古旧图书。

（4）直接用于科学研究、科学试验和教学的进口仪器和设备。

（5）外国政府、国际组织无偿援助的进口物资和设备。

（6）残疾人组织直接进口供残疾人专用的物品。

（7）个人（不包括个体经营者）销售的自己使用过的物品。

（8）符合国家产业政策要求国内投资项目，在投资总额内进口自用设备。在设备允许作进项税抵扣后，取消进口免税。

（9）外贸企业从小规模纳税人购进并持普通发票的出口货物（除特准退税的以外）。

（10）废旧物资回收经营单位销售其收购的废旧物资。

（11）校办企业生产的应税货物，用于本校教学、科研方面的。

（12）高校后勤实体为高校师生提供的粮食、食用植物油、蔬菜、肉、禽、蛋、调味品和食堂餐具。高校后勤实体向其他高校提供快餐的外销收入。

（13）增值税一般纳税人销售其自行开发生产的软件产品，按17%法定税率征收增值税，对实际税负超过3%的部分即征即退，由企业用于研究开发软件产品和扩大再生产。电子出版物属于软件范畴，享受软件产品的增值税优惠政策。

例：某软件开发企业销售自行开发的软件产品不含税销售额100万元，生产软件产品外购材料不含税价20万元，外购材料已纳增值税3.4万元。计算该软件开发企业销售自行开发的软件产品应纳增值税和应退增值税。

解：

$$当期应纳增值税 = 100 \times 17\% - 3.4 = 13.60（万元）$$
$$当期应退增值税 = 100 \times (13.60/100 - 3\%) = 10.60（万元）$$

（14）增值税一般纳税人销售其自行开发生产的集成电路产品，按17%法定税率征收增值税，对实际税负超过3%的部分即征即退，由企业用于研究开发集成电路产品和扩大再生产。

（15）黄金生产和经营单位销售非标准黄金和黄金矿砂免征增值税；黄金进口单位进口黄金和黄金矿砂免征进口增值税；黄金交易所会员单位通过黄金交易所销售标准黄金未发生实物交割的免征增值税，发生实物交割的即征即退；纳税人不通过黄金交易所销售的标准黄金不享受即征即退增值税政策。

（二）增值税的起征点

增值税的起征点规定只适用于个人，具体幅度范围为：销售货物的起征点为月销售额3 000～10 000元；销售应税劳务的起征点为月销售额2 000～6 000元；按次纳税的起征点为月销售额200～400元。这里所说的销售额是指不包括应纳增值税销项税额的销售额。各个地区的起征点由国家税务总局直属分局根据实际情况，在规定的幅度内确定，并报国家税务总局备案。

■ 第四节　税率结构

现行增值税的税率分为一般纳税人适用的税率，小规模纳税人和实行简易征税办法的纳税人适用的征收率，以及出口货物适用的免税、退税或零税率。

一、一般纳税人适用的税率

纳税人销售和进口货物一般适用 17% 的基本税率，但对于销售或进口下列货物，按 13% 的低税率计征增值税。

（1）粮食和食用植物油。粮食包括切面、饺子皮、米粉等经简单加工的粮食复制品，但不包括速冻制品、熟食制品和副食品，具体征税范围由省级国家税务局确定。食用植物油包括以食用植物油为原料生产的混合油，以及棕榈油和棉籽油。

（2）自来水、暖气、冷气、热水、煤气、石油液化气、天然气、沼气和居民用煤炭制品。

（3）图书、报纸和杂志。

（4）饲料、化肥、农药、农膜和农机。

（5）农业产品。是指种植业、养殖业、林业、牧业和水产业生产的各种植物、动物的初级产品，但农业生产者自产自销的初级农产品免税。

二、小规模纳税人和实行简易征税办法纳税人适用的征收率

为了照顾实际执行中某些纳税人出现的困难，税法规定，下列情形按简易办法依照 3 的征收税率计算缴纳增值税。①工业企业、商业企业和加工修理修配企业属于小规模纳税人的，但小规模纳税人进口应税货物，仍按规定的税率计征。②寄售商店代销的寄售物品；典当销售的死当物品；销售旧货；免税商店销售免税商品。

三、出口免税、退税和零税率

（1）免税。增值税的免税是对纳税人在生产经营的某一环节的纳税义务予以免除，但不退还以前环节已经承担的增值税，也不对以后环节免税。出口免税是对纳税人在出口环节的纳税义务予以免除，但不退还以前环节已经承担的增值税。我国对属于生产企业的小规模纳税人自营出口或委托外贸公司代理出口货物，外贸企业从小规模纳税人购进并持发票货物出口，外贸企业直接购进国家规

定的免税货物出口，来料加工出口货物实行免税。

（2）退税。增值税的退税，其基本含义是不但对纳税人在生产经营某一环节的纳税义务予以免税，同时还要对该生产经营以前各环节承担的增值税予以退税。出口退税对纳税人在出口环节的纳税义务予以免税，同时还要对以前各环节承担的增值税予以退还。出口免税和退税的主要区别在于是否退还以前环节所承担的增值税。我国现行对生产企业自营出口、委托外贸公司代理出口、外贸公司收购出口、外贸公司委其他外贸公司代理出口，以及特准出口实行退税。

（3）零税率。增值税的零税率是退税的一种情况，其基本含义是如果在退税时对纳税人以前环节承担的增值税予以全部退还，税负为零。出口零税率也就是一方面在货物报关出口销售时不征税，另一方面还要对该出口货物在以前各经营环节承担的增值税予以全部退还，使其以不含税价格进入国际市场。我国对船舶、汽车及其关键零部件、航空航天器、数控机床、加工中心、印刷电路、起重及工程机械、机械提升用设备、建筑、采矿用机械、程控电话、光通信设备、医疗仪器及器械、金属冶炼设备、铁道机床等货物按 17％退税率办理退税，相当于零退税。

四、其他适用税率的规定

（1）兼营业务的税率适用。纳税人兼营不同税率的货物或应税劳务，应当分别核算不同税率的货物或应税劳务的销售额，未分别核算销售额的，从高适用 17％的税率。纳税人销售不同税率的货物或应税劳务，并兼营应当一并征收增值税的非应税劳务，其非应税劳务也应按 17％的高税率征税。

（2）旧货经营单位销售旧货以及纳税人销售自己使用过的固定资产，应按 3％的征收率征收增值税并可再减半征税。

（3）自来水公司销售自来水按 3％征收率征税，对其购进独立核算水厂的自来水可按 3％征收率抵扣。

（4）一般纳税人生产下列货物的行为，这些货物包括：自来水；县以下小型水力发电单位生产的电力；建筑用或生产建筑材料所用的砂、土、石料；以自己采掘的砂、土、石料或其他矿物连续生产的砖、瓦、石灰；原料中掺有煤矸石、石煤、粉煤灰、烧煤锅炉的炉底渣及其他废渣（不包括高炉水渣）生产的墙体材料；用微生物、微生物代谢产物、动物毒素、人或动物的血液或组织制成的生物制品。以上货物的一般纳税人可以按简易办法征税，税率为 3％，并可开具增值税专用发票。也可不按简易办法而按一般纳税人的规定计征，但选定一种办法后，3 年内不得变更。

■ 第五节 销项税额

增值税应纳税额的基本计算公式为

$$应纳增值税＝销项税额－进项税额$$
$$销项税额＝销售额×税率$$

从上述增值税的计算公式不难发现，增值税的计算主要涉及销售额、税率、销项税额和进项税额等要素，在税率已经确认的情况下，主要是确定销售额、销项税额和进项税额。

无论是一般纳税人还是小规模纳税人，在计算因销售货物和提供应税劳务的应纳税款时，首先就要确定应纳税的销售额。增值税所涉及的销售额可分为一般规定和特殊规定两种情况。

一、销售额的一般规定

增值税的销售额，为不含增值税税额在内的销售额，是指纳税人销售货物或者提供应税劳务而向购买方收取的全部价款和价外费用。价外费用是指在价款外另外收取的手续费、补贴、基金、集资返还利润、包装费、储备费、优质费、包装物租金、运输装卸费、奖励费、违约金（延期付款利息）、代收款项、代垫款项及其他各种性质的价外收费项目，但下列项目不包括在内：

（1）同时符合以下条件代有关行政管理部门收取的费用：①经国务院、国务院有关部门或省级政府批准；②开具经财政部门批准使用的行政事业收费专用票据；③所收款项全额上缴财政或者虽不上缴财政但由政府部门监管且专款专用的。

（2）销售货物的同时代办保险而向购买方收取和保险费，以及向购买方收取的代购买方缴纳的车辆购置税和车辆牌照费。

二、销售额的特殊规定

（1）折扣销售方式下的销售额。折扣销售是指销货方在销售货物或劳务时，因购货方购货数量较大等原因，给予购货方的价格优惠。纳税人采取折扣方式销售货物，如果销售额和折扣额在同一张发票上分别注明的，可按折扣后的销售额征收增值税；如果将折扣额另开发票，不论其在财务上如何处理，均不得从销售额中减除折扣额。上述折扣销售是指价格折扣，不包括实物折扣，对于实物折扣不但不能从销售额中扣除，而且该实物也应计算销售额。

折扣销售不同于销售折扣，销售折扣是指销货方在销售货物或应税劳务时，为鼓励销货方及时还款，而给予购货方的一种折扣优待，销货折扣发生在销货之后，是一种融资性质的理财费用。税法规定，销售折扣的折扣额一般不能在销售额中扣除。

销售折让可视同折扣销售，折让允许在销售额中扣减。销售折让是指货物销售后，由于品种、质量等原因购货方未要求退货，而销货方却给予购货方的一种价格折让。

（2）以旧换新方式下的销售额。以旧换新销售是指纳税人在销售过程中折价收回同类旧货物并以折价款冲减所售新货物价款的一种营销方式。税法规定，纳税人采取以旧换新方式销售货物的应按新货物的同期销售价格确定销售额，不得扣减旧货物的收购价格。

（3）还本销售方式下的销售额。还本销售是指销货方将货物出售之后按约定的时间一次或分次将所收的全部销货款部分或全部退还给购买方，所退还的货款即为还本支出。还本销售实际上是一种以提供货物换取全部资金并不支付利息好处的融资方法。纳税人采取还本销售方式销售货物，不得从销售额中扣除还本支出。

（4）以货易货方式下的销售额。以货易货是指购销双方不是以货币结算，而以同等价款的货物为结算依据的销售方式。在实际经营活动中，常被作为结算往来债务的一种方式，因而往往会使纳税人产生不应纳税的误解或被用来逃避纳税义务。税法规定，以货易货双方都应作正常的购销处理，即以各自发出的货物核算销售额并计算应纳或应扣的增值税税额。如在以货易货时未取得增值税专用发票，不能抵扣进项税。

（5）包装物出租出借方式下的销售额。纳税人为实现货物销售而出租出借包装物所收取的押金，是一种价外费用。纳税人收取押金的目的不是为了获得来自包装物本身的经营收入，而是为促使购货方及早归还包装物以便周转使用，因此，原则上不应并入销售额征税。但为了防止这项原则被滥用，税法规定，纳税人为销售货物而出租出借包装物收取的押金，单独记账的，不并入销售额征税。但对因逾期（超过 1 年）未收回包装物的押金，应并入销售额征税。税法还规定，对销售除啤酒、黄酒外的其他酒类产品而收取的包装物押金，无论是否返还以及会计制度如何核算，均应并入当期销售额征税。

（6）混合销售和兼营销售方式下的销售额。对属于征收增值税的混合销售行为，以及兼营非应税劳务一并征收增值税的行为，其销售额均为应税货物销售额和非应税劳务营业额的合计数。

（7）价税合计款的销售额。增值税的一般纳税人在销售货物或者应税劳务时一般应向购买方开具增值税专用发票，在发票上分别注明销售额和增值税税额。但是，一般纳税人和小规模纳税人在开具普通发票，其所收取的销货款为价款和税款的合计数，即含增值税的销售额，应按下列公式换算为不含税销售额。纳税人所收取的价外费用视为含税金额，比照上述规定换算为不含税的金额，并入销售额征税。销售额＝含税销售额/（1＋增值税税率或增值税征收率）。

（8）以外汇结算的销售额。增值税的销售额以人民币计算，纳税人以外汇结算销售额的，其销售额的人民币折合率应以销售额发生的上月最后一日的外汇市场价格。纳税人应事先确定采用何种外汇折合率，且确定后一年内不得 变更。

三、销售额的税务调整

当发生纳税人视同销售行为而无销售额的或销售货物、提供应税劳务的价格明显偏低又没有正当理由的，主管税务机关有权按下列顺序确定其销售额：

（1）按纳税人当月同类货物的平均销售价格确定；

（2）按纳税人最近时期同类货物的平均销售价格确定；

（3）按组成计税价格确定。

如果该货物不同时征收消费税，那么

$$组成计税价格＝成本×(1＋成本利润率)$$

如果该货物还同时征收消费税，那么

$$其组成计税价格＝成本×(1＋成本利润率)＋消费税税额$$

公式中的成本，如属销售自产货物的，为生产成本；如属外购货物的，为实际采购成本。公式中的成本利润率由国家税务总局统一规定为10％，但属于从价定率征收消费税的货物，为消费税有关法规确定的成本利润率。

四、销项税额的确定

增值税的销项税额是纳税人销售货物或者提供应税劳务，按照销售额或应税劳务收入和规定的税率计算并向购买方收取的增值科税额。销项税额的计算公式如下：

$$销项税额＝销售额×税率$$

第六节　进项税额

增值税的进项税额是与销项税额相对应的一个概念。在开具增值税专用发票的情况下，销售方收取的销项税额就是购买方支付的进项税额。增值税的进项税额可分为允许抵扣的进项税额和不允许抵扣的进项税额两种。

一、准予从销项税额中抵扣的进项税额

准予抵扣的进项税额是指在计算增值税时准予从销项税额中抵扣的税额。准予抵扣的进项税额主要分为以下三种情况：

（1）从销货方取得的增值税专用发票。如果纳税人从国内购入货物或应税劳

务，可按纳税人从销售方取得的增值税专用发票，依据增值税专用发票注明的已纳税额在销项税额中予以抵扣。

（2）从海关取得的海关完税凭证。如果纳税人从国外购入货物或应税劳务，可按纳税人从海关取得的海关完税凭证，依据海关完税凭证注明的已纳税额在销项税额中予以抵扣。

（3）未缴纳增值税而给予抵扣的特殊情况。对于从国内购入商品或国外进口商品以及取得劳务应按增值税专用发票和海关完税凭证在销项税额中予以抵扣，但对于未缴纳过增值税的免税农产品、运输费以及废旧物资也允许作特殊抵扣。

第一，一般纳税人向农业生产者购买的免税农产品，或者向小规模纳税人购买的农业产品，准予按照买价和13％的扣除率计算准予抵扣的进项税额。免税农产品的买价是指经主管税务机关批准使用的收购凭证上注明的价款，购买农产品的单位在收购价格之外按规定缴纳的农业特产税准予并入农产品的买价计算进项税额。

第二，一般纳税人外购货物和销售货物所支付的运输费，根据运费结算单据（普通发票）所列运费金额（含建设基金），按7％的扣除率计算准予抵扣的进项税额，但随同运费支付的装卸费、保险费等其他杂费不得计算扣除进项税额。准予作为抵扣凭证的运费结算单据（普通发票）是指国有铁路、民用航空、公路和水上运输单位开具的货票，以及非国有运输单位开具的套印全国统一发票监制章的货票。上述运费不包括购买或销售免税货物所支付的运费以及按规定不并入销售额的代垫运费。增值税一般纳税人在申报抵扣运输发票增值税时，应向主管国家税务局填报《增值税运输发票抵扣清单》纸制文件及电子信息，并自开票之日起90天内申报抵扣。

二、不得从销项税额中抵扣的进项税额

不得从销项税额中抵扣的进项税额主要有以下三种情形：

（1）未用于增值税应税项目的购进货物或应税劳务所支付的进项税额，具体包括：①用于提供非应税劳务、转让无形资产和销售不动产等非应税项目的购进货物或应税劳务所支付的进项税额。②用于免税项目、集体福利或者个人消费的购进货物或应税劳务所支付的进项税额。③发生非正常损失的购进货物，以及在产品、产成品所耗用的购进货物或应税劳务所支付的进项税额。这里所说的非正常损失是指生产经营过程中因保管不善造成货物被盗窃、发生霉烂变质等损失，以及其他非正常损失。

（2）用于增值税应税项目但不符合税法规定准予抵扣条件的进项税额。如未按照规定取得并保存增值税扣税凭证，或者增值税扣税凭证上未按规定注明增值税额及其他相关事项的。

（3）纳税人自己使用的游艇、汽车、摩托车属于奢侈消费品，不得抵扣进项税额，但如果是外购后销售的，属于普通货物，仍可以抵扣进项税额。

三、进项税额的抵扣时间

进项税额抵扣除了抵扣金额外，还涉及抵扣时间。增值税进项税额的抵扣按以下规定处理：

1. 外购商品或劳务

增值税一般纳税人在购进货物和应税劳务时，必须取得由防伪税控系统开具的增值税专用发票，并在开具发票之日起 90 日内将取得的增值税发票到当地主管税务机关进行发票论证取得抵扣资格后，才能进行抵扣。逾期不得抵扣。

2. 进口商品

增值税一般纳税人进口货物，必须取得海关开具的完税凭证，并在开具凭证之日起 90 日后的第一个纳税申报期结以前向主管税务机关申报抵扣。逾期不得抵扣。

四、进项税额的税务调整

（1）一般纳税人当期进项税额不足抵扣的部分，税务机关不予以退税，而应结转下期继续抵扣。

（2）一般纳税人用于非应税项目、免税项目、集体福利或个人消费的购进货物或应税劳务，以及非正常损失的购进货物和非正常损失的在产品、产成品所耗用的购进货物或应税劳务，已抵扣进项税额的，应将该项进项税额从当期发生的进项税额中扣减。无法准确确定该项进项税额的，按当期该货物或应税劳务的实际购进成本，包括进价、运费、保险费和其他有关费用计算应扣减的进项税额。

（3）一般纳税人兼营免税项目或非应税项目，而无法准确划分不得抵扣的进项税额的，按下列计算公式计算不得抵扣的进项 税额：

不得抵扣的进项税额＝当月全部进项税额×（当月免税项目销售额和非应税项目营业额合计/当月全部销售额和营业额合计）

（4）一般纳税人因销货退回或折让而退还给购买方的增值税税额，应从发生销货退回或折让当期的销项税额中扣减；因进货退出或索取折让而收回的增值税税额，应从发生进货退出或折让当期的进项税额中扣减。如果购买方尚未付款并且未作账务处理，必须将原增值税专用发票联和税款抵扣联主动退还给销售方，按销售方重新开具的专用发票进行抵扣；如果购买方已经付款或虽未付款但已作账务处理因而专用发票无法退还的，购买方必须取得其当地主管税务机关开具的"进货退出或索取折让证明单"送交销售方据此作为开具红字专用发票的合法凭据。购货方在收到销货方开具的增值税红字专用发票后，应按红字专用发票上注明的增值税额从当期进项税额中扣减。

■ 第七节　应纳税额

一、销售货物应纳税额的计算

1. 一般纳税人销售货物应纳增值税的计算

增值税一般纳税人采用购进扣税法,分别计算销售货物或者提供应税劳务时收取的销项税额和购进货物时支付的进项税额,以进项税额抵扣销项税额后的余额为应纳增值税税额。一般纳税人的增值税应纳税额计算公式为

当期应纳增值税税额=当期销项税额-当期进项税额

当期销项税额=当期销售额×增值税税率

例:某电视机生产企业 12 月份经营业务如下:①销售电视机 9 000 台,每台出厂价 2 000 元。另外 1 000 台按 9 折折价销售,折扣价在同一张发票上开具;800 台因在 10 日内一次性付款,给予销售折扣 2%;200 台采用以旧换新方式销售,每台旧电视机作价 300 元;另外该企业生产用于职工集体福利 10 台;捐赠给运动会 20 台;该月还发生已经到期无法退还的包装物押金 10 万元。②购入国内原材料 800 万元,其中 600 万元已付款并验收入库,200 万元已付款但还未验收入库,入库购买原材料发生运输装卸费用 20 万元,其中运输费 15 万元、装卸费 2 万元、保险费 1 万元、建设基金 2 万元。计算该企业应纳增值税

解:

销项税额=[0.2×(9 000+800+200+10+20)+0.2×1 000×0.9
　　　　　+10/(1+17%)]×17%=373.07(万元)

进项税额=600×17%+(15+2)×7%=103.19(万元)

应纳增值税=373.07-103.19=269.88(万元)

2. 小规模纳税人销售货物应纳增值税的计算

小规模纳税人销售货物和应税劳务,按不含税销售额和规定的征收率计算应纳税额,不得抵扣进项税额。小规模纳税人的增值税应纳税额计算公式为

应纳增值税额=销售额×征收率

二、进口业务应纳税额的计算

无论一般纳税人还是小规模纳税人,进口货物应缴纳的增值税,应按规定的组成计税价格和适用税率计算,不得抵扣任何进项税额。进口业务应纳增值税计算公式为

应纳增值税=组成计税价格×增值税税率

进口货物的组成计税价格,为进口货物所支付的全部金额,但应根据进口货

物是否同时缴纳消费税而定。

(1) 不缴纳消费税的进口货物的组成计税价格。不缴纳消费税的进口货物所支付的全部金额包括价款、关税。进口货物所支付的价款是指由海关根据货物的到岸价格为基础确定的关税完税价格；因增值税的计税依据为不含税的金额，故进口货物所缴纳的增值税不应包括在组成计税价格中。因此，不缴纳消费税的进口货物的组成计税价格的公式为

$$组成计税价格＝关税完税价格＋关税$$

(2) 缴纳消费税的进口货物的组成计税价格。缴纳消费税的进口货物所支付的全部金额包括价款、关税和消费税，比不缴纳消费税的进口货物多了消费税一个项目。因此其组成计税价格的公式为

$$组成计税价格＝关税完税价格＋关税＋消费税$$

例：假定某化妆品生产企业，当月国内销售化妆品 1 000 万元。同期国内采购原材料 300 万元，进口原材料关税完税价格 100 万元，进口关税 20 万元，进口消费税 30 万元。进口设备关税完税价格 50 万元，进口关税 10 万元。计算该化妆品生产企业应纳进口增值税和国内产品销售增值税。

解：

$$进口原材料增值税＝(100＋20＋30)×17\%＝25.50(万元)$$
$$进口设备增值税＝(50＋10)×17\%＝10.20(万元)$$
$$国内销售增值税＝1000×17\%－300×17\%－25.50＝83.3(万元)$$

第八节 出口退税

出口退税是出口国为避免出口商品的国际重复征税而采取的一种政策措施。在一般情况下，进口国对于进口商品除了征收进口关税外，还要征收国内商品税。如果出口国对于本国出口商品不给予退税，将导致出口国和进口国对同一商品同时征收国内商品税。而出口退税有利于避免对出口商品的国际重复征税。

一、出口货物退免税政策

1. 出口货物退免税政策

我国对出口产品分不同情况采取出口免税并退税、出口免税不退税和出口不免税也不退税三种政策：

(1) 出口免税并退税。是指对出口货物免征收出口销售环节的销项增值税，同时对于出口货物所发生的进项税给予退税。主要适用于生产企业、外贸公司和特准退税企业出口。

(2) 出口免税不退税。是指对出口货物免征收出口销售环节的销项增值税，

但对出口货物所发生的进项税不予退税，也不予在内销中抵扣。主要适用于小规模纳税人自营出口或委托外贸公司代理出口；外贸公司从小规模纳税人购进并持普通发票的货物出口；国内免税货物出口；免税进口原材料加工出口。

（3）出口不免税也不退税。是指对出口货物不予退免，按正常缴税。主要适用于：①援外出口物资。②国家禁止出口货物，包括牛黄、麝香、铜及铜基合金、白银等。③国家限制出口农产品和资源类商品。包括原油；小麦、稻谷、大米、玉米、大豆等农产品；濒危动物、山羊绒，鳗鱼苗，植物及其制品等动植物产品；稀土金属矿，磷矿石，天然石墨，矿砂、盐、溶剂油、水泥、液化丙烷、液化丁烷、液化石油气等矿产品；肥料，染料，金属碳化物、活性炭、皮革等化工产品。④商贸企业委托外贸公司出口商品等。

2. 出口退免税政策导向

出口退税是增值税制度中的一项重要内容，出口退税政策的关键问题是出口退税背后隐含的动机，是为避免出口商品国际重复征税，还是通过出口退税来起到鼓励或限制出口。从理论上来讲，出口退税的基本动机或主要原因是为避免出口商品国际重复征税。这是因为当产品出口时，在出口国和进口国政府都拥有征税权的情况下，如果出口国政府和进口国政府都行使征税权，就会使出口商品因同时承担了出口国和进口国的增值税而导致重复征税。

为避免出口商品的国际重复征税，按国际惯例对出口商品由进出口国行使征税，而出口国实行免税或退税。我国在1994年增值税改革时提出的"征多少，退多少"，彻底退税体现了这种避免出口商品国际重复征税的精神。但从我国出口退税的政策实践来看，出口退税不但是为了避免出口商品的国际重复征税，同时也体现了政府的政府导向。一方面出口退税要视政府财政状况，当我国财政比较宽松而外贸比较严峻时，往往提高退税率。反之，则降低退税率。如我国在1995年、1996年和2004年，多次下调出口退税率，主要是受国家财政财力制约，通过下调出口退税率来缓解出口欠税矛盾，化解财政风险。另一方面也要针对不同的出口商品实行区别对待的出口退税政策。如2005年起，我国为了促进外贸的结构性调整，多次对出口退税进行调整。主要是对鼓励类的出口商品实行全额退税，而对高污染、高能耗、资源型商品出口降低退税率或取消退税。从我国出口退税政策实践来看，出口退税的政策导向作用正变得越来越强烈。

3. 特准退税货物

享受特准退税的企业和货物主要包括：①对外承包工程公司运出境外用于对外承包项目的货物。②对外承接修理修配业务的企业用于对外修理修配的货物。③外轮供应公司、远洋运输供应公司销售给外轮、远洋国轮而收取外汇的货物。④企业在国内采购并运往境外作为在国外投资的货物。⑤利用外国政府贷款或国际金融组织贷款，通过国际招标由国内企业中标的机电产品。⑥对境外带料加工装配业务所使用的出境设备、原材料和散件。⑦利用中国政府的援外优惠贷款和合资合作项目基金方式下出口的货物。⑧对外补偿贸易及易货贸易、小额贸易出口的货物。⑨对港澳台贸易的货物。⑩国家旅游局所属中国免税品公司统一管理的出境口岸免税店销售的卷烟、酒、工艺品、丝绸、服装和保健品（包括药品）六大类国产品。⑪外国驻华使馆及其外交人员购买的列名中国产物品；外商投资企业采购国产设备。⑫出口企业从小规模纳税人处购进并持普通发票但特准退税的出口货物，包括抽纱、工艺品、香料油、山货、草柳竹藤制品、渔网渔具、松香、五倍子、生漆、鬃尾、山羊板皮和纸制品。⑬保税区内企业从区外有进出口经营权的企业购进货物后将这部分货物加工后再出口的货物；保税区外出口企业委托保税区内仓储企业仓储并代理报关离境的货物；出口加工区外企业运入出口加工区的货物。

二、出口货物退税率

1994 年 1 月 1 日我国实行新增值税制时，出口货物适用的退税率就是其法定税率或征收率，即按暂行条例的规定，对从一般纳税人购进的出口货物依照 17% 和 13% 的税率执行；对从小规模纳税人购进特准退税的出口货物依照 6% 的退税率执行。以后，经过 1995 年、1996 年和 2004 年为缓解财政退税压力下调出口退税率；1997 年起为鼓励出口逐步提高出口退税率；2005 年起为优化出口商品结构，抑制"高耗能、高污染、资源性"产品的出口，促进外贸增长方式的转变和进出口贸易的平衡，对出口退税率结构作了多次政策调整。现行出口货物的退税率分为以下几种：

（1）船舶、汽车及其关键件零部件，航空航天器，数控机床，加工中心，印刷电路，起重及工程用机械，机械提升用装备，建筑、采矿用机械，程控电话，电报交换机，光通信设备，其他通信设备零件，医疗仪器及器械，金属冶炼设备铁道机车，废气再循环装置，视频切换器，画面分割器征税率为 17%，退税率为 17%。

（2）按 17% 征税的，除列举货物按 17%、11%、9%、5% 退税率办理退税以及不予退税外，其余一律按 13% 退税率办理退税。

（3）按 13% 征税的货物以及汽油、未锻轧锌、箱包、服装、鞋帽、雨伞、羽毛制品、刨床、插床、切割机、拉床、钟表、玩具和其他杂项制品等按 11% 退税率办理退税。

（4）柴油机、泵、风扇、排气阀门及零件、回转炉、焦炉、缝纫机、订书机、家具、高尔夫球车、雪地车、摩托车、自行车、挂车、升降器及其零件、龙头、钎焊机器等按 9% 退税率办理退税。

（5）对于外贸企业从小规模纳税人处购进特准退税的货物，属于以农产品为原料加工生产的工业品，适用 13％和 17％增值税税率的货物，按 6％退税率办理退税。

（6）焦炭半焦炭、炼焦煤、轻重烧镁、萤石、滑石、冻石、部分石料、陶瓷、玻璃、珍珠、宝石、贵金属及其制品、部分木制品、部分化学品、部分钢铁制品、其他皮革毛皮制品、塑料、橡胶及其制品、粘胶纤维、其他贱金属及其制品、纸制品、植物油等货物按 5％退税率办理退税。

（7）原油；小麦、稻谷、大米、玉米、大豆等农产品；濒危动物、山羊绒、鳗鱼苗，植物及其制品等动植物产品；稀土金属矿，磷矿石，天然石墨，矿砂，盐、溶剂油、水泥、液化丙烷、液化丁烷、液化石油气等矿产品；肥料，染料，金属碳化物、活性炭、皮革等化工产品；木材、部分木板、一次性木制品等木制产品；纸浆、纸等纸质品；非合金铝制条杆等简单有色金属加工产品等退税率为零。

三、出口货物退税额的计算

我国现行出口退税分别对生产企业出口和外贸公司出口实行"免、抵、退法"和"以进定退法"两种出口退税计算方法。

（一）免、抵、退法

生产企业自营或委托外贸企业代理出口自产货物，除另有规定外，增值税一律实行免、抵、退税管理办法。实行免、抵、退税办法的"免"税是指对生产企业出口的自产货物，免征本企业生产销售环节增值税；"抵"税是指生产企业出口自产货物所耗用的原材料、零部件、燃料、动力等所含应予退还的进项税额，抵扣内销货物的应纳税额；"退"税是指生产企业出口的自产货物在当月内应抵扣的进项税额大于应纳税额时，对未抵扣完的部分予以退税。免、抵、退有关计算方法如下：

1. 当期应纳税额的计算

当期应纳税额＝当期内销货物的销项税额－（当期进项税额－当期免抵退税不得免征和抵扣税额）

如果按上述公式计算的结果是正数，为当期应纳增值税；如果按上述公式计算的结果是负数，为当期留抵税额，即没有得到抵扣的进项税额。

2. 免抵退税额的计算

免抵退税额＝出口货物离岸价×外汇人民币牌价×出口货物退税率－免抵退税额抵减额

其中：

出口货物离岸价（FOB）以出口发票计算的离岸价为准。出口发票不能如实反映实际离岸价的，企业必须按照实际离岸价向主管国税机关进行申报，同时主管税务机关有权依照有关规定予以核定。

免抵退税额抵减额＝免税购进原材料价格×出口货物退税率

免税购进原材料包括从国内购进免税原材料和进料加工免税进口料件，其中进料加工免税进口料件的价格为组成计税价格。

进料加工免税进口料件的组成计税价格＝货物到岸价＋海关实征关税和消费税

3. 当期应退税额和免抵税额的计算

如当期期末留抵税额≤当期免抵退税额，则当期应退税额＝当期期末留抵税额，当期免抵税额＝当期免抵退税额－当期应退税额。

如当期期末留抵税额＞当期免抵退税额，则当期应退税额＝当期免抵退税额，当期免抵税额＝0。

当期期末留抵税额根据当期《增值税纳税申报表》中"期末留抵税额"确定。

4. 免抵退税不得免征和抵扣税额的计算

免抵退税不得免征和抵扣税额＝出口货物离岸价×外汇人民币牌价×（出口货物征税率－出口货物退税率）－免抵退税不得免征和抵扣税额抵减额

免抵退税不得免征和抵扣税额抵减额＝免税购进原材料价格×（出口货物征税率－出口货物退税率）

例：某具有进出口经营权生产企业，2008年9月报关出口货物离岸价45万美元，内销300万元，内外销全部进项税额120万元，免税购进原材料价格30万元。2005年10月出口离岸价100万美元，内销400万元，全部进项税额170万元。美元人民币汇价1∶8，增值税税率17%，增值税出口退税率13%。按"免抵退"办法计算该企业第3季度和第4季度应纳增值税或应退增值税。

解：

2008年9月

免抵退税不得免征和抵扣税额抵减额＝30×（17%－13%）＝1.2（万元）

免抵退税不得免征和抵扣税额＝45×8×（17%－13%）－1.2＝13.2（万元）

当期应纳税额＝300×17%－（120－13.2）＝－55.8（万元）

免抵退税额＝45×8×13%－30×13%＝42.9（万元）

当期期末留抵税额55.8万元＞当期免抵退税额42.9万元，则当期应退税额＝42.9万元，当期免抵税额＝0，没有得到抵扣和退税＝55.8－42.9＝12.9（万元），在下期继续抵扣。

2008年10月

免抵退税不得免征和抵扣税额抵减额＝0

免抵退税不得免征和抵扣税额＝100×8×（17％－13％）＝32（万元）

当期应纳税额＝400×17％－（170－32）－12.9＝－82.9（万元）

免抵退税额＝100×8×13％＝104（万元）

当期期末留抵税额 82.9 万元＜当期免抵退税额 104 万元，则当期应退税额＝82.9 万元，当期免抵税额＝104－82.9＝21.1（万元）。

（二）以进定退法

以进定退法主要适用于有进出口经营权的外贸企业收购直接出口或委托其他外贸企业代理出口的货物，以及从事对外承包项目、对外修理修配业务、对外投资和销售给外轮或远洋国轮而收取外汇的货物。此方法的基本思路是直接以购进货物的进项金额依照规定的退税率计算应退还的税额。计算公式为

$$应退税额＝购进货物的进项金额×退税率$$

出口企业从小规模纳税人购进特准退税的持普通发票的出口货物，应将发票所列的含税销售额依照 3％的征收率换算为不含税销售额，按规定的退税率计算应退税额。计算公式为

$$应退税额＝普通发票所列含税销售额 /（1＋3％）×退税率$$

第九节　征收管理

一、纳税义务发生时间

纳税义务发生时间是税法规定的纳税人必须承担纳税义务的法定时间。增值税的纳税义务发生时间是根据不同的结算方式来确定的，主要可分为以下几种情况：

1. 销售业务纳税义务发生时间的确定

纳税人销售货物或者应税劳务的，其纳税义务发生时间为收讫销售款或者索取销售款凭据的当天。按结算方式的不同，具体为：

（1）采取直接收款方式销售货物的，不论货物是否发出，均为收到销售额或取得索取销售额的凭据；

（2）采取托收承付和委托银行收款方式销售货物的，为发出货物并办妥托收手续的当天；

（3）采取赊销和分期收款方式销售货物的，为按合同约定的收款日期的当天；

（4）采取预收货款方式销售货物的，为货物发出的当天；

（5）委托其他纳税人代销货物的，为收到代销单位代销清单的当天；

（6）销售应税劳务的，为提供劳务同时收讫销售额或清单索取销售额凭据的

当天；

(7) 发生视同销售货物行为的，除将货物交付他人代销和销售代销货物外，均为货物移送的当天。

2. 进口业务纳税义务发生时间的确定

纳税人进口货物的纳税人义务发生时间，为进口报关的当天。

二、纳税期限

为了保证应缴税款的及时入库，必须规定税款的缴纳时限。增值税的纳税期限基本上根据不同的应税业务和应纳税额的数额大小等因素，由主管税务机关具体确定。

1. 销售业务纳税期限的确定

纳税人销售货物或应税劳务应缴增值税的纳税期限，有两种情况：按期纳税，即分别按1日、3日、5日、10日、15日、1个月或1个季度纳税；按次纳税，不能按固定期限纳税的，可以按次纳税。纳税人以1个月为一期纳税的，应自期满之日起15日内申报纳税；以1日、3日、5日、10日、15日或1个月为一期纳税的，应自期满之日起5日内预缴税款，于次月1日起15日内申报纳税并结清上月应纳税款。

2. 进口业务纳税期限的确定

进口货物应纳的增值税，应当自海关填发税款缴纳证的次日起15日内缴纳税款。

3. 出口业务退税期限的确定

纳税人出口适用退税的货物，向海关办理报关出口手续后，凭出口报关单等有关凭证，按月向税务机关申报办理该项出口货物的退税。

三、纳税地点

增值税的纳税地点，既关系到是否方便税收征纳，也涉及地区之间的税收利益关系。因此，必须对此作出科学、合理和明确的规定。

1. 销售业务纳税地点的确定

纳税人销售货物或提供应税劳务的纳税地点，根据纳税人是否为固定业户以及销售业务的发生地点来确定。

(1) 固定业户应向所在地主管税务机关申报纳税。纳税人总机构和分支机构不在同一县（市）的，应分别向其所在地主管税务机关申报纳税；经国家税务总局或其授权的税务机关批准，分支机构的应纳税款也可以由总机构汇总在总机构所在地主管税务机关申报纳税。

(2) 固定业户到外县（市）销售货物的，应当向其机构所在地主管税务机关申请开具外出经营活动税收管理证明,向其机构所在地主管税务机关申报纳税。未持有其机构所在地主管税务机关核发的外出经营活动税收管理证明,到外县(市)销售货物的,应向销售地主管税务机关申报纳税。未向销售地主管税务机关申报纳税的,由其机构所在地主管税务机关补征税款。

(3)非固定业户销售货物或应税劳务,应向销售地主管税务机关申报纳税;未向销售地主管税务机关申报纳税的,由其机构所在地或居住所在地主管税务机关补征税款。

2.进口业务纳税地点的确定

进口货物应纳的增值税,应当由纳税人或其代理人连同关税向报关地海关申报纳税。

四、专用发票管理

我国增值税实行凭国家印发的增值税专用发票注明的税款进行抵扣制度。专用发票不仅是纳税人经济活动中的重要商业凭证,而且是兼记销货方进项税额进行税款抵扣的凭证,对增值税的计算和管理起着决定性作用。

1.专用发票的领购使用

增值税专用发票限于增值税的一般纳税人领购使用,增值税的小规模纳税人和非增值税纳税人不得领购使用。小规模纳税企业销售货物或应税劳务时,可由税务所代开增值税专用发票,但必须按3%的征收率填列税金。

(1)增值税专用发票的联次。增值税专用发票的基本联次统一规定为四联,各联次必须按以下规定使用:第一联为存根联,由销货方留存备查;第二联为发票联,由购货方作付款的原始凭证;第三联为抵扣联,由购货方作扣税凭证;第四联为记账联,由销货方作销售的原始记账凭证。

(2)不得领购使用增值税专用发票的规定。一般纳税人有下列情形的,不得领购专用发票,如已领购使用的,税务机关应收缴其结存的专用发票。①会计核算不健全,即不能按会计制度和税务机关的要求准确核算增值税的销项税额、进项税额和应纳税额者。②不能向税务机关准确提供增值税销项税额、进项税额和应纳税额数据及其他有关增值税税务资料者。③有以下行为,经税务机关责令限期改正而未改正者:私自印制专用发票;向个人或税务机关以外的单位购买专用发票;借用他人专用发票;向他人提供专用发票;未按规定开具专用发票;未按规定保管专用发票;未按规定申报专用发票的购、用、存情况;未按规定接受税务机关检查。④销售的货物全部属于免税项目者。

另外,国家税务总局还规定纳税人当月购买专用发票而未申报纳税的,税务机关不得向其发售专用发票。

2. 专用发票的开具

一般纳税人销售货物（包括受托销售货物在内）、提供应税劳务，以及根据税法规定应当征收增值税的非应税劳务（以下简称销售应税项目），必须向购买方或接受方开具专用发票。

（1）不得开具增值税专用发票的规定。主要包括：向消费者销售应税项目；销售免税项目；销售报关出口的货物、在境外销售应税劳务；将货物用于非应税项目；将货物用于集体福利或个人消费；提供非应税劳务（应当征收增值税的除外）、转让无形资产或销售不动产。另外，国家税务总局还规定：对商业零售的烟、酒、食品、服装、鞋帽（不包括劳保专用的部分）、化妆品等消费品不得开具专用发票；对生产经营机器、机车、汽车、轮船、锅炉等大型机械、电子设备的工商企业，凡直接销售给使用单位的，不再开具专用发票，改用普通发票。一般纳税人向小规模纳税人销售应税项目，可以不开具专用发票。

（2）专用发票的开具要求。专用发票必须按下列要求开具：字迹清楚；不得涂改，如填写有误，应另行开具专用发票，并在误填的专用发票上注明"误填作废"四字。如专用发票开具后因购货方不索取而成为废票的，也应按填写有误办理；项目填写齐全；票、物相符，票面金额与实际收取的金额相符；各项目内容正确无误；全部联次一次填开，上、下联的内容与金额一致；发票联和税款抵扣联必须加盖财务专用章或发票专用章；按规定时限开具；不得开具伪造的专用发票；不得拆本使用专用发票；不得开具票样与国家税务总局统一制定的票样不相符的专用发票。开具的专用发票有不符合上列要求者，不得作为扣税凭证，购买方有权拒收。

（3）专用发票的开具时限。专用发票的开具时限与纳税义务发生时间相同，即根据不同的货物结算方式确定。一般纳税人必须按规定的时限开具专用发票，不得提前或滞后。

3. 专用发票开具后发售退货或销售转让的处理

一般纳税人销售货物并向购买方开具专用发票后，如发生退货或销售转让的，应视不同情况分别按以下规定处理：

（1）购买方未付款并且未在账务处理情况下。购买方必须将原发票联和税款抵扣联主动退还销售方。销售方收到后分两种情况：①销货方未将记账联做账户处理，应在该发票联和税款抵扣联及有关的存根联、记账联上注明"作废"字样，作为扣减当期销项税额的凭证。②销货方已将记账联做账户处理，可开具相同内容的红字专用发票，将红字专用发票的记账联撕下作为扣减当期销项税额的凭证，存根联、抵扣联和发票联不得撕下，将从购买方发票联和税款抵扣联及有关的存收到的原抵扣联、发票联粘贴在红字专用发票联后面，并在上面注明原发票记账联和红字专用发票联的存放地点，作为开具红字专用发票的依据。未收到购买方退还的专用发票前，销货方不得扣减当期销项税额。属于销售折让的，销货方应按折让后货款重开专用发票。

（2）购买方已付款，或者货款未付但已作账务处理情况下。发票联和税款抵扣联无法退还给销售方，购买方必须取得当地主管税务机关开具的进货退出或索取折让证明单（以下简称证明单）送交销货方，作为销货方开具红字专用发票的合法依据。销货方在未收到证明单之前，不得开具红字专用发票；收到证明单后，根据退回货物的数量、价款或折让金额，向购买方开具红字专用发票。红字专用发票的存根联、记账联作为销售方扣减当期销项税额的凭证，其发票联、税款抵扣联作为购买方扣减进项税额的凭证。购买方收到红字专用发票后，应将该发票所注明的增值税税额从当期进项税额中扣减，如不扣减而造成不纳税或少纳税的，属于偷税行为。

4. 使用电子计算机开具专用发票

纳税人使用电子计算机开具专用发票，必须报经主管税务机关批准并使用由税务机关监制的机外发票。符合下列条件的一般纳税人，可以向主管税务机关申请使用电子计算机开具专用发票：

（1）有专用电子计算机技术人员、操作人员；

（2）具备通过电子计算机开具专用发票按月列印进货、销货及库存清单的能力；

（3）国家税务总局直属分局规定的其他条件。

一般纳税人申请使用电子计算机开具专用发票时，必须向主管税务机关通过申请报告及以下资料：按照专用发票（机外发票）格式用电子计算机制作的模拟样张；根据会计操作程序用电子计算机制作的最近月份的进货、销货及库存清单；电子计算机设备的配置情况；有关专用电子计算机技术人员、操作人员的情况；国家税务总局直属分局要求提供的其他资料。

5. 专用发票的取得和保管

纳税人未按规定取得、保管或开具专用发票，除购进免税农产品和自营进口货物外，其购进的应税项目不得抵扣进项税额。未按规定取得专用发票是指未从销售方取得专用发票，或只取得记账联、抵扣联中的一联。未按规定保管专用发票主要是指以下情形：未按照税务机关的要求建立专用发票管理制度；未按照税务机关的要求设专人保管专用发票；未按税务机关的要求设置专门存放专用发票的场所；税款抵扣联未按税务机关的要求装订成册；未经税务机关查验擅自销毁专用发票；丢失专用发票；损（撕）毁专用发票；未执行国家税务总局或其直属分局提出的其他有关保管专用发票的要求。有上述所列情形之一的纳税人，如其购进应税项目的进项税额已经抵扣，应从税务机关发现其有上述情形的当期进项税额中扣减。

6. 专用发票的违法处理

（1）专用发票被盗、丢失的处理。纳税人必须严格按《增值税专用发票使用规定》保管使用专用发票，对违反规定发生被盗、丢失专用发票的纳税人，按《税收征收管理法》和《发票管理办法》的规定，处以1万元以下的罚款。并可视具体情况，对丢失专用发票的纳税人，在一定期限内（最长不超过半年）停止领购专用发票、对纳税人申报遗失的专用发票。如发现非法代开、虚开问题的，该纳税人应承担偷税、骗税的连带责任。纳税人丢失专用发票后，必须按规定程序向当地主管税务机关、公安机关报失。各地税务机关对丢失专用发票的纳税人按规定进行处罚的同时，代收取"挂失登报费"，并将丢失专用发票的纳税人名称、发票份数、字轨号码、盖章与否等情况，统一传（寄）至中国税务报社刊登"遗失声明"。传（寄）至中国税务报社的"遗失声明"，必须经县（市）国家税务机关审核盖章、签署意见。

（2）代开、虚开增值税专用发票的处理。代开发票是指为与自己没有发生直接购销关系的他人开具发票的行为，虚开发票是指在没有任何购销事实的前提下，为他人、为自己或让他人为自己或介绍他人开具发票的行为。代开、虚开发票的行为都是严重的违法行为。对代开、虚开专用发票的，一律按票面所列货物的适用税率全额征补税款，并根据《税收征收管理法》的规定按偷税给予处罚。对纳税人取得代开、虚开的增值税专用发票，不得作为增值税合法抵扣凭证抵扣进项税额。代开、虚开发票构成犯罪的，按全国人大常委会发布的《关于惩治虚开、伪造和非法出售增值税专用发票犯罪的决定》处以刑罚。

（3）纳税人善意取得虚开的增值税专用发票处理。

第一，购货方与销售方存在真实的交易，销售方使用的是其所在省（自治区、直辖市和计划单列市）的专用发票，专用发票注明的销售方名称、印章、货物数量、金额及税额等全部内容与实际相符，且没有证据表明购货方知道销售方提供的专用发票是以非法手段获得的，对购货方不以偷税或者骗取出口退税论处。但应按有关规定不予抵扣进项税款或者不予出口退税；购货方已经抵扣的进项税款或者取得的出口退税，应依法追缴。

第二，购货方能够重新从销售方取得防伪税控系统开出的合法、有效专用发票的，或者取得手工开出的合法、有效专用发票且取得了销售方所在地税务机关已经或者正在依法对销售方虚开专用发票行为进行查处证明的，购货方所在地税务机关应依法准予抵扣进项税款或者出口退税。

第三，如有证据表明购货方在进项税款得到抵扣或者获得出口退税前知道该专用发票是销售方以非法手段获得的，对购货方应按虚开增值税专用发票处理办法规定处理。

五、出口退税管理

出口货物的退税管理是一项政策性很强、业务处理比较复杂的工作，主要涉及出口退税登记、出口退税认定、出口退税申报、出口退税受理、出口退税审批、出口退税日常管理等内容。

1. 出口退税登记

有进出口经营权的生产企业应按《中华人民共和国对外贸易法》和商务部《对外贸易经营者备案登记办法》的规定，自取得进出口经营权之日起30日内向主管税务机关申请办理出口退税登记。没有进出口经营权的生产企业应在发生第一笔委托出口业务之前，持代理出口协议向主管税务机关申请办理临时出口退税登记。生产企业在办理出口退税登记时，应填报"出口企业退税登记表"并提供以下资料：法人营业执照或工商营业执照（副本）；税务登记证（副本）；中华人民共和国进出口企业资格证书（无进出口经营权的生产企业无须提供）；海关自理报关单位注册登记证明书（无进出口经营权的生产企业无须提供）；增值税一般纳税人申请认定审批表或年审审批表；税务机关要求的其他资料，如代理出口协议等。

2. 出口退税认定

（1）对外贸易经营者规定办理备案登记后，没有出口经营资格的生产企业委托出口自产货物，应分别在备案登记、代理出口协议签订之日起30日内持有关资料，填写"出口退税认定表"，到所在地税务机关办理出口退税认定手续。特定退税的企业和人员办理出口退税认定手续按国家有关规定执行。

（2）已办理出口退税认定的出口商，其认定内容发生变化的，须自有关管理机关批准变更之日起30日内，持相关证件向税务机关申请办理出口退税认定变更手续。

（3）出口商发生解散、破产、撤销以及其他依法应终止出口退税事项的，应持相关证件、资料向税务机关办理出口退税注销认定。对申请注销认定的出口商，税务机关应先结清其出口退税款，再按规定办理注销手续。

3. 出口退税申报

（1）出口商应在规定期限内，收齐出口退税所需的有关单证，使用国家税务总局认可的出口退税电子申报系统生成电子申报数据，如实填写出口退税申报表，向税务机关申报办理出口退税手续。逾期申报的，除另有规定者外，税务机关不再受理该笔出口货物的退税申报，该补税的应按有关规定补征税款。

（2）出口企业向税务机关主管出口退税的部门申报出口退税时，在提供有关出口退税申报表及相关资料时，应同时附送下列纸质凭证：①出口货物发票。实行"免、抵、退"税管理办法的生产企业提供出口货物的出口发票；外贸企业提供购进出口货物的增值税专用发票或普通发票；凡外贸企业购进的出口货物，外贸企业应在购进货物后按规定及时要求供货企业开具增值税专用发票或普通发票。②出口货物报关单（出口退税专用）。③出口收汇核销单。出口企业在申报出口退税时，应提供出口收汇核销单，但对尚未到期结汇的，也可不提供出口收汇核销单，退税部门按照现行出口退税管理的有关规定审核办理退税手续。出口企业须在货物报关出口之日（以出口货物报关单〈出口退税专用〉上注明的出口日期为准）起180天内，向所在地主管退税部门提供出口收汇核销单（远期收汇除外）。经退税部门审核，对审核有误和出口企业到期仍未提供出口收汇核销单的，出口货物已退税款一律追回；未办理退税的，不再办理退税。

（3）出口企业应在货物报关出口之日（以出口货物报关单〈出口退税专用〉上注明的出口日期为准，下同）起90日内，向退税部门申报办理出口退税手续。逾期不申报的，除另有规定者和确有特殊原因经地市级以上税务机关批准者外，不再受理该笔出口货物的退税申报。

4. 出口退税受理

（1）出口商申报出口退税时，税务机关应及时予以接受并进行初审。经初步审核，出口商报送的申报资料、电子申报数据及纸质凭证齐全的，税务机关受理该笔出口退税申报。出口商报送的申报资料或纸质凭证不齐全的，除另有规定者外，税务机关不予受理该笔出口货物的退税申报，并要当即向出口商提出改正、补充资料、凭证的要求。税务机关受理出口商的出口退税申报后，应为出口商出具回执，并对出口退税申报情况进行登记。

（2）出口商报送的出口退税申报资料及纸质凭证齐全的，除另有规定者外，在规定申报期限结束前，税务机关不得以无相关电子信息或电子信息核对不符等原因，拒不受理出口商的出口退税申报。

5. 出口退税审批

（1）税务机关应当使用国家税务总局认可的出口退税电子化管理系统以及总局下发的出口退税率文库，按照有关规定进行出口退税审核、审批，不得随意更改出口退税电子化管理系统的审核配置、出口退税率文库以及接收的有关电子信息。

（2）税务机关受理出口商出口退税申报后，应在规定的时间内，对申报凭证、资料的合法性、准确性进行审查，并核实申报数据之间的逻辑对应关系。根据出口商申报的出口退税凭证、资料的不同情况，税务机关应当重点审核以下内容：①申报出口退税的报表种类、内容及印章是否齐全、准确。②申报出口退税提供的电子数据和出口退税申报表是否一致。③申报出口退税的凭证是否有效，与出口退税申报表明细内容是否一致等。重点审核的凭证有：出口货物报关单（出口退税专用），出口货物报关单必须是盖有海关验讫章，注明"出口退税专用"字样的原件（另有规定者除外），出口报关单的海关编号、出口商海关代码、出口日期、商品编号、出口数量及离岸价等主要内容应与申报退税的报表一致；代理出口证明，代理出口货物证明上的受托方企业名称、出口商品代码、出口数量、离岸价等应与出口货物报关单（出口退税专用）上内容相匹配并与申报退税的报表一致；增值税专用发票（抵扣联）。增值税专用发票（抵扣联）必须印章齐全，没有涂改。增值税专用发票（抵扣联）的开票日期、数量、金额、税率等主要内容应与申报退税的报表匹配；出口收汇核销单（或出口收汇核销清单，下同），出口收汇核销单的编号、核销金额、出口商名称应当与对应的出口货物报关单上注明的批准文号、离岸价、出口商名称匹配；消费税税收（出口货物专用）缴款书。消费税税收（出口货物专用）缴款书各栏目的填写内容应与对应的发票一致；征税机关、国库（银行）印章必须齐全并符合要求。

（3）在对申报的出口退税凭证、资料进行人工审核后，税务机关应当使用出口退税电子化管理系统进行计算机审核，将出口商申报出口退税提供的电子数据、凭证、资料与国家税务总局及有关部门传递的出口货物报关单、出口收汇核销单、代理出口证明、增值税专用发票、消费税税收（出口货物专用）缴款书等电子信息进行核对。审核、核对重点是：①出口报关单电子信息。出口报关单的海关编号、出口日期、商品代码、出口数量及离岸价等项目是否与电子信息核对相符。②代理出口证明电子信息。代理出口证明的编号、商品代码、出口日期、出口离岸价等项目是否与电子信息核对相符。③出口收汇核销单电子信息。出口收汇核销单号码等项目是否与电子信息核对相符。④出口退税率文库。出口商申报出口退税的货物是否属于可退税货物，申报的退税率与出口退税率文库中的退税率是否一致。⑤增值税专用发票电子信息。增值税专用发票的开票日期、金额、税额、购货方及销售方的纳税人识别号、发票代码、发票号码是否与增值税专用发票电子信息核对相符。在核对增值税专用发票时应使用增值税专用发票稽核、协查信息。暂未收到增值税专用发票稽核、协查信息的，税务机关可先使用增值税专用发票认证信息，但必须及时用相关稽核、协查信息进行复核；对复核有误的，要及时追回已退税款。⑥消费税税收（出口货物专用）缴款书电子信息。消费税税收（出口货物专用）缴款书的号码、购货企业海关代码、计税金额、实缴税额、税率（额）等项目是否与电子信息核对相符。

（4）税务机关在审核中，发现的不符合规定的申报凭证、资料，税务机关应通知出口商进行调整或重新申报；对在计算机审核中发现的疑点，应当严格按照有关规定处理；对出口商申报的出口退税凭证、资料有疑问的，应分别按以下情况处理：①凡对出口商申报的出口退税凭证、资料无电子信息或核对不符的，应及时按照规定进行核查。②凡对出口货物报关单（出口退税专用）、出口收汇核销单等纸质凭证有疑问的，应向相关部门发函核实。③对防伪税控系统开具的增值税专用发票（抵扣联）有疑问的，应向同级税务稽查部门提出申请，通过税务系统增值税专用发票协查系统进行核查。④对出口商申报出口货物的货源、纳税、供货企业经营状况等情况有疑问的，税务机关应按国家税务总局有关规定进行发函调查，或向同级税务稽查部门提出申请，由税务稽查部门按有关规定进行调查，并依据回函或调查情况进行处理。

（5）出口商提出办理相关出口退税证明的申请，税务机关经审核符合有关规定的，应及时出具相关证明。

（6）出口退税应当由设区的市、自治州（含本级）以上税务机关根据审核结果按照有关规定进行审批。税务机关在审批后应当按照有关规定办理退库或调库手续。

6. 出口退税日常管理

（1）税务机关对出口退税有关政策、规定应及时予以公告，并加强对出口商的宣传辅导和培训工作。

（2）税务机关应做好出口退税计划及其执行情况的分析、上报工作。税务机关必须在国家税务总局下达的出口退税计划内办理退库和调库。

（3）税务机关遇到下述情况，应及时结清出口商出口货物的退税款：①出口商发生解散、破产、撤销以及其他依法应终止出口退税事项的，或者注销出口退税认定的。②出口商违反国家有关政策法规，被停止一定期限出口退税权的。

（4）税务机关应建立出口退税评估机制和监控机制，强化出口退税管理，防止骗税案件的发生。

（5）税务机关应按照规定，做好出口退税电子数据的接收、使用和管理工作，保证出口退税电子化管理系统的安全，定期做好电子数据备份及设备维护工作。

（6）税务机关应建立出口退税凭证、资料的档案管理制度。出口退税凭证、资料应当保存 10 年。但是，法律、行政法规另有规定的除外。具体管理办法由各省级国家税务局制定。

➤思考题

1. 销售额和增值额之间存在什么关系？

2. 增值税有哪些特点？

3. 增值税制在理论上有哪些优点？

4. 一般纳税人和小规模纳税人如何划分？

5. 增值税的征税范围包括哪些项目？

6. 增值税低税率适用哪些范围？

7. 折扣销售和销售折扣在税收处理上有何区别？

8. 以旧换新方式下的销售额如何确定？

9. 以货易货方式下的销售额如何确定？

10. 混合销售和兼营销售方式下的销售额如何确定？

11. 不得抵扣的进项税额包括哪些项目？

12. 进项税额的抵扣时间如何确定？

13. 什么情况下要作进项税额的税务调整？

14. 为什么要对出口货物退税？

15. 增值税纳税地点如何确定？

16. 专用发票开具后发售退货或销售转让如何处理？

17. 出口退税的程序如何规定？

➤练习题

1. 某纺织厂8月份棉布产品销售额200万元，化纤产品销售额300万元，该企业生产产品用于职工福利计40万元。同期从农场收购免税农产品棉花50万元，其中10万元用于非增值税产品，从化工厂购入化纤原料100万元，购入化纤发生运输费用2万元。计算该纺织企业应纳增值税。

2. 某自行车生产企业销售自行车出厂不含税单价为280元/辆。某月该厂购销情况如下：向当地百货大楼销售800辆，按9折折价销售，在同一张发票上开；向外地特约经销点销售500辆，并支付运输单位8000元，收到的运费发票上注明运费7000元，装卸费1000元；逾期仍未收回的包装物押金60000元，记入销售收入；购进自行车零部件、原材料，取得的专用发票上注明销售金额140000元；从小规模纳税人处购进自行车零件90000元，未取得专用发票。计算该企业应缴增值税。

3. 某摩托车生产企业为增值税一般纳税人，6月份其业务情况如下：销售给特约经销商某型号摩托车30辆，不含税出厂价3万元/辆，另外收取包装费和售后服务费每辆0.2万元；销售给某使用单位同型号摩托车10辆，不含税销售价3.3万元/辆，并将由运输单位向使用单位开具的1万元运费发票并转交给了使用单位；将同型号摩托车5辆以出厂价给本厂售后服务部使用。购进一批生产原材料，已支付货款和运费，取得的增值税专用发票上注明税款16.5万元，但尚未到货。购进一批零部件，已付款并验收入库，取得的增值税专用发票上注明税款8.8万元。计算该摩托车企业应纳增值税。

4. 某工业企业（增值税一般纳税人）10月份购销业务情况如下：①销售产品一批，货已发出并办妥银行托收手续，向买方开具的专用发票注明销售额84万元；②购进生产原料一批，已验收入库，取得的增值税专用发票上注明的价、税款分别为23万元、3.91万元，另支付运费（取得运输发票）1万元；③购进钢材20吨，已验收入库，取得的增值税专用发票上注明价、税款分别为 8 万元、1.38 万元；④直接向农民收购用于生产加工的农产品一批，经税务机关批准的收购凭证上注明价款为 42 万元，同时按规定缴纳了收购环节农业特产税 2 万元。计算该企业当期应纳增值税额。

5. 某企业为增值税一般纳税人，在某一纳税期内发生如下购销业务：①销售农用薄膜，开出的专用发票上注明价款 180 万元；②销售塑料制品，开出的专用发票上注明价款 230 万元；③采购生产原料聚乙烯，取得的专用发票上注明价款为 120 万元；④采购生产用燃料煤炭，取得的专用发票上注明价款为 75 万元；⑤购买钢材用于基建工程，取得的专用发票注明价款为 30 万元；⑥支付运输单位运费，取得的发票注明运费 18 万元，装卸费 2 万元，保险费 2 万元。农用薄膜增值税税率 13%，其他 17%。计算该企业当期应纳增值税税额。

6. 某计算机公司 9 月份销售计算机每台不含税销售单价 0.9 万元。当月向五个大商场销售出 500 台，对这五个商场在当月 20 天内付清 500 台计算机购货款，均给予了 5% 的销售折扣。发货给外省市分支机构 200 台，用于销售，并支付发货运费等项费用 12 万元，运输单位开具的货票上注明运费 10 万元，建设基金 0.5 万元，装卸费 0.5 万元，保险费 1 万元。另采取以旧换新方式，收购旧型号计算机，销售新型号计算机 100 台，每台按上述不含税销售单价折价 0.25 万元，购进计算机原材料零部件已入库，取得增值税专用发票上注明的销售金额 200 万元。为即将举行的全国体育运动会赠送计算机 50 台。另外，当月还从国外购进两台计算机检测设备，取得的海关开具的完税凭证上注明的增值税税额 18 万元。计算当月应纳增值税。

7. 某彩色电视机生产企业（增值税一般纳税人）7 月份购销情况如下：①向本市电子产品销售公司销售 21 寸彩电 50 000 台，出厂单价 0.2 万元（含税价），因电子产品销售公司一次付清货款，本企业给予了 5% 的销售折扣，并开具红字发票入账；②采取直接收款方式向外地一小规模纳税人销售 21 寸彩电 1 000 台，提货单已交对方；③向本市一新落成的宾馆销售客房用的 21 寸彩电 800 台，由本企业车队运送该批彩电取得运输费收入 1 万元；④无偿提供给本企业招待所 21 寸彩电 100 台；⑤采取以物易物方式向某显像管厂提供 21 寸彩电 2 000 台，显像管厂向本企业提供显像管 4 000 只。双方均已收到货物，未开具增值税发票，并商定不再进行货币结算；⑥外购彩色显像管一批，取得的增值税专用发票上注明税款 680 万元，另支付运输费用 20 万元，货物已验收入库；⑦外购电子元器件一批，取得的增值税专用发票上注明税款 340 万元，货物未到达；⑧进口大型检测设备一台，取得的海关完税凭证上注明增值税税款 15 万元；⑨从小规模纳税人购进 1.5 万元的修理用配件，未取得增值税专用发票；⑩外购用于彩电二期工程的钢材一批，取得增值税专用发票上注明税款 68 万元，货物已验收入库。计算该企业当月应纳增值税额。

8. 上海市某服装厂（一般纳税人）11 月份有关业务情况如下：①购进生产用原料（布匹）一批并取得增值税专用发票，价款、税款分别为 210 000 元、35 700 元。②接受某单位捐赠的生产用材料一批并取得增值税专用发票，价款为 10 000 元，增值税税额为 1 700 元。

③以自制服装100套向某纺织厂换取棉布四一批，服装厂开具的增值税专用发票上注明的销售额为50 000元；取得的纺织厂开具的增值税专用发票上列明的价款为40 000元、税款为6 800元，其余款以支票结算。④发出各式服装委托某商场代销，月末收到商场送来的代销清单，代销服装的零售金额81 900元，服装厂按零售金额的10%支付给商场代销手续费8 190元。⑤向某百货公司销售服装一批，货已发出，开具的增值税专用发票上注明的销售额为200 000元，货款尚未收回。⑥为某客户加工服装100套，双方商定，服装面料由服装厂按客户要求选购，每套服装价格（含税）1 170元。该厂为加工该批服装从某厂购进面料300米并取得增值税专用发票，价款、税款分别为30 000元、5 100元，货款已付。该批服装已于当月加工完成并送交客户，货款已结清。⑦赠送某学校运动服100套，实际成本7 000元；该批运动服无同类产品销售价格。⑧上月未抵扣完的进项税额为18 500元。计算该厂本月应纳的增值税。

9. 某进出口公司进口一批应税货物，境外口岸离岸价格折算成人民币2 000万元，支付运费50万元，保险费40万元，进口关税140万元，当月销售给国内企业销售额为3 600万元。这批货物适用17%的增值税税率。计算该公司进口和国内销售应缴增值税。

10. 某具有进出口经营权的国有生产企业，3月份报关出口一批货物，离岸价300万美元（汇率1∶8.3），当季度内销货物销售额800万元（人民币），购进货物价款2 000万元，增值税税率17%，退税率13%。按"免、抵、退"法计算该企业当月应纳增值税或应退增值税。

11. 某有进出口经营权的生产企业，10月份内销货物销售额为600万元，出口货物销售额（离岸价）180万美元（美元与人民币汇价1∶8.3），当月购进所需原材料等货物的进项税额为400万元，取得增值税专用发票，支付进货运费10万元，取得普通发票，该企业销售货物适用税率为17%，退税率为13%，并且有上期未抵扣完的进项税额32万元。计算该企业当期应纳或应退的增值税额。

第四章

消费税

■ 第一节 概论

一、消费税征收目的

消费税是以消费品的消费额为课税对象的一种税的统称，在实际运用中有广义消费税和狭义消费税之分。狭义消费税是指以特定消费品或消费行为为课税对象而征收的一类税，如烟税、酒税、盐税、货物税、关税等。广义消费税是指以所有消费品或消费行为为课税对象而征收的一类税，既包括对特定消费品或消费行为征收的税类，如烟税、酒税、盐税、货物税、关税等，也包括对一般消费品或消费行为征收的税类，如增值税、营业税等。通常，在进行理论分析时，消费税就是指广义上的，而在实际运用时，更多地是指某些特殊的消费税类。

消费税是各国普遍开征的税种，在各国税收收入总额中占有一定的比重。开征消费税的目的主要是增加财政收入、促进资源配置和调节收入分配。历史上的消费税更多出于增加财政收入的考虑，而现代消费税，除了增加国库收入以外，更重要的是发挥其独特的灵活调节功能，以弥补市场机制的缺陷。消费税征收目的可归纳为以下几方面：

（1）节约资源利用。为了促进经济的可持续发展，需要有效节约利用资源。我国对包括汽油、柴油在内的石油制品以及木制地板和木制一次性筷子征税，以及对大排量汽车征收高额消费税，主要是从有利于引导人们节约利用资源，增强环保意识考虑。

（2）抑制不良消费行为。消费税可以对社会认为应该加以限制的消费品或消费行为征收高额税收，体现"寓禁于征"的精神，如对烟、烈性酒、焚化品等消费品征收高额消费税，起到限制其消费目的。

（3）纠正外部经济。消费税还可以对产生外部成本的行为征税，使外部成本转换化为内部成本，如对产生环境污染的生产经营者，通过征收环境污染税不仅可以为整治环境污染筹集资金，而且可以促使纳税人采取各种措施，减少产量、调整结构、应用新的治污技术和方法，减少社会福利损失。

（4）促进公平收入分配。实行消费税还可以促进收入的公平分配，因为消费税的征税范围通常是那些低收入者不消费或不经常消费的商品和劳务，如游艇、高尔夫球具、金银化妆品、贵重首饰、高档手表按消费价值额和消费量实行比例税率或定额税率，具有累进性特点，即高收入者比低收入者将承担更多的消费税。

二、消费税的形成和发展

我国现行的消费税是在 1950 年货物税和特种消费行为税的基础上逐步形成的。1950 年 1 月，当时的政务院公布了《货物税暂行条例》，对烟、酒等货物，在产品制造环节和进口环节实行从价定率和一次课征的征税办法。此外，曾开征了特种消费行为税，对列入娱乐、筵席、冷食、旅馆四个税目的消费行为征税。1953 年起，特种消费行为税就不再征收。以后，货物税又并入了工商统一税。在 1984 年的税制改革中，实行了产品税、增值税、营业税和盐税制度，这些税种都带有个别消费税的某些烙印。1988 年，为了抑制社会上存在的不合理的消费现象，国务院公布了《筵席税暂行条例》，但实际并未开征。1989 年 2 月，为了缓解彩色电视机和小轿车的供求矛盾，开征了彩色电视机特别消费税和小轿车特别消费税。1994 年新税制改革时，在取消原有的产品税、盐税和调整了增值税、营业税的基础上，开征了比较符合国际惯例的消费税，建立了独立的消费税税种，在商品生产经营领域形成了以增值税普遍征收和消费税特殊调节的税制格局。2006 年我国对消费税进行了结构性调整，主要是扩大了资源品和奢侈品征税范围。

三、消费税的特点

我国现行消费税和其他流转税种比较，具有一些不同于其他税种的特点：

（1）以特定消费品为课税对象。狭义的消费税属于选择性商品劳务税，根据各国政府的不同的政策目的选择相应的征税商品或劳务作为征税对象。各国征收消费税的项目数量差异很大，有的多达 100 多种，有的只有几种甚至一种，而且名称各异。比较常见的消费税有烟草税、酒和其他饮料税、盐税、茶叶税、石油税、汽油税等，还有赌具税、彩票税、狩猎税、狗税等各种针对独特消费品或消费行为的税种。我国现行的消费税对 11 种商品征税，主要涉及某些高档消费品或奢侈品、某些不可再生的资源类消费品和某些不利于人类健康和社会生态环境的消费品。

（2）单一环节征税。从纳税环节看，我国现行消费税属于单环节征收的商品劳务税，其课征环节一般选择生产经营的起始环节，如生产环节、委托加工环节、进口环节，或者选择最终消费或使用环节，通常不在中间环节征税。如选择起始环节征税的，以后的所有经营环节就不再征税；如选择零售环节征税的，以前的各环节也就不再征税。这具有不同于增值税"道道课征"的显著的特点。选择单一环节征税的目的，主要是为了加强源泉控制，防止税款的流失，此外，还可以减少纳税人的数量，从而降低税收的征纳成本。

（3）从价和从量征税共存。我国现行消费税既可以实行从价定率征收，也可以实行从量定额征收。通常大部分应税消费品都以消费品的销售额为计税依据，实行从价定率的征收办法，但对少数价格难以确定或者价格变化较大的消费品则以消费品的实物量为计税依据，实行从量定额的征收方法。

（4）实行差别税率。正是因为消费税的开征目的主要是发挥其独特的对社会经济生活的调节作用，因此，对列入征税范围的消费品实行有高有低的差别税率结构就非常必要。而且这种差别一般还比较大，即税率高低悬殊程度比较大。我国目前实行的消费税，其税率结构的差异较大，从价征收的消费税税率从 3% 至 45% 共分 10 档。

■ 第二节 征税范围

一、纳税人

凡在我国境内生产、委托加工和进口应税消费品的单位和个人，都是消费税的纳税人。但对在我国境内生产的金银首饰由从事零售业务的单位和个人作为纳税人。这里所说的"境内"是指生产、委托加工、进口或零售的应税消费品的起运地或所在地在我国境内；"单位"是指国有企业、集体企业、私营企业、股份制企业、外商投资企业、外国企业、其他企业和行政单位、事业单位、军事单位、社会团体及其他单位；"个人"是指个体经营者及其他个人。

二、征税范围

我国现行消费税选择部分消费品为课征对象，应征消费税的产品包括用于生活消费的商品和用于生产消费的商品。具体分为以下 14 类：

（1）烟：凡是以烟叶为原料加工生产的产品，不论使用何种辅料，均属于烟的征收范围。具体包括卷烟、雪茄烟和烟丝。对既有自产卷烟，同时又委托联营企业加工与自产卷烟牌号、规格相同卷烟的工业企业（以下简称卷烟回购企业），从联营企业购进后再直接销售的卷烟，对外销售时不论是否加价，凡是符合下述条件的，不再征收消费税；不符合下述条件的，则征收消费税：①回购企业在委托联营企业加工卷烟时，除提供给联营企业所需加工卷烟牌号外，还须同时提供税务机关已公示的消费税计税价格。联营企业必须按照已公示的调拨价格申报缴税。②回购企业将联营企加工卷烟回购后再销售的卷烟，其销售收入应与自产卷烟的销售收入分开核算，以备税务机关检查；如不分开核算，则一并计入自产卷烟销售收入征收消费税。

（2）酒及酒精：酒类包括粮食白酒、薯类白酒、黄酒、啤酒和其他酒。酒精包括各种工业酒精、医用酒精和食用酒精。饮食业、商业、娱乐业开办的啤酒屋（啤酒坊）利用啤酒生产设备生产的啤酒也属于征税范围。

（3）化妆品：包括香水、香水精、香粉、口红、指甲油、胭脂、眉笔、唇笔、睫毛膏和成套化妆品。

（4）游艇：包括运动型游艇、休闲型游艇和商务游艇。

（5）高尔夫球及球具。

（6）高档手表。

（7）贵重首饰及珠宝玉石：包括金、银、铂金、宝石、珍珠、钻石、翡翠、珊瑚、玛瑙等高贵稀有物质以及其他金属、人造宝石等制作的各种纯金银首饰和经采掘、打磨、加工的各种珠宝玉石。

（8）实木地板。

（9）木制一次性筷子。

（10）鞭炮、焰火。

（11）石油制品：包括汽油、柴油、石脑油、溶剂油、润滑油、航空油、燃料油。目前对航空煤油暂缓征税。

（12）汽车轮胎：对汽车轮胎中的斜交轮胎征收，子午线轮胎免征。

（13）摩托车：包括轻便摩托车和摩托车两种。

（14）小汽车：包括小轿车和中型客车。

■ 第三节　税率结构

消费税暂行条例根据不同应税消费品的具体情况分别规定了比例税率和定额税率两种税率形式，还对某些特殊消费品的税率适用作出具体规定。

一、比例税率

比例税率主要适用于那些价格差异较大、计量单位难以规范的应税消费品，包括烟（除卷烟），酒（除白酒、黄酒和啤酒），化妆品，护肤护发品，鞭炮焰火，贵重首饰，珠宝玉石，汽车轮胎，摩托车和小汽车。

二、定额税率

定额税率适用于供求基本平衡并且价格差异较小、计量单位规范的应税消费品，包括黄酒、啤酒、汽油和柴油4种液体产品。

三、复合税率

卷烟、白酒商品实行从价比例和从量定额复合税率。

（1）卷烟：定额税率为每标准箱（50 000支）150元。比例税率为：每标准条（200支）调拨价格在50元（含50元，不含增值税）以上的税率为45%；每标准条调拨价格在50元以下的税率为30%；进口卷烟，白包卷烟，手工卷烟，自产自用没有同牌号、同规格调拨价格的卷烟，委托加工没有同牌号、规格调拨价格的卷烟，未经国务院批准纳入计划的企业和个人生产的卷烟税率为45%。

（2）白酒：定额税率为0.5元/斤；比例税率为20%。

兼营不同税率消费品的税率确定：纳税人兼营（生产销售）两种税率以上的应税消费品，应当分别核算不同税率应税消费品的销售额、销售数量；未分别核算销售额、销售数量，或者将不同税率的应税消费品组成成套消费品销售的，从高适用税率（表4-1）。

表4-1 消费税税目税率表

税　目	征收范围	计税单位	税率
一、烟：			
1. 卷烟		标准箱	150元
	每标准条50元以上	50 000支	45%
	每标准条50元以下		30%
2. 雪茄烟			25%
3. 烟丝			30%
二、酒及酒精			
1. 白酒	定额税	斤	0.5元
	比例税		20%
2. 黄酒			240元
3. 啤酒	出厂价3 000元以上	吨	250元
	出厂价3 000元以下	吨	220元
4. 其他酒			10%
5. 酒精			5%
三、化妆品			30%
四、游艇			10%
五、高尔夫球及球具			10%
六、高档手表			20%

续表

税　目	征收范围	计税单位	税率
七、贵重首饰及珠宝玉石			
1. 金银首饰、钻石及饰品			5%
2. 其他			10%
八、实木地板			5%
九、木制一次性筷子			5%
十、鞭炮、焰火			15%
十一、石油制品			
1. 含铅汽油			1.40
2. 无铅汽油、石脑油、溶剂油、润滑油			1.00
3. 柴油、燃料油、航空煤油			0.80
十二、汽车轮胎			3%
十三、摩托车			
1. 排量 250 毫升以下			3%
2. 排量 250 毫升以上			10%
十四、小汽车			
1. 乘用车	气缸容量小于 1 升		1%
	气缸容量 1～1.5 升		3%
	气缸容量 1.5～2 升		5%
	气缸容量 2～2.5 升		9%
	气缸容量 2.5～3 升		12%
	气缸容量 3～4 升		25%
	气缸容量大于 4 升		40%
2. 中轻型商用客车			5%

■ 第四节　应纳税额

一、生产销售应纳税额的计算

应税消费品的生产者销售应税消费品，分别实行从价比例计算征税、从量定额计算征税和从价比例与从量定额复合计算征税。

（一）从价比例应纳消费税的计算

实行从价比例计算消费税的基本公式为

$$应纳消费税＝销售额×税率$$

1. 销售额

税法规定，作为消费税计税依据的销售额是指纳税人销售应税消费品而向购买方收取的全部价款和价外费用，但不包括应向购买方收取的增值税税款。如果纳税人应税消费品的销售额未扣除增值税税款或者因不得开具增值税专用发票而

发生价款和增值税税款合并收取的，在计算消费税时应当换算为不含增值税税款的销售额。换算公式为

应税消费品的销售额＝含增值税的销售额／(1＋增值税税率或征收率)

由于征收消费税的产品同时又必须缴纳增值税，而两者的计税依据都是同口径的销售额，但含义有所不同：对增值税而言，应税销售额为不含增值税的销售额；对消费税而言，应税销售额为含消费税但不含增值税的销售额。因为消费税作为一种价内税，其计税依据就是含税（消费税）的，而增值税作为一种价外税，其计税依据是不含税（增值税）的。此外，有关价外费用的含义和内容及其处理规定，与增值税税制相同。

2. 销售额确定的特殊规定

(1) 包装物及其押金的处理。税法根据包装物是否随同产品销售和是否收取押金的不同情况，作出了相应的规定：对连同所包装的应税消费品一起销售的包装物，无论是否单独计价，也不论在会计上如何核算，均应并入应税消费品的销售额中征收消费税；对只收取押金而不随同产品作价销售的包装物，其所收取的押金不应并入应税消费品中征税，但对逾期未收回的包装物不再退还的和收取 1 年以上的押金，应并入应税消费品的销售额，按照应税消费品的适用税率征税；对既作价随同应税消费品销售又另外收取押金的，凡纳税人在规定的期限内不予退还的，均应并入应税消费品的销售额，按照应税消费品的适用税率征收消费税。但对销售除啤酒、黄酒以外的其他酒类产品而收取的包装物押金，无论是否返还以及会计上如何核算，均应并入当期销售额征税。

(2) 特殊方式下销售额的确定。纳税人通过自设非独立核算的门市部销售的自产应税消费品，应当按照门市部对外销售额或者销售数量征收消费税。纳税人用于换取生产资料和消费资料、投资入股和抵偿债务等方面的应税消费品，应当以纳税人同类应税消费品的最高销售价格作为计税依据计算消费税。

例：某化妆品生产企业通过非独立核算门市部销售化妆品，每箱售价1 000元，合计销售 500 箱，消费税税率30％，计算生产企业应纳消费税。

解：

应纳消费税＝1 000×500×30％＝150 000（元）

例：某化妆品生产企业通过独立核算销售公司销售化妆品，生产企业卖给销售公司 500 箱，出厂价为每箱 800 元，销售公司再按 1 000 元出售，计算生产企业应纳消费税。

解：

应纳消费税＝800×500×30％＝120 000（元）

（二）从量定额应纳消费税的计算

实行从量定额计征消费税的计算公式为

应纳消费税税额＝应税消费品的销售数量×单位税额

其中，销售数量按以下不同情况分别确定：销售应税消费品的，为应税消费品的销售数量；自产自用应税消费品的，为应税消费品的移送使用数量；委托加工应税消费品的，为纳税人收回的应税消费品数量；进口的应税消费品，为海关核定的应税消费品进口征税数量。

实行从量定额办法计算应纳消费税的消费品，计算单位的换算标准为：啤酒，1吨＝988升；黄酒，1吨＝962升；汽油，1吨＝1 388升；柴油，1吨＝1 176升。

（三）从价比例和从量定额应纳消费税的复合计算

实行从价比例和从量定额复合计算应纳消费税的计算公式为

从价比例应纳消费税＝销售额×税率

从量定额应纳消费税＝应税消费品的销售数量×单位税额

复合计算应纳消费税＝从价比例应纳消费税税额＋从量定额应纳消费税税额

我国现行消费税的复合征税仅对卷烟和白酒征收。对于白酒可按上述公式计算征税。但对于卷烟的计税依据为卷烟的调拨价格或核定价格。调拨价格是指卷烟生产企业通过卷烟交易市场与购货方签订的卷烟交易价格；卷烟核定价格是指由税务机关按其零售价倒算一定比例的办法核定计税价格。核定价格的计算公式为

核定价格＝市场零售价格$/(1+35\%)$

实际销售价格高于计税价格和核定价格的，按实际销售价格计算征收消费税；实际销售价格低于计税价格和核定价格的，按计税价格或核定价格计算征收消费税。

例：某卷烟厂5月份生产并通过交易市场销售甲级卷烟1 000箱，每标准箱实际售价14 500元，国家调拨价15 500元。另外有50箱作为礼品赠送给协作单位。当月移送到本市非独立核算门市部200箱，门市部实际销售150箱，每箱售价18 720元（含增值税），国家核定价15 000元。增值税进项税为145万元。消费税比例税率45%，定额税150元/箱，计算该卷烟厂应纳消费税和增值税。

解：

$$应纳消费税 = 0.015 \times (1\,000+50+150) + [1.55 \times (1\,000+50)$$
$$+ 1.872/(1+17\%) \times 150] \times 45\%$$
$$= 858.375(万元)$$

$$应纳增值税 =[1.45 \times (1\ 000＋50)＋1.872/(1＋17\%) \times 150]$$
$$\times 17\%－145$$
$$=154.625(万元)$$

二、外购已税消费品加工应税消费品的应纳税额计算

对纳税人用外购或委托加工收回已税消费品生产的应税消费品，应扣除所用已税消费品已纳的消费税税款。用外购或委托加工收回已税消费品生产的应税消费品，包括：以外购或委托加工收回已税烟丝生产的卷烟；以外购或委托加工收回已税化妆品生产的化妆品；以外购或委托加工收回已税护肤护发品生产的护肤护发品；以外购或委托加工收回已税珠宝玉石生产的珠宝玉石；以外购或委托加工收回已税鞭炮焰火生产的鞭炮焰火；以外购或委托加工收回已税汽车轮胎（内胎和外胎）生产的汽车轮胎；以外购或委托加工收回已税摩托车生产的摩托车。对这些用已税消费品生产的应税消费品，在计算应纳消费税时，需要对所耗用的已税消费品已缴纳的消费税予以扣除，以避免重复征税。外购已纳消费税的扣除应分别按以下方法处理：

（1）对于用外购的已税消费品连续生产应税消费品的，按当期生产领用数量计算准予扣除外购应税消费品已纳的消费税税款。当期准予扣除外购应税消费品已纳消费税税款的计算公式为

当期准予扣除外购应税消费品已纳消费税税款＝当期准予扣除的外购应税消费品买价×外购应税消费品适用税率

当期准予扣除的外购应税消费品买价＝期初库存的外购应税消费品买价＋当期购进的外购应税消费品买价－期末库存的外购应税消费品买价

外购已税消费品买价是指购货发票上注明的销售额（不包括增值税税款）。

上述允许扣除已纳税款的消费品只限于从工业企业购进的应税消费品，对从商业企业购进应税消费品的已纳税款一律不得扣除。另外，对自己不生产应税消费品，而只是购进后再销售应税消费品的工业企业，其销售的化妆品、护肤护发品、鞭炮焰火和珠宝玉石，凡不能构成最终消费品直接进入消费品市场，而需进一步生产加工的，应当征收消费税，并允许扣除外购应税消费品已纳消费税。

（2）对于用委托加工收回的应税消费品连续生产的应税消费品，因税款已经由受托方计算出并代扣代缴，可直接按当期生产领用数量从应纳消费税税额中计算准予扣除的已纳消费税税款。当期准予扣除的委托加工收回的应税消费品应纳消费税税款的计算公式为

当期准予扣除的委托加工应税消费品已纳消费税税款＝期初库存的委托加工应税消费品已纳消费税税款＋当期收回的委托加工应税消费品已纳消费税税款－期末库存的委托加工应税消费品已纳消费税税款

纳税人用外购或委托加工收回的已税珠宝玉石生产的含珠宝玉石的镶嵌金银首饰，改在零售环节征收消费税时，一律不得扣除珠宝玉石已纳的消费税税款。

三、自产自用应纳税额的计算

（一）自产自用

纳税人生产的应税消费品，除直接对外销售外，还可以用于连续生产应税消费品或者用于其他方面。纳税人自产自用的应税消费品，用于连续生产应税消费品的不纳税。纳税人自产自用的应税消费品用于其他方面的，应于其移送使用时缴纳消费税。用于连续生产的自产自用的应税消费品，是指作为生产最终应税消费品的直接材料并构成最终产品实体的应税消费品。用于其他方面的自产自用的应税消费品，是指纳税人用于生产非应税消费品和在建工程、管理部门、非生产机构、提供劳务，以及用于馈赠、赞助、集资、广告、样品、职工福利、奖励等方面的应税消费品。

（二）自产自用应税消费品应纳消费税的计算

（1）有同类销售价格的自产自用应税消费品。纳税人自产自用的应纳消费税的消费品，如果有同类消费品销售价格的，应按照纳税人生产的同类消费品的销售价格计税。同类消费品的销售价格，是指纳税人当月销售的同类消费品的销售价格，如果当月同类消费品各期销售价格高低不同的，应按销售数量加权平均计算，但销售的应税消费品无销售价格或销售价格明显偏低又无正当理由的，不得列入加权平均计算；如果当月无销售或当月未完结，应按照同类消费品上月或最近月份的销售价格计算纳税。

（2）无同类销售价格的自产自用应税消费品。纳税人自产自用的应纳消费税的消费品，如果没有同类消费品销售价格的，应按照组成计税价格计算纳税。组成计税价格的计算公式为

$$组成计税价格＝（成本＋利润）/（1－消费税税率）$$

或　　　组成计税价格＝生产成本×（1＋成本利润率）/（1－消费税税率）

成本是指应税消费品的生产成本。利润是指根据应税消费品的全国平均成本利润率计算的利润。应税消费品的全国平均成本利润率由国家税务总局确定。由国家税务总局确定的全国平均成本利润率为：甲类卷烟、粮食白酒为 10%，小轿车为 8%，贵重首饰及珠宝玉石、摩托车、越野车为 6%，乙类卷烟、雪茄烟、烟丝、薯类白酒、其他酒、酒精、化妆品、护肤护发品、鞭炮焰火、汽车轮胎和小客车均为 5%。

四、委托加工应纳税额的计算

（一）委托加工

税法规定，委托加工的应税消费品，是指由委托方提供原料和主要材料，受托方只收取加工费和代垫部分辅助材料加工的应税消费品。这就是说，税法规定的委托加工业务必须同时符合两个条件：一是由委托方提供原料和主要材料；二是受托方只收取加工费和代垫部分辅助材料。对于由受托方提供原材料生产的应税消费品，或者受托方先将原材料卖给委托方后再接受加工的应税消费品，以及由受托方以委托方名义购进原材料生产的应税消费品，无论纳税人在财务上是否做销售处理，都不得作为委托加工的应税消费品。

（二）委托加工业务的消费税处理

对于符合税法规定条件的委托加工的应税消费品，应由受托方代收代缴消费税。但纳税人委托个体经营者加工的应税消费品，一律于委托方收回后在委托方所在地缴纳消费税。

对于受托方未按规定代收代缴消费税税款的，由委托方补征。委托方补征应纳消费税税款的计税依据是：如果委托加工收回的应税消费品已经直接销售的，应按销售额计税；如果尚未销售或不能直接销售的（如用于连续生产应税消费品等），应按组成计税价格计算纳税。计算公式为

$$组成计税价格＝（成本＋利润）/（1－消费税税率）$$

对于委托加工收回后直接出售的应税消费品，如果受托方在交货时已代收代缴消费税的，不再征收消费税。

（三）受托方代收代缴消费税的计算

（1）有同类销售价格的委托加工应税消费品。如果委托加工的应税消费品，受托方有同类应税消费品销售价格的，受托方计算代收代缴的消费税税款时，应按当月销售的同类消费品的销售价格计算纳税；如果当月同类消费品各期销售价格高低不同的，应按销售数量加权平均价格计算纳税，但销售的应税消费品无销售价格或销售价格明显偏低又无正当理由的，不得列入加权平均价格计算；如果当月无销售或当月未完结，应按照同类消费品上月或最近月份的销售价格计算纳税。

（2）无同类销售价格的委托加工应税消费品。如果委托加工的应税消费品，受托方无同类应税消费品销售价格的，受托方计算代收代缴的消费税税款时，应按组成计税价格计算纳税。组成计税价格和应纳消费税税额的计算公式为

$$组成计税价格＝（材料成本＋加工费）/（1－消费税税率）$$
$$应纳消费税＝组成计税价格×消费税税率$$

材料成本是指委托方所提供加工材料的实际成本。委托加工应税消费品的纳税人，必须在委托加工合同上如实注明（或以其他方式提供）材料成本。凡未提供材料成本的，受托方所在地主管税务机关有权核定其材料成本。加工费是指受托方加工应税消费品向委托方收取的全部费用，包括代垫的辅助材料的实际成本。

例：A 酒生产企业 10 月份发生以下业务：从农业生产者购入粮食 1 500 吨，共计支付收购价款 300 万元。企业将收购的粮食委托 B 酒厂生产加工成白酒，酒厂在加工过程中代垫辅助材料款 89 万元，收取加工费 250 万元。加工的白酒计 1 000 吨，当地无同类产品市场价格。A 酒厂将收回的白酒 900 吨出售，取得不含税销售额 900 万元。另外 100 吨加工成药酒出售，药酒销售额 400 万元，A 酒厂外购材料发生的进项税 50 万元。粮食白酒消费税比例税率 25％，定额税率 0.5 元/斤，药酒消费税税率 10％。计算 B 酒厂应代收代缴消费税、应纳增值税和 A 酒厂应纳消费税、增值税。

解：

$$B 酒厂应代收代缴消费税 ＝[300×（1－13\%）＋89＋250]/（1－25\%）$$
$$×25\%＋0.1×1\,000＝300（万元）$$
$$B 酒厂应纳增值税 ＝（89＋250）×17\%＝57.63（万元）$$
$$A 酒厂应纳消费税 ＝400×10\%＝40（万元）$$
$$A 酒厂应纳增值税＝（900＋400）×17\%－50－300×13\%－57.63$$
$$＝74.37（万元）$$

五、进口应纳税额的计算

（一）从量定额征收的进口应税消费品应纳消费税计算

对于实行从量定额征税产品，应按应税消费品的进口数量和规定的定额税率计算应纳消费税税额。同时，还应按进口时支付的金额为计税依据确定组成计税价格计算应纳增值税。计算公式为

$$应纳消费税＝进口应税消费品数量×单位税额$$

（二）从价定率征收的进口应税消费品应纳消费税和增值税的计算

对于实行从价定率征税的进口应税消费品，其计算增值税和消费税的依据是相同的，均为进口时所支付的不含增值税税额的金额，应规定的组成计税价格和相应的适用税率分别计算应纳增值税额和消费税，计算公式为

组成计税价格＝（关税完税价格＋关税）/（1－消费税税率）

应纳消费税＝组成计税价格×消费税税率

例：某外贸公司从国外进口一批化妆品，化妆品关税完税价格1 000万元，征收进口关税400万元，消费税税率化妆品30%，计算该外贸公司进口应纳消费税和增值税。

应纳消费税＝（1 000＋400）/（1－30%）×30%＝600（万元）

应纳增值税＝（1 000＋400＋600）×17%＝340（万元）

六、出口退（免）税的计算

1. 出口应税消费品退（免）税的范围

（1）出口应税消费品退税的适用范围。出口货物退还消费税的政策只适用于有出口经营权的外贸企业购进并直接出口的应税消费品，以及外贸企业受其他外贸企业委托代理出口的应税消费品。外贸企业受其他非外贸企业（包括非生产性的商贸企业和生产企业）委托代理出口的应税消费品，不予退税。

（2）出口应税消费品免税的适用范围。出口货物免征消费税的政策适用于有出口经营权的生产性企业自营出口或生产企业委托外贸企业代理出口自产的应税消费品，依据其实际出口数量免征消费税，不予办理退还消费税。这里，免征消费税是指对生产性企业按其实际出口数量免征生产环节的消费税。不予办理退还消费税，是因为消费税只在生产环节征税，对生产企业免征消费税，就使该应税消费品出口时已不再含有消费税，所以无需退还消费税。

2. 出口应税消费品的退税率

出口应税消费品应退消费税的税率或单位税额，就是税法规定的征税率或单位税额。出口企业应将出口的不同税率的应税消费品实行分别核算，并分别申报退税。凡划分不清适用税率的，一律从低适用税率计算应退消费税税额。

3. 出口应税消费品退税的计算

外贸企业购进应税消费品直接出口或受其他外贸企业委托代理出口应税消费品应退的消费税税款，属于从价定率计征消费税的应税消费品，应依据外贸企业从工厂购进货物时征收消费税的价格计算，其公式为

应退消费税＝出口货物的工厂销售额×税率

出口货物的工厂销售额，是指不包含增值税的收购金额，对含增值税的价格，应换算为不含增值税的销售或收购金额。

4. 出口应税消费品办理退（免）税后的管理

出口的应税消费品办理退税后，发生退关，或者国外退货进口时予以免税的，报关出口者必须及时向其所在地主管税务机关申报补缴已退的消费税税款。纳税人直接出口的应税消费品办理免税后，发生退关或国外退货，进口时已予以

免税的，经所在地主管税务机关批准，可暂时不办理补税，待其转为国内销售时，再向其主管税务机关申报补缴消费税。

第五节 征收管理

一、纳税义务发生时间

消费税的纳税义务发生时间按不同的生产经营方式和货款的不同结算方式进行相应的处理。

1. 生产销售应税消费品的纳税义务发生时间

（1）纳税人采取赊销和分期收款方式赊销应税消费品的，其纳税义务发生时间为销售合同规定的收款日期的当天。

（2）纳税人采取预收货款方式销售应税消费品的，其纳税义务发生时间为发出应税消费品的当天。

（3）纳税人采取托收承付和委托银行收款方式销售应税消费品的，其纳税义务发生时间为发出应税消费品并办妥托收手续的当天。

（4）纳税人采取其他结算方式销售应税消费品的，其纳税义务发生时间为收讫销售款或者取得索取销售款凭证的当天。

2. 其他应税行为的纳税义务发生时间

（1）纳税人自产自用的应税消费品，其纳税义务发生时间为移送使用的当天。

（2）纳税人委托加工应税消费品，其纳税义务发生时间为纳税人提货的当天。

（3）纳税人进口的应税消费品，其纳税义务发生时间为报关进口的当天。

二、纳税期限

消费税的纳税期限，根据纳税人、代收代缴义务人应纳税额或应代收代缴税额的大小，由主管税务机关分别核定。税法规定的纳税期限分别为1日、3日、5日、10日、15日、1个月或者1个季度。纳税人不能按固定期限纳税的，可以按次纳税。

纳税人以1个月或者1个季度为1期纳税的，自期满之日起15日内申报纳税；以其他期限为1期纳税的，应在纳税期满之日起5日内预缴税款，于次月1日起15日内申报纳税并结清上月应纳税款。进口应税消费品的纳税人，应于报关进口后15日内申报纳税。

三、纳税地点

纳税人销售的应税消费品以及自产自用的应税消费品，除国家另有规定的外，应当向纳税人核算地主管税务机关申报纳税。进口的应税消费品，应当在进口报关地向海关纳税。

委托加工的应税消费品，由受托方向所在地主管税务机关解缴消费税税款。纳税人到外县（市）代销自产应税消费品的，于应税消费品销售后，回纳税人核算地或所在地缴纳消费税。

纳税人的总机构和分支机构不在同一省（自治区、直辖市）的，应在生产应税消费品的分支机构所在地缴纳消费税。但经国家税务总局批准，纳税人应纳消费税税款，也可由总机构汇总向总机构所在地主管税务机关缴纳。对纳税人的总机构和分支机构在同一省（自治区、直辖市）内，而不在同一县（市）的，如需由总机构汇总在总机构所在地纳税的，须经国家税务总局所属分局批准。

四、报缴方式

消费税由税务机关负责征收。进口的应税消费品应征的消费税，由海关代征。个人携带或者邮寄进境的应税消费品应征的消费税，连同关税一并计征。

纳税人报缴税款的方法，由所在地主管税务机关视不同情况，于下列办法中核定一种实行：①纳税人按期向税务机关填报纳税申报表，并填开纳税缴款书，向所在地代理金库的银行缴纳税款。②纳税人按期向税务机关填报纳税申报表，由税务机关审核后填发缴款书，按期缴纳。③对会计核算不健全的小型业户，税务机关可根据其产销情况，按季或按年核定其应纳税款，分月缴纳。

➤思考题

1. 为什么要征收消费税？
2. 消费税有哪些特点？
3. 消费税主要对哪些项目征税？
4. 消费税的纳税环节如何确定？
5. 消费税的税率有什么特点？
6. 用外购的已税消费品连续生产应税消费品的已纳消费税如何处理？
7. 对于用委托加工收回的应税消费品连续生产应税消费品的已纳消费税如何处理？
8. 自产自用应税消费品如何征税？
9. 出口应税消费品的退（免）税有哪些规定？
10. 消费税的纳税地点如何确定？

➤练习题

1. 某卷烟厂委托某烟丝加工厂加工一批烟丝,卷烟厂提供的烟叶在委托加工合同上注明的成本金额为 60 000 元,烟丝加工完,卷烟厂提货时支付的加工费用为 3 700 元,并支付了烟丝加工厂按烟丝组成计税价格计算的消费税税款。卷烟厂将这批加工好的烟丝全部用于生产甲类卷烟并予以销售计 100 箱,向购货方开具的增值税专用发票上注明的价税合计款为 1 053 000 元。计算加工和销售卷烟应纳消费税税额(烟丝消费税税率为 30%、甲类卷烟消费税税率为 45%)。

2. A 酒厂为增值税一般纳税人,5 月份从农业生产者手中收购玉米 40 吨,每吨收购价 3 000 元,共计支付收购货款 120 000 元。A 酒厂将收购的玉米从收购地直接运往异地 B 酒厂生产加工药酒,B 酒厂在加工过程中代垫辅助材料款 18 000 元,加工费 27 000 元,加工的药酒无同类产品价格。本月内 A 酒厂将收回的药酒批发售出,取得不含税销售额 260 000 元,另外支付给运输单位的销货运输费用 12 000 元。药酒的消费税税率为 10%。计算 B 酒厂应代收代缴消费税、应纳增值税和 A 酒厂应纳增值税。

3. 某汽车制造厂为增值税一般纳税人,生产销售 A 型小轿车,出厂不含税单价为每辆 95 000 元,3 月份购销情况如下:①向当地汽车贸易中心销售 80 辆,汽车贸易中心当月付清货款后,厂家给予了 8% 的销售折扣,开具红字发票入账;②向外地特约经销点销售 50 辆,另收取包装费和售后服务费每辆 1 000 元,并支付给运输单位 10 000 元,取得运输单位开具给汽车制造厂的运费发票上注明运费 8 000 元,装卸费 2 000 元;③逾期仍未收回的包装物押金 67 000 元;④将本厂自产的一辆 A 型小轿车用于本厂后勤生活服务;⑤购进小轿车零部件、原材料,取得增值税专用发票上注明的价款为 5 800 000 元,税款为 986 000 元;⑥从小规模纳税人处购进小轿车零件 90 000 元,未取得增值税专用发票;⑦本厂直接组织收购废旧小轿车,支付收购金额 80 000 元。已知小轿车的消费税税率为 5%。计算该企业应纳消费税、增值税。

4. 某卷烟厂 3 月份发生以下业务:①生产并通过交易市场销售卷烟 1 000 箱,每标准箱实际售价 14 500 元(不含增值税),国家调拨价 15 500 元。②另外有 50 箱作为礼品赠送给协作单位。③当月移送到本市非独立核算门市部 200 箱,门市部实际销售 150 箱,每箱售价 16 000 元(不含增值税),国家核定价 15 500 元。④同期购入香精 10 万元,卷烟纸 12 万元,包装箱 8 万元,烟丝期初库存买价 30 万元,本期购入买价 150 万元,期末库存买价 50 万元。⑤从农业生产者购入烟叶 90 万元,委托 B 卷烟厂加工成烟丝,支付加工费 26.7 万元,无同类商品价格。收回烟丝的 40% 对外销售,取得烟丝销售额 100 万元;余下的 60% 直接用于加工成卷烟出售。⑥采购和销售发生的运输费 3 万元。消费税税率卷烟比例税率 45%,定额税每箱 150 元,烟丝比例税率 30%。计算 A、B 卷烟厂各应纳增值税、消费税。

5. A 酒生产企业 2 月份发生以下业务：①从农业生产者购入粮食支付收购价款 30 万元，委托 B 酒厂生产加工成白酒，酒厂收取加工费 11.4 万元。加工的白酒计 30 吨，当地无同类产品市场价格。②A 酒厂将收回的白酒直接对外出售，取得不含税销售额 60 万元，销售粮食白酒收取包装物押金 1 万元。③向本市销售自制粮食白酒 20 吨，并向对方开具增值税专用发票，销售额 30 万元。另外，收取包装物押金 0.234 万元，并单独入账核算，上述款项已收妥。④销售酒精 10 吨，取得不含税销售额 10 万元，货已发出，款项已收到。⑤销售啤酒 100 吨，取得不含税销售额 32 万元。⑥从农业收购部门购入粮食、玉米等生产原料 80 万元。⑦支付给运输单位的购货运输费 4 万元。消费税税率：粮食白酒比例税率 20%，定额税率 0.5 元/斤；酒精 5%；啤酒 250 元/吨。计算 B 酒厂应代收代缴消费税、应纳增值税和 A 酒厂应纳消费税、增值税。

6. 某外贸公司当月从日本进口 280 辆小轿车，每辆关税完税价格 14 万元，关税 8.8 万元，消费税税率 5%，该外贸公司将进口小轿车当月全部出售，每辆售价不含税价 26 万元。计算该外贸公司进口轿车应纳消费税、增值税和销售轿车应纳增值税。

7. 某化妆品生产企业为增值税一般纳税人，10 月上旬从国外进口一批散装化妆品，支付给国外的货价 120 万元、相关税金 10 万元、卖方佣金 2 万元、运抵我国海关前的运杂费和保险费 18 万元；进口机器设备一套，支付给国外的货价 35 万元、运抵我国海关前的运杂费和保险费 5 万元。散装化妆品和机器设备均验收入库。本月内企业将进口的散装化妆品的 80% 生产加工为成套化妆品 7 800 件，对外批发销售 6 000 件，取得不含税销售额 290 万元；向消费者零售 800 件，取得含税销售额 51.48 万元。化妆品的进口关税税率 40%、消费税税率 30%；机器设备的进口关税税率 20%。计算该企业在进口环节和国内生产销售环节应缴纳的消费税、增值税。

第五章

营业税

■ 第一节　概论

一、营业税特点

营业税是对销售不动产、转让无形资产及从事各种应税服务业的单位和个人，就其营业额计算征收的一种税。营业税与其他流转税相比，大致有以下三个特点：

（1）以服务业为主要征税对象。现行营业税的征收范围包括交通运输、建筑安装、金融保险、邮电通信、文化体育、娱乐服务（以上服务简称应税服务），转让无形资产和销售不动产。凡在我国境内经营这些以外并取得营业收入的单位和个人，不论其经济性质和经营方式，都必须缴纳营业税。随着我国经济结构的调整，第三产业将获得更大的发展，营业税的来源将进一步扩大，营业税收入在整个财政收入中所占的比重，特别是在地方财政收入中所占的比重，也将逐步提高。

（2）按行业设计税目税率。营业税按不同的行业设计相应的税目和税率，即对不同行业实行差别税制、对同一行业实行统一税率。这是因为，第三产业大多属于专业性经营业务，历史上都有一定的行业界限和自然分工，各个行业之间的赢利水平存在较大的差异，产业政策也有所不同。为了使各种服务业能得到均衡发展，并体现国家的产业政策，对不同行业设计了高低不等的比例税率。随着第三产业的不断发展，一方面行业分工将日益精细，另一方面跨行业经营也越来越成为一种普遍的经营方式，对同一个大类行业规定一个税率，不仅计算简便，而且税负比较合理。

（3）计算简便，税收成本较低。除少数情况外，营业税一般以营业收入全额为计税依据，并实行比例税率，税款由营业收入的收取者在取得营业收入之后缴纳，计算十分简便。无论对征税方，还是对缴纳方，都可以节省征管或缴纳所耗的时间、精力、物力等经济资源。

二、营业税的演变发展

新中国成立初期，营业税是工商税的一个组成部分，对各类工商企业的营业收入额征税，征税范围较为普遍，为财政收入的主要来源之一。1958 年税制改革时，将工商税中的营业税部分合并到工商统一税中。1973 年，工商统一税同其他税种又合并为工商税，从此取消了营业税这个税种。直到 1984 年第二步利改税时，随着工商税制的全面改革，又将营业税从工商税中划分出来，成为一个独立的税种。其征税范围为商业和服务业，包括商业零售、商业批发、交通运输、金融保险、邮政电信、公用事业、出版业、娱乐业和各种服务业，还包括自销产品的工业企业。营业税的征收原则是，只要发生应纳税的营业行为并取得营业收入，都应征收营业税。1994 年税制改革时，把商业零售、商业批发、公用事业中的煤气、水等有形动产的销售，以及出版业等改为征收增值税，营业税就演变为对销售不动产、转让无形资产和从事各种服务业（除加工、修理修配两种征收增值税的劳务以外）而取得营业收入征收的一种税，不再对商品流转额征收。

■ 第二节 纳税人

一、纳税义务人的一般规定

营业税的纳税人为在我国境内提供应税劳务、转让无形资产和销售不动产的单位和个人。负有营业税纳税义务的单位，为发生应税行为并向对方收取货币、货物或其他经济利益的单位。单位是指国有企业、集体企业、私营企业、股份制企业、外商投资企业和外国企业、其他企业和行政单位、事业单位、军事单位、社会团体及其他单位。包括独立核算的单位和不独立核算的单位。个人是指个体经营者和其他有经营行为的个人。

二、纳税义务人的特殊规定

（1）企业租赁或承包给他人经营的，以承租人或承包人为纳税人。建筑安装工程实行分包和转包形式的，其以分包人和转包人为纳税人，总承包人为扣缴义务人。

（2）中央铁路运营业务的纳税人为铁道部；合资铁路运营铁路的纳税人为合资铁路公司；地方铁路运营业务的纳税人为地方铁路管理机构；铁路专用线运营业务纳税人是企业或其他指定的管理机构；基建临管线铁路运营业务的纳税人为基建临管线管理机构。

（3）从事水路运输、航空运输、管道运输和其他陆路运输业务并负有营业税纳税义务的单位，为从事运输业务并计算盈亏的单位。

（4）金融保险业纳税人包括银行，信用合作社，证券公司，金融租赁公司、证券基金管理公司、财务公司、信托投资公司、证券投资基金，保险公司。

三、扣缴义务人

营业税的扣缴义务人主要有以下几种：

（1）委托金融机构发放贷款的，以受托发放贷款的金融机构为扣缴义务人；金融机构接受其他单位或个人的委托，为其办理委托贷款业务时，如果将委托方的资金转给经办机构，由经办机构将资金贷给使用单位或个人，由最终将贷款发放给使用单位或个人并取得贷款利息的经办机构代扣委托方应扣的营业税。

（2）建筑安装业务实行分包或转包的，其应纳税款以总承包人为扣缴义务人。

（3）境外单位或个人在境内发生应税行为而在境内未设有机构的，以代理人为扣缴义务人；没有代理人的，以受让者或者购买者为扣缴义务人。

（4）单位和个人进行演出，由他人售票的，以售票者为扣缴义务人；演出经纪人为个人的，其办理演出业务的应纳税款以售票者为扣缴义务人。

（5）分保险业务，以初保人为扣缴义务人。

（6）个人转让专利权、非专利技术、商标权、著作权、商誉的，以受让者为扣缴义务人。

■ 第三节　征税范围

一、征税范围的一般规定

营业税的征税范围是指在我国境内提供应税劳务、转让无形资产或者形式不动产的行为（以下简称"应税行为"）。所谓境内提供应税劳务、转让无形资产或不动产，是指向境内或个人提供应税劳务（但境内保险机构为出口货物提供的保险除外）；向境内单位或个人转让无形资产；所转让的土地使用权在境内；所销售的不动产在境内。所谓应税行为，是指有偿（包括取得货币、货物或其他经济利益）提供应税劳务，有偿转让无形资产或者销售不动产所有权的行为。营业税的具体征税范围如下：

（1）交通运输业：包括陆路运输、水路运输、航空运输、管道运输、装卸搬运和高速公路通行费收入，以及与营运有关的各项劳务活动，如通用航空业务、航空地面服务、打捞、理货、引航、系解缆、停泊、移泊等。

（2）建筑业：是指建筑安装工程作业，包括建筑、安装、修理、装饰和其他工程作业。

（3）金融保险业：是指经营金融、保险业务。其中金融业包括贷款、融资租赁、金融商品转让、金融经纪业务。我国境内外金融机构从事外汇存款、贷款、同业拆借、国际结算、担保、咨询、见证等离岸业务属于在我国境内提供应税劳务。

（4）邮电通信业：是指专门办理信息传递业务，包括邮政、电信。邮政是指传递实物信息的业务，包括传递函件或包件、邮汇、报刊发行、邮政物品销售、邮政储蓄及其他邮政业务。电信是指用各种电传设备传输电信号而传递信息业务，包括电报、电信、电话、电话机安装、电信物品销售及其他电信业务。电信包括基础电信业务和增值电信业务。基础电信业务包括固定网国内长途及本地电话业务、移动通信业务、卫星通信业务、因特网及其他数据传送业务、网络元素出租业务、电信设备及电路出租业务、网络接入及托管业务、国际通信基础设施国际电信业务、无线寻呼业务。增值电信业务包括固定电话网、移动电话网、卫星网、因特网、其他数据传送网络增值电信业务。

（5）文化体育业：是指经营文化、体育活动的业务，包括文化业和体育业。

（6）娱乐业：是指为娱乐活动提供场所和服务的业务，包括经营歌厅、舞厅、卡拉OK歌舞厅、音乐茶座、台球、高尔夫球、保龄球、游艺、电子游戏厅等娱乐场所，以及娱乐场所为顾客进行娱乐活动提供服务的业务。

（7）服务业：是指利用设备、工具、场所、住处或技能为社会提供服务的业务，包括代理业、旅店业、饮食业、旅游业、仓储业、租赁业、广告业。对于福利彩票机构以外的代销单位销售福利彩票取得的手续费收入，以有社保基金托管人从事社保基金管理活动取得的手续费收入，按服务业征收营业税。

（8）转让无形资产：是指转让无形资产的所有权或使用权行为，包括转让土地使用权、商标权、专利权、非专利技术、著作权和商誉。

（9）销售不动产：是指有偿转让不动产所有权的行为，包括销售建筑物和销售其他土地附着物。包括房地产开发商自行销售不动产和委托代理商销售不动产。委托代理销售是指房产开发企业与包销商签订合同，将房产交给包销商根据市场情况自订价格进行销售，由房产开发企业向客户开具房产销售发票，包销商收取价差或手续费。包销商是代理房产开发企业进行销售，所取得的手续费收入或者价差应按服务业的代理业征收营业税。

二、征税范围的特殊规定

（1）从事货物的生产、批发或零售的企业、企业性单位及个体经营者的混合销售行为，视为销售货物，应当征收增值税；其他单位和个人的混合销售行为，视为提供应税劳务，应当征收营业税。但从事运输业务的单位和个人，发生销售货物并负责运输所售货物的混合销售行为，征收增值税。纳税人的销售行为是否属于混合销售行为，由国家税务总局所属征收机关确定。

（2）纳税人兼营应税劳务与货物或非应税劳务的，应分别核算应税劳务的营业额，以及货物或者非应税劳务的销售额；不分别核算或者不能准确核算的，应由国家税务机关核定应税劳务营业额和货物或非应税劳务的销售额，一并征收增值税，不征收营业税。纳税人兼营的应税劳务是否应当一并征收增值税，由国家税务总局所属征收机关确定。

（3）单位或个人自己新建建筑物后销售，其自建行为视为提供应税劳务，应当按建筑业税目征收营业税，同时按销售不动产税目征收营业税。

（4）转让不动产有限产权或永久使用权，以及单位将不动产无偿赠送他人，应视同销售不动产，征收营业税。

（5）以无形资产、不动产投资入股，参与接受投资方利润分配，对于不担风险的征收营业税。共同承担投资风险的，不征营业税。但转让该项股权的，应当征收营业税。

（6）土地所有者（国家）出让土地使用权和土地使用者将土地使用权归还土地所有者的行为，不征营业税。

（7）对于邮政物品，如果由邮政部门销售的征收营业税，非邮政部门销售的征增值税。对于电信物品，如果由电信部门销售并带电信服务的征营业税，非电信部门销售，或电信部门销售不带电信服务的征增值税。

（8）关联方之间无偿提供应税劳务，应视同发生应税行为。

三、优惠政策

现行营业税的减免规定，按其来源可以分为两个方面：一是法定免税项目，指营业税条例及其实施细则明确列举的免税项目；二是在营业税条例及其实施细则公布以后由财政部、国家税务总局陆续制定并公布的补充优惠项目。

（一）法定免税项目

（1）育养、婚姻介绍、殡葬服务，是指托儿所、幼儿园、养老院、残疾人福利机构提供的育养服务、婚姻介绍服务、殡葬服务。

（2）医疗服务，是指医院、诊所、其他医疗机构提供的对患者进行诊断、治疗和防疫、接生、计划生育方面的服务，以及与这些服务有关的提供药品、医疗用具、病房住宿和伙食的业务。

（3）教育服务，是指学校和其他教育机构提供的教育劳务、学生勤工俭学提供的劳务。这里所说的学校和其他教育机构，是指普通学校以及经地、市级以上人民政府或者同级政府的教育行政主管部门批准成立，国家承认其学员学历的各类学校。

（4）农业服务，是指农业机耕、排灌、病虫害防治、植保、农牧保险以及相关技术培训业务，家禽、牲畜、水生动物的配种和疾病防治项目。

（5）文化活动，是指纪念馆、博物馆、文化馆、美术馆、书画院、图书馆、文物保护单位，在自己的场所举办的属于文化体育业税目征税范围的文化活动。税法规定免税的收入，是指上述单位销售第一道门票取得的收入，以及宗教场所（包括寺庙、宫观、清真寺和教堂）举办文化、宗教活动销售门票所取得的收入。

（6）行政性收费，是指立法机关、司法机关、行政机关自己直接收取，属于国务院、省级人民政府或其所属财政、物价部门以正式文件允许的，而且收费标准符合文件规定的各类行政性收费项目。

（二）补充优惠项目

（1）民政部门举办的福利企业和街道、乡镇举办的福利企业，安置的"四残"人员占企业从业人员总数35%以上的，其从事服务性业务的收入已纳的营业税，经税务机关批准，可退还给福利企业。对"四残"人员个人从事劳务等服务性业务取得的收入免税。

（2）单位和个人提供自然科学领域的技术转让、技术开发、技术咨询、技术服务收入免税。

（3）校办企业凡同时符合由学校出资自办，由学校负责经营管理，经营收入归学校所有三个条件，其为本校教学、科研服务所提供的应税劳务（服务业税目中的旅店业、饮食业和娱乐业除外）免税。

（4）从原高校后勤管理部门剥离出来成立的进行独立核算并有法人资格的高校后勤经济实体，经营学生公寓和教师公寓，以及为高校教学提供后勤服务而获得的租金和各种服务收入免税。对设置在校园内实行社会化管理和独立核算的食堂、向师生提供餐饮服务取得的收入免税。

（5）将土地使用权转让给农业生产者用于农业生产所取得的收入项目免税。

（6）经中央及省级财政部门批准纳入预算管理或财政专户管理的行政事业性收费、基金，免征营业税。

（7）立法机关、司法机关、行政机关的收费，同时具备下列条件的，不征收营业税：一是国务院、省级人民政府或其所属财政、物价部门以正式文件允许收费，而且收费标准符合文件规定的；二是所收费用由立法机关、司法机关、行政机关自己直接收取的。

（8）社会团体按财政部门或民政部门规定标准收取的会费免税。

（9）人民银行对金融机构的贷款业务，金融机构往来业务、国家助学贷款业务利息免税。

（10）保险公司开展的一年期以上的返还性人身保险到期返还本利的普通人寿保险、养老年金保险、健康保险免税。

（11）非营利性医疗机构按国家规定价格收取的医疗服务收入免税；对营利性医疗机构取得的收入，直接用于改善医疗卫生条件的，自其取得执业登记之日起 3 年内免税。工会疗养院（所）可视为其他医疗机构，免征营业税。

（12）转让企业产权的行为不属于营业税征收范围，不应征收营业税。转让企业产权是整体转让企业资产、债权、债务及劳动力的行为。

（13）对社保基金理事会、社保基金投资管理人运用社保基金买卖证券投资基金、股票、债券的差价收入，暂免征收营业税。

（14）福利彩票机构发行销售福利彩票取得的收入不征收营业税。

（15）电影发行单位从放映单位取得的发行收入免税。

（16）下岗职工从事社区居民服务业取得的营业收入免税。

（17）个人转让著作权所取得的收入项目免税。

（18）个人购买并居住超过 2 年的普通住宅，销售时免税；个人自建自用住宅，销售时免税；企业单位按房改成本价，标准价出售住房收入暂免征税。

（19）按照政府规定价格出租的公有住房和廉租住房免税，个人按市场价出租的居民住房暂减按 3％税率征税。

（三）营业税的起征点

营业税的起征点规定适用于个人。纳税人的营业额未达到起征点的不纳税；营业额达到起征点的，应按营业额全额计算应纳税额。营业税起征点的幅度规定为：按期纳税的起征点为月营业额 3 000～10 000 元；按次纳税的起征点为每次（日）营业额 100～300 元。省、自治区、直辖市人民政府所属税务机关应在规定的幅度内，根据实际情况确定本地区适用的起征点，并报国家税务总局备案。

■ 第四节　税率结构

营业税按行业设计税目税率，对大多数应税劳务，实行较低的比例税率，对少数应税劳务（指娱乐业）适用高比例税率。此外，税法还规定，纳税人兼营不同税率的应税项目的，应当分别核算不同税目的营业额、转让额、销售额；未分别核算营业额、转让额和销售额的，从高适用税率。具体税率如表 5-1 所示。

表 5-1 营业税税率表

税 目	征 税 范 围	税率
1. 交通运输业	陆路运输、水路运输、航空运输、管道运输和装卸搬运	3%
2. 建筑业	建筑、安装、修理、装饰和其他工程作业	3%
3. 金融保险业	贷款、融资租赁、金融商品转让、金融经纪业务	5%
4. 邮电通信业	邮政、电信	3%
5. 文化体育业	文化业、体育业	3%
6. 娱乐业	歌厅、舞厅、卡拉 OK 歌舞厅、音乐茶座、台球、高尔夫球、保龄球、游艺、电子游戏厅	20%
7. 服务业	代理业、旅店业、饮食业、旅游业、仓储业、租赁业、广告业	5%
8. 转让无形资产	转让土地使用权、商标权、专利权、非专利技术、著作权和商誉	5%
9. 销售不动产	销售建筑物和销售其他土地附着物	5%

注：娱乐业中的保龄球、台球适用 5%税率。

■ 第五节 应纳税额

一、计税依据

（一）计税依据的一般规定

营业税的计税依据是纳税人从事应税劳务所实际取得的营业额，转让无形资产的实际转让额和销售不动产的实际销售额（以下简称营业额）。纳税人的应税营业额包括纳税人提供应税劳务、转让无形资产或者销售不动产而向对方收取的全部价款和价外费用。价外费用包括向对方收取的手续费、基金、集资费、代收款项、代垫款项及其他各种性质的价外费用。

（二）计税依据的特殊规定

1. 交通运输业

计税依据为营业额，包括客运收入、装卸搬运收入、其他运输收入和运输票价中包含的保险费收入，以及随同票价、货运运价向客户收取的各种交通建设基金等。其中，运输企业自我国境内运输旅客或者货物出境，在境外改由其他运输企业承运旅客或者货物的，以及将承揽业务分给其他单位，以全程运费减去付给该承运企业运费后的余额为应税营业额。运输企业从事联运业务，以实际取得的营业额为计税依据。

2. 建筑业

计税依据为纳税人承包建筑、修缮、安装、装饰和其他工程作业取得的营业收入额，即建筑安装企业向建设单位收取的工程价款及价外费用。其中对以下业务又做了具体规定：①纳税人从事建筑业劳务（不含装饰）的，无论与对方如何结算，其营业额均应包括工程所用原材料、设备及其他物资和动力价款在内，但不包括建设方提供的设备价款。纳税人提供装饰劳务的，其营业额包括向对方收取的原材料、设备及其他物资和动力价款。建筑与装饰劳务计税依据的主要区别在于当是由对方提供原材料的包工不包料工程劳务时，建筑工程计税依据为含原材料价格，而装饰工程计税依据为不含原材料价格。②纳税人从事安装工程作业的，如果由乙方提供设备，设备应并入安装工程营业额征税。③建筑业的总承包人将工程分包或转包给他人的，以工程全部承包额减去付给分包人或转包人的价款后的余额为营业额。④单位和个人自建建筑物后销售，其自建行为的营业额按组成计税价格计算。⑤销售自产货物提供增值税应税劳务并同时提供建筑业劳务营业额的计算。纳税人销售自产金属结构件、铝合金门窗、玻璃幕墙、机器设备、电子通信设备等货物，提供增值税应税劳务并同时提供建筑业劳务。如果同时具备建设行政部门批准的建筑业施工（安装）资质，签订建设工程施工总包或分包合同中单独注明建筑业劳务价款两种条件的，销售自产货物、提供增值税应税劳务取得的收入征收增值税，提供建筑业劳务收入征收营业税。凡不同时符合以上条件的，对纳税人取得的全部收入征收增值税，不征收营业税。纳税人通过签订建设工程施工合同，销售自产货物、提供增值税应税劳务的同时，将建筑业劳务分包或转包给其他单位和个人的，对其销售的货物和提供的增值税应税劳务征收增值税；同时，签订建设工程施工总承包合同的单位和个人，应扣缴提供建筑业劳务的单位和个人取得的建筑业劳务收入的营业税。

3. 金融保险业

应税营业额具体包括贷款利息、融资租赁收益、金融商品转让收益以及从事金融经纪业和其他金融业务的手续费收入。保险业的应税营业额是指保险机构经营保险业务所取得的保费收入。具体规定为：

（1）贷款业务。一律以纳税人发放贷款所取得的利息收入全额为营业额。中国人民银行对金融机构的贷款业务不征营业税，但对企业或委托金融机构贷款的业务应当征收营业税。其他单位，不论是否为金融机构，只要发生将资金贷与他人使用的行为，均应视为发生贷款行为，按贷款业务征收营业税。

（2）金融商品转让业务。金融机构从事股票、债券、外汇和其他金融商品转让，应以卖出价减去买入价后的余额为应税营业额。其他金融商品主要是指金融衍生品，除期货外，还包括远期、期权、掉期等。同一大类不同品种金融商品买卖出现的正负差，在同一个纳税期内可以相抵。相抵后仍出现负差的，可结转下一个纳税期相抵，但年末时仍出现负差的，不得转入下一个会计年度。金融商品的买入价，可以选定按加权平均法或移动加权法进行核算，选定后一年内不得变更。非金融机构和个人买卖外汇、有价证券或期货，不征收营业税。

（3）融资租赁业务。经中国人民银行或对外经济贸易合作部批准经营融资租赁业务的单位所从事的融资租赁业务，以其向承租人收取的全部价格和价外费用减去出租方承担的出租货物的实际成本后的余额为营业额。出租货物的实际成本包括由出租方承担的货物购入价、关税、增值税、消费税、运杂费、安装费、保险费以及纳税人为购买出租货物而发生的境外外汇借款利息支出等费用。对于未经中国人民银行或对外经济贸易合作部批准而经营融资租赁业务的单位所从事的融资租赁业务，不属于金融业。应按货物销售征收增值税或按服务业中的租赁业务征收营业税。计算公式为

本期营业额＝（应收取的全部价格和价外费用－实际成本）×（本期天数/总天数）

（4）保险业务。保险业实行分保险的，以全部保费收入减去支付给分包人保费后的余额为初保业务的计税依据。但在实际操作中，可只对初保人按保费收入全额征税，对分保人取得的保费收入不再征税。保险公司如采用收取储金方式取得经济利益的（即以被保险人所交保险资金的利息收入作为保费收入，保险期满后将保险资金本金返还被保险人），其储金业务的营业额，为纳税人在纳税期内的储金平均余额乘以人民银行公布的一年期存款的月利率。储金平均余额为纳税期期初储金余额与期末余额之和的50％。

（5）其他金融业务。典当业的应税营业额为经营者取得的利息和其他各种费用，金融经纪业的应税营业额为金融机构从事金融经纪业务所取得的手续费。

4. 邮电通信业

邮政业务计税依据为传递函件或包件、邮汇、报刊发行、邮政物品销售、邮政储蓄或其他邮政业务的收入。电信业务计税依据为提供电报、电话、电传、电话机安装、电信物品销售或其他电信业务的收入。对于邮政电信企业从事邮政电信产品销售带邮政电信服务的混合销售时，计税依据为产品价格和服务收费。

5. 文化体育业

计税依据为从事文化体育业的单位和个人所取得的营业额。其中，单位和个人进行的演出业务，应以全部票价收入或者包场收入减去付给提供演出场所的单位、演出公司或者经纪人的费用后的余额为应税营业额。游览场所的营业额是指公园、动（植）物园及其他游览场所所销售的门票收入，不包括这些场所从事的其他游艺活动或其他经营活动的收入。

6. 娱乐业

计税依据为经营娱乐业的营业收入，即纳税人向顾客收取的全部费用，包括门票费、台位费、点歌费、烟酒费和饮料费及娱乐场所为顾客进行娱乐活动提供

服务的其他各项收费。高尔夫俱乐部所收取的会员费收入应包括在娱乐业的应税营业额中。娱乐业的纳税人兼营营业税的其他税目的业务，应将娱乐业税目的营业额和其他税目的营业额进行分别核算，不能分别核算的，应从高适用税率。

7. 服务业

计税依据为纳税人经营各项服务业所取得的营业收入全额。具体为：

(1) 旅游企业组织旅游团到我国境内旅游的，以收取的旅游费减去替旅游者支付给其他单位的房费、餐费、交通、门票和其他代付费用后的余额为应税营业额。旅游企业组织旅游团到我国境外旅游，在境外改由其他旅游企业接团的，以全程旅游费减去付给该接团企业的旅游费后的余额为应税营业额。

(2) 代理业以纳税人从事代理业务向委托方实际收取的报酬为营业额。

(3) 广告代理业以代理者向委托方收取全部价格和价外费用减去付给广告发布者的广告发布费后的余额为营业额。

(4) 物业管理企业代有关部门收取水费、电费、燃气费、维修基金、房租，以代理手续费收入为营业额。

(5) 拍卖行以向委托人收取的手续费为营业额。

8. 转让无形资产

计税依据为转让无形资产所取得的转让额，包括受让方支付给转让方的全部货币、实物和其他经济利益。转让方收取实物或其他经济利益时，由税务机关核定其货币价值，据以作为计税依据。对经过国家版权局注册登记，在销售时一并转让著作权、所有权的计算机软件按转让收入征收营业税。

9. 销售不动产

销售不动产的计税依据为纳税人销售不动产而向购买方收取的全部价款和价外费用。转让不动产或受让的土地使用权，以全部收入减去不动产或土地使用权的购置或受让原价后的余额为营业额。对于个人转让住房分为普通住房和非普通住房。个人将购买不足2年的住房对外销售的，全额征收营业税。个人将购买超过2年（含2年）的符合普通住房标准的住房对外销售，免征营业税。个人将购买超过2年（含2年）的住房对外销售不符合普通住房标准的，按售房收入减去购买房屋的价款后的差额征收营业税。可享受优惠政策的普通住房标准需同时满足住宅小区建筑容积率在1.0以上，单套建筑面积在140平方米以下，实际成交价格低于同级别土地上住房平均交易价格1.44倍以下等条件。

(三) 计税依据的税务调整

1. 无营业额或营业额偏低时的税务调整

纳税人提供应税劳务、转让无形资产或者销售不动产的价格明显偏低而无正当理由的，或者纳税人将不动产无偿赠送他人无营业额的，主管税务机关有权按下列顺序核定其营业额：①按纳税人当月提供的同类应税劳务或者销售的同类不动产的平均价格核定；②按纳税人最近时期提供的同类应税劳务或者销售的同类不动产的平均价格核定；③按下列公式核定计税价格：

计税价格＝营业成本或工程成本×(1＋成本利润率)/(1－营业税税率)

上述公式中的成本利润率，由省、自治区、直辖市人民政府所属税务机关确定。

2. 以外汇结算的营业额的税务调整

纳税人以外汇结算营业额，应按外汇市场价格折合成人民币计算。其营业额的人民币折合率可以选择营业额发生的当天或当月1日的国家外汇牌价（原则上为中间价）。但金融保险企业营业额的人民币折合率为上年度决算报表确定的汇率。纳税人应在事先确定选择何种折合率，确定后一年内不得变更。

二、应纳税额的计算

营业税的计算方法比较简单，一般可以直接将计税依据和适用税率相乘，就可以算出应纳税额。在实际征收过程中，营业税的计算方法大致有三种：

(1) 按营业收入全额计算。计算公式为

营业税＝营业收入×税率

(2) 按营业收入差额计算。计算公式为

营业税＝(营业收入－允许扣除金额)×税率

(3) 按组成计税价格计算。计算公式为

应纳税额＝组成计税价格税率

组成计税价格＝营业成本×(1＋成本利润率)/(1－营业税税率)

例：某建筑工程公司10月份发生以下业务：①承包某商务楼工程，价款2 400万元，其中内装修工程转给其他工程队承包，价款920万元，已付款；②销售一座别墅3 500万元，已预收款3 000万元，其余款按协议于移交所有权时结清；③自建两幢面积相等办公楼，其中一幢出售，取得不动产销售收入2 500万元，另一幢自用，两幢房屋建设成本合计2 000万元。核定成本利润率10%，计算该建筑工程公司应纳营业税。

解：

(1) 应纳营业税＝(2 400－920)×3%＝44.4 (万元)

代扣代缴营业税＝920×3%＝27.6 (万元)

(2) 应纳营业税＝3 000×5%＝150 (万元)

(3) 应纳营业税＝2 500×5%＋2 000×50%×(1＋10%)/(1－3%)×3%

＝159.02(万元)

例：某综合服务公司发生以下业务：①从事代理业务，代理业务收入4 000

万元，其中广告业务代理支付广告发布费 1 000 万元，税率 5%；②组织跨国旅游，总收入 1 000 万元，支付给境外旅游团体接团支出 850 万元，支付境内交通费 100 万元，税率 5%；③提供租赁业务，其中经营性租赁业务收入 300 万元，经批准的融资性租赁业务收入 2 500 万元，但该设备购入原价 1 800 万元，税金 200 万元，费用 100 万元，税率 5%。计算该综合服务公司应纳营业税。

解：

(1) 应纳营业税＝(4 000－1 000)×5%＝150（万元）

(2) 应纳营业税＝(1 000－850－100)×5%＝2.5（万元）

(3) 应纳营业税＝300×5%＋(2 500－1 800－200－100)×5%＝35（万元）

例：某商业银行存款利息收支出 400 万元，贷款利息收入 800 万元；转贷利息收入 600 万元，转贷利息支出 500 万元；外汇买卖发生差价 300 万元；收取罚息收入 100 万元；理财咨询业务收入 500 万元。金融业营业税税率 5%，计算该商业银行应纳营业税。

解：

应纳营业税＝[800＋(600－500)＋300＋100＋500]×5%＝90(万元)

例：某保险公司取得财产保险的保费收入 800 万元，其中，储金业务保费 50 万元，储金业务平均余额 8 000 万元，人民银行公布的 1 年期存款利息的月利率 2‰；出口保险业务取得保费收入 300 万元，人生保险业务保费收入 500 万元，其中 1 年期以上返还性人身保险保费收入 100 万元。保险业营业税税率 5%，计算该保险公司应纳营业税。

解：

应纳营业税＝[(800－50)＋(500－100)＋8000×2‰]×5%＝58.3(万元)

第六节　征收管理

一、纳税义务发生时间

营业税的纳税义务发生时间，为纳税人收讫营业收入款项或者取得索取营业收入款项凭据的当天，具体规定为：

(1) 纳税人转让土地使用权或者销售不动产，采用预收款方式的，其纳税义务发生时间为收到预收款的当天。

(2) 纳税人自建建筑物销售，其纳税义务发生时间为其销售自建建筑物并收讫营业额或者取得索取营业额凭据的当天。

(3) 纳税人将不动产无偿赠送他人，其纳税义务发生时间为不动产所有权转移的当天。

二、纳税期限

营业税的纳税期限，分别为 5 日、10 日、15 日、1 个月或 1 个季度。纳税人的具体纳税期限，由主管税务机关根据纳税人应纳税额的大小分别核定；不能按照固定期限纳税额，可以按次纳税。纳税人以 1 个月为 1 期纳税的，自期满之日起 15 日内申报纳税。纳税人以 5 日、10 日、15 日为 1 期纳税的，自期满之日起 5 日内预缴税款，于次月 1 日起 15 日内申报纳税并结清上月应纳税款。金融业（不包括典当业）的纳税期限为 1 个季度。保险业的纳税期限为 1 个月。扣缴义务人的解缴税款期限，比照前述规定办理。

三、纳税地点

税法根据不同情况，对纳税人的纳税地点作出了具体规定：

（1）纳税人提供建筑施工应税劳务，应当向应税劳务发生地主管税务机关申报纳税。纳税人从事其他业务，应当向其机构所在地主管税务机关申报纳税。

（2）纳税人转让土地使用权，应当向土地所在地主管税务机关申报纳税。纳税人转让其他无形资产，应当向其机构所在地主管税务机关申报纳税。

（3）纳税人销售不动产，应当向不动产所在地主管税务机关申报纳税。

（4）纳税人按照条例规定应向应税行为发生地的主管税务机关申报纳税而自应申报之月（含当月）起 6 个月内没有申报纳税的，由其机构所在地或者居住地的主管税务机关补征税款。

（5）纳税人承接的工程跨省、自治区、直辖市的，向其机构所在地主管税务机关申报纳税。

（6）纳税人在本省、自治区、直辖市发生应税行为，其纳税地点需要调整的，由省、自治区、直辖市人民政府所属税务机关确定。

➢ 思考题

1. 营业税有哪些特点？
2. 营业税的征税范围主要包括哪些项目？
3. 对混合销售行为如何征税？
4. 营业税的法定减免优惠有哪些特点？
5. 对从事建筑、修缮、装饰工程作业的计税依据如何确定？
6. 对从事安装工程作业的计税依据如何确定？
7. 采用预收款方式纳税义务时间如何确定？
8. 纳税人转让土地使用权纳税地如何确定？
9. 纳税人转让无形资产纳税地如何确定？

10. 纳税人承接的工程跨省、自治区、直辖市的纳税地如何确定?

➤练习题

1. 某运输公司当月取得国内货运收入 250 000 元，托运装卸收入 35 200 元，当月承揽一项国际运输业务，全程收费为 38 000 元，中途将业务转给境外该国运输单位，支付该承运单位运费 20 000 元。计算该运输公司该月应纳营业税。

2. 某旅游公司组织 100 人旅游团旅游，每人收取旅游费 800 元，旅游中由公司支付每人房费 140 元，餐饮费 100 元，交通费 130 元，门票费 70 元。计算该公司旅游收入应纳营业税。

3. 某建筑公司中标一项建筑承包工程，工程总承包额为 8 000 万元，该建筑公司将工程中的装饰工程分包给某装饰公司，分包价款为 2 000 万元，又将工程中的设备安装工程分包给另一设备安装公司，分包价款为 1 500 万元。已知建筑业营业税税率为 3%。分别计算该建筑公司承包此项工程应缴纳和应扣缴的营业税税额。

4. 甲建筑公司以 16 000 万元的总承包额中标为某房地产开发公司承建一幢写字楼，之后，甲建筑公司又将该写字楼工程的装饰工程以 7 000 万元分包给乙建筑公司。工程完工后，房地产开发公司用其自有的市值 4 000 万元的两幢普通住宅楼抵顶了应付给甲建筑公司的工程劳务费；甲建筑公司将一幢普通住宅楼自用，另一幢市值 2 200 万元的普通住宅抵顶了应付给乙建筑公司的工程劳务费。分别计算有关各方应缴纳和应扣缴的营业税。

5. 某建筑装饰材料商店为增值税一般纳税人，并兼营装修业务和工具租赁业务。在某一纳税期内该商店购进商品，取得的增值税专用发票上注明的价款是 200 000 元；销售商品取得销售收入价税合计 333 450 元，装修业务收入 65 200 元，租赁业务收入 3 800 元。该商店分别核算货物销售额和非应税劳务营业额。计算该商店当期应纳营业税税额和增值税税额。

6. 某市汽车制造厂（增值税一般纳税人）6 月份购进原材料等，取得的增值税专用发票上注明税款共 600 万元；销售汽车取得销售收入（含税）8 000 万元；兼营汽车租赁业务取得收入 20 万元；兼营汽车运输业务取得收入 50 万元。该厂分别核算汽车销售额、租赁业务和运输业务营业额。分别计算该厂当期应纳增值税、消费税（税率 8%）、营业税。

7. 国家社团主管部门批准成立的非营利性协会，8 月份取得以下收入：①依照社团章程的规定，收取团体会员会费 40 000 元，个人会员会费 10 000 元；②代售大型演唱会门票 21 000 元，其中包括代售手续费 1 000 元；③代销我国福利彩票 50 000 元，取得代销手续费 500 元；④协会开设的照相馆营业收入 28 000 元，其中包括相册、镜框等销售收入 2 000 元；⑤委派两人到国外提供咨询服务，收取咨询费折合人民币 60 000 元；⑥举办一期培训班，收取培训费 120 000 元，资料费 8 000 元。计算上述业务应缴纳的营业税，该协会应代扣代缴的营业税。

8. 某地区金融、保险企业发生以下经营业务：①某人民银行对商业银行贷款，取得贷款利息收入 5 000 万元；委托商业银行向外贸公司贷款，取得贷款利息 1 000 万元；金银销售收入 1 200 万元，金银购入原价 800 万元。②某商业银行贷款利息收入 800 万元，存款利息支出 400 万元；外汇买卖发生差价 300 万元；收取罚息收入 100 万元；理财咨询业务收入 500 万元。③某农村信用合作社 3 季度发生贷款利息收入 200 万元，存款利息支出 120 万元；理财咨询业务收入 50 万元。④某典当行销售死当货物 40 万元，支付死当货物 30 万元；典当抵押贷款 500 万元，取得典当抵押贷款手续费 20 万元。⑤某信托公司从事经批准的融资租赁业务，合同租赁期 4 年，租赁费和残值转让收入 5 160 万元，但该设备购入原价 3 600 万元，税金 400 万元，费用 200 万元，按月计算租赁费营业税。⑥某保险公司取得财产保险的保费收入 800 万元，其中，储金业务保费 50 万元，储金业务平均余额 16 000 万元，人民银行公布的 1 年期存款利息的月利率 2‰；出口保险业务取得保费收入 300 万元，人身保险业务保费收入 500 万元，其中 1 年期以上返还性人身保险保费收入 100 万元。⑦某证券公司从事股票和债券买卖业务：当期卖出 A 种股票 200 万股，每股 5 元，计 1 000 万元，每股购入价 4 元；卖出 B 种股票 100 万股，每股 6 元，计 600 万元，每股购入价 6.5 元；卖出国债 20 万手，计 2 120 万元，购入价 2 150 万元。股票交易买卖双方缴纳印花税 2‰，手续费 3‰；债券交易买卖双方缴纳手续费 3‰。计算当期应纳营业税。

第六章

关　税

■ 第一节　概论

一、关税征收目的

关税是主权国家根据其政治、经济需要，由设置在边境、沿海口岸或境内的水、陆、空国际交往通道的海关机关依据国家规定，对进出国境（或关境）的货物和物品征收的一种税。上述的国境和关境是两个既有联系，又不完全相同的概念。国境是指一个主权国家行使行政权力的领域范围，而关境是指一个主权国家行使关税权力的领域范围。一般情况下，国境和关境是一致的。但是，当存在自由港、自由贸易区以及关税同盟国家在成员之间免征关税的情况下，国境和关境就不一致，前者国境大于关境，后者关境大于国境。对进出口商品征收关税有多种目的，但主要是增加财政收入和保护国内经济。

（一）财政性关税

以增加国家财政收入为目的而征收的关税称为财政性关税。财政性关税的税率视国家财政收入需要和影响国际贸易数量的大小而制定，税率偏低达不到财政收入目的，税率过高抑制进出口，也达不到财政收入目的。财政性关税在各国历史上曾占重要地位，在各国财政收入中占有较大比重。在现代经济中，财政性关税的地位大为削弱，关税在财政收入中的比重也大幅度下降。但在发展中国家，关税在财政收入中仍占有很重要的地位。

（二）保护性关税

以保护国内经济为目的而征收的关税称为保护性关税。对于进口商品征收保护性关税主要是限制产成品进口。在发展中国家通过关税保护国内新兴的幼稚产业，使免受更先进国家的工业制成品竞争，从而达到经济平稳发展。而在发达国家，通过关税，扩大国内市场和国际市场的占有率，从而保护和增加就业机会，减少失业。对于出口商品征收保护性关税，主要是限制紧缺原材料的出口，保护国内生产。在现代经济社会，随着财政性关税地位的削弱，保护性关税的地位加强，保护性关税成为关税征收的主要目的。保护性关税税率同保护目的是相关的，保护性关税税率越高，越能达到保护目的。

二、关税的分类

关税可以按不同标准划分，从而形成不同类型的关税。除了按征收目的可以分为财政性关税和保护性关税外，还有以下的一些划分方式：

（一）按征税商品的流向划分

按征税商品的流向划分，可把关税分为进口税、出口税和过境税。

（1）进口税。是对进口商品征收的关税。进口关税在外国商品进入关境或国境时征收，或者在外国商品由自由港、自由贸易区、海关保税仓库运往进口国国内市场销售时征收。进口关税的税率一般随商品加工程度的深化而提高，税率由原材料、半成品、产成品依次上升。进口关税是各国政府限制进口、保护国内市场、增加财政收入的重要工具。

（2）出口税。是对出口商品征收的关税。目前，世界各国一般不征出口税，因为征收出口税会提高本国商品在国际市场上的销售价格，削弱出口商品的国际竞争力，不利于出口。但一些发展中国家为增加财政收入，保证国内生产所需原材料和国内消费品市场的供应，也征收出口税，出口税的税率一般比较低。

（3）过境税。是对通过本国境内的外国商品征收的关税。征收过境税的目的主要是为了增加财政收入。在资本主义初期，过境税在欧洲各国普遍流行。目前，大多数国家已不再征收过境税，仅收取少量的行政费用或提供服务费用。

（二）按计征依据或标准分类

按关税的计征依据或标准分类，可把进口关税分为从价关税、从量关税和复合关税。

（1）从价关税。以货物的价格为标准而计征的关税。从价关税一般按海关审定的完税价为依据计征关税。从价关税具有随商品价格变化关税收入和关税负担变化的特点。

（2）从量关税。以货物的实物量为标准而计征的关税。从量关税的实物量计量单位一般包括重量、数量、长度、体积等。从量关税具有随商品实物量变化关税收入和关税负担变化，计算比较简单的特点。

（3）复合关税。对同一种进口商品同时采用从价和从量两种计征标准计征的关税。具体课征时，或以从价税为主加征从量税，或以从量税为主加征从价税。

（三）按征税有无优惠分类

按征税有无优惠划分，可把进口关税分为普通税和最惠国税。普通税和最惠国税是正常进口税的两种形式。最惠国税适用于从与该国签订有最惠国待遇原则的贸易协定的国家或地区进口的商品。普通税适用于从与该国没有签订这种贸易协定的国家或地区进口的商品。最惠国税比普通税的税率要低，有时差幅很大。目前，大多数国家都已加入了世界贸易组织，或签订双边及多边贸易条约或协定，相互确认最惠国待遇原则，享受最惠国税率。因此，正常进口税通常指最惠国税。

（四）按征税的依据分类

按征税的依据可把关税划分为正税和附加税。

（1）正税。是指正常关税，依据公布的税率征收，进口税、出口税、过境税、优惠税均属于正税。

（2）附加税。附加税又称为进口附加税，是在正常进口税以外额外征收的关税，是一种临时性的特定措施。征收的主要目的是：应付国际收支危机；维持进出口平衡；防止外国商品低价倾销；对某个国家实行歧视或报复等。进口附加税在大多数情况下，是对特定的商品和国家征收，采用较多的形式是反补贴税、反倾销税、保障性关税和报复性关税。①反补贴税。是对直接或间接地接受出口补贴或奖励的外国进口商品征收的一种进口附加税，税额一般按补贴或奖励的金额征收。②反倾销税。是对进行低价倾销的进口商品征收的一种进口附加税，目的在于抵制国外倾销，保护本国产品和国内市场。③报复性关税。是对本国出口货物受到歧视时，为了报复所征收的一种进口附加税。④保障性关税。是对进口量剧增的商品征收的一种进口附加税，目的在于保护国内产业不至于受到进口剧增而给相关产业带来巨大威胁或损害。

三、关税制度的建立和发展

（一）关税制度的建立

新中国成立后，我国废除了旧的关税制度，成立了统一领导全国海关机构和海关业务的海关总署，代表国家负责执行海关业务的监督管理、征收关税、查禁走私，保护国家主权和经济利益。国家为了行使主权并从根本上改革旧的海关制度，于 1950 年 1 月颁布了《关于关税政策和海关工作的决定》，随后在 1951 年 5 月又颁布了《中华人民共和国暂行海关法》和《中华人民共和国海关进出口税则》，形成了关税的基本法规，使我国关税制度逐步统一，走上正常轨道。随着有关货物监督、征收关税、查禁走私等方面的一些主要业务规章的陆续制定施行，我国完全独立自主的保护性关税制度和海关管理制度也完全建立起来了。

（二）关税制度的改革与完善

（1）1985 年关税制度的全面改革。1951 年制定的《中华人民共和国海关进出口税则》及其《海关进出口税则暂行实施条例》一直执行到 1985 年 2 月。在这 30 多年中，只有局部的调整，没有很大的变动。1978 年后，随着我国经济体制的改革和贯彻执行对外开放政策，原有的税则已不能适应新形势的需要。为此，于 1985 年 2 月对关税制度进行了全面改革，发布了《中华人民共和国进出口关税条例》，重新修订发布了《中华人民共和国海关进出口税则》，作为《进出口关税条例》的组成部分。新的《关税条例》和《进出口税则》，完善了税制，系统地规定了关税的一些重大政策、基本制度和纳税人的权利义务等，改变了税则结构，以《海关合作理事会商品分类目录》为基础进行编排，较大范围地调整了税率。

（2）1987 年对《关税条例》的修订。根据 1985 年制定的《关税条例》两年多的实践，并根据 1987 年 1 月颁发的新的《中华人民共和国海关法》对海关征税原则所作的修改，于 1987 年 9 月对 1985 年发布的《关税条例》又进行了修订，规定于 1987 年 10 月 15 日起执行。修订的内容主要为：规定国务院成立关税税则委员会；修订了完税价格；修订了纳税人的申诉程序。

（3）1992 年对《海关进出口税则》进一步修订。为适应改革开放和发展经济要求，国务院关税税则委员会决定进一步修订我国《海关进出口税则》，并决定自 1992 年 1 月 1 日起实行。新的《税则》以国际上通用的《商品名称以及编码协调制度》目录为基础，由原《税则》转换而成，能广泛适应海关征税、进出口统计、国际贸易管理、国际商品运输等多方面的需要。

（4）2000 年对《海关法》的修正。根据 2000 年 7 月 8 日第九届全国人民代表大会常务委员会第十六次会议《关于修改〈中华人民共和国海关法〉的决定》，以及 WTO 规则的要求，我国海关对旧的法律法规进行了集中清理修改工作，同时对旧的《海关法》进行全面修订。明确了进出口货物的原产地确定规则，确立了商品预归类制度。合理调整了确定完税价格的基础。新《海关法》采用国际通行的海关估价准则，明确规定进出口货物的完税价格以货物的成交价格为基础确定；成交价格不能确定时，完税价格由海关估定。

(5) 2002 年起施行新的《完税价格办法》。根据《中华人民共和国海关法》和《中华人民共和国进出口关税条例》及其他有关法律、行政法规的规定，制定《中华人民共和国海关审定进出口货物完税价格办法》，自 2002 年 1 月 1 日起施行。提出海关应当遵循客观、公平、统一的估价原则，依据《完税价格办法》来审定进出口货物的完税价格。根据《完税价格办法》实施过程中存在的问题，对完税价格又作了补充和修订，制定了新的《中华人民共和国海关审定进出口货物完税价格办法》，于 2006 年 5 月 1 日起施行。

(6) 2004 年起实行新的《关税条例》。《关税条例》1985 年由国务院发布，在 1987 年和 1992 年国务院曾对个别条款进行过调整。2004 年起，我国实施了新的《关税条例》。新的《关税条例》在税率设置，完税价格的确定等方面做了较为全面的修订。第一，明确了进口关税设最惠国税率、协定税率、特惠税率和普通税率，以及各种税率的适用税则和国别范围；增加了对暂定税率、关税配额的适用规定。第二，将完税价格的主要条款纳入到新的关税条例中，修订或删除了不符合估价协定的条款；对不能按成交价格确定进口货物完税价格的，规定了海关应采用的估价方法。第三，规定了如实申报进出口货物的成交价格，并按海关规定提供有关资料；明确了进出口货物的纳税义务人向海关纳税的时限和地点；调整了对缴纳税款和征收滞纳金的规定，调整了对汇率的适用规定；对退补税做了较大改动；增加了纳税义务转移和对物品进口税征收内容的规定。第四，完善了以关税为手段的各种贸易救济措施，对某些特定进出口货物依法实行关税配额管理，并依法采取反倾销、反补贴、保障措施及报复性措施等贸易措施。第五，规定了企业资产重组的缴税办法，明确了代理报关时纳税义务人与报关的纳税责任；建立欠税公告制度，完善了海关执法手段，赋予海关估价时对纳税义务人账户的查询权。

(7) 大幅度降低进口关税水平，取消进口关税优惠。1992 年 1 月 1 日起实行新《税则》后，为适应市场经济的改革，尽快加入关贸总协定和世界贸易组织，促进对外经济发展，我国实行了以大幅度降低进口关税税率为主要内容的进口关税改革。1996 年 4 月 1 日起，我国进口关税非加权平均税率水平由 35.9%降为 23%，下降幅度达 1/3。1997 年 10 月 1 日起，我国进口关税非加权平均税率进一步由 23%降为 17%。2001 年 1 月 1 日起，我国平均关税税率水平由 17%降为 15.3%。2002 年 1 月 1 日起，我国平均关税税率水平由 15.3%降为 12%。2003 年 1 月 1 日起，我国平均关税税率水平由 12%降为 11%。2004 年 1 月 1 日起，我国平均关税税率水平由 11%降为 10.4%。2005 年 1 月 1 日起，我国平均关税税率水平由 10.4%降为 9.9%。通过多次大幅度降低进口关税，使我国实际关税税率水平有了较大幅度的降低，已接近世界发展中国家的水平。为了建立和完善与国际经济通行规则相衔接的对外经济体制，我国仍将继续降低关税率。

■ 第二节　征税范围

一、纳税人

贸易性进出口商品关税的纳税人为进口货物的收货人、出口货物的发货人。进出口货物的收、发货人是依法取得对外贸易经营权，并进口或出口货物的法人或其他社会团体。进出口货物，除了另有规定的以外，可以由进出口货物收发货人自行办理报关纳税手续，也可以由进出口货物收发货人委托海关准予注册登记的报关企业办理报关纳税手续。进出境物品的所有人包括物品的所有人和推定所有人的人。一般情况下，对于携带进境的物品推定其携带人为所有人；对分离运输的行李，推定相应的进出境旅客为所有人；对以邮递方式进境的物品，推定收件人为所有人；以邮递或其他运输方式出境的物品，推定寄件人或托运人为所有人。

二、进口商品征税范围

我国对进口商品实行普遍征税，贸易性进口关税的征税范围是进口通过我国关境的货物。我国关税以国际通行的《商品名称及编码协调制度》为基础进行归类，把商品分为 21 大类，97 章，以下再分为项目、一级子目、两级子目，共 5 个等级，7 445 个税目，按 8 位数码编号，以确定具体商品适用的税目和税率。21 大类商品如下：

（1）活动物，动物产品；

（2）植物产品；

（3）动植物油、脂，精制的食用油脂，植物蜡；

（4）食品、饮料、酒及醋，烟草及烟草代用品的制品；

（5）矿产品；

（6）化学工业及相关工业的产品；

（7）塑料、橡胶及其制品；

（8）生皮、皮革、皮毛及其制品，鞍具及挽具，旅行用品、手提包及类似容器，动物肠线及其制品；

（9）木及木制品，木炭，软木及软木制品，稻草、秸秆、针茅或其他编织材料制品，篮筐及柳条编结品；

（10）木浆及其他纤维素浆，回收纸或纸板，纸、纸板及其制品；

（11）纺织原料及其制品；

（12）鞋、帽、伞、杖、鞭及其零件，已加工的羽毛及其制品，人造花，人发制品；

(13) 石料、石膏、水泥、石棉、云母及类似材料的制品，陶瓷产品，玻璃及其制品；

(14) 天然或养殖珍珠、宝石或半宝石、贵金属、宝贵金属及其制品，仿首饰，硬币；

(15) 贱金属及其制品；

(16) 机器、机械器具、电气设备及其零件，录音机及放声机、电视图像、声音的录制和重放设备及其零件、附件；

(17) 车辆、航空器、船舶及有关运输设备；

(18) 光学、照相、电影、计量、检验、医疗或外科用仪器及设备、精密仪器及设备，钟表，乐器，上述物品的零件、附件；

(19) 武器、弹药及零件、附件；

(20) 杂项制品；

(21) 艺术品、收藏品及古物。

三、出口商品征税范围

为了更好地促进我国的对外贸易发展，提高我国各种商品在国际市场上的竞争能力，我国对大部分出口产品不征税，只对出口赢利特高、为防止削价竞销以及国内紧俏的少数商品征收出口税。现在征收出口关税的商品有鳗鱼苗、部分有色金属矿砂石及其精矿、生锑、磷、氟钽酸钾、苯、山羊板皮、部分铁合金、钢铁废碎料、铜和铝原料及其制品、镍锭、锌锭、锑锭等36种。但对其中16种商品实行零税率，因此实际征收出口关税的商品只有20种。

近年来，随着我国经济发展，进出口贸易格局发生了重大变化，出现了出口远大于进口的巨额贸易顺差。同时，由于出口加工贸易快速发展，使污染、能源和资源消耗所引发的矛盾越来越突出。为促进贸易平衡，进一步控制高能耗、高污染和资源性产品出口，调整经济结构和贸易增长方式，我国扩大了对出口关税征税范围。自2005年起，对纺织品、煤炭、原油、石料等能源或资源类产品，不锈钢锭及其初级产品、钨初级加工品、未锻轧的锰、钼、锑、铬金属、磷灰石、稀土金属矿、金属矿砂，铜、镍、电解铝等有色金属产品，铁合金、生铁、钢坯等钢铁产品，稀土化合物、木地板、一次性筷子等产品征收出口关税。

■ 第三节　税率结构

一、进口税率

进口关税在执行税率栏内分设最惠国税率、协定税率、特惠税率和普通税率。

（1）最惠国税率。适用原产于与我国共同适用最惠国待遇条款的世界贸易组织成员国家或地区的进口货物，或者原产于与我国签订有相互给予最惠国待遇条款的双边贸易协定的国家或者地区进口的货物。

（2）协定税率。适用原产于我国参加的含有关税优惠条款的区域性贸易协定的有关缔约方的进口货物，目前对原产于韩国、斯里兰卡、孟加拉国和老挝的757个税目的进口商品实行曼谷协定税率。

（3）特惠税率。适用原产于与我国签订有特殊优惠关税协定的国家或者地区进口的货物，目前对原产于孟加拉国的20个税目的进口商品实行特惠税率。

（4）普通税率。适用原产于上述国家或者地区以外的国家或者地区进口的货物。目前我国的进口关税税率主要使用最惠国税率，并通过差别税率体现国家的经济、外贸政策。

我国对进口商品基本上实行从价税，以进口货物的完税价为计税依据，以应征税额占货物完税价格的百分比为税率。其中，最惠国税率从 0～65% 不等，普通税率从 0～270% 不等。对部分产品实行从量定额税率（如啤酒、原油），从价比例和从量定额复合税率（如录像机、放像机、摄像机、数字照相机），滑准税率。从量税率以进口商品的重量、长度、容量、面积等计量单位为计税依据。复合税率为同时实行从价比例和从量定额征税。滑准税率随进口商品价格由高到低，从而税率由低至高设置征税关税的方法。近年来，为了适应对外贸易经济合作的发展，我国的进口关税税率水平逐步降低，2005年的算术平均税率为 9.9%。

二、出口税率

我国出口关税征税货物主要为限制出口的不可再生的资源类产品和国内紧缺的原材料的税号共有36个，税率从20%～50%不等，共有5个差别税率。但对36种商品中的23种商品实行0～20%的暂定税率，其中16种商品为零关税，6种商品税率为10%以下。

三、暂定税率

根据我国进出口关税条例的规定，国务院关税税则委员会可以根据国家经济贸易政策的需要制定关税暂定税率（一般按照年度制定），包括进口商品暂定税率和出口商品暂定税率两个部分。暂定最惠国税率是对于一些国内不能生产或者国内产品的性能、质量不能满足国内生产需要的进口原材料、关键件实施的比最惠国税率更为优惠的税率，仅适用于最惠国税率适用范围的国家或者地区进口的货物。暂定最惠国税率优先于最惠国税率执行。按照协定税率、特惠税率进口暂定最惠国税率货物的时候，两者取低计征关税。按照国家优惠政策进口暂定最惠国税率货物的时候，以优惠政策计算确定的税率与暂定最惠国税率两者取低计征关税，但是不得在暂定最惠国税率基础上再进行减免。

1. 暂定进口税率

为鼓励进口，促进贸易平衡，我国自 2007 年 6 月 1 日起，对 349 项进口商品实行进口暂定税率。其中，对煤炭、软木和燃料油等资源性产品为 0～3％；对排液泵、密封件、轴承及阀门用零件、空调和冰箱用压缩机及其零件、工程机械零件、照相机零件、电视机零件、摄录一体机镜头等关键零部件为 2％～6％；对婴儿食品、厨房炊具、餐具、食品加工机、视力矫正镜片、建筑材料、装饰用陶瓷、家用电器等为 6％～17％。

2. 暂定出口税率

为进一步控制高能耗、高污染和资源性产品出口，我国自 2007 年 6 月 1 日起，对 142 项产品加征出口关税。其中，对卷材、板材、钢丝等钢材产品，偏钨酸铵、菱镁矿、烧镁等资源性产品实施 5％暂定出口税率；对普碳钢条杆、角型材等钢材产品以及煤焦油、天然石墨、稀土金属、精炼铅、氧化镝、氧化铽、未锻轧锌及部分有色金属废碎料等产品实施 10％出口暂定税率；对焦炭、钢坯、钢锭、生铁、部分铁合金、萤石、非针叶木木片以及镍、铬、钨、锰、钼和稀土金属等国内稀缺的金属原矿产品实施 15％的出口暂定税率。2008 年 1 月 1 日起，进一步将阴极铜的出口关税税率从 10％降至 5％；生铁、钢坯税率由 15％提高至 25％；螺纹钢、线材、棒材、带钢税率由 10％提高至 15％；普通焊管税率由 0 上调至 15％；煤制焦炭及半焦炭税率由 15％提高至 25％。

四、税率的适用

（1）进出口货物，应当按照收发货人或者他们的代理人申报进口或者出口之日实施的关税税率缴纳关税。

（2）进口货物到达以前，经过海关核收先行申报的，应当按照装载此项货物的运输工具申报进境之日实施的关税税率缴纳关税。

（3）进出口货物关税的补税和退税，应当按照该货物原申报进口或者出口之日所实施的关税税率办理，但是下列情况除外：①经过批准减征、免征关税的进口货物，后来由于情况变化，经过海关批准转让或者出售，需要补缴关税的，应当按照该货物进口之日实施的关税税率纳税。②加工贸易进口料、件等属于保税性质的进口货物，如果经过批准转为内销，应当按照向海关申报转为内销当日实施的关税税率缴纳关税；没有经过批准擅自转为内销的，应当按照海关查获日期实施的关税税率纳税。③暂时进口货物转为正式进口需要补缴关税的时候，应当按照该货物转为正式进口之日实施的关税税率纳税。④分期支付租金的租赁进口货物，分期缴纳关税的时候，都应当按照该货物进口之日实施的关税税率纳税。⑤溢卸、误卸货物事后确定需予征税时，应按其原运输工具申报进口日期所实施的税率征税。如原进口日期无法查明的，可按确定补税当天实施的税率征税。⑥经过批准缓税进口的货物以后缴纳关税的时候，不论是一次缴清还是分期缴清，都应当按照该货物进口之日实施的关税税率纳税。⑦查获的走私进口货物需要补缴关税的时候，应当按照查获日期实施的关税税率纳税。⑧由于税则归类的改变、完税价格的审定或者其他工作差错而需要补缴关税的，应当按照原征税日期实施的关税税率纳税。

第四节 完税价格

关税应税货物的完税价格是计算关税应纳税款的依据。要正确计算应纳关税的税款，必须首先准确确定应税货物的完税价格。

一、进口货物完税价格

（一）一般贸易方式进口货物完税价格的确定

1. 以成交价为基础确定完税价格

进口货物的完税价格，由海关以该货物的成交价格为基础审查确定。完税价格包括货物运抵我国境内输入地点起卸前的运输及其相关费用、保险费。进口货物的成交价格是指买方为购买该货物，并按《完税价格办法》的规定调整后的实付或应付价格。

进口货物的成交价格应当符合下列要求：第一，买方对进口货物的处置或使用不受限制，但国内法律、行政法规规定的限制、对货物转售地域的限制、对货物价格无实质影响的限制除外；第二，货物的价格不得受到使该货物成交价格无法确定的条件或因素的影响；第三，卖方不得直接或间接获得因买方转售、处置或使用进口货物而产生的任何收益；第四，买卖双方之间没有特殊关系，或虽有特殊关系但未对成交价格产生影响。

2. 进口货物成交价格的调整

在确定进口货物的完税价格时，下列费用或价值应当计入：第一，由买方负担的以下费用：除购货佣金以外的佣金和经纪费；与该货物视为一体的容器费用；包装材料和包装劳务费用。第二，与该货物的生产和国内销售有关，由买方直接或间接免费提供或以低于成本价方式提供，并可以按照适当比例分摊的料件、工具、模具和类货物的价款，以及在境外开发设计，相关服务费用。第三，与该货物有关并作为卖方向我国销售该货物的一项条件，应当由买方直接或间接支付的特许权使用费。第四，卖方直接或间接从买方对该货物进口后转售、处置或使用所得中获得的收益。

在确定进口货物的完税价格时，下列费用如果单独列明，可以不计入：第一，厂房、机械、设备等货物进口后的基建、安装、装配、维修和技术服务的费用；第二，货物运抵境内输入地点之后的运输费用；第三，进口关税及其他国内税。

3. 以海关估价确定完税价格

买卖双方之间有特殊关系，其特殊关系对成交价格产生影响的，或进口货物的完税价格不能按照成交价确定时，海关应当依次使用下列方法估定完税价格：

第一，相同或类似货物成交价格方法。海关在使用相同或类似货物成交价格方法时，应当使用与该货物相同商业水平且进口数量基本一致的相同或类似货物的成交价格。但应当以客观量化的数据资料对该货物与相同或类似货物之间由于运输距离和运输方式不同而在成本和其他费用方面产生的差异进行调整。在没有上述的相同或类似货物的成交价格的情况下，可以使用不同商业水平或不同进口数量的相同或类似货物的成交价格，但应当以客观量化的数据资料对因商业水平、进口数量、运输距离和运输方式不同而在价格、成本和其他费用方面产生的差异作出调整。海关在估定进口货物的完税价格时，应当首先使用同一生产商生产的相同或类似货物的成交价格，只有在没有同一生产商生产的相同或类似货物的成交价格的情况下，才可以使用同一生产国或地区生产的相同或类似货物的成交价格。如果有多个相同或类似货物的成交价格，应当以最低的成交价格为基础估定进口货物的完税价格。

第二，倒扣价格方法。海关在使用倒扣价格方法时，应当以被估的进口货物、相同或类似进口货物在境内销售的价格为基础估定完税价格。按该价格销售的货物应当同时符合在被估货物进口同时或大约同时销售，按照进口时的状态销售，在境内第一环节销售，合计的货物销售总量最大，向境内无特殊关系方的销售等条件。在海关估定进口货物的完税价格时，下列各项应当扣除：该货物的同等级或同种类货物在境内销售时的利润和一般费用及通常支付的佣金；货物运抵境内输入地点之后的运费、保险费、装卸费及其他相关费用；进口关税、进口环节税和其他与进口或销售上述货物有关的国内税。计算公式为

关税完税价格＝被认定的境内销售价/[（1＋关税税率）/（1－消费税税率）＋费用利润率]

第三，计算价格方法。海关在使用计算价格方法时，应当以下列各项的总和估定进口货物的完税价格：生产该货物所使用的原材料价值和进行装配或其他加工的费用；与向境内出口销售同等级或同种类货物的利润和一般费用相符的利润和一般费用；货物运抵境内输入地点起卸前的运输及相关费用、保险费。

第四，合理方法。海关在使用合理方法时，应当根据本办法的估价原则，以

在境内获得的数据资料为基础估定进口货物的完税价格，但不得使用以下价格：境内生产的货物在境内的销售价格；可供选择的价格中较高的价格；货物在出口地市场的销售价格；以计算价格方法规定的有关各项之外的价值或费用计算的价格；出口到第三国或地区的货物的销售价格；最低限价或武断、虚构的价格。

（二）特殊贸易方式进口货物完税价格的确定

（1）加工贸易进口料件及其制成品需征税或内销补税的。由海关按一般进口货物的完税价格规定审定完税价格：第一，进口时需征税的进料加工进口料件，以该料件申报进口时的价格估定；第二，内销的进料加工进口料件或其制成品（包括残次品、副产品），以料件原进口时的价格估定；第三，内销的来料加工进口料件或其制成品（包括残次品、副产品），以料件申报内销时的价格估定；第四，出口加工区内的加工企业内销的制成品（包括残次品、副产品），以制成品申报内销时的价格估定；第五，保税区内的加工企业内销的进口料件或其制成品（包括残次品、副产品），分别以料件或制成品申报内销时的价格估定，如果内销的制成品中含有从境内采购的料件，则以所含从境外购入的料件原进口时的价格估定；第六，加工贸易加工过程中产生的边角料，以申报内销时的价格估定。

（2）从保税区或出口加工区销往区外、从保税仓库出库内销的进口货物（加工贸易进口料件及其制成品除外）。以海关审定的从保税区或出口加工区销往区外、从保税仓库出库内销的价格审定完税价格。对经审核销售价格不能确定的，海关应当按照一般进口货物估价办法的规定，估定完税价格。如果销售价格中未包括在保税区、出口加工区或保税仓库中发生的仓储、运输及其他相关费用的，应当按照客观量化的数据资料予以计入。

（3）运往境外修理的机械器具、运输工具或其他货物。出境时已向海关报明，并在海关规定期限内复运进境的，应当以海关审定的境外修理费和料件费以及该货物复运进境的运输及其相关费用、保险费估定完税价格。

（4）运往境外加工的货物。出境时已向海关报明，并在海关规定期限内复运进境的，以海关审定的境外加工费和料件费以及该货物复运进境的运输及其相关费用、保险费估定完税价格。

（5）经海关批准的暂时进境的货物。按照一般进口货物估价办法的规定，估定完税价格。

（6）租赁方式进口的货物。以租金方式对外支付的租赁货物在租赁期间以海关审定的租金作为完税价格；留购的租赁货物以海关审定的留购价格作为完税价格；承租人申请一次性缴纳税款的，经海关同意，按照一般进口货物估价办法的规定估定完税价格。

（7）境内留购的进口货样、展览品和广告陈列品。以海关审定的留购价格作为完税价格。

(8) 减税或免税进口的货物需要补税的。以海关审定的该货物原进口时的价格，扣除折旧部分价值作为完税价格，其计算公式为

完税价格 ＝海关审定的该货物原进口时的价格

$$\times [1-申请补税时实际已使用的时间(月)/(监管年限 \times 12)]$$

(9) 以易货贸易、寄售、捐赠、赠送等其他方式进口的货物，按照一般进口货物估价办法的规定估定完税价格。

二、出口货物完税价格的确定

1. 以成交价格为基础的完税价格

出口货物的完税价格由海关以该货物向境外销售的成交价格为基础审查确定，并包括货物运至我国境内输出地点装载前的运输及其相关费用、保险费，但其中包含的出口关税税额可以扣除。出口货物的成交价格是指该货物出口销售到我国境外时买方向卖方实付或应付的价格。出口货物的成交价格中含有支付给境外佣金的，如果单独列明可以扣除。

2. 出口货物海关估定方法

出口货物的成交价格不能确定时，完税价格由海关依次使用下列方法估定：

(1) 同时或大约同时向同一国家或地区出口的相同货物的成交价格；

(2) 同时或大约同时向同一国家或地区出口的类似货物的成交价格；

(3) 根据境内生产相同或类似货物的成本、利润和一般费用、境内发生的运输及其相关费用、保险费计算所得的价格；

(4) 按照合理方法估定的价格。

三、运输费、保险费及相关费用

1. 运输费

应当按照实际支付的费用计算。如果进口货物的运费无法确定的，海关应当按照该货物的实际运输成本或者该货物进口同期运输行业公布的运费率（额）计算运费。运输工具作为进口货物，利用自身动力进境的，海关在审查确定完税价格时，不再另行计入运费。

2. 保险费

应当按照实际支付的费用计算。如果进口货物的保险费无法确定或者未实际发生，海关应当按照"货价加运费"两者总额的3‰计算保险费，其计算公式为

$$保险费＝(货价＋运费) \times 3‰$$

3. 其他规定

邮运进口的货物，应当以邮费作为运输费及保险费；以境外边境口岸价格条

件成交的铁路或者公路运输进口货物，海关应当按照境外边境口岸价格的1‰计算运输及其相关费用、保险费。

四、完税价格的审定

(1) 纳税义务人向海关申报时，应当如实向海关提供发票、合同、提单、装箱清单等单证，与货物买卖有关的支付凭证以及证明申报价格真实、准确的其他商业单证、书面资料和电子数据。

(2) 海关为审查申报价格的真实性、准确性，可以行使下列职权：查阅、复制与进出口货物有关的合同、发票、账册、结付汇凭证、单据、业务函电、录音录像制品和其他反映买卖双方关系及交易活动的商业单证、书面资料和电子数据；向进出口货物的纳税义务人及与其有资金往来或者有其他业务往来的公民、法人或者其他组织调查与进出口货物价格有关的问题；对进出口货物进行查验或者提取货样进行检验或者化验；进入纳税义务人的生产经营场所、货物存放场所，检查与进出口活动有关的货物和生产经营情况；经直属海关关长或者其授权的隶属海关关长批准，凭《中华人民共和国海关账户查询通知书》及有关海关工作人员的工作证件，可以查询纳税义务人在银行或者其他金融机构开立的单位账户的资金往来情况，并向银行业监督管理机构通报有关情况；向税务部门查询了解与进出口货物有关的缴纳国内税情况。

(3) 海关对申报价格的真实性、准确性有疑问时，或者认为买卖双方之间的特殊关系影响成交价格时，应当制发《中华人民共和国海关价格质疑通知书》将质疑的理由书面告知纳税义务人或者其代理人，纳税义务人或者其代理人应当自收到《价格质疑通知书》之日起5个工作日内，以书面形式提供相关资料或者其他证据，证明其申报价格真实、准确或者双方之间的特殊关系未影响成交价格。

(4) 海关经过审查认为进口货物无成交价格的，可以不进行价格质疑，经与纳税义务人进行价格磋商后，按照相同货物成交价格、类似货物成交价格、倒扣价格、计算价格和其他合理方法审查确定完税价格。海关经过审查认为出口货物无成交价格的，可以不进行价格质疑，经与纳税义务人进行价格磋商后，按同时或者大约同时向同一国家或者地区出口的相同货物的成交价格，同时或者大约同时向同一国家或者地区出口的类似货物的成交价格，根据境内生产相同或者类似货物的成本、利润和一般费用（包括直接费用和间接费用）、境内发生的运输及其相关费用、保险费计算所得的价格以及合理方法估定价格。

■ 第五节 应纳税额

应税货物的税则归类和进口货物原产地确定以后，即可根据应税货物的完税价格和适用税率计算进出口货物应纳的关税税款。

一、原产地规则

由于进口货物针对是否来自于与我国共同适用最惠国待遇条款的世界贸易组织成员方的进口货物，或者来自于与我国签订有相互给予最惠国待遇条款的双边贸易协定的国家或者地区进口的货物，以确定适用最惠国税率还是普通税率。上述是否来自于同我国共同适用最惠国待遇条款的世界贸易组织成员方，或者与我国签订有相互给予最惠国待遇条款的双边贸易协定的国家或者地区进口，是指进口商品在哪一个国家生产。因此，要确定进口货物是否适用是最惠国税率，首先要确定进口货物的原产地。我国原产地规定基本上采用全部生产地标准和实质性加工标准两种国际上通用的原产地标准。

（一）全部生产地标准

全部生产地标准是指进口货物完全在一个国家内生产或制造，生产或制造国即为该货物的原产国。完全在一国内生产或制造的进口货物包括：在该国领土或领海内开采的矿产品；在该国领土上收获或采集的植物产品；在该国领土上出生或由该国饲养的活动物及从其所得产品；在该国领土上狩猎或捕捞所得的产品；在该国的船只上卸下的海洋捕捞物，以及由该国船只在海上取得的其他产品；在该国加工船加工由该加工船取得的海洋捕捞物和其他产品；在该国收集的只适用于作再加工制造的废碎料和废旧物品；在该国完全使用上述项目所列产品加工成的制成品。

（二）实质性加工标准

实质性加工标准适用于确定有两个或两个以上国家参与生产的产品的原产国标准。其基本含义是经过几个国家加工、制造的进口货物，以最后一个对货物进行经济上可以视为实质性加工的国家作为有关货物的原产国。实质性加工指产品经过加工后，在进口税则中四位数号一级的税则归类已经有了改变；或者加工增值部分所占新产品总值的比例已超过30%以上的。

（三）其他

对机器、仪器、器材或车辆所有零件、部件、配件、备件及工具，如与主件一起进口，而且数量合理，其原产地按主件的原产地予以确定；如分别进口，应按其各自的原产地确定。

进口货物的原产地，由海关予以确定。必要时，海关可以通知进口申报人交验有关国外发证机关发放的原产地证。

二、应纳税额计算

（1）从价税的计算公式：

$$应纳关税＝应税进出口货物完税价格×适用税率$$

（2）从量税的计算公式：

$$应纳关税＝应税进出口货物数量×适用税额标准$$

（3）复合税的计算公式：

$$应纳关税＝应税进出口货物数量×单位关税完税价格×适用税率$$
$$＋应税进出口货物数量×适用税额标准$$

（4）滑准税的计算公式：

$$应纳关税＝应税进出口货物数量×单位完税价格×滑准税税率$$

例：某外贸进出口公司进口一批护肤护发品，成交价格为 1 280 万元，运输费 30 万元，保险费 12 万元，装卸费 8 万元，关税税率 40％，消费税税率 5％，增值税税率 17％，计算该进口商品应纳关税、消费税和增值税。

解：

$$关税完税价格＝1 280＋30＋12＋8＝1 330（万元）$$
$$应纳关税＝1 330×40％＝532（万元）$$
$$应纳消费税＝（1 330＋532）/（1－5％）×5％＝98（万元）$$
$$应纳增值税＝（1 330＋532＋98）×17％＝333.20（万元）$$

例：假定上述例题无成交价格资料，也无同类可比价格，只知道国内同类商品被认定的销售价格为 2 226 万元，费用利润率 20％，消费税税率 5％，计算该进口商品应纳关税。

解：

$$关税完税价格＝2 226/［（1＋40％）/（1－5％）＋20％］＝1 330（万元）$$
$$应纳关税＝1 330×40％＝532（万元）$$

第六节 政策优惠

关税政策优惠是为了照顾某些特殊需要而制定的减免税。关税的减免主要有以下几种情况：

一、法定减免

法定减免税优惠是指《海关法》、《关税条例》（包括《海关进出口税则》）中对某些商品明文规定的关税和国内商品税减免。该项减免税货物、物品不受特定地区、特定企业和特定用途的限制。法定减免税商品有以下几类：

（1）特定对象的减免税。一票货物的关税额在人民币 10 元以下的；外国政府、国际组织无偿赠送的物资；无商业价值的广告品及货样；我国缔结或者参加的国际条约规定减征、免征关税的货物、物品；因故退还，由原发货人或者他们的代理人申报进境，并提供原出口单证，经海关审查核实，可以免征进口税的货物；进出境运输工具装载的途中必需的燃料、物料和饮食用品免税。

（2）损坏货物的酌情减免税。在境外运输途中或者在起卸时，遭受损坏或者损失的进口货物；起卸后海关放行前，因不可抗力遭受损坏或者损失的进口货物；海关查验时已经破漏、损坏或者腐烂，经证明不是保管不慎造成的进口货物；进口货物在征税放行以后，发现残损、短少或品质不良，经海关审核确定，由国外承运、发货人或保险公司免费补偿或更换的同类进口货物。

（3）暂时进出境货物减免税。经海关核准暂时进境或者暂时出境并在 6 个月内复运出境或者复运进境的下列货物可以暂不缴税。在展览会、交易会、会议及类似活动中展示或者使用的货物；文化、体育交流活动中使用的表演、比赛用品；进行新闻报道或者摄制电影、电视节目使用的仪器、设备及用品；开展科研、教学、医疗活动使用的仪器、设备及用品；上述活动中使用的交通工具及特种车辆；货样；供安装、调试、检测设备时使用的仪器、工具；盛装货物的容器；其他用于非商业目的的货物。

二、特定减免

特定减免税是在海关法和海关进出口税则以外，按特定地区、特定用途或特定企业分别制定实施的减免税优惠。以区别于法定减免和临时减免。特定减免税办法涉及面较广，按享受减免的对象和范围的不同，主要分为以下几类：

（1）科教用品。为有利于我国科研、教育事业发展，对科学研究机构和学校，不以营利为目的，在合理数量范围内进口国内不能生产的科学研究和教学用品，直接用于科学研究或者教学的，免征进口关税和进口环节增值税、消费税。

（2）残疾人专用品。为支持残疾人的康复工作，对规定的残疾人个人专用品，免征进口关税和进口环节增值、消费税；对康复、福利机构、假肢厂和荣誉军人康复医院进口国内不能生产的残疾人专用品，免征进口关税和进口环节增值税。

（3）扶贫、慈善性捐赠物资。为促进公益事业的健康发展，对境外自然人、法人或者其他组织等境外捐赠人，无偿向经国务院主管部门依法批准成立的，以人道救助和发展扶贫、慈善事业为宗旨的社会团体以及国务院有关部门和各省、自治区、直辖市人民政府捐赠的，直接用于扶贫、慈善事业的物资，免征进口关税和进口环节增值税。

（4）加工贸易产品。为鼓励加工贸易发展，对来料加工、来样加工、来件装配、补偿贸易进口的料件，不征进口关税和国内商品税，在境内保税加工为成品后返销出口免征出口税。转作内销时应征收进口税。对加工过程中产生的小额副产品、次品、边角料件转内销时免税。

（5）边境小额贸易。为了鼓励我国边境地区积极发展与我国毗邻国家间的边境贸易与经济合作，对边民通过互市贸易进口的商品，每人每日价值在 3 000 元以下的，免征进口关税和进口环节增值税。对沿陆地边境线经国家批准对外开放的边境县（旗）、边境城市辖区内经批准有边境小额贸易经营权的企业，通过国家指定的陆地边境口岸，与毗邻国家边境地区的企业或其他贸易机构之间进行的贸易活动，除烟、酒、化妆品以及国家规定必须照章征税的其他商品外，进口关税和进口环节增值税减半征收。

（6）保税区进出口货物。为了创造完善的投资、运营环境，开展为出口贸易服务的加工整理、包装、运输、仓储、商品展出和转口贸易，对进口供保税区使用的机器、设备、基建物资、生产用车辆，为加工出口产品进口的原材料、零部件、元器件、包装物料，供储存的转口货物以及在保税区内加工运输出境的产品免征进口关税和进口环节税；保税区内企业进口专为生产加工出口产品所需的原材料、零部件、包装物料，以及转口货物予以保税；从保税区运往境外的货物，一般免征出口关税。

（7）出口加工区进出口货物。为给出口加工企业提供更宽松的经营环境，带动国产原材料、零配件的出口，对境外进入区内生产性的基础设施建设项目所需的机器、设备和建设生产厂房、仓储设施所需的基建物资，区内企业生产所需的机器、设备、模具及其维修用零配件，区内企业和行政管理机构自用合理数量的办公用品，予以免征进口关税和进口环节税；区内企业为加工出口产品所需的原材料、零部件、元器件、包装物料及消耗性材料，予以保税；对加工区运往区外的货物，海关按照对进口货物的有关规定办理报关手续，并按照制成品征税；对从区外进入加工区的货物视同出口，可按规定办理出口退税。

（8）进口设备。为进一步扩大利用外资，引进国外先进技术和设备，促进产业结构的调整和技术进步，保证国民经济持续、快速、健康发展，对符合《外商投资产业指导目录》鼓励类和限制乙类，并转让技术的外商投资项目，在投资总额内进口的自用设备，以及外国政府贷款和国际金融组织贷款项目进口的自用设备、加工贸易外商提供的不作价进口设备，除《外商投资项目不予免税的进口商品目录》所列商品外，免征进口关税和进口环节增值税；对符合《当前国家重点鼓励发展的产业、产品和技术目录》的国内投资项目，在投资总额内进口的自用设备，除《国内投资项目不予免税的进口商品目录》所列商品外，免征进口关税和进口环节增值税；对符合上述规定的项目，按照合同随设备进口的技术及配套件、备件，免征进口关税和进口环节增值税。

（9）符合国家规定的集成电路生产企业引进集成电路技术和成套生产设备，单项进口集成电路专用设备和仪器。符合国家规定的集成电路生产企业进口自用的原材料、消耗品免征关税。

（10）企业为引进《国家高新技术产品目录》中所列的先进技术按照合同规定向境外支付的软件费免征关税。

三、临时减免

关税临时减免，是指对某些单位的某批或某时期内进（出）口货物给予免税或减税。主要是对个别纳税人由于特殊原因临时给予的减免税。依照《进出口关税条例》规定，因特殊原因而要求临时减免关税时，货物的所有人应当在货物进（出）口前书面说明理由，并随附必要的资料及证明，向所在地海关申请，经海关审查后转报海关总署，由海关总署按照有关规定审批。

第七节　征收管理

一、缴纳

进出口货物自运输工具申报进境之日起 14 日内，出口货物在货物运抵海关监管区装货的 24 小时前，应由进出口的纳税义务人向货物进出境地海关申报，海关根据税则归类和完税价格计算应缴纳的关税和进口环节代征税。纳税义务人应当自海关填发税款缴纳书之日起 15 日内（星期日和节假日除外）到指定银行缴纳税款。关税纳税义务人因不可抗力或者在国家税收政策调整的情形下，不能按规定缴纳税款的，经海关总署批准，可以延期缴纳税款，但最长不得超过 6 个月。

二、强制执行

纳税义务人未在关税期限内缴纳税款的，即构成关税滞纳。对关税滞纳的，海关可采取强制执行措施。强制措施主要有两类：

（1）征收滞纳金。逾期不缴的，除依法追缴外，由海关自到期之日起到缴清税款之日止，按日征收欠缴税款万分之五滞纳金。海关征收的关税和滞纳金，除另有规定者外，一律按人民币计征。人民币的折合原则是：由我国海关按照签发税款缴纳证的当天中国人民银行公布的人民币外汇牌价表的买卖中间价折合计算。我国关税的缴纳方式目前分为集中缴纳和分散缴纳两种。

（2）强制执行。纳税义务人自海关填发缴款书之日起三个月内仍未缴纳税款，经海关关长批准，海关可以采取强制扣缴、变价抵缴等强制措施。强制扣缴即海关从纳税义务人在开户银行或者其他金融机构的存款中直接扣缴税款，变价抵缴即海关将应税货物依法变卖，以变卖所得抵缴税款。

三、退税

当纳税人发生因海关误征、多纳税款的；海关核准免验的进口货物，在缴纳关税后发现有短缺情况并经海关查验属实的；已征出口税的货物，因故未装运出口而申报退运，经海关查验属实的。纳税人可自缴纳税款之日起1年内，书面申明理由，连同纳税收据向海关申请退税，逾期不予受理。对已征出口关税的出口货物和已征进口关税的进口货物，因货物品种或规格原因（非其他原因）原状复运进境或出境的，经海关查验属实的，也应退还已征关税。

四、补征和追征

海关在纳税人按海关核定的税额缴纳关税后，发现核定的征税额少于应纳税额时，可责令纳税人补缴税款。其中，由于纳税人违反海关规定导致少缴税款予以追缴的称为追征，由于非纳税人违反海关规定导致少缴税款予以补缴的称为补征。进出口货物完税后，海关对于补征自缴纳税款或货物放行之日起1年内有效，对于追征自缴纳税款或货物放行之日起3年内有效。

五、纳税期限

进出口货物关税的纳税人，应当自海关填发税款缴款书之日起15日以内缴纳税款。除了海关特准的以外，进出口货物在收发货人缴清税款或者提供担保以后，由海关签印放行。逾期缴纳税款的，海关除了追缴应纳税款以外，从到期的次日起至缴清税款之日止，按日加收欠缴税款千分之一的滞纳金。纳税人、担保人超过3个月仍然没有缴纳税款的，经过海关总署直属海关关长或其授权的隶属海关关长批准，可以依法采取强制措施扣缴或者抵缴税款。

进出境物品关税的纳税人应当在物品放行以前缴纳税款。在某些特殊情况下（如易腐、急需、有关手续无法立即办结等），海关可以在提取货样，收取保证金或者接受纳税人提供的其他担保以后，先办理放行货物的手续，后办理征纳关税的手续。

六、保税制度

保税制度是对保税货物加以监管的一种制度，是关税制度的一个重要组成部分。保税货物是指经过海关批准，没有办理纳税手续进境，在境内储存、加工、装配以后复运出境的货物。保税货物属于海关监管货物，没有经海关许可并补缴税款的，不能擅自出售；没有经过海关许可，也不能擅自开拆、提取、交付、发运、调换、改装、抵押、转让或者更换标记。实行保税制度可以简化手续，便利通关，有利于促进对外加工、装配和转口贸易的发展，增加外汇收入。目前我国的保税制度包括保税仓库、保税工厂和保税区等制度。

1. 保税仓库

保税仓库是指专门存放经海关核准的保税货物的仓库。这种仓库仅限于存放供来料加工、进料加工复出口的料件，暂时存放以后复运出口的货物和经过海关批准缓办纳税手续进境的货物。我国的保税仓库主要有三种类型：

（1）转口贸易保税仓库。转口贸易项下的进出口货物可以免征进出口关税和其他税收；如果需要改变包装、加刷唛码，必须在海关的监管下进行。

（2）加工贸易备料保税仓库。来料加工、进料加工项下存入保税仓库的免税进口的备用物料，经过海关核准以后提取加工复出口的，海关将根据实际出口数量征收或者免征原进口物料的关税。

（3）寄售维修保税仓库。为引进的先进技术设备提供售后服务进口的维修零备件，可以免办纳税进口手续存入保税仓库。在保税仓库内储存保税货物一般以1年为限。如果有特殊情况，经过海关核准，可以适当延长。

2. 保税工厂

保税工厂是指经过海关批准，并在海关监管之下专门建立的，用免税进口的原材料、零部件、元器件等加工、生产、制造或者存放外销产品的专门工厂、车间。保税工厂为外商加工、装配成品和为制造出口产品而进口的原材料、元器件、零部件、配套件、辅料、包装物和加工过程中直接消耗的数量合理的化学物品，可以缓办进口纳税手续，待加工成品出口以后按照实际耗用的进口料件免税。进口的原材料、元器件、零部件必须在规定的期限以内加工为成品复出口。如果有特殊情况，工厂经理人可以向海关申请延长其经营加工的期限。如果产品拟转为内销或者因故不能在规定期限以内出口的时候，应当补办纳税手续。

3. 保税区

保税区是指在出入境比较便利的地方，划出一些易于管理的区域，以与外界隔离的全封闭方式，在海关监管下存放和加工保税货物的特定区域。国务院已经批准在上海、天津、大连、青岛、深圳、宁波、厦门、广州、福州、海口、张家港、汕头、珠海等若干城市设立保税区。设在区内的企业可以享受规定的进出口税收优惠，如区内企业进口自用的生产设备等，免征关税和增值税；进口加工出口产品所需的原材料、零部件等，可以保税。

■ 第八节　非贸易性关税

一、纳税人

非贸易性进口物品主要指入境旅客、运输工具服务人员携带的应税行李物品、个人邮递物品、馈赠物品以及其他方式入境的个人物品，简称进口物品。纳税人主要是入境物品的所有人（或持有人）和进口邮件的收件人。对这些物品征收的进口税包括关税、增值税和消费税，实行三税合并征收。

二、税率

非贸易性进口物品征税项目共有 3 类，都采用比例税率，税率分为 10％、20％、30％和 50％ 4 档。其中，烟、酒，税率为 50％；高档手表、高尔夫球及球具税率为 30％；纺织品及其制成品，摄像机、摄录一体机、数码相机和其他电器用具，照相机、自行车、手表、钟表及其配件、附件、化妆品，税率为 20％；书籍、报纸、刊物、教育专用电影片、幻灯片、原版录音带、录像带，金、银及其制品，食品、饮料和其他物品，税率 10％。

海关总署根据入境旅客行李物品和个人邮递物品进口税税率表制定入境旅客行李物品和个人邮递物品税则归类表，负责征税的海关按照税则归类表对应税个人自用物品进行归类，确定适用税率。对于税则归类表中没有列名的进口物品，可以由海关按照税率表规定的范围归入最合适的税号归类征税。

三、完税价格

非贸易性进口物品的进口税实行按完税价格从价计征，但由于行李、物品来自世界各地，情况复杂，价格不一，无法确定实际完税价格。为使既合理税负，又简化通关，由海关总署编制了《进口旅客行李物品和个人邮递物品完税价格表》作为完税价格依据，规定在全国各地海关统一执行。

四、计算与缴纳

应税进口物品由海关按照填发税款缴纳证当日有效的税率和完税价格计算征收进口税。其计算公式为

$$进口税税额＝完税价格×进口税税率$$

应税进口物品的纳税义务人应在海关放行物品之前缴纳税款。待纳税人缴纳入境旅客行李物品和个人邮递物品进口税以后，海关对其应税物品予以放行。

纳税人的应税物品放行以后，海关发现少征入境旅客行李物品和个人邮递物品进口税的，应当从开出税款缴纳证之日起 1 年以内向纳税人补征；发现漏征应征税款的，应当从物品放行之日起 1 年以内补征。由于纳税人违反规定造成少征或者漏征应征税款的，海关可以从违反规定行为发生之日起 3 年以内向纳税人追征。海关发现或者确认多征的入境旅客行李物品和个人邮递物品进口税税款，应当立即退还；纳税人也可以从缴纳税款之日起 1 年以内要求海关退还。

五、减免税

入境旅客行李物品和个人邮递物品税的主要免税规定有：

（1）我国常驻境外的外交机构人员、留学人员、访问学者、赴外劳务人员、援外人员、远洋海员，香港、澳门、台湾同胞和华侨，外国驻华使馆、领事馆、有关国际机构的人员，可以享受一定的免征入境旅客行李物品和个人邮递物品进口税待遇。

（2）不超过海关规定的自用合理数量的避孕用具和药品，可以免征行李和邮递物品进口税。

（3）外国在华常驻人员在华居住时间超过1年者（指工作或者留学签证有效期超过1年者），在签证有效期以内初次来华携带进境的个人自用的家用摄像机、照相机和便携式收录机、激光唱机、计算机，报经所在地主管海关审核，在每个品种1台的数量限制以内，可以免征入境旅客行李物品和个人邮递物品进口税。其中，外国专家携运进境的图书资料、科研仪器、工具、样品、试剂等教学、科研物品，在自用合理数量范围以内的，可以免税。上述外国在华常驻人员包括：外国企业和其他经济贸易、文化等组织在华常驻机构的常驻人员；外国民间经济贸易、文化团体在华常驻机构的常驻人员；外国在华常驻新闻机构的常驻记者；在华的中外合资经营企业、中外合作经营企业和外资企业的外方常驻人员；长期来华工作的外籍专家和华侨专家；长期来华学习的外国留学生和华侨留学生。

■ 第九节　特别关税

为了维护对外贸易秩序和公平竞争，根据《中华人民共和国对外贸易法》的有关规定，制定了《中华人民共和国反倾销条例》和《中华人民共和国反补贴条例》，于2002年1月1日起施行。条例规定，进口产品以倾销方式进入我国市场，或进口产品存在补贴，并对已经建立的国内产业造成实质损害或者产生实质损害威胁，或者对建立国内产业造成实质阻碍的，依照条例的规定进行调查，采取反倾销或反补贴措施。

一、反倾销税

进口产品以倾销方式进入我国市场，并对已经建立的国内产业造成实质损害或者产生实质损害威胁，或者对建立国内产业造成实质阻碍的，国内产业或者代表国内产业的自然人、法人或者有关组织可以依法向对外贸易经济合作部提出反倾销调查的申请。外经贸部应当自收到申请人提交的申请书及有关证据之日起60天内，对申请是否由国内产业或者代表国内产业提出、申请书内容及所附具的证据等进行审查，经商国家经贸委后，决定立案调查或者不立案调查。倾销方式是指以低于其正常价值的出口价格进入我国市场。

（一）临时反倾销措施

对外贸易经济合作部和国家经济贸易委员会根据调查结果，分别就倾销、损害和两者之间的因果关系是否成立作出初裁决定。初裁决定确定倾销成立，并由此对国内产业造成损害的，可以采取征收临时反倾销税，要求提供现金保证金、保函或者其他形式担保的临时反倾销措施。临时反倾销税税额或者提供的现金保证金、保函或者其他形式担保的金额，应当不超过初裁决定确定的倾销幅度。征收临时反倾销税，由对外贸易经济合作部提出建议，国务院关税税则委员会根据对外贸易经济合作部的建议作出决定，由对外贸易经济合作部予以公告。要求提供现金保证金、保函或者其他形式的担保，由外经贸部作出决定并予以公告。海关自公告规定实施之日起执行。临时反倾销措施决定公告规定实施之日起不超过4个月，在特殊情形下可以延长至9个月。自反倾销立案调查决定公告之日起60日以内，不得采取临时反倾销措施。

在反倾销调查期间，倾销进口产品的出口经营者可以向对外贸易经济合作部作出改变价格或者停止以倾销价格出口的价格承诺。对外贸易经济合作部认为出口经营者作出的价格承诺能够接受的，经商国家经济贸易委员会以后，可以决定中止或者终止反倾销调查，不采取临时反倾销措施或者征收反倾销税。出口经营者违反其价格承诺的，对外贸易经济合作部经商国家经济贸易委员会以后，可以立即决定恢复反倾销调查；根据可获得的最佳信息，可以决定采取临时反倾销措施，并可以对实施临时反倾销措施前90日以内进口的产品追溯征收反倾销税，但违反价格承诺以前进口的产品除外。

（二）反倾销税

初裁决定确定倾销、损害和两者之间的因果关系成立的，对外贸易经济合作部和国家经济贸易委员会应当对倾销及其幅度、损害及其程度继续调查，并根据调查结果分别作出终裁决定。终裁决定确定倾销成立，并由此对国内产业造成损害的，可以征收反倾销税。征收反倾销税由对外贸易经济合作部提出建议，国务院关税税则委员会根据对外贸易经济合作部的建议作出决定，由对外贸易经济合作部予以公告，海关自公告规定实施之日起执行。反倾销税的征收期限和价格承诺的履行期限不超过5年，但是，经复审确定终止征收反倾销税有可能导致倾销和损害的继续或者再度发生的，反倾销税的征收期限可以适当延长。

反倾销税适用于终裁决定公告之日以后进口的产品（另有规定的除外）。反倾销税的纳税人为倾销进口产品的进口经营者。反倾销税应当根据不同出口经营者的倾销幅度分别确定。对于没有包括在审查范围以内的出口经营者的倾销进口产品，需要征收反倾销税的，应当按照合理的方式确定对其适用的反倾销税，反倾销税税额不超过终裁决定确定的倾销幅度。终裁决定确定存在实质损害，并在此以前已经采取临时反倾销措施的，或者存在实质损害威胁，在先前不采取临时反倾销措施将会导致后来作出实质损害裁定的情况下已经采取临时反倾销措施的，反倾销税可以对已经实施临时反倾销措施的期间追溯征收。终裁决定确定的反倾销税，高于已经支付或者应当支付的临时反倾销税或者为担保目的而估计的金额的，差额部分不予收取；低于已经支付或者应当支付的临时反倾销税或者为担保目的而估计的金额的，差额部分应当根据具体情况予以退还，或者重新计算税额。

下列两种情况并存的，可以对于实施临时反倾销措施之日前 90 日以内进口的产品追溯征收反倾销税，但是立案调查以前进口的产品除外：第一，倾销进口产品有对于国内产业造成损害的倾销历史，或者该产品的进口经营者知道或者应当知道出口经营者实施倾销并且倾销对于国内产业将造成损害的；第二，倾销进口产品在短期内大量进口，并且可能会严重破坏将实施的反倾销税的补救效果的。

终裁决定确定不征收反倾销税的，或者终裁决定没有确定追溯征收反倾销税的，已经征收临时反倾销税应当予以退还、已收取的现金保证金应当予以退还，保函或者其他形式的担保应当予以解除。倾销进口产品的进口经营者有证据证明已经缴纳的反倾销税税额超过倾销幅度的，可以向对外贸易经济合作部提出退税申请。对外贸易经济合作部经审查、核实并提出建议，国务院关税税则委员会根据该部的建议可以作出退税决定，由海关执行。

进口产品被征收反倾销税以后，在调查期间没有向我国出口该产品的新出口经营者，能够证明其与被征收反倾销税的出口经营者无关联的，可以向对外贸易经济合作部申请单独确定其倾销幅度，对外贸易经济合作部应当迅速审查并作出终裁决定。在审查期间，不得对该产品征收反倾销税。

（三）反倾销税和价格承诺的复审

反倾销税生效后，外经贸部经商国家经贸委，可以在有正当理由的情况下，决定对继续征收反倾销税的必要性进行复审；也可以在经过一段合理时间，应利害关系方的请求并对利害关系方提供的相应证据进行审查后，决定对继续征收反倾销税的必要性进行复审。

价格承诺生效后，外经贸部可以在有正当理由的情况下，决定对继续履行价格承诺的必要性进行复审；也可以在经过一段合理时间，应利害关系方的请求并对利害关系方提供的相应证据进行审查后，决定对继续履行价格承诺的必要性进行复审。根据复审结果，由外经贸部依照本条例的规定提出保留、修改或者取消反倾销税的建议，国务院关税税则委员会根据外经贸部的建议作出决定，由外经贸部予以公告；或者由外经贸部依照本条例的规定，商国家经贸委后，作出保留、修改或者取消价格承诺的决定并予以公告。复审程序参照本条例关于反倾销调查的有关规定执行。复审期限自决定复审开始之日起，不超过 12 个月。在复审期间，复审程序不妨碍反倾销措施的实施。

二、反补贴税

进口产品存在补贴，并对已经建立的国内产业造成实质损害或者产生实质损害威胁，或者对建立国内产业造成实质阻碍的，国内产业或者代表国内产业的自然人、法人或者有关组织可以依法向对外贸易经济合作部提出反补贴调查的申请。补贴是指出口国（地区）政府或者公共机构提供的并为接受者带来利益的财政资助、收入和价格支持。

（一）临时反补贴措施

外经贸部应当自收到申请人提交的申请书及有关证据之日起 60 天内，特殊情形可以适当延长审查期限，对申请是否由国内产业或者代表国内产业提出、申请书内容及所附具的证据等进行审查，经商国家经贸委后，决定立案调查或者不立案调查。在特殊情形下，外经贸部没有收到反补贴调查的书面申请，但有充分证据认为存在补贴和损害以及两者之间有因果关系的，经商国家经贸委后，可以决定立案调查。

外经贸部、国家经贸委根据调查结果，分别就补贴、损害作出初裁决定，并就两者之间的因果关系是否成立作出初裁决定，由外经贸部予以公告。初裁决定确定补贴成立，并由此对于国内产业造成损害的，可以采取临时反补贴措施。临时反补贴措施采取以现金保证金或者保函作为担保的征收临时反补贴税的形式。采取临时反补贴措施，由外经贸部提出建议，国务院关税税则委员会根据外经贸部的建议作出决定，由外经贸部予以公告。海关自公告规定实施之日起执行。临时反补贴措施实施的期限，自临时反补贴措施决定公告规定实施之日起，不超过 4 个月。自反补贴立案调查决定公告之日起 60 天内，不得采取临时反补贴措施。反补贴税的征收期限不超过 5 年。但是，经复审确定终止征收反补贴税有可能导致补贴和损害的继续或者再度发生的，反补贴税的征收期限可以适当延长。

在反补贴调查期间，出口国（地区）政府提出取消、限制补贴或者其他有关措施的承诺，或者出口经营者提出修改价格的承诺的，对外贸易经济合作部应当予以充分考虑。对外贸易经济合作部认为承诺能够接受的，经商国家经济贸易委员会以后，可以决定中止或者终止反补贴调查，不采取临时反补贴措施或者征收反补贴税。对于违反承诺的，对外贸易经济合作部经商国家经济贸易委员会以后，可以立即决定恢复反补贴调查；根据可获得的最佳信息，可以决定采取临时反补贴措施，并可以对实施临时反补贴措施前 90 日以内进口的产品追溯征收反补贴税，但违反承诺以前进口的产品除外。

（二）反补贴税

初裁决定确定补贴、损害和两者之间的因果关系成立的，对外贸易经济合作部和国家经济贸易委员会应当对补贴及其金额、损害及其程度继续调查，并根据调查结果分别作出终裁决定。

终裁决定确定补贴成立，并由此对于国内产业造成损害的，可以征收反补贴税。征收反补贴税，由外经贸部提出建议，国务院关税税则委员会根据外经贸部的建议作出决定，由外经贸部予以公告。海关自公告规定实施之日起执行。反补贴税适用于终裁决定公告之日后进口的产品。反补贴税的纳税人为补贴进口产品的进口经营者。反补贴税应当根据不同出口经营者的补贴金额分别确定。对实际上未被调查的出口经营者的补贴进口产品，需要征收反补贴税的，应当迅速审查，按照合理的方式确定对其适用的反补贴税。反补贴税税额不得超过终裁决定确定的补贴金额。终裁决定确定的反补贴税，高于现金保证金或者保函所担保的金额的，差额部分不予收取；低于现金保证金或者保函所担保的金额的，差额部分应当予以退还。

终裁决定确定存在实质损害，并在此前已经采取临时反补贴措施的，或者终裁决定确定存在实质损害威胁，在先前不采取临时反补贴措施将会导致后来作出实质损害裁定的情况下已经采取临时反补贴措施的，反补贴税可以对已经实施临时反补贴措施的期间追溯征收。下列三种情形并存的，必要时可以对于实施临时反补贴措施之日前 90 日以内进口的产品追溯征收反补贴税：第一，补贴进口产品在较短的时间内大量增加；第二，此种产品增加对国内产业造成难以补救的损害；第三，此种产品得益于补贴。

终裁决定确定不征收反补贴税的，或者终裁决定没有确定追溯征收反补贴税的，对实施临时反补贴期间已经收取的现金保证金应当予以退还，保函应当予以解除。

（三）反补贴税和承诺的复审

反补贴税生效以后，对外贸易经济合作部经商国家经济贸易委员会，可以在有正当理由的情况下决定对继续征收反补贴税的必要性进行复审；也可以在经过一段合理时间，应利害关系方的请求并对利害关系方提供的相应证据进行审查以后，决定对继续征收反补贴税的必要性进行复审。

承诺生效后，外经贸部可以在有正当理由的情况下，决定对继续履行承诺的必要性进行复审；也可以在经过一段合理时间，应利害关系方的请求并对利害关系方提供的相应证据进行审查后，决定对继续履行承诺的必要性进行复审。根据复审结果，由对外贸易经济合作部提出保留、修改或者取消反补贴税的建议，国务院关税税则委员会根据对外贸易经济合作部的建议作出决定，由对外贸易经济合作部予以公告。复审期限自决定复审开始之日起不超过 12 个月，复审期间复审程序不妨碍反补贴措施的实施。

思考题

1. 关税有哪些主要分类方式？
2. 关税对进出口商品征税在征收范围确定上有何主要区别？
3. 我国进口关税有哪几种税率？分别适用哪些对象？
4. 什么是暂定税率？它与正常税率有何区别？
5. 关税的法定减免、特定减免和临时减免分别适用哪些对象？
6. 我国关税的原产地规则是如何确定的？
7. 一般贸易方式进口货物完税价格如何确定？
8. 运往境外修理的机械器具、运输工具或其他货物的完税价格如何确定？
9. 运往境外加工货物的完税价格如何确定？
10. 进口货物海关估定价格应按照什么样的程序进行？
11. 出口货物完税价格如何确定？
12. 什么情况下海关应对纳税人退还关税？
13. 关税的补征和追征有何区别？
14. 我国有哪些保税制度？
15. 非贸易性进口物品关税的完税价格如何确定？
16. 在什么情况下要开征反倾销税？
17. 在什么情况下要开征反补贴税？

练习题

1. 某外贸进出口公司进口一批空调，成交价格为 1 000 万元，运输费用 50 万元，保险费用 20 万元，装卸费用 30 万元，关税税率 20%。计算该进出口公司应纳关税。

2. 某企业从国外进口 1 000 吨化肥，海关无法审定其成交价格，但国内市场同类商品的批发价格为每吨 2 800 元，进口关税最低税率为 20%，费用利润率为 20%。计算该企业应纳关税。

3. 某自营出口企业向某国出口一批生丝,成交价为 160 万元,其中包括境外运输费 6 万元,保险费 4 万元,出口关税税率为 20%。计算该出口企业应纳关税。

4. 某进出口公司从美国进口一批化工原料共 500 吨,货物以境外口岸离岸价格成交,单价折合人民币为 20 000 元(不包括另向卖方支付的佣金每吨 1 000 元人民币),已知该货物运抵中国关境内输入地起卸前的包装、运输、保险和其他劳务费用为每吨 2 000 元人民币,关税税率为 10%。计算该出口公司应纳关税。

5. 某企业向海关报明后将一台价值 65 万元的机械运往境外修理,机械修复后准时复运进境。假设该机械的关税税率为 5%,支付的修理费和料件费为 35 万元(经海关审查确定)。计算该企业应纳关税。

6. 2005 年 9 月 1 日某公司由于承担国家重要工程项目,经批准免税进口了一套电子设备。使用 2 年后项目完工,2008 年 8 月 31 日公司将该设备出售给了国内另一家企业。该电子设备的到岸价格为 300 万元,关税税率为 10%,海关规定的监管年限为 5 年。计算该公司应补缴关税。

7. 某进出口公司从美国进口货物一批,货物以离岸价格成交,成交价折合人民币为 1 410 万元(包括单独计价并经海关审查属实的向境外采购代理人支付的买方佣金 10 万元,但不包括因使用该货物而向境外交付的软件费 50 万元、向卖方支付的佣金 15 万元),另支付货物运抵我国上海港的运费、保险费等 35 万元。假设该货物适用的关税税率为 20%、增值税税率为 17%、消费税税率为 10%。分别计算该公司应纳关税、消费税和增值税。

8. 某外贸公司进出口业务如下所示:①从国外进口化妆品和广播级摄像机。化妆品国外成交价格 206 万美元,发生运输费 2 万美元,保险费 0.4 万美元,包装材料费 0.2 万美元,支付特许权使用费 0.4 万美元,为进口商品向买方采购代理人支付劳务费 0.5 万美元,买卖双方经纪人支付经纪费 1 万美元,设备安装维修费 1.5 万美元。同期以 3 200 万元人民币出售给国内某商场。广播级摄像机每台国外成交价 2 200 美元,进口 1 000 台,发生运输费 4 万美元,保险费 1 万美元,另支付售后技术服务费 2 万美元。同期以 3 500 万元人民币出售给国内某商场。②从国内生产企业收购摩托车 5 000 辆出口,工厂出厂价每辆 2 500 元人民币,收购摩托车发生其他费用 50 万元,出口离岸价每辆 3 000 元(含税价)。进口关税税率化妆品 40%,摄像机 3%,另加每台 5 480 元人民币从量税,消费税税率化妆品 30%,摩托车 6%,增值税退税率 13%。计算该外贸公司进出口应纳和应退关税、消费税和增值税(美元与人民币汇价 1:8.3)。

第七章

所得税

所得税在我国现行税制结构中占有重要地位，由于其相对于流转税更为公平合理，在税收中的地位不断上升，作用不断增强。所得税制主要研究所得税税种形式、组合方式、制度设计要点、政策变化趋势等所得税制设计中所涉及的一些共同问题。

■ 第一节　所得税概论

一、所得税性质

所得税是对企业和个人，因从事劳动、经营和投资而取得的各种所得所课征的税种统称，或者说是以所得额为课税对象而课征的税种统称。既然所得税是以所得额为课税对象，那么，确定所得额也就自然成为所得税的课征关键。然而，由于认识角度不同，人们对所得也有着不同的理解。从经济学角度来看，所得是指人们在两个时点之间以货币表示的经济能力的净增加值。如果以净增加值定义，所得应包括工资、利润、租金、利息等要素所得和赠与、遗产、财产增值等财产所得。但是，从会计学的角度来看，所得必须以实现的交易为基础，即在某一时期内，一切交易所实现的收入减去为实现收入而消耗的成本、费用后的余额。如果以交易余额定义，所得只包括工资、利润、租金、利息等要素所得和资本利得，不包括不经过交易的遗产、赠与和没有经过交易的财产增值。因为没有经过交易的财产增值虽然代表了经济能力的增值，但由于没有经过交易，增值税价值没有得到体现。然而，从税收实务的角度来看，所得是指应税所得，是在会计所得基础上，经过必要调整而计算的缴纳所得税的所得。即按会计所得减去税法规定不予计列项目后的余额。这是因为作为纳税依据的税法和作为核算依据的财务会计制度对所得的规定存在一定差异，企业和个人应按财务会计制度规定核算所得，并按税法规定对会计所得进行必要调整，按应税所得不计算纳税。应税所得具体地讲：就企业而言所得是企业收入减去成本、费用、流转税和法定扣除项目后的余额；就个人而言是个人收入扣除个人生计费、赡养费和其他费用及法定扣除项目后的余额。

二、所得税特点

所得税作为整个税收体系中的重要组成部分，具有不同于其他大类税收的特点，可归纳为以下几个方面：

（1）税收负担的直接性。所得税一般由企业或个人作为纳税人履行纳税义务，并且，又由企业和个人最终承担税负。由于纳税人就是负税人，税负不能转嫁，因而被称为直接税。所得税作为直接税不能转嫁只是从立法者的预期来考虑，事实上，所得税能否转嫁还需要区别具体税种。个人所得税由于对个人工资、股息、利息所得征税不易转嫁，而且个人作为自然人又是负税主体，税负不易转嫁，由纳税人负担。而企业所得税由于对企业利润、利得、股息所得征税也不易转嫁，但企业作为法人并不是负税主体，企业所得税税负有可能通过提高商品价格由消费者负担，或者降低职工工资由生产者负担，或者减少利润由企业所有者负担。因此，企业所得税仍有可能转嫁。

（2）税收分配的累进性。个人所得税在名义上一般累进征收，既实行累进税率，税率随个人收入增加而递增，低收入者适用低边际税率，而高收入者适用高边际税率；又实行标准扣除和单项扣除，扣除随个人收入增加而递减，低收入者扣除占收入比例高，高收入者扣除占收入比例低。通过累进税率和标准扣除，达到累进征收、缩小个人税后收入差距的目的，符合税收的公平原则要求。但企业所得税一般实行比例税率，即使实行累进税率，也主要是对部分小企业的税收照顾，而企业规模并不是负担能力的主要依据，因此，企业所得税并不具有累进特点。税收分配的累进性主要对个人所得税而言。

（3）税收征收的公开性。所得税在税收负担上一般以企业或个人为纳税人，同时，税负又由纳税人承担，一般不能转嫁。所得税在征收方式上一般由企业或个人申报缴纳，即使实行源泉课征，也必须申报结算。所得税在征收环节上选择收入分配环节，是对企业利润或个人所得征收。因此，所得税征收具有公开性、透明度强的特点，容易引起税收对抗，推行比较困难。

（4）税收管理的复杂性。所得税不但对企业所得征税，而且对个人所得征税，由于个人纳税户多、税额小、税源分散，征收管理的成本高、难度大。同时，所得税是对所得额征税，就企业而言，要核算企业的收入、成本、费用、利润，计算企业应税所得；就个人而言，要计算个人收入、免税额、扣除额、应税所得，从而又增加了成本核算和管理上的难度。征收所得税客观上要求整个社会有较高的信息、核算和管理基础。

（5）税收收入的弹性。所得税是对企业和个人所得征税，所得随国民经济的发展变化和国民收入的变化而变化，因此，收入可靠。同时，个人所得税的累进征税特点，能够自动适应国民经济周期的变化，随经济膨胀和经济衰退发挥稳定经济作用，也能根据政策的需要相机抉择，调整税收政策，促进国民经济的稳定增长。

第二节 所得税类型

所得税依据纳税人的不同特点，可划分为企业所得税和个人所得税，还涉及对资本利得是否设计独立税种征税。其中，企业所得税是以企业所得为课税对象征收的所得税，个人所得税是以个人所得为课税对象征收的所得税，而资本利得税是对资本品转让发生的增值征税。

一、企业所得税

企业所得税是以企业所得为课税对象征收的所得税，但由于企业组织形式多种多样，企业所得税在课征范围上可能会有不同的选择，从而形成不同类型的所得税。

1. 企业组织形式

企业是以赢利为目的，从事生产、经营活动而形成的独立核算的经济组织，是国民经济的基本单位。按企业组织形式的特点划分，大致可把企业划分为独资企业，合伙企业和公司三种组织形式。

（1）独资企业。独资企业是企业的一种组织形式，它是由一人投资，企业为个人所有，企业规模较小，一般由业主直接从事企业经营，利润归业主，业主对企业债务负有无限清偿责任。中国的城乡个体工商户是比较典型的独资企业。

（2）合伙企业。合伙企业是企业的一种组织形式，它是由2人或2人以上共同投资，企业归合伙人共同所有，企业规模较小，一般由合伙人直接从事经营，通过合同协议的形式来确定投资者的权利、义务、责任和风险，分配企业利润。合伙人对企业债务负有无限清偿责任。中国的部分私营企业和集体企业都是以合伙企业形式出现。

（3）公司。公司是企业的一种组织形式，它是由2人或2人以上共同投资，按公司法组建，是独立的法人。公司依据投资来确定投资者在公司中的股份，并通过股份来确定股东的权利、义务、责任和风险，分配企业利润。公司作为独立的法人，股东对公司债务只负有有限清偿责任，以股东出资额或公司资本额为限。公司规模较大，一般由股东代表组成的董事会来领导组织企业经济活动。公司的主要组织形式是有限责任公司和股份有限公司，两者主要区别在于是否把投资资本分成等额股份，是否公开发行股票。公司是现代企业的最主要的组织形式。但在中国，传统的企业都以企业，而不是公司形式出现。

2. 企业所得税类型

企业所得税按课税范围，可划分为企业所得税和公司所得税两种类型。

（1）企业所得税型。企业所得税是以企业所得为课税对象征收的所得税。它的基本特点是不分企业性质和组织形式，把各种类型的企业都纳入企业所得税的课税范围。由于不同企业都按统一的企业所得税法征收，有利于企业间公平税负、平等竞争。但是，企业所得税把独资企业和合伙企业纳入课税范围，而独资和合伙企业主的个人财产和企业财产又不可分离。因此，对企业利润征税和个人所得征税就很难划清，给征收管理带来困难。

（2）公司所得税型。公司所得税是以公司所得为课税对象征收的所得税。它的基本特点是区别企业的性质和组织形式，仅对公司所得征收公司所得税，而非公司的合伙企业和独资企业所得不征公司所得税，只征个人所得税。公司所得税只对法人企业征收所得税，而自然人企业不征所得税，有利于税收管理，同时又照顾了小企业发展。但公司所得税也会造成公司和非公司企业税负不平衡。公司企业既征公司所得税，又征个人股息所得税，而非公司企业把企业利润归属为个人，仅征个人所得税，不利于公司企业和非公司企业公平税负，平等竞争。如果对企业利润征收企业所得税，而在计算个人所得税时，允许将分得的股息和利润所已经缴纳的企业所得税视为已纳个人所得税予以抵免，这种方式既在理论上承认企业和个人为两个独立的纳税人，各自都必须履行纳税义务，又在实践中允许企业所得税抵免，从而避免对个人分得的股息和税后利润重复征税。

二、个人所得税

个人所得税是以个人所得为课税对象征收的所得税。由于个人所得形式多种多样，个人所得税在课征方式上可能会有不同的选择，从而形成不同类型的所得税。

（1）个人综合所得税型。个人综合所得税是把个人各种不同来源所得和各种不同形式所得都纳入课税范围征收的所得税。个人综合所得税一般按累进税率征收，由于征税面广，有利于扩大税基，累进征收，公平税负。但个人综合所得税必须由个人申报，汇总个人各种所得计算纳税，不但计算复杂，也容易发生税收流失。个人综合所得税也无法区别个人各种类型所得，在税收上予以区别对待。

（2）个人分类所得税型。个人分类所得税是把个人收入按一定标志进行分类，对不同类型的个人收入分别课征。个人分类所得税一般按比例税率课征。由于分类课征，有利于对个人的不同所得实行区别对待。也可以对已经缴纳过公司或企业所得税的股息和税后利润不再征收个人所得税，仅就工薪所得征税。个人分类所得税由于源泉课征，有利于简化征收管理，减少税收流失。但分类所得税只适宜于比例税率，因而不利于发挥所得税收在公平税负方面的调节作用。

（3）个人混合所得税型。个人混合所得税是对个人收入按不同的收入类别分别实行分类所得税和综合所得税。对部分所得进行分类，按比例税率征收分类所得税；对部分所得综合汇总，按累进税率征收综合所得税。

三、资本利得税

资本利得在税收上是指资本商品，如股票、债券、房产、土地或土地使用权等，在出售或交易时发生收入大于支出而取得的收益，即资产增值。资本利得税是对资本利得所征的税。资本利得作为所得的一种特定形式同其他所得一样增加资本所有者的所得，同样也增强了资本所有者的负担能力。因此，从所得征税的角度分析，对资本利得征税体现了税收的公平原则。但资本利得作为所得的一种特定形式，同其他所得也有一定区别。一般意义上的所得是指把资本作为生产要素，并同其他生产要素结合，通过生产经营活动而取得的收益；而资本利得是资产的自然增值，既有价值增长因素，也有价格上涨，通货膨胀因素。因此，就不能把资本利得完全视为收益，其中包含部分价值补偿。由于资本利得具有不同于一般所得的特点，因此，在对资本利得是否征税，以及如何征税问题上也就形成了不同的处理方式，大致可概括为以下三种：

（1）视同普通所得征税。对纳税人所取得的资本利得分别按公司所得税或个人所得税制度征税。在具体征收时又有两种类型：一种类型是把资本利得视同其他所得一样征税；另一种类型是对资本利得，主要是对长期资本利得给予一定的税收优惠，以体现短期资本利得和长期资本利得在税收上的区别对待。

（2）征收资本利得税。对纳税人所取得的资本利得按资本利得税征税，资本利得税在课税对象确定、税率设计上给予一定的政策优惠，以体现对资本利得和一般所得在税收政策上的区别对待。

（3）对资本利得免税。对纳税人所取得的资本利得免征所得税，或免征部分资本项目所得税，以体现对资本利得的政策优惠。

四、企业所得税和个人所得税的关系

企业所得税和个人所得税是两种不同类型的所得税，在一般情况下两者以不同的纳税人，选择不同对象课征，因而，互不交叉。但在有些情况下，企业所得

税和个人所得税虽选择不同纳税人,却以同一对象征税,因而发生重叠交叉,重复征税。例如,对个人股息,分得的税后利润征收个人所得税,就会涉及企业所得税和个人所得税的重复征税。这就需要处理好企业所得税和个人所得税之间的征收关系。对于个人股息和税后利润所得的征税有以下几种处理方式:

(1) 既征企业所得税,又征个人所得税。作为传统处理方式,对企业实现利润首先征收企业所得税。然后,对于个人分得的股息和税后利润再征收个人所得税,但企业税后未分配利润不征个人所得税。采取这一方法的理论依据是企业和个人是两个独立的纳税人,享有各自的民事权利和经济利益,根据权利与义务对等原则,企业所得税和个人所得税是对两个独立纳税人的各自所得征税。但这种处理方式对个人分得的股息和税后利润引起了事实上的重复征税。所得税的这种传统处理方法一般认为有三个主要不足:首先,阻碍组建公司的决策。由于税收对组建的公司可能要缴纳公司所得税和个人所得税两种所得税,使税收非中性,阻碍了组建公司的决策。其次,阻碍分配而鼓励以留存收益方式投资。由于税收在留存利润与分配利润之间不是中性的,因而阻碍分配而鼓励以留存收益方式投资,因为通过发行新股本的投资成本较高。最后,扩大了举债筹资与通过发行新股筹资之间的税收差异。由于税收在举债筹资与发行新股之间不是中性的,因而影响了举债筹资与通过发行新股筹资之间的选择。

(2) 只征企业所得税,不征个人所得税。消除对个人分得的股息和税后利润重复征税的一种可供选择的方式,是对企业利润征收企业所得税,而对个人分得的股息或税后利润不再征收个人所得税,个人所得税主要对工薪所得征收。这一方法主要特点是以放弃对个人投资所得征收个人所得税来避免对个人分得的股息和利润重复征税。这一方式虽能避免重复征税,但对个人分得的股息和税后利润所得只征企业所得税,不符合以能力为标准的公平准则。因此,这种征税方式仅仅在理论上存在,实践中很少被采纳。实践中被采纳的是这种方式的变形,即对已经征过企业所得税的股息、红利在征收个人所得税时给予股东各种形式的减免,以减轻这部分股息、红利的所得税。

(3) 征收企业所得税,并允许在个人所得税中抵免。为了既能避免重复征税,又能对企业和个人这两个独立纳税人行使征税,比较可行的办法是征收企业所得税,并允许在个人所得税中抵免。允许企业所得税在个人所得税中抵免的主要理论依据是:从经济利益的实质联系看,企业只是为获利目的而设立的营业机构,企业"人格"具有虚拟性,企业获利最终分解归属投资股东,企业责任最终由出资股东个人负担,纳税最终减少出资者收益,是对出资股东税收的预扣。税收抵免被很多国家所采纳,但在税收实践中按抵免额的大小可分为完全抵免和部分抵免。完全抵免就分配利润缴纳的所有税款在给予股东的税收抵免时都全部给予考虑,而部分抵免只考虑部分税款的抵免。针对税收抵免,也有一种取消企业所得税的主张，认为在实行税收抵免的情况下，企业所得税只是一种所得税预扣，从简化税制考虑应取消企业所得税，对个人所得征收个人所得税，对资本利得征收利得税。

第三节　所得税设计

所得税是以所得为课税对象征收的税收统称。在所得税制设计时不可避免地会涉及课税范围、税基、税率、征税方法等基本要素及其政策选择问题，这些基本问题可包括以下几个方面：

一、征税范围

所得税的征税范围是行使所得税的课税权范围，包括纳税人和课税对象的范围。只有对属于课税范围内的纳税人和纳税人所得才能行使征税。但由于纳税人有居民纳税人和非居民纳税人之分，纳税人所得也有来自于本国境内所得和境外所得之别，各国行使的税收管辖权也不完全相同，因而，征税范围也就形成不同的选择。

（一）居民纳税人和非居民纳税人

国际上对居民纳税人和非居民纳税人确定通常有两种标准，即法律标准和户籍标准。

1. 居民纳税人和非居民纳税人确定的法律标准

依据法律标准，确定居民纳税人或非居民纳税人就企业而言，取决于企业按哪一个国家法律注册设立。凡按某一个国家法律注册设立的法人企业，不论这个企业的管理机构是否设在该国都是该国的居民纳税人。反之，如果没有按该国法律注册设立，即使这个企业的管理机构设在该国，也不能成为该国居民纳税人。按法律标准确定居民纳税人和非居民纳税人关键在于确定该企业是否为法人，是否按该国法律注册设立，只有同时满足上述两个条件才能成为该国居民纳税人，否则，就不能成为该国居民纳税人。确定纳税人和非居民纳税人就个人而言，取决于个人的国籍。凡是取得某一个国家的国籍，不论个人是否居住在该国，都是该国的居民个人。反之，即使个人居住在该国，而没有取得该国的国籍，也不能成为该国居民个人。目前，世界上只有少数国家采用法律标准。

2. 居民纳税人和非居民纳税人确定的户籍标准

依据户籍标准，确定居民纳税人和非居民纳税人就企业而言，取决于企业的管理机构设在哪一个国家，凡是将法人企业的管理机构设在某一个国家行使征税权力的范围内，不论这个法人企业是否按照该国法律规定注册设立，都是该国的居民纳税人。反之，即使这个法人企业按照该国法律规定注册设立，但企业管理机构不是设在该国，这个企业也不能成为该国的居民纳税人。按户籍标准确定居民纳税人和非居民纳税人关键在于确定该企业是否为法人，是否将管理机构设在该国，只有同时满足上述两个条件才能成为该国居民纳税人，否则，就不能成为该国居民纳税人。居民纳税人和非居民纳税人的户籍标准就个人而言，取决于个人的住所或居所，但由于住所或居所是比较抽象的概念，因此，在具体实施时都是以居住时间为确定标准。按照个人在一个国家居住时间的长短，把个人分为非居民个人，非长期居民个人和长期居民个人三种。依据户籍标准，个人在一个国家居住达到一定时间就可被认定为该国居民个人，不管是否取得该国国籍。目前，世界上绝大多数国家都采用户籍标准。

（二）境内所得和境外所得

1. 企业境内所得和境外所得确定的标准

企业所得可分为营业所得和股息、利息、特许权使用费等其他所得。对于不同所得，在确定为境内所得和境外所得上也有不同的确定标准。

（1）营业所得的确定标准。营业所得是指从事各种营利事业所取得的所得。按国际惯例，营业所得来源地的确定是以是否设有常设机构为标准。具体地讲，只有在一个国家境内设有常设机构并取得营业所得，才能被确认为来源于该国境内所得。否则，即使在一个国家境内取得营业所得，但在该国境内没有设有常设机构，也不能被确认为来源于该国境内所得。上述常设机构是指企业进行全部或部分营业的具有相对永久性的场所。包括管理机构、营业机构、办事机构、工厂、开采自然资源场所、工程作业场所等。

（2）其他所得的确定标准。其他所得是指股息、利息，转让专利、专有技术、著作权和商标权等使用权所取得的特许权使用费所得。按国际惯例，对其他所得应以股息支付地，利息、特许权使用费负担者所在地为标准。

2. 个人境内所得和境外所得确定的标准

个人所得可分为独立劳动所得，非独立劳动所得，股息、利息、特许权使用费所得和其他所得。对于不同的所得，在确定为境内所得和境外所得上也有不同的确定标准。

（1）独立劳动所得的确定标准。独立劳动所得是指个人独立地从事于非雇佣的各种劳动，包括独立的科学、文学、艺术、教育等活动，以及医师、律师、工程师、建筑师、会计师等独立劳动所取得的所得。独立劳动所得来源地确定是以独立劳动者在一个国家的出场为条件，在具体实施中是以是否设有经常使用的固定基地和在一个国家停留时间长短为标准。只有在一个国家设有经常使用的固定基地或者在一个国家居住达到限定时间，才能被认定为独立劳动者在该国出场，并认定其所得来源于该国。否则，不能被认定为来源于该国境内所得。

（2）非独立劳动所得确定标准。非独立劳动所得是指受聘或受雇于他人的工薪收入者所取得的工资、薪金等所得。非独立劳动所得来源地的确定是以所得支付地或在一个国家停留时间长短为标准。对于非独立劳动所得由提供劳动所在地的常设机构或固定基地负担的，以所得支付地为标准，在哪一个国家支付，就为来源于该国所得。对于非独立劳动所得不是由劳动所在地的常设机构或固定基地所负担，而是由非劳动所在地的雇主所支付，以劳动者在一个国家停留时间长短为标准。劳动者在一个国家停留达到限定时间，就被认定为其非独立劳动所得来源于该国。否则，不能被认定为来源于该国境内所得。

（3）股息、利息、特许权使用费等其他所得确定标准。一般对股息以支付地，利息、特许权使用费以负担者所在地为标准来确定其来源地。

（三）征税范围

一个主权国家行使它的征税权力，可以遵循属地原则和属人原则两种不同的指导思想原则，并相应确立起地域管辖权和居民管辖权两种不同的税收管辖权。在一个实行地域管辖权的国家，它只对纳税人来源于本国境内所得征税，不管纳税人是本国居民或外国居民，而在一个实行居民管辖权的国家，它只对属于本国居民的一切应税所得征税，不管所得是来自于境内或境外。在实践中，绝大多数国家都同时行使居民管辖权和地域管辖权两种征税权力。即对于本国居民，就其来源于本国境内境外所得合并征税；而对于本国非居民，仅就其来源于本国境内所得征税。

二、跨国所得的税收抵免

对于跨国所得由于涉及两个或两个以上主权国家对同一所得同时行使征税权，从而导致重复征税。需要采取有效方法来避免国际重复征税。

（一）国际重复征税原因

国际重复征税是指两个或两个以上国家的不同课税权主体，对同一跨国纳税人的同一所得所进行的重复征税。而国际重复征税是由税收管辖权及其选择所引起。

1. 国际重复征税同税收管辖权的选择

国际重复征税首先是由有关国家对跨国纳税人和跨国所得行使不同的税收管辖权，或同时行使两种税收管辖权而引起。假定有甲、乙两个主权国家，甲、乙两国居民（公民）A 和 B 同时在本国和对方国家取得所得甲 A、乙 A、甲 B、乙 B，我们可以把税收管辖权和国际重复征税关系分为以下三种情况：

（1）甲、乙两国行使同样的税收管辖权。如果甲、乙两国同时行使地域管辖权，那么甲国政府对 A 在本国所得甲 A 和 B 在本国所得甲 B 征税，而乙国政府对 B 在本国所得乙 B 和 A 在本国所得乙 A 征税，不会发生交叉重叠的重复征税。如果甲乙两国同时行使居民（公民）管辖权、那么甲国政府对 A 在本国所得甲 A 和乙国所得乙 A 征税，而乙国政府对 B 在本国所得乙 B 和甲国所得甲 B 征税，也不会发生交叉重叠的重复征税。因此，甲、乙两国行使同样的税收管辖权不会引起重复征税。

（2）甲、乙两国行使不同的税收管辖权。如果甲国行使地域管辖权，而乙国行使居民（公民）管辖权，那么甲国对 A 在本国所得甲 A 和 B 在本国所得甲 B 征税，而乙国对 B 在本国所得乙 B 和甲国所得甲 B 征税，结果对 B 在甲国所得甲 B 重复征税。甲国行使地域管辖权对 B 来源于本国所得甲 B 征税，乙国行使居民（公民）管辖权也对甲 B 征税，从而导致国际重复征税。如果甲国行使居民管辖权，乙国行使地域管辖权，结果相同。因此，甲、乙两国行使不同税收管辖权将引起国际重复征税。

（3）甲、乙两国同时行使两种税收管辖权。如果甲、乙两国同时行使两种税收管辖权，那么甲国对 A、B 在甲国所得甲 A 和甲 B 以及 A 在乙国所得乙 A 征税，同样乙国对 A、B 在乙国所得乙 A 和乙 B 以及 B 在甲国所得甲 B 征税，结果对 A 在乙国所得乙 A 和 B 在甲国所得甲 B 重复征税。因此，甲、乙两国同时行使两种税收管辖权将使国际重复征税问题进一步扩大，更加复杂化。

2. 国际重复征税同税收管辖权的界定

税收管辖权的选择是引起国际重复征税的基本原因，而税收管辖权的界定也是引起国际重复征税的重要原因。税收管辖权的界定所引起的国际重复征税可分为两种情况：

（1）居民（公民）的界定同国际重复征税。如果有关国家行使相同的居民（公民）管辖权不会引起重复征税，这是假定有关国家对居民（公民）的界定有相同的内涵。如果有关国家对居民（公民）界定有不同标准，一个纳税义务人有可能同时具有双重居民身份。例如，甲国选择公民标准，乙国选择居民标准，一个在甲国出身而在乙国居住的纳税人就可能发生重复征税。即使都选择居民标准，由于甲国对居民选择住所标准，乙国对居民选择居住标准，一个在甲国有住所而在乙国居住的纳税人有可能同时成为甲、乙两国双重居民而发生国际重复征税。即使甲、乙两国都选择居住标准，而确定居住的时间长短不同或纳税年度时间确定不同，也可能使一个纳税人同时成为双重居民而发生国际重复征税。

（2）来源地的界定同国际重复征税。如果有关国家行使相同的地域管辖权不会引起重复征税，这是假定有关国家对收入来源地的界定有相同的内涵。如果有关国家对收入来源地的界定有不同标准，纳税人的一笔所得有可能成为双重所得而重复征税。例如，一笔所得在甲国发生，而在乙国支付，那么有可能甲、乙两国分别依据所得的行为发生地和所得支付地都把这一笔收入作为来源于本国所得而行使地域管辖权征税，从而导致国际重复征税。

（二）国际重复征税的避免

既然国际重复征税的原因是税收管辖权的选择和税收管辖权的界定，那么，避免国际重复征税的途径也只能是协调税收管辖权的选择，规范税收管辖权的界定。

1. 协调税收管辖权的选择

由于各国行使不同的税收管辖权，或同时行使两种税收管辖权才引起国际重复征税，因此，避免国际重复征税的途径是各国行使相同的税收管辖权，地域管辖权或居民（公民）管辖权。但由于各国的经济发展水平不同，从各国自身利益出发，在维护税收管辖权时都有所侧重，发达国家更偏重于维护居民（公民）管辖权，而发展中国家更偏重于维护地域管辖权，因而不可能在行使相同税收管辖权上达成共识。唯一可行的解决途径是在承认、尊重各国已经作出的同时行使两种税收管辖权的前提下，通过协调地域管辖权同居民（公民）管辖权的关系来消除和避免国际重复征税。基本思路或原则是居住国（国籍国）政府通过承认非居住国（非国籍国）政府优先或独占行使地域管辖权，来避免或消除本国居民（公民）来源或存在于非居住国（非国籍国）的所得重复征税。基本方法有以下几种：

（1）免税法。是居住国（国籍国）政府，对本国居民（公民）来源或存在于非居住国（非国籍国）所得，放弃行使居民（公民）管辖权，免予征税，由非居住国（非国籍国）政府独占行使地域管辖权予以征税，从而达到消除和避免国际重复征税的办法。由于免税法使居住国（国籍国）放弃行使居民（公民）税收管辖权，使一部分税收流失。因此，很少有国家实行免税法。

（2）扣除法。是居住国（国籍国）政府，对本国居民（公民）来源或存在于非居住国（非国籍国）所得已经向非居住国（非国籍国）缴纳的所得税，视为一个扣除项目在向本国政府汇总申报应税所得额时予以扣除，就扣除后的余额计算征收所得税。扣除法由于要将本国居民（公民）来源或存在于非居住国（非国籍国）所得汇总计入本国居民所得，但在计算应税所得时只允许予以扣除本国居民（公民）来源或存在于非居住国（非国籍国）所得已经缴纳的所得税而不是所得额，因此，扣除法只是对纳税人跨国所得的一种照顾征税方法，并没有解决国际重复征税问题，所以很少被采用。

（3）抵免法。是居住国（国籍国）政府，对本国居民（公民）来源或存在于非居住国（非国籍国）所得汇总计入本国居民（公民）所得，并允许将本国居民

（公民）来源或存在于非居住国（非国籍国）所得已经缴纳的所得税，在本国居民（公民）汇总计算的所得税中予以抵免。抵免法在抵免计算时有两种方法，全额抵免和限额抵免。全额抵免不受抵免限额的约束，对本国居民（公民）来源或存在于非居住国（非国籍国）所得已缴纳的所得税，在本国居民（公民）汇总计算的所得税中全部予以抵免。限额抵免则要受抵免限额的约束，规定最高抵免限额为本国居民（公民）来源或存在于非居住国（非国籍国）所得按本国税率计算的所得税，这意味着国外税率高于本国税率时，国外所得已经缴纳的所得税不能全部给予抵免。抵免法由于既承认非居住国（非国籍国）能够优先行使地域管辖权，又不放弃居住国（国籍国）同时能行使居民管辖权，并且使跨国纳税人国际重复征税问题基本得到避免，较之居住国（国籍国）政府放弃行使居民（公民）管辖权的免税法和无法消除国际重复征税的扣除法具有很大的优越性，从而得到世界绝大部分国家的认可，并被广泛使用，成为消除因税收管辖权原因而引起的国际重复征税问题的最重要方法。中国也选择抵免法作为避免国际重复征税的必要措施和方法。

2. 规范税收管辖权的界定

国际重复征税不但在于税收管辖权的选择，也在于税收管辖权的界定，因此，规范税收管辖权的界定也是避免国际重复征税的重要途径。规范税收管辖权的界定主要是规范对居民的界定以及各种类型收入来源地的界定。

（1）规范对居民（公民）的界定。广义的居民（公民）包括居民（公民）个人和居民（公民）企业。

第一，居民（公民）个人。国际上对居民（公民）个人的确定通常有两种标准，即法律标准和户籍标准。目前，世界上绝大多数国家以及国际税收协定范本均采用户籍标准向跨国居民个人行使居民管辖权，签署有关国家之间的国际税收协定，并依据个人居住时间长短来划分居民和非居民。在居民中又分为长期居民和非长期居民，只有对符合居民条件的个人才能行使居民管辖权。其中，对于长期居民能够行使居民（公民）管辖权，就其来源或存在于世界各国领土范围内的所得征税；而对于非长期居民则只限于就其来源于本国以及来源于外国而属于在本国境内支付或实际汇入本国境内的所得征税。对于确定居民和非居民的时间标准，各个国家不完全相同。中国个人所得税法规定：在一个纳税年度内居住满365天的个人为中国居民，其中在中国居住超过5年的个人为长期居民。

第二，居民（公民）企业。国际上对居民（公民）企业的确定通常也有两种标准，即法律标准和户籍标准。目前，世界上绝大多数国家以及国际税收协定范本都已采用了户籍标准。至于户籍标准中的管理机构所在地的具体界定，各国仍有不同的解释，中国关于管理机构所在地的概念是指总机构所在地。

（2）规范对收入来源地的界定。对收入来源地的界定需要区分不同所得，根据不同所得特点加以规范。

第一，股息、利息和特许权使用费等收益。对于股息、利息、特许权使用费一般采取由居住国（国籍国）与非居住国（非国籍国）双方分享征税权利的办法。即非居住国对这些收益行使地域管辖权征税时，应设计比本国国内税法规定的更低税率，以保证居住国（国籍国）行使居民（公民）管辖权时也能征得一部分税款。

第二，独立劳动所得。按国际规范是指从事于非雇佣的各种劳动，包括独立的科学、文学、艺术、教育活动，以及医师、律师、工程师、建筑师、牙医师和会计师等独立劳动所获取的劳动所得。上述独立劳动所得必须符合独立劳动者在某个非居住国（非国籍国）出场条件，才能认定独立劳动所得来源于该非居住国（非国籍国），由这个国家行使地域管辖权征税。对判断是否出场按以下顺序：首先是经常使用的固定基地；其次是连续或累计停留时间；最后在不符合上述二个条件情况下，可按实际支付标准或实际负担标准，即哪一个国家居民（公民）支付或常设机构、固定基地所负担确定。并规定非居住国（非国籍国）只限于就劳动者归属于他的固定基地那部分所得，或停留期间内活动所取得的那部分所得征税。

第三，非独立劳动所得。按国际规范是指受聘或受雇于他人的工薪收入者所取得的工资、薪金和其他类似报酬。对于上述所得必须是受聘或受雇于非居住国（非国籍国），非居住国（非国籍国）才能行使地域管辖权征税。在受聘受雇和所得支付发生在同一个国家，所得来源地的确定比较明确。但受聘受雇和所得支付发生在两个国家时，只有当受聘受雇人在有关历年中连续或累计停留非居住国（非国籍国）超过一定时间，才能被认定为该项所得来源于非居住国（非国籍国），并由该国行使地域管辖权。

第四，跨国其他个人活动所得。分别不同所得情况：对政府人员退休金和其他所得一般由支付退休金和其他所得政府的所在国征税；对企事业和其他社会团体工作人员退休金所得，一律由退休者本人所在居住国（国籍国）独占行使居民（公民）管辖权征税；对董事费习惯上采取实际支付标准，一般由来源于支付所得的该董事会的公司所在国征税；对于表演家和运动员所得由演出活动取得所得所在国行使地域管辖权征税；对于教师、研究人员及学生、学徒和实习生在规定范围内的所得给予一定期限内的免税待遇。

第五，营业所得。按国际规范，只有在某个国家设有常设机构，并取得归属于该常设机构的所得，才能被认定为从该国取得所得，由该国行使地域管辖权征税。常设机构是指一个企业进行全部或部分经营的营业固定场所，包括管理场所、分支机构、办事处、工厂、车间、矿场、油井或气井、采石场或任何其他开采自然资源的场所、建筑工地、建筑、装配或安装工程（应以连续超过 6 个月为限）。对常设机构的营业所得行使地域管辖权征税一般是依据归属原则，指归属于常设机构所得。但为了防止避税，也应使用引力原则，对不通过常设机构，但经营业务与常设机构经营相同或同类所获取的所得，也要列入行使地域管辖权征税范围。在确定常设机构利润时应当允许扣除常设机构所发生的各项费用，包括行政和一般管理费用。

（三）税收抵免制度

税收抵免是居住国（国籍国）政府对本国居民（公民）来源或存在于非居住国（非国籍国）所得汇总计入本国居民（公民）所得，并允许将本国居民（公民）来源或存在于非居住国（非国籍国）所得已缴纳的所得税，在本国居民（公民）汇总计算的所得税中予以抵扣的制度。税收抵免是避免因税收管辖权选择原因而发生的国际重复征税的一种最有效合理方法。税收抵免因适用对象和计算方法不同可分为直接抵免、间接抵免和饶让抵免。

1. 直接抵免

是居住国（国籍国）政府在计算本国居民（公民）跨国所得已纳税额的抵免额时，直接通过所得和已纳税额计算抵免税额的一种抵免计算方法。直接抵免适用于同一经济实体的跨国纳税人，包括同一跨国居民（公民）个人的非居住国所得，和同一跨国居民企业的分支机构所得。税收抵免计算关键是计算抵免限额，主要涉及以下一些问题：

（1）综合限额和分国限额。在跨国纳税人有多国收入来源的情况下，计算抵免限额时涉及是按综合限额还是分国限额计算抵免限额。综合限额是居住国（国籍国）政府允许跨国纳税人综合其所有非居住国（非国籍国）所得合并计算出一个统一的抵免限额。而分国限额则是居住国（国籍国）政府分别根据跨国纳税人来源或存在于各个非居住国（非国籍国）所得，逐国计算其相应的抵免限额。在多国直接抵免下，如果一个非居住国（非国籍国）发生不足限额，另一个发生超限额，那么，采用综合限额比分国限额使居住国（国籍国）政府少征税，跨国纳税人少缴税。

（2）分项限额和不分项限额。即使按分国限额计算，在跨国纳税人从非居住国取得多项收入的情况下，计算抵免限额时也涉及是按分项限额还是不分项限额计算抵免限额。分项限额是居住国（国籍国）政府要求跨国纳税人把在非居住国（非国籍国）取得的多项所得分开，各自独立计算抵免限额。而不分项限额则无须分开计算。在分国直接抵免下，如果发生在非居住国（非国籍国）所得中一个项目因税率低而不足限额，另一个项目税率高而发生超限额，这时采取不分项限额比分项限额将使居住国（国籍国）政府少征税，跨国纳税人少缴税。

（3）超限额结转和亏损结转。在直接抵免的抵免限额计算时，也会涉及跨国纳税人在不同的纳税年度之间发生的超限额和不足限额之间能否相互抵充的问题。这也有两种不同的处理方法，即允许结转和不允许结转，取决于各国的具体条件。

2. 间接抵免

是居住国（国籍国）政府在计算本国居民（公民）跨国所得已纳税额的抵免税额时，通过间接推算所得已纳税额，再计算抵免税额的一种抵免计算方法。间接抵免适用于母子公司及子孙公司组织形式。对于跨国纳税人在居住国（国籍国）母公司从非居住国（非国籍国）子公司取得的股息所得，由于是税后所得，既不知道该所得承担多少税额，也不知道税前所得，因此，只有通过分得的股息间接推算已纳税额和税前所得。

3. 饶让抵免

是居住国（国籍国）政府对跨国纳税人从非居住国（非国籍国）得到优惠减免的那部分税收，视同已经纳税给予抵免的抵免计算方法。饶让抵免使非居住国（非国籍国）对投资者提供的税收优惠能够由投资者，而不是投资者所在的居住国（国籍国）政府享受。

三、税基

所得税的税基是计算所得税时的应税所得，一般为收入减去法定支出项目。虽然各个国家在计算所得税时的法定支出项目不同，税基的确定也不完全相同，但仍有它的共同点。

（一）企业应税所得

企业所得税的税基即应税所得，是以企业总收入减去为取得收入而支付的费用和开支后的企业净收入为基础，进行必要调整后求得。计算公式为

企业总收入＝营业收入＋资本利得＋股息收入＋租金收入＋权利金收入＋其他收入

企业净收入＝企业总收入－费用和开支

费用和开支＝营业成本＋营业税收＋利息费用＋折旧与折耗＋其他可以扣除的费用

企业应税所得＝企业净收入－税前必要调整

上述税前必要调整是依据税法规定，对会计利润的必要调整，这些必要调整主要涉及资产折旧、资源折耗、存货、费用列支、资本利得、损失等项目。通过调整，把依据会计核算的企业所得调整为依据税法规定的应税所得。

（二）个人应税所得

个人所得税的税基即应税所得，是以个人总收入减去不予计列项目、费用开支、扣除项目、减免项目求得。综合个人所得税的应税所得计算公式一般为

个人毛所得＝全部所得－不予计列项目

个人调整毛所得＝毛所得－费用开支

个人净所得＝调整后毛所得－扣除项目

个人应税所得＝净所得－减免项目

个人应税所得的计算是一个复杂的过程，涉及不予计入个人所得的项目的确定，费用开支项目的确定，扣除项目的标准和方法等问题。

四、税率结构

所得税税率一般采用比例税率和累进税率两种税率形式，两种税率具有不同的特点和设计依据，并适用不同的对象。

（一）比例税率

企业所得税一般适用于比例税率，而且一般采用单一比例税率。对企业所得设计比例税率而不是累进税率主要依据是：

（1）累进税率的能力负担原则不适宜于企业。这是因为设计累进税率的理论依据是能力负担原则，即收入高、负担能力强，税收负担应重一些；反之，收入低、负担能力弱，税收负担应轻一些，累进税率能体现这种纵向公平的原则要求。然而，企业尽管是纳税人，却并不是最终负税人。只有负税人才具有自己的负税能力。因而，累进税率的负担能力原则不适宜于企业。

（2）所得大小不反映企业负担能力强弱。假定企业是负税人，累进税率的征收依据是负担能力，但企业所得大小并不一定反映企业的负担能力。如果企业所得大，而资金利润率或人均利润率低，并不反映为企业负担能力强。相反，企业所得小，而资金利润率或人均利润率高，也不反映为企业负担能力弱。由于企业所得往往是企业规模大小，而不是企业负担能力强弱的体现，因此，企业也不适宜按所得大小设计累进税率。

（二）累进税率

个人所得税的税率一般适用累进税率方式，即对于个人所得视所得额大小适用不同等级的税率。对个人所得设计累进税率而不是比例税率主要依据是：

（1）个人所得额大小是衡量个人负担能力的主要指标。这是因为个人所得税的税基已经扣除了为取得所得而花费的开支以及个人、家庭生活必需支出额，在

这种情况下，个人所得额的大小已成为个人负担能力的主要标志。

（2）累进税率体现了税收的公平原则。公平原则是税收的基本原则，也是税制设计的主要依据，而公平原则主要体现在个人所得税上，特别是个人所得税累进税率设计上。这是因为在个人所得税情况下，个人不但是纳税人，同时也是负税人，个人应税所得是个人负担能力的主要标志，累进税率有利于缩小个人税后收入差距，实现税收的纵向公平。个人所得税一般采用累进税率，但从个人所得税税率发展变化的进程和趋势看，个人所得税的边际税率下降，税率档次减少，税率级距缩小，由高低差异悬殊的税率结构向比较平稳的税率结构转变。这是因为累进税率虽有利于公平，但不利于效率，也不利于储蓄和投资。从发挥税收的激励效应，增加储蓄，增加投资角度考虑，理应调整累进税率结构。

五、税收优惠

税收优惠是政府为了某些特定的社会和经济目的，在统一税法的基础上，对于某些特殊情况所给予减征或免征一部分税款的政策措施。

（一）税收优惠形式

所得税的税收优惠主要有免税、减税、税收扣除、盈亏互抵、加速折旧、税收抵免、延期纳税、税前还贷等方式。

（1）免税。是纳税义务的全部免除，是一种最典型、最彻底的税收优惠措施。免税的具体方法一般有定期免税或永久免税，或者规定起征点免税，即对未达到起征点标准的一律免税。

（2）减税。是纳税义务的减轻，是纳税义务局部的或部分的免除。这也是一种较为典型和普遍的税收优惠形式。

（3）税收扣除。是在征税对象的全部数额中扣除一定的数额，只对超过扣除额的部分征税。通常，这种按规定扣除的数额，也称作免征额。这种形式的特点是在既定税率的条件下，通过缩小税基来减轻税负。

（4）退税。退税是指政府将纳税人已经缴纳或实际承担的税款退还给规定的受益人。

（5）盈亏结转。是在若干年度内以某一年度的亏损抵消其他年度的盈余，从而减少应纳税所得额。按照结转的顺序不同，有向前结转和向后结转两种不同做法。向前结转是指本年度的亏损可以抵消以前年度的盈余，向后结转是指本年度的亏损可以抵消以后年度的盈余。

（6）延期纳税。是允许纳税人在税法规定的时限内延期支付税款。对纳税人来说，延期纳税的好处在于将纳税义务向后推迟，可暂时减轻当前的税负，实际上是税负的后移。虽然最终仍需承担这部分等额的纳税义务，但由于时间价值和通货膨胀的因素，纳税人实际上获得了一种定期的免息的政府贷款，当然这种贷款不是通过金融机构提供而是通过税收制度所给予的。延期纳税可以有两种办法：一种是直接法，即在税法中直接规定只要符合一定条件，纳税人即可延长一定期限纳税；另一种是间接法，即不在税法中直接予以规定，但实际上就是延期纳税。

（二）税收优惠政策

所得税收优惠主要出于两种目的：一种是照顾性税收优惠，是政府基于某种社会政策目的，对纳税人的困难在税收上给予特别宽免照顾；另一种是激励性税收优惠，是政府基于某种经济政策目的，对纳税人的发展在税收上宽免鼓励。所得税优惠在政策上会产生以下的政策导向：

（1）地区税收优惠。这种优惠带有明显的区域经济政策倾斜的特点，通常是一国政府出于某种政治、经济的特别考虑，而对某一特定地区普遍实行特别的税收优惠政策。这种优惠通常在税法中明确规定，有时也可以在税收立法、执法和司法方面赋予某一地区以某些特别权力。地区税收优惠大致分为两类：一类是根据国家的经济发展战略而对某些具有发展国际经济优势的特定地区，如沿海地区或沿边地区，作为避税港或自由港。避税港是指免征所得税或一般财产税的国家或地区。自由港，也称自由贸易区或保税区，是指免征收关税的港口或港区。两者在概念上和包括的范围上都有很大区别。另一类是指对那些经济条件较差需要加速发展的地区所实行的特别税收鼓励或照顾措施。此外，还有对国家鼓励专门从事某些特定行业的地区所实行的税收优惠，如对国家高新技术产业开发区或大型旅游胜地开发区的税收优惠。

（2）行业税收优惠。这种优惠明显地体现一国的行业或产业倾斜政策。行业税收优惠除可在流转税方面予以优惠并主要采取退税措施外，通常表现为减免所得税，如对基础设施项目、技术密集、资本密集或知识密集项目所给予的所得税减免退优惠。而为了促进出口贸易所采取的免征出口关税以及退还出口商品已纳的增值税和消费税等措施，则属于流转税方面的优惠。

（3）特定对象税收优惠。还有一些税收优惠并不明显体现地区和行业倾斜政策，而只针对某些特定纳税人或征税对象。如中国为吸引外国资金和技术而对有外商资本投入的企业一律给予程度不同的税收优惠，再如对民政部门举办的福利企业以及校办企业所给予的税收优惠等也属特定对象税收优惠。

六、征收方法

（一）企业所得税

企业所得税征收主要涉及会计核算和纳税方式等问题。

（1）会计核算。企业在计算收益和费用时有权责发生制和收付实现制两种会计核算方法。权责发生制或称应收应付制，是以收益和费用是否发生为标准，来确定本期收益和费用，而不管收付在本期是否实现。收付实现制或称现金收付制，是以款项的实际收付为标准，来确定本期收益和费用，不管收益和费用是否属本期。企业所得税一般规定，企业可以选择权责发生制，收付实现制或其他会计核算方法作为计税基础，但大多数企业选择权责发生制。

（2）纳税方式。企业所得税的缴纳一般采取分期预缴和年终清算相结合的方式。分期预缴是指企业在每1月度或每1季度结束前，自行申报月度或季度所得额及暂缴所得税。年终清算是指企业在每1年度末，结算申报年度所得额和所得税，并办理补缴不足所得税或退还溢缴所得税。

（二）个人所得税

个人所得税一般采取扣缴、预估暂缴和结算申报等缴纳方法。

（1）扣缴。对于居民个人，属固定职业职工的薪资所得由雇佣单位预扣代缴，年终再由纳税人结算申报进行清算。对于非居民个人，仅就其来源于本国境内所得于取得时扣缴，年终不再结算申报。

（2）预估暂缴。对于居民个人，不属扣缴范围者须进行预估并分期暂缴其应纳税款。预估暂缴一般由纳税人依据上年资料自行计算缴纳。

（3）结算申报。对于居民个人，年终应进行结算申报，把年终结算申报应纳税额同扣缴和预扣暂缴税额进行比较，并减去抵免额，计算应补缴税额或应退税额。

■ 第四节　所得税政策

所得税在制度设计时涉及税种确定、税基宽窄、税率结构、税收优惠和征收方式等问题，对这些基本问题的不同处理方式，形成了具有不同特点的所得税政策。

一、所得税税基政策

在所得税设计时，就税基而言，主要涉及税基宽和窄的不同政策选择。传统的所得税为体现所得税在促进收入公平分配和经济发展方面的调节作用，选择了征税范围小，税前扣除面广，税收优惠项目多的窄税基政策。窄税基政策虽有利于政策导向，但由于税基偏窄，使税收增长受到制约，而且对经济的过多政策干预也会影响经济的正常有效运行，给税收征收管理也带来了一定困难。现代所得税制改革在政策导向上有扩大税基的趋向，主要政策措施是：扩大征税范围，将一些过去未列入税基的收入项目，如将利息、股息、资本收益、社会福利列入个人所得税征税范围；限制税前扣除，包括降低个人所得税的起征点，减少个人所得税和企业所得税的扣除额和扣除项目，延长企业所得税的固定资产折旧年限；控制税收优惠，如在企业所得税中取消投资抵免的优惠税收待遇，以及限制或取消企业所得税和个人所得税的减免税优惠。扩大税基有利于拓宽税源，增加税收，减少税收对经济干预，简化税收征收管理。

二、所得税税率政策

在所得税设计时，就税率而言，主要涉及税率水平和税率结构。传统的所得税在窄税基的前提下，实行高税率水平，多税率档次，以稳定税收，发挥税收在促进收入纵向公平分配方面的作用。但高税率水平，尤其是高边际税率使企业和个人税负加重，对企业发展和个人劳动、储蓄、投资会产生强烈的反激励效应。现代所得税制改革的政策导向为：在扩大税基的基础上，降低税率。主要政策措施就个人所得税而言，主要是降低个人所得税税率，尤其是最高边际税率，并减少税率级距数量。就企业所得税而言，重点是降低税率，减少累进级次，向比例税率过渡。当企业所得税实行比例税率时，为照顾小企业也可以保留小企业所适用的低税率。降低个人所得税和公司税的税率虽已成为世界各国税制发展趋势，但降低税率改革要受到财政收入的制约，一个国家只有因降低税率而损失的财政收入能够通过扩大税基得到弥补时，这种降低税率的政策导向才是可行的。

三、所得税优惠政策

在所得税设计时，就税基和税率而言，也还涉及税收优惠政策。传统的所得税在窄税基、高税率的前提下，偏重于采取税收优惠来鼓励某些经济活动，以体现政策导向，纠正市场缺陷。但税收优惠在实践中反映出许多问题，主要体现在以下几方面：第一，侵蚀税基。税收优惠越多，就越需要用更高的税率对其余税基征税才能保证必要的财政收入，更高的税率会使经济发生扭曲；如果税率不能提高到足够水平，财政收入的不足会加剧财政收支不平衡，进而产生宏观经济问题。第二，降低效率。许多优惠政策迫于利益集团压力，而不是出于经济需要，享受优惠部门的社会经济效益并不一定好，就会影响资源配置合理性，降低社会投资效益；有些税收鼓励措施达不到预期效果，这是由于税收措施的力度不足以抵消经济上的诱因。第三，有损公平。由于个人税收减免，对纳税人不同来源所得和不同形式所得区别课税，造成税制的横向不公平，较高收入阶层广泛利用税收优惠进行逃税，产生横向不公平，使纳税人之间税收负担失去平衡，成为不公平的源泉。第四，助长逃税，使高收入纳税人转入低税负纳税合法化，给征收管理造成困难。这一切都促使人们重新审视税收优惠政策效用。现代所得税制改革的政策导向主要是限制税收优惠，实行税收中性。

四、所得税的征收政策

在所得税设计时，就计算征收而言，主要涉及综合所得税和分类所得税政策选择，及通货膨胀的税收处理。在综合所得税和分类所得税中，传统的个人所得税实行分类所得税，主要是考虑对不同所得在税基确定和税率设计上区别对待。现代个人所得税改革的政策导向是把分类所得税改为综合所得税，使各种所得同等纳税，并有利于实行累进税率的个人所得税制。在现代经济社会，由于通货膨胀，在纳税人没有增加实际所得情况下，其获得的名义所得却不断增加，如果实行累进税率，纳税人的所得将适用更高税率，使纳税人税负加重。为排除或削弱通货膨胀对所得税纳税人的影响，一些国家实行了所得税指数化措施，即按每年消费物价指数，自动确定应纳税所得额的适用税率和纳税扣除额，以便剔除通货膨胀造成的名义所得涨落的影响。

五、所得税一体化政策

在企业所得税和个人所得税同时并存情况下，有可能引起对纳税人的同一所得在不同层次的重复征税。如对公司所得在公司层次上征公司所得税，对分配股息在股东层次上征收个人所得税。这种经济意义上的双重征税增加了投资成本，抑制了股东投资积极性，不利于企业选择股份制方式筹资。在现代企业所得税的改革中，主要通过在公司层次上给予股息扣除，或在股东层次上通过抵免制解决。

➤思考题

1. 所得税有哪些主要特点？
2. 所得税有哪些主要类型？
3. 资本利税有哪些主要处理方式？
4. 按法律标准，居民纳税人和非居民纳税人如何划分？
5. 按法律标准，居民个人和非居民个人如何划分？
6. 按户籍标准，居民个人和非居民个人如何划分？
7. 企业所得税应选择何种税率形式？
8. 企业所得税和个人所得的关系应如何处理？
9. 如何确定独立劳动所得来自于境内或境外？
10. 如何确定非独立劳动所得来自于境内或境外？
11. 税收优惠有哪些主要形式？
12. 所得税税基应确定什么样的政策？

13. 所得税税率应确定什么样的政策？
14. 所得税征收应确定什么样的政策？
15. 所得税的通货膨胀有哪些处理方式？

第八章

企业所得税

第一节 概述

一、企业所得税特点

企业所得税是对企业的生产经营所得和其他所得征收的一种税。我国现行企业所得税具有以下特点：

（1）以所得额为征税对象。企业所得税作为所得税的基本特点是以企业所得额为课税对象。企业所得额是企业从事生产经营所取得的收入总额，减去各项成本、费用等开支后的余额。以所得额为课税对象体现量能负担的原则，所得多、负担能力强的，多纳税；所得少、负担能力弱的，少纳税；无所得、没有负担能力的，不纳税。这不同于增值税、消费税、营业税等流转税，有收入即使亏损也要缴税。

（2）纳税人为法人企业。企业所得税的纳税人为除个人独资企业、合伙企业以外的所有企业、事业单位，社会团体以及其他取得收入的组织，并以法人为纳税主体，非法人企业由法人汇总纳税。以法人为纳税主体使法人所享有的权利和承担的义务对等，并有利于不同所有制形式的法人企业公平税负，平等竞争。

（3）会计利润和应税所得分离。按财务会计制度规定计算的所得额，即会计利润，是企业收入减去成本、费用、税金、损失后的余额。而按税法制度规定计算企业所得税的所得是指应税所得，是在会计利润基础上，按税法制度规定和财务会计制度规定的差异，经过必要调整而计算的所得。也就是企业应按财务会计制度规定进行企业核算,但须按税法规定缴税。实行会计利润和应税所得分离,有利于保持财务会计制度和税法制度各自的相对独立性,但也增加了所得税核算和缴纳的复杂性。

(4)实行按年计征、分期预缴。通过利润所得综合反映的企业经营业绩,通常是按年度计算、衡量的。所以,企业所得税一般是以全年的应纳税所得额作为计税依据,分月或分季预缴税款,年终汇算清缴。对经营期不足一年的企业,要将经营期间的所得额换算成一年的所得额,计算应纳的所得税。

二、企业所得税的建立和发展

我国的企业所得税制,同我国的政治经济情况的变化相联系,大致经历了20世纪50年代建立工商所得税、80年代多种所得税并存、90年代初步统一内资和外资企业所得税、新时期实行内外资企业所得税统一四个时期。

(一)50年代建立工商所得税

新中国成立以后,对工商企业征收所得税始于1950年1月。当时,政务院公布的《工商业税暂行条例(草案)》把工商业税分为营业税和所得税两类。其中,所得税是对企业生产经营所取得的所得征税,适用于资本主义经济、国家资本主义经济、合作社经济和个体经济性质的工商企业,并实行21级全额累进税率,税率为3%~30%。而对国有企业实行利润上缴,不征所得税。

1958年9月,工商业税中的营业税独立出来,改为工商统一税,而所得税也改变为工商所得税,成为一个独立税种,适用于集体经济、个体经济、供销合作社、预算外国有企业和事业单位,以及外国人在我国境内经营的工商企业和交通运输企业。工商所得税对不同经济性质的企业区别对待,实行全额累进税率、超额累进税率和比例税率三种税率形式:对个体经济实行14级全额累进税率,税率为7%~62%,并可加征4成;对合作商店实行9级超额累进税率,税率为7%~60%,并可加征4成;对手工业合作社、交通运输合作社实行8级超额累进税率,税率为7%~55%;对供销合作社实行39%的比例税率。其他应当缴纳所得税的单位,分别按其行业性质确定适用税率。

(二)80年代多种企业所得税并存

20世纪80年代,我国在城市经济体制改革的同时,对企业所得税制进行了重大改革,改革的基本特点是按不同的经济性质分别设置税种。

(1)开征国营企业所得税。新中国成立以后,除少数没有纳入国家预算的国营企业和事业单位外,国家对国营企业普遍实行利润上缴制度,不征所得税。1984年,我国城市经济体制改革全面展开,其中一项重要内容就是

"利改税"，即把对国营企业实行上缴利润改为上缴所得税。1984 年 9 月，国务院发布了《国营企业所得税条例（草案）》，规定对大中型国营企业实行55％的比例税率；对国家机关、团体、军队、行政事业单位所属宾馆、招待所、饭店暂按 15％的比例税率；对小型国有企业实行 10％～55％的 8 级超额累进税率。

（2）开征集体企业所得税。1985 年，国务院发布了《集体企业所得税暂行条例》，规定对实行独立核算的城乡集体所有制企业的生产经营所得和其他所得征收 10％～55％的 8 级超额累进税率。

（3）开征私营企业所得税。1988 年 6 月，国务院发布《私营企业所得税暂行条例》，规定对私营企业的生产经营所得和其他所得征收 35％的比例税率。

（4）开征城乡个体工商业户所得税。自 1985 年 4 月集体企业改征集体企业所得税后，原工商所得税就变为只对城乡个体工商业户征收的名不副实的税种。1986 年 1 月国务院发布了《城乡个体工商业户所得税暂行条例》，同时取消了实行多年的工商所得税。城乡个体工商业户所得税实行 7％～60％的 10 级超额累进税率，并允许地方政府最高可加征 4 成。

（5）开征中外合资经营企业所得税。自 20 世纪 70 年代末我国宣布对外开放以后，外国资本来华投资的形式和渠道日益增多，规模日益扩大。为了维护我国的经济权益，有必要对外商在我国境内直接投资兴办企业所获取的生产经营所得和其他所得，以及外商在我国境内间接投资所获取的股息、利息、租金、财产转让所得、特许权使用费所得等征税。鉴于当时我国的经济体制改革刚刚开始，国内企业所得税制尚在逐步建立之中，因此对涉外企业所得的课税，采取了同本国纳税人分立税制，单列所得税法的做法。1980 年全国人民代表大会通过颁布了《中华人民共和国中外合资企业所得税法》。

（6）开征了外国企业所得税。在开征中外合资经营企业所得税基础上，为体现对中外合资经营企业、中外合作经营企业和外国企业在税收政策上的差别，1981 年全国人民代表大会通过颁布了《中华人民共和国外国企业所得税法》，基本形成了我国的涉外企业所得税制。

（三）90 年代合并企业所得税制

20 世纪 90 年代，为适应建立社会主义市场经济发展需要，促进企业公平税负、平等竞争，我国对企业所得税进行了归并。

（1）合并内资企业所得税。20 世纪 80 年代多种企业所得税制并存的格局，带有浓厚的计划经济的痕迹，不符合社会主义市场经济发展的需要，既不利于不同企业之间的公平竞争，又不利于规范税制。为了解决我国企业所得税制存在的税种多、税基窄、税率高、优惠多、政策差异大及收入少等问题，1993 年 12 月 13 日国务院发布了《中华人民共和国企业所得税暂行条例》，规定除外商投资企业和外国企业外，在我国境内的其他各类企业均应依法缴纳企业所得税，从而实现了内资企业所得税制的合并与统一。新的企业所得税，不仅减低了税率（除少数减征的外），一律实行 33％的比例税率，而且统一了税基和税前列支标准。

(2) 合并外商投资企业所得税。进入 20 世纪 90 年代，我国利用外资和引进技术，无论在规模、渠道或形式方面，都有了很大发展。原有的两个涉外企业所得税法和有关规定，已不能适应改革开放新形势的需要，在实践中出现了一些问题，主要表现在：①《外国企业所得税法》的适用范围不规范，对包括组成我国独立法人实体的中外合作经营企业和外资企业征税就其来自于我国境内所得征税。而按国际惯例，对总机构设在我国境内按我国法律组建的法人实体，应就其来自境内外的全部所得征税。②中外合作经营企业和外资企业的税率偏高。适用 5 级超额累进税率，最低一级税率为 20％，最高一级税率为 40％，另征地方所得税 10％，合计名义负担率接近 50％。不但税率高于周边国家和地区，而且不同外商投资企业税负相差悬殊，不利于吸引外资。③原有两个涉外企业所得税法规定的税收优惠差别较大。《外国企业所得税》优惠明显少于《中外合资经营企业所得税》的规定，差别过大的税收优惠规定，不利于多种形式吸引外资。为了妥善解决上述问题和矛盾，从 1987 年起，国家税务局经过调查研究和测算，起草了一个合并原来两个涉外企业所得税法的新的税法草案，并在广泛听取各方面意见的基础上，对草案作了多次修改。1991 年 4 月 9 日，全国人民代表大会审议并通过了新的《外商投资企业和外国企业所得税法》，并授权财政部制定了实施细则，于 1991 年 7 月起开始实施。

(四) 新时期统一企业所得税

在我国，内、外资企业两种企业所得税同时并存已实施了 20 余年，虽然有其存在的历史原因，并且在引进外资和先进技术，促进我国对外开放方面具有积极意义，但内、外资企业两种企业所得税同时并存也有其缺陷和局限性。主要是随着我国市场经济的逐步建立和发展，内、外资企业在市场竞争中需要有一个统一的规范、公平合理的法律制度，而内、外资企业两种企业所得税同时并存无法建立这种适应市场经济要求的统一规范、公平合理的税法制度，不利于内、外资企业在市场经济中公平竞争。随着改革的进一步深入和社会经济的进一步发展，进而把内、外资企业所得税合并，从而实现企业所得税制的真正统一，以便各类企业在公平合理的税负条件下开展竞争，促进社会主义市场经济的健康发展成为所得税制改革的最重要工作。2007 年，全国人民代表大会审议通过了企业所得税法，并于 2008 年起实施，从而实现了内外资企业所得税统一。

第二节 基本制度

一、纳税人

企业所得税以在我国境内成立的企业和其他取得收入的组织为纳税人。依照中国法律在中国境内成立的企业，包括依照中国法律、行政法规在中国境内成立的企业、事业单位、社会团体以及其他取得收入的组织。

个人独资企业、合伙企业不适用企业所得税，而是征收个人所得税。这是因为个人独资企业、合伙企业是根据《中华人民共和国个人独资企业法》和《中华人民共和国合伙企业法》规定设立的负有无限责任的企业。由于企业财产和个人财产不可分离，无法区分企业所得和个人所得，因此，对个人独立、合伙企业征收个人所得税，而不是企业所得税。

我国企业所得税以法人为纳税主体，非法人企业不作为独立纳税人，而由法人汇总纳税。法人是相对自然人而言，是指拥有独立支配的财产，能够以自己的名义独立地参加民事活动，为自己取得民事权利和承担义务的社会组织。法人主要被区分为企业法人与非企业法人两大类。企业法人是从事商品生产经营活动，以获取利润、创造社会财富、扩大社会积累为目的的法人，包括从事工业、农业、建筑业、运输业、商业、服务业的经济组织。

二、纳税义务

在我国，缴纳企业所得税的企业分为居民企业和非居民企业。居民企业和非居民企业各自的法律地位不同，所承担的纳税义务也是不同的。

（一）居民企业和非居民企业

1. 居民企业

居民企业是指依法在中国境内成立，或者依照外国（地区）法律成立但实际管理机构在中国境内的企业。实际管理机构是指对企业的生产经营、人员、账务、财产等实施实质性全面管理和控制的机构。实际管理机构要同时符合以下三个方面的条件：一是对企业有实质性管理和控制的机构；二是对企业实行全面的管理和控制的机构；三是管理和控制的内容是企业的生产经营、人员、账务、财产等。上述三个条件必须同时具备，才能被认定为实际管理机构。

我国采用注册地和实际管理机构所在地的双重标准来判断居民企业和非居民企业，采取了适当扩展实际管理机构范围的做法，将其规定为对企业的生产经营、人员、账务、财产等实施实质性全面管理和控制的机构，贯彻了实质重于形式原则，有利于维护国家税收权益，防止纳税人通过一些主观安排逃避纳税义务。管理机构所在地具体判断标准，将根据征管实践由部门规章解决。

2. 非居民企业

非居民企业是指依照外国（地区）法律成立，而且实际管理机构不在中国境内，但在中国境内设立机构、场所的，或者在中国境内未设立机构、场所，但有来源于中国境内所得的企业。

机构、场所是指：管理机构、营业机构、办事机构；工厂、农场、开采自然资源的场所；提供劳务的场所；从事建筑、安装、装配、修理、勘探等工程作业的场所；其他从事生产经营活动的机构、场所。非居民企业委托营业代理人在中国境内从事生产经营活动的，包括委托单位或者个人经常代其签订合同或者储存、交付货物等，该营业代理人视为非居民企业在中国境内设立的机构、场所。

（二）纳税义务

（1）居民企业纳税义务。居民企业负有全面纳税义务，应当就其来源于中国境内、境外的所得缴纳企业所得税。

（2）非居民企业纳税义务。非居民企业在中国境内设立机构、场所的，应当就其所设机构、场所取得的来源于中国境内的所得，以及发生在中国境外但与其所设机构、场所有实际联系的所得缴纳企业所得税。实际联系是指非居民企业在中国境内设立的机构、场所拥有据以取得所得的股权、债权，以及拥有、管理、控制据以取得所得的财产等。非居民企业在中国境内未设立机构、场所的，或者虽设立机构、场所但取得的所得与其所设机构、场所没有实际联系的，应当就其来源于中国境内的所得缴纳企业所得税。

三、课税基础

企业所得税以所得为课税对象。所得包括销售货物所得、提供劳务所得、转让财产所得、股息红利所得、利息所得、租金所得、特许权使用费所得、接受捐赠所得和其他所得。所得又分为中国境内所得和中国境外所得。境内所得和境外所得按以下原则划分：①销售货物所得，按照交易活动发生地确定；②提供劳务所得，按照劳务发生地确定；③转让财产所得，不动产转让所得按照不动产所在地确定，动产转让所得按照转让动产的企业或者机构、场所所在地确定，权益性投资资产转让所得按照被投资企业所在地确定；④股息、红利等权益性投资所得，按照分配所得的企业所在地确定；⑤利息所得、租金所得、特许权使用费所得，按照负担、支付所得的企业或者机构、场所所在地确定，或者按照负担、支付所得的个人的住所地确定；⑥其他所得，由国务院财政、税务主管部门确定。

四、税率结构

企业所得税税率分为基本税率、照顾税率和预提所得税税率三类。

（1）基本税率。居民企业以及在中国设有机构、场所，取得与该机构、场所有实际联系所得按25%比例税率征税。

（2）小型微利企业税率。为了照顾众多小型企业和微利企业的实际困难，也参照国际上一些国家对小企业采用较低税率征税的优惠办法，对小型微利企业采用20%比例税率。符合规定条件的小型微利企业，是指同时符合以下条件的企业：①制造业，年度应纳税所得额不超过30万元，从业人数不超过100人，资产总额不超过3 000万元；②非制造业，年度应纳税所得额不超过30万元，从业人数不超过80人，资产总额不超过1 000万元。

（3）预提所得税率。预提所得税税率为20%，但实际操作按10%征税。主要适用于非居民企业在我国境内未设立机构、场所而取得的来源于我国境内的所得，或者虽设有机构、场所，但取得的所得与该机构、场所没有实际联系的所得。

■第三节　应税收入

企业所得税以每一纳税年度的收入总额，减除不征税收入、免税收入、各项扣除以及允许弥补的以前年度亏损后的余额，为应纳税所得额。企业收入包括以货币形式和非货币形式从各种来源取得的收入。

一、收入范围

企业收入在内容上一般包括销售货物收入、提供劳务收入、财产转让收入、利息收入、租赁收入、特许权使用费收入、接受捐赠收入和其他收入。在形式上包括货币形式收入和非货币形式收入。货币形式收入包括现金、应收账款、应收票据以及准备持有至到期的债券投资等。非货币形式收入是指货币形式以外的收入，包括存货、固定资产、无形资产、股权投资、劳务、不准备持有至到期的债券投资以及债务的豁免等。

（1）销售货物收入。是指企业销售商品、产品、原材料、包装物、低值易耗品及其他存货取得的收入。

（2）提供劳务收入。是指企业从事建筑安装、修理修配、交通运输、仓储租赁、金融保险、邮电通信、咨询经纪、文化体育、科学研究、技术服务、教育培训、餐饮住宿、中介代理、卫生保健、社区服务、旅游、娱乐、加工和其他劳务服务活动取得的收入。

（3）转让财产收入。是指企业转让固定资产、无形资产、股权、债权等所取得的收入。

（4）股息、红利等权益性投资收益。是指企业权益性投资从被投资方分配取得的收入，包括股息、红利、联营分利等。

（5）利息收入。是指企业将资金提供他人使用或他人占用本企业资金所取得的利息收入，包括存款利息、贷款利息、债券利息、欠款利息等收入。

（6）租金收入。是指企业提供固定资产、包装物和其他资产的使用权取得的收入。

（7）特许权使用费收入。是指企业提供专利权、非专利技术、商标权、著作权以及其他特许权的使用权而取得的收入。

（8）接受捐赠收入。是指企业接受捐赠的货币和非货币资产。

（9）其他收入。是指企业取得的除上述各项收入以外的一切收入，包括企业资产溢余收入、逾期未退包装物押金收入、确实无法偿付的应付款项、已作坏账损失处理后又收回的应收款项、债务重组收入、补贴收入、违约金收入、汇兑收益等。

企业发生非货币性资产交换以及将货物、财产、劳务用于捐赠、偿债、赞助、集资、广告、样品、职工福利或者利润分配等用途的，除国务院财政、税务主管部门另有规定外，应当视同销售货物、转让财产或者提供劳务作收入处理。

二、收入实现

（1）销售货物。在发出货物并取得货款或取得收款凭证时确定为收入实现。以分期收款方式销售产品或者商品的，按照合同约定的收款日期确认收入的实现。

（2）提供劳务。在同一会计年度内开始并完成的，应在劳务完成并取得价款或取得收款凭证时确认收入。受托加工制造大型机械设备、船舶、飞机以及从事建筑、安装、装配工程业务或者提供其他劳务等，持续时间超过 12 个月的，按照纳税年度内完工进度或者完成的工作量确认收入的实现。

（3）利息收入。按照合同约定的债务人应付利息的日期确认收入的实现。

（4）特许权使用费收入。按照合同约定的特许权使用人应付特许权使用费的日期确认收入的实现。

（5）股息、红利。企业对外进行权益性投资而取得的股息、红利等权益性投资收益，除国务院财政、税务主管部门另有规定外，按照被投资方作出利润分配决定的日期确认收入的实现。

（6）企业收到的税收返还款。应计入实际收到退税款项当年的收入总额。

（7）企业已作为支出、亏损或坏账处理的应收款项。在以后年度全部或部分收回时，应计入收回年度的收入总额。

三、不征税收入

不征税收入是指从性质和根源上不属于企业营业性活动带来的经济利益、不负有纳税义务并不作为应纳税所得额组成部分的收入。不征税收入与免税收入虽然都不予征税，但免税收入是指属于企业的应税所得但按照税法规定免予征收企业所得税的收入。企业所得税法规定的不征税收入包括：

（1）财政拨款。是指各级政府通过预算对事业单位、社会团体等拨付的人员经费和事业发展财政资金，但国务院财政、税务主管部门另有规定的除外。不包括财政补贴、税收返还。

（2）依法收取并纳入财政管理的行政事业性收费、政府性基金。其中，行政性收费是指依照法律法规等有关规定，按照国务院规定程序批准，在实施社会公共管理以及在向公民、法人或者其他组织提供特定公共服务过程中，向特定对象收取并纳入财政管理的费用；政府性基金是指企业依照法律、行政法规等有关规定，代政府收取的具有专项用途的财政资金。

（3）国务院规定的其他不征税收入。是指企业取得的，由国务院财政、税务主管部门规定专项用途并经国务院批准的财政性资金。

■ 第四节 税前扣除

一、扣除项目确定原则

企业在生产经营活动中，所发生的费用支出可分为经营性支出和资本性支出。其中，资本性支出应按税法规定分期折旧、摊销或计入有关投资的成本，不得在发生当期直接扣除。经营性支出可在税前直接扣除。经营性支出税前扣除的确认一般应遵循以下原则：

（1）权责发生制原则。即企业应在费用发生时而不是实际支付时确认扣除。

（2）相关性原则。即企业可扣除的费用从性质和根源上必须是企业实际发生，并与取得应税收入直接相关的支出。

（3）确定性原则。即企业可扣除的费用不论何时支付，其金额必须是确定的、可计量的。

（4）合理性原则。即企业可扣除费用的计算和分配方法应符合经营活动常规应计入资产成本或当期损益的必要与正常的支出。

（5）配比原则。即企业发生的可扣除费用应与收入相匹配，在费用应分配的当期申报扣除，不得提前或滞后申报扣除。

（6）历史成本原则。纳税人的存货、固定资产、无形资产和投资等各项资产成本的确定应以历史成本为准。

二、扣除项目基本范围

在计算应税所得额时准予从收入额中扣除的项目，是指企业每一纳税年度发生的与取得应纳税收入有关的、合理的支出。企业实际发生的与生产经营有关的支出，是指企业发生的支出必须与企业获得应税收入具有关系，是取得收入必要的代价。企业实际发生的合理的支出，是指符合经营活动常规和会计惯例的必要与正常的支出。扣除项目包括成本、费用、税金和损失。成本、费用，是指企业在纳税年度内为了获取生产、经营收入而耗费的与向所有者分配利润无关的各项支出。

（一）成本

成本是指企业在生产经营活动中发生的销售成本、销货成本、业务支出以及其他耗费。

（1）成本类型。企业必须将经营活动中发生的成本合理划分为直接成本和间接成本。直接成本是可直接计入有关成本计算对象或劳务的经营成本中的直接材料、直接人工等，包括：用于产品生产、构成产品实体的原料、主要材料、外购半成品（外购件）、修理用备件（备品配件）、包装物、辅助材料及其他直接材料的费用；生产工人的工资及福利等直接人工费用；除直接材料费用和直接人工费用以外的，与生产货物或提供劳务有直接关系的费用。间接成本是指多个部门为同一成本对象提供服务的共同成本，或者同一种投入可以制造、提供两种或两种以上的产品或劳务的联合成本，包括：车间管理人员的工资及福利费，车间的办公费、取暖费、水电费等，生产用固定资产的折旧费、修理费等，车间的机物料消耗，低值易耗品摊销，季节性或修理期间的停工损失等。间接成本必须根据与成本计算对象之间的因果关系、成本计算对象的产量等，以合理的方法分配计入有关成本计算对象中。

（2）成本内容。外购存货的实际成本包括购货价格、购货费用和税金。计入存货成本的税金是指购买、自制或委托加工存货发生的消费税、关税、资源税和不能从销项税额中抵扣的增值税进项税额。企业自制存货的成本包括制造费用等间接费用。

（3）成本计价方法。企业的各种存货应以取得时的实际成本计价。各项存货的发出或领用的成本计价方法，可以在先进先出法、加权平均法和个别计价法中选用一种，确认存货的实际成本。企业的成本计算方法一经确定，不得随意改变。确实需要改变计价方法的，应当在下一纳税年度开始前报主管税务机关批准。

（二）费用

费用是指企业在生产经营活动中发生的销售费用、管理费用和财务费用，已经计入成本的有关费用除外。

（1）销售费用。是指应由企业负担的为销售商品而发生的费用，包括广告费、运输费、装卸费、包装费、展览费、保险费、销售佣金（能直接认定的进口佣金调整商品进价成本）、代销手续费、经营性租赁费及销售部门发生的差旅费、工资、福利费等费用。从事商品流通业务的企业购入存货抵达仓库前发生的包装费、运杂费，运输存储过程中的保险费、装卸费，运输途中的合理损耗和入库前的挑选整理费用等购货费用可直接计入销售费用。如果企业根据会计核算的需要已将上述购货费用计入存货成本的，不得再以销售费用的名义重复申报扣除。从事房地产开发业务的企业的销售费用还包括开发产品销售之前的改装修复费、看护费、采暖费等。从事邮电等其他业务的企业发生的销售费用已计入营运成本的不得再计入销售费用重复扣除。

（2）管理费用。是指企业的行政管理部门为管理组织经营活动提供各项支援性服务而发生的费用。管理费用包括由企业统一负担的总部（公司）经费、研究开发费（技术开发费）、社会保障性缴款、劳动保护费、业务招待费、工会经费、职工教育经费、股东大会或董事会费、开办费摊销、无形资产摊销（含土地使用费、土地损失补偿费）、矿产资源补偿费、坏账损失、印花税等税金、消防费、排污费、绿化费、外事费和法律、财务、资料处理及会计事务方面的成本（咨询费、诉讼费、聘请中介机构费、商标注册费等）等。除经国家税务总局或其授权的税务机关批准外，企业不得列支向其关联企业支付的管理费。总部经费又称公司经费，包括总部行政管理人员的工资薪金、福利费、差旅费、办公费、折旧费、修理费、物料消耗、低值易耗品摊销等。

（3）财务费用。是指企业筹集经营性资金而发生的费用，包括利息净支出、汇兑净损失、金融机构手续费以及其他非资本化支出。

（三）税金

税金是指企业发生的除企业所得税和允许抵扣的增值税以外的各项税金及其附加，包括企业缴纳的消费税、营业税、关税、资源税、城市维护建设税、教育费附加等产品销售税金及附加以及发生的房产税、车船使用税、土地使用税、印花税等。企业缴纳的房产税、车船使用税、土地使用税、印花税等已经计入管理费，不再作税金单独扣除。企业缴纳的增值税因其属于价外税不在扣除之列。

（四）损失

损失是指企业在生产经营活动中发生的固定资产和存货的盘亏、毁损、报废损失，转让财产损失，呆账损失，坏账损失，自然灾害等不可抗力因素造成的损失以及其他损失。

（五）其他支出

其他收入是指企业在经营活动过程中发生的，除成本、费用、税金和损失以外的其他有关的合理支出。

企业发生的支出应区分为经营性支出和资本性支出。资本性支出不得在发生当期直接扣除，应按税收法律、行政法规的规定分期折旧、摊销或计入有关投资的成本。除税收法律、行政法规另有规定外，企业实际发生的成本、费用、税金、损失和其他支出，不得重复扣除。在确定企业的扣除项目时，企业的财务会计处理与税法规定不一致的，应依照税法规定予以调整，按税法规定允许扣除的金额，准予扣除。

三、扣除范围和标准

（一）借款利息

企业经营期间发生的合理利息支出可以扣除。企业为购建资产发生的利息支出，在达到预定可使用状态前应计入资产成本。

（1）企业经营期间发生的合理的借款费用可以扣除。借款费用是企业为经营活动的需要承担的、与借入资金相关的利息费用，包括：长期、短期借款的利息；与债券相关的折价或溢价的摊销；安排借款时发生的辅助费用的摊销；与借入资金有关，作为利息费用调整额的外币借款产生的差额。企业发生的经营性借款费用，符合税法和条例对利息水平限定条件的，可以直接扣除。①非金融企业向金融企业借款的利息支出、金融企业的各项存款利息支出和同业拆借利息支出、企业经批准发行债券的利息支出准予扣除；②金融企业以外的企业在生产经营期间，向金融企业借款的利息支出，按照实际发生数扣除；向非金融企业借款的利息支出，不高于按照金融机构同类、同期贷款利率计算的数额以内的部分，准予扣除。金融企业是指经国务院有关主管部门批准成立的境内（外）各类银行、保险公司以及经国务院有关主管部门批准从事金融业务的非银行金融机构（不含金融资产管理公司）。

（2）企业为购置、建造和生产固定资产、无形资产和经过 12 个月以上的建造才能达到预定可销售状态的存货发生借款。在有关资产购建期间发生的合理的借款费用，应当作为资本性支出计入有关资产的成。企业借款未指明用途的，其借款费用应按经营性活动和资本性支出占用资金的比例，合理计算应计入有关资产成本的借款费用和可直接扣除的借款费用。

（3）企业为对外投资而借入的资金发生的借款费用，应计入有关投资的成本，不得作为企业的经营性费用在税前扣除。

例：某企业 2008 年在财务费用中发生以下几笔利息支出：一是因生产经营需要向金融机构借款 1 000 万元，借期为 1 年，年利息支出 80 万元，向非金融机构发生同期同类借款 1 200 万元，年利息支出 150 万元；二是因工程项目需要向金融机构借款 2 000 万元，借期为 3 年，年利息支出 200 万元，向非金融机构发生同期同类借款 2 500 万元，年利息支出 300 万元，工程已于当年 6 月 30 日完工。计算该企业利息支出增加或减少的应纳税所得额。

解：

调整利息支出增加应纳税所得额 ＝（150－1 200×8％）＋200×50％＋（300－
$$2 500×10％×50％）＝329（万元）$$

注：金融机构生产经营借款利率＝80/1 000＝8％；金融机构工程项目借款利率＝200/2 000＝10％。

（二）汇兑损益

企业在生产经营期间发生的人民币以外的货币存、借以及结算的往来款项增减变动时，由于汇率变动而与记账本位币折合发生的汇兑损失，准予扣除。企业在筹建期间发生的与购建固定资产无关的外币借款的汇兑损失，应作为长期待摊费用，按规定扣除。企业在生产经营期间发生的与购建固定资产无关的外币借款的汇兑损失，可以直接扣除。企业发生的与购建固定资产直接相关的外币借款的汇兑损失，应当计入固定资产成本。汇兑损失的计算以企业纳税年度终了之日的汇率为准。

（三）工资、薪金

企业实际发放的合理的职工工资薪金可以在税前扣除。

（1）工资薪金。是指企业每一纳税年度支付给在本企业任职或者受雇的员工的所有现金形式或者非现金形式的劳动报酬，包括基本工资、奖金、津贴、补贴、年终加薪、加班工资以及与员工任职或者受雇有关的其他支出。企业发生的下列支出，不作为工资薪金支出：职工向企业投资而分配的股息性所得；企业按照国务院有关主管部门或省级人民政府规定的标准为职工缴纳的医疗保险费、养老保险费、失业保险费、工伤保险费、生育保险费等社会保险费；从已提取职工福利基金中支付的各项福利支出（包括职工生活困难补助、探亲路费等）；各项劳动保护支出；职工调动工作的旅费和安家费；职工离退休、退职待遇的各项支出；独生子女补贴；国务院财政、税务主管部门认定的其他不属于工资薪金支出的项目。

（2）合理工资薪金水平。是指企业按市场原则向员工所支付的报酬。与合理工资相对而言的是不合理工资，主要是指在企业内任职的股东及与其有密切关系的亲属通过多发工资变相分配股利的，或者国有及国有控股企业管理层的工资违反国有资产管理部门的规定变相提高的工资。

（3）职工范畴。是指与企业订立劳动合同的所有人员，含全职、兼职和临时职工，也包括虽未与企业订立劳动合同但由企业正式任命的人员，如董事会成员、监事会成员等。在企业的计划和控制下，虽未与企业订立劳动合同或未由其正式任命，但为其提供与职工类似服务的人员，也纳入职工范畴，包括劳务用工合同人员等。职工不包括以下人员：应从职工福利费中列支工资薪金的医务室、职工浴室、理发室、幼儿园、托儿所人员；已领取养老保险金、失业救济金的离退休职工、下岗职工、待岗职工；已出售的住房或租金收入计入住房周转金的出租房的管理服务人员。

（四）职工福利费、职工教育经费和工会经费

（1）职工福利费。企业实际发生的满足职工共同需要的集体生活、文化、体育等方面的职工福利费支出，不超过工资薪金总额14%的部分准予扣除。

（2）职工教育经费。企业发生的职工教育经费支出，在工资总额2.5%以内准予据实扣除。超过部分，准予在以后纳税年度结转扣除。

（3）工会经费。企业发生的工会经费支出，在工资总额2%以内准予据实扣除。

例：某企业2008年实发工资、奖金1 000万元，福利经费、工会经费和职工教育经费共200万元。计算年末该企业调整福利、工会和职工教育经费三项费用增加或减少的应纳税所得额。

解：

调整三项费用增加应税所得 $= 200 - 1\ 000 \times (14\% + 2.5\% + 2\%) = 15$（万元）

注：假定工资为合理工资支出。

（五）公益性捐赠支出

企业发生的公益性捐赠支出，在年度利润总额12%以内的部分，准予在计算应纳税所得额时扣除。超过部分，该纳税年度和以后纳税年度均不得扣除。年度利润是指企业的年度会计利润。

（1）公益性捐赠支出对象。是指企业通过公益性社会团体或者县级以上人民

政府及其部门，用于《中华人民共和国公益事业捐赠法》规定的公益事业的捐赠，包括：第一，救助灾害、救济贫困、扶助残疾人等困难的社会群体和个人的活动；第二，教育、科学、文化、卫生、体育事业；第三，环境保护、社会公共设施建设；第四，促进社会发展和进步的其他社会公共和福利事业。

（2）公益性社会团体条件。是指同时符合下列条件的基金会、慈善组织等社会团体：第一，依法登记，具有社团法人资格；第二，以发展公益事业为宗旨，且不以营利为目的；第三，全部资产及其增值为该法人所有；第四，收益和营运结余主要用于符合该法人设立目的的事业；第五，终止后的剩余财产不归属任何个人或者营利组织；第六，不经营与其设立目的无关的业务；第七，有健全的财务会计制度；第八，捐赠者不以任何形式参与社会团体财产的分配；第九，国务院财政、税务主管部门会同国务院民政部门等登记管理部门规定的其他条件。

（六）业务招待费

企业发生的与生产经营活动有关的业务招待费支出，由企业提供确定记录或单据，经核准后按照发生额的60%扣除，但最高不得超过当年销售（营业）收入的5‰，超过部分不能在税前扣除。

例：某企业2008年产品销售收入7 100万元（不含增值税），同生产经营有关的业务招待费70万元在管理费中列支。计算年末该企业调整业务招待费增加或减少应纳税所得额。

解：

$$业务招待费列支的最高限额 = 7100 \times 5‰ = 35.5(万元)$$

$$按实际发生额 60\% 计算的业务招待费额 = 70 \times 60\% = 42(万元)$$

$$调整业务招待费增加应纳税所得额 = 70 - 35.5 = 34.5(万元)$$

注：由于按实际发生额60%计算的业务招待费大于最高限额，按最高限额35.5万元在税前列支调整应税所得。如果按实际发生额60%计算的业务招待费小于最高限额，按实际发生额60%（即42万元）在税前列支调整应税所得。

（七）保险费用

（1）基本保险。企业依照国务院有关主管部门或者省级人民政府规定的范围和标准为职工缴纳的基本养老保险费、基本医疗保险费、失业保险费、工伤保险费、生育保险费等基本社会保险费和住房公积金，准予扣除。

（2）补充保险。企业为投资者或者职工支付的补充养老保险费、补充医疗保险费，在国务院财政、税务主管部门规定的范围和标准内，准予扣除。

（3）商业保险。除企业依照国家有关规定为特殊工种职工支付的人身安全保险费和国务院财政、税务主管部门规定可以扣除的其他商业保险费外，企业为投资者或者职工支付的商业保险费，不得扣除。

（八）广告费

企业发生的符合条件的广告费和业务宣传费支出，除国务院财政、税务主管部门另有规定外，不超过当年销售（营业）收入15％的部分准予据实扣除，超过部分可以向以后纳税年度结转扣除。符合条件的广告支出，是指符合下列条件的广告支出：①广告是通过经工商部门批准的专门机构制作的；②广告是通过传播媒体刊登或播出的；③已实际支付费用，并已取得相应发票的；④企业向境外机构或个人支付的广告费，数额巨大的必须由中介机构出具证明。

例：某企业2008年产品销售收入7 100万元（不含增值税），在费用中支出的广告费为1 150万元。计算年未该企业调整广告费增加或减少应纳税所得额。

解：

调整广告费增加应纳税所得 ＝ 1 150 － 7 100 × 15％ ＝ 85（万元）

（九）固定资产租赁费

（1）经营性租赁。企业以经营租赁方式租入固定资产而发生的租赁费，可以根据受益时间据实均匀扣除。

（2）融资性租赁。企业以融资租赁方式租入固定资产发生的租赁费不得直接扣除，而应计入资产价值，以折旧的形式分期扣除。承租方支付的手续费以及安装缴付使用后支付的利息等，可在支付时直接扣除。融资租赁是指在实质上转移与一项资产所有权有关的全部风险和报酬的一种租赁，发布符合下列条件之一：第一，在租赁期满时，租赁资产的所有权转让给承租方；第二，租赁期为资产使用年限的大部分（占75％或以上）；第三，租赁期内租赁最低付款额大于或基本等于租赁开始日资产的公允价值。

例：某生产企业2008年生产成本、费用中发生的租赁费为500万元，其中经营性租赁发生的租赁费为300万元，租赁期1年，从当年4月1日起计算。融资性租赁发生的租赁费为200万元。计算年未该企业调整租赁费增加或减少应纳税所得额。

解：

调整租赁费增加应纳税所得额 ＝ 300 × 25％ ＋ 200 ＝ 275（万元）

（十）坏账损失和坏账准备金

金融企业依据规定计提的呆账准备，准予计算应纳税所得额时扣除。金融企业凡符合规定核销条件的呆账损失，首先应冲减已在税前扣除的呆账准备，不足冲减部分按照实际发生额在企业所得税前扣除。金融企业收回已核销的呆账损失时，应相应调增其应纳税所得额。金融企业呆账损失税前扣除的具体审核确认办法由国务院财政、税务主管部门另行规定。金融企业以外的企业发生的坏账损失，原则上应按实际发生额据实扣除。

（十一）资产损失

企业在生产经营活动中发生的固定资产和存货的盘亏、毁损、报废损失，转让财产损失，呆账损失，坏账损失，自然灾害等不可抗力因素造成的损失以及其他损失，经主管税务机关审核可以扣除。企业已作为支出或坏账损失处理的应收款项，在以后年度全部或部分收回时，应计入收回年度的应纳税所得额。

（十二）专项资金

企业依照法律、行政法规有关规定提取的用于环境保护、生态恢复等方面的专项资金，准予扣除。上述专项资金提取后改变用途的，不得扣除。

（十三）劳动保护支出

企业实际发生的合理的劳动保护支出，可以扣除。劳动保护支出是指确因工作需要为雇员配备或提供工作服、手套、安全保护用品、防暑降温用品等所发生的支出。

（十四）转让财产费用

企业转让财产发生的费用，准予扣除。

（十五）企业参加财产保险

按照规定缴纳的保险费用，准予扣除。保险公司给予企业的无赔款优待，应计入该企业当年应纳税所得额。

（十六）商业罚款

企业按照经济合同规定支付的违约金、银行罚息、罚款和诉讼费可以扣除。

（十七）差旅费、会议费、董事会费

企业发生的与其经营活动有关的合理的差旅费、会议费、董事会费，能够提供证明其真实性的合法凭证的，可在税前扣除。

（十八）佣金

企业发生的佣金符合下列条件的，可计入销售费用：①有合法真实凭证；②支付的对象必须是独立的有权从事中介服务的企业或个人（支付对象不含本企业雇员）；③支付给个人的佣金，除另有规定者外，不得超过服务金额的 5%。

四、不得扣除的项目

在计算应纳税所得额时，下列项目不得从收入总额中扣除：

（1）向投资者支付的股息、红利等权益性投资收益款项。权益性投资收益款项，是指企业向股权投资者支付的股息、红利、分配利润和其他形式的经济利益。

（2）企业所得税税款。是指企业按照税法规定纳税年度内预缴或补缴的企业所得税税款。

（3）税收滞纳金。是指企业因违反税收法律、行政法规而被处以的滞纳金。企业因为违反政府性基金征收管理规定缴纳的滞纳金不得在税前扣除。

（4）罚金、罚款和被没收财物的损失。指企业生产经营违反国家法律和规章，被有关部门处以罚款以及被没收财物的损失。

（5）赞助支出。是指企业发生的各种非广告性质的赞助支出。

（6）未经核定的准备金支出。是指除国务院财政、税务主管部门核准可以提取准备金的金融企业以外，其他企业提取的各项存货跌价准备金、短期投资跌价准备金、长期投资减值准备金、风险准备基金（包括投资风险准备基金）以及国家税收法规规定可提取的准备金之外的任何形式的准备金。

（7）自然灾害或意外事故损失有赔偿的部分。指企业参加保险之后，因遭受自然灾害或事故而由保险公司给予的赔偿。一般赔偿不计入所得，损失也不在税前扣除。

（8）企业之间支付的管理费、企业内营业机构之间支付的租金和特许权使用费以及非银行企业内营业机构之间支付的利息，不得扣除。但非居民企业在中国境内设立的机构、场所，就其中国境外总机构发生的与该机构、场所生产经营有关的费用，能够提供总机构出具的费用汇集范围、定额、分配依据和方法等证明文件，并合理分摊的，准予扣除。这是因为在实行法人所得税后，法人之间可以收取和列支租金和特许权使用费，但不能收取和列支管理费；而非法人企业之间由于总机构统一核算征税，因此既不能收取和列支管理费，也不能收取和列支租金和特许权使用费。但在中国设立机构场所的外国企业，由于在中国所得独立纳税，所以需要核算分摊的境外总机构管理费。

（9）与取得收入无关的其他各项支出。指除上述各项支出之处，国务院财政、税务主管部门规定的与企业取得收入无关的各项支出。

■ 第五节　资产处理

资产是由于资本投资而形成的企业的各项资产，包括固定资产、生物资产、无形资产、长期待摊费用、投资资产、存货等。企业的各项资产，以历史成本为计税基础。历史成本是指企业取得该项资产时实际发生的支出。企业持有各项资产期间产生资产增值或损失，除已按税法规定确认损益外，不得调整有关资产的入账价值。对于资本性支出以及无形资产受让、长期待摊费用，不允许作为成本、费用从企业的收入总额中作一次性扣除，而只能采取分次计提折旧或分次摊销的方式予以列支。

一、固定资产的税务处理

固定资产是指企业为生产产品、提供劳务、出租或者经营管理而持有的、使用时间超过 12 个月的非货币性资产，包括房屋、建筑物、机器、机械、运输工具以及其他与生产经营活动有关的设备、器具、工具等。

（一）固定资产计税基础

固定资产按照以下方法确定计税基础：

（1）外购的固定资产以购买价款和支付的相关税费以及直接归属于使该资产达到预定用途发生的其他支出为计税基础；

（2）自行建造的固定资产以竣工结算前发生的支出为计税基础；

（3）融资租入的固定资产以租赁合同约定的付款总额和承租人在签订租赁合同过程中发生的相关费用为计税基础，租赁合同未约定付款总额的，以该资产的公允价值和承租人在签订租赁合同过程中发生的相关费用为计税基础；

（4）盘盈的固定资产以同类固定资产的重置完全价值为计税基础；

（5）通过捐赠、投资、非货币性资产交换、债务重组等方式取得的固定资产，以该资产的公允价值和支付的相关税费为计税基础；

（6）改建的固定资产，除已足额提取折旧的固定资产的改建支出以及租入固定资产的改建支出作为长期待摊费用外，以改建过程中发生的改建支出增加计税基础。

（二）固定资产折旧的范围

（1）可以提取折旧的固定资产包括：房屋、建筑物；在用的机器设备、运输车辆、器具、工具；季节性停用和修理停用的机器设备；以经营租赁方式租出的固定资产和以融资租赁方式租入的固定资产。

（2）不得提取折旧的固定资产包括：①房屋、建筑物以外未投入使用的固定资产；②以经营租赁方式租入的固定资产；③以融资租赁方式租出的固定资产；④已足额提取折旧仍继续使用的固定资产；⑤与经营活动无关的固定资产；⑥单独估价作为固定资产入账的土地；⑦其他不得计算折旧扣除的固定资产。

（三）计提折旧的方法

固定资产按照直线法计算的折旧，准予扣除。企业应当自固定资产投入使用月份的次月起计算折旧；停止使用的固定资产应当自停止使用月份的次月起停止计算折旧。企业应当根据固定资产的性质和使用情况，合理确定固定资产的预计净残值。固定资产的预计净残值一经确定，不得变更。除另有规定外，固定资产的折旧采用直线法，

（四）计提折旧的年限

企业固定资产折旧的最短年限如下：

（1）房屋、建筑物为20年。房屋、建筑物是为经营活动使用和为生活、福利服务的。房屋包括厂房、营业用房、办公用房、库房、住宿用房、食堂及其他房屋等。建筑物包括塔、池、槽、井、架、棚（不包括临时工棚、车棚等简易设施）、场、路、桥、平台、码头、船坞、涵洞、加油站以及独立于房屋和机器设备之外的管道、烟囱、围墙等。房屋、建筑物的附属设施是指同房屋、建筑物不可分割的、不单独计算价值的配套设施，包括房屋、建筑物内通气、通水、通油管道，通信、输电线路，电梯，卫生设备等。

（2）飞机、火车、轮船、机器、机械和其他生产设备为10年。

（3）与生产、经营业务有关的器具、工具、家具等为5年。

（4）飞机、火车、轮船以外的运输工具为4年。飞机、火车、轮船以外的运输工具包括汽车、电车、拖拉机、摩托车（艇）、机帆船、帆船以及其他运输工具。

（5）电子设备为3年。电子设备是指由集成电路、晶体管、电子管等电子元器件组成，应用电子技术（包括）软件发挥作用的设备，包括电子计算机以及由电子计算机控制的机器人、数控或者程控系统等。

（五）油气田折旧摊销

（1）从事开采石油资源的企业所取得的矿区权益，可以在已经开始商业性生产的油（气）田收入中，在不少于2年的期间内分期摊销。

（2）从事开采石油资源的企业所发生的勘探费用，可以在已经开始商业性生产的油（气）田收入中，在不少于2年的期间内分期摊销。

（3）外国石油公司拥有的合同区，由于未发现商业性油（气）田而终止作

业，如果其不连续拥有开采油（气）资源合同，也不在中国境内保留开采油（气）资源的经营管理机构或者办事机构，其已投入终止合同区的合理的勘探费用，经税务机关审查确认并出具证明后，从终止合同之日起10年内又签订新的合作开采油（气）资源合同的，准予在其新拥有合同区的生产收入中摊销。

（4）从事开采石油资源的企业，在开发阶段的费用支出和在采油气井上建筑和安装的不可移作他用的建筑物、设备等固定资产，经国务院税务主管机关批准，可以油气井或油气田为单位，按以下方法和年限计提折旧：①以油气井或油气田为单位综合计算折旧，折旧年限不少于6年；②以油气井或油气田为单位，按可采储量和产量法综合计算折旧。

采取上述方法计提折旧的，可以不留残值，从油气井或油气田开始商业性生产月份的次月起计提折旧。

其他从事采掘业的企业，报经国务院主管税务机关批准，可以比照本条以上各款规定执行。

（六）生物资产折旧

生物资产是指有生命的动物和植物。而生产性生物资产是指为产出农产品、提供劳务或出租等目的而持有的生物资产，包括经济林、薪炭林、产畜和役畜等。

1. 资产计价

生产性生物资产，按照实际发生的支出计价。

（1）外购生产性生物资产，按照购买价款、相关税费、运输费、保险费以及可直接归属于购买该资产的其他支出计价。

（2）自行营造的林木类生产性生物资产，按照达到预定生产经营目的前发生的造林费、抚育费、营林设施费、良种试验费、调查设计费和应分摊的间接费用等必要支出计价。

（3）自行繁殖的产畜和役畜，按照达到预定生产经营目的（成龄）前发生的饲料费、人工费和应分摊的间接费用等必要支出计价。

（4）通过捐赠、投资、非货币性资产交换、债务重组等方式取得的生产性生物资产，以该资产的公允价值和支付的相关税费为计税基础。

2. 资产折旧

企业对达到预定生产经营目的的生产性生物资产，应当按期计提折旧，并根据用途分别计入相关资产的成本或当期损益。

企业的生产性生物资产，应当从投入使用月份的次月起计算折旧；停止使用的生产性生物资产，应当从停止使用月份的次月起停止计算折旧。

企业应当根据生产性生物资产的性质和使用情况，合理确定生产性生物资产的预计净残值。生产性生物资产的预计净残值一经确定，不得变更。生产性生物资产的折旧采用直线法计算。

生产性生物资产的最低折旧年限如下：林木类生产性生物资产为 10 年；畜类生产性生物资产为 3 年。

（七）加速折旧

企业的固定资产由于技术进步导致产品更新换代较快，以及常年处于强震动、高腐蚀状态，确需加速折旧的，可以缩短折旧年限或者采取加速折旧的方法。需缩短折旧年限或者采取加速折旧方法的固定资产，由企业提出申请，经主管税务机关批准后，可以采取缩短折旧年限或采取加速折旧的方法。采取缩短折旧年限方法的，最低折旧年限不得低于规定折旧年限的 60%；采取加速折旧方法的，可以采取双倍余额递减法或者年数总和法。

二、无形资产的税务处理

无形资产是指企业为生产商品、提供劳务、出租给他人或为管理目的而持有的、没有实物形态的非货币性长期资产，包括专利权、商标权、著作权、土地使用权、非专利技术、商誉等。在计算应纳税所得额时，企业按照规定计算的无形资产摊销费用，准予扣除。

（一）无形资产的计税基础

无形资产按照以下方法确定计税基础：
（1）外购的无形资产，以购买价款和支付的相关税费以及直接归属于使该资产达到预定用途发生的其他支出为计税基础；
（2）自行开发的无形资产，以开发过程中该资产符合资本化条件后至达到预定用途前发生的支出为计税基础；
（3）通过捐赠、投资、非货币性资产交换、债务重组等方式取得的无形资产，以该资产的公允价值和支付的相关税费为计税基础。

（二）无形资产的摊销

经营活动中，无形资产按规定计算的摊销额可以在计算应纳税所得额时扣除。无形资产的摊销，应当采用直线法计算。作为投资或者受让的无形资产，在协议、合同中规定使用年限的，可以按照协议、合同规定使用年限分期摊销。没有约定年限的，摊销年限不得少于 10 年。外购商誉的支出不得摊销，但可在企业整体转让或者清算时，准予扣除。

三、长期待摊费用的税务处理

长期待摊费用是指不能全部计入当年损益，应当在以后年度内分期摊销的各项费用。在计算应纳税所得额时，企业发生的下列支出作为长期待摊费用，按照规定摊销的，准予扣除：

（1）固定资产改扩建支出。固定资产的改扩建支出是指改变房屋或者建筑物结构、延长使用年限等发生的支出。固定资产改建支出分别按以下规定摊销：①已足额提取折旧的固定资产的改建支出，按照固定资产预计尚可使用年限摊销；②租入固定资产的改建支出，按照合同约定的剩余租赁期摊销；③上述以外固定资产的改建延长固定资产使用年限的，应当适当延长折旧年限，并相应调整计算折旧。

（2）固定资产的大修理支出。固定资产的大修理支出是指符合以下条件的支出：①发生的支出达到固定资产的计税基础50％以上；②发生修理后固定资产的使用寿命延长两年以上。固定资产的大修理支出按照固定资产尚可使用年限确定摊销期限。

（3）其他应当作为长期待摊费用的支出。其他长期待摊费用自支出发生月份的次月起，分期摊销，摊销年限不得低于3年。

四、对外投资的税务处理

企业对外投资期间，投资资产的成本在计算应纳税所得额时不得扣除。

（1）投资资产。是指企业对外进行权益性投资和债权性投资所形成的资产。

（2）投资成本。以投资方实际支付的全部价款包括支付的税金和手续费等相关费用确定。①以支付现金取得的投资，应当按照实际支付的购买价款作为初始投资成本；②以发行权益性证券取得的投资，按该投资的公允价值和应支付的相关税费计价；③投资者投入的投资，按该投资的公允价值和应支付的相关税费计价；④接受捐赠的投资，按该投资的公允价值和应支付的相关税费计价；⑤非货币性资产交换取得的投资，按该投资的公允价值和应支付的相关税费计价；⑥债务重组取得的投资，按该投资的公允价值和应支付的相关税费计价。

（3）投资资产处理。企业对外投资的成本不得折旧或摊销，也不得作为投资当期费用直接扣除，但可以在转让、处置有关投资资产时，从取得的财产转让收入中减除，据以计算财产转让所得或损失。

五、存货的税务处理

存货是指企业在日常活动中持有以备出售的产成品或商品、处在生产过程中的在产品、在生产过程或提供劳务过程中耗用的材料和物料等。企业领用或者销售存货，按照规定计算的存货成本，可以在计算应纳税所得额时扣除。

（1）存货计价。存货按取得时的实际成本计价。①外购存货的实际成本包括购货价格、购货费用和税金。外购存货，按购买价款、相关税费、运输费、装卸费、保险费以及其他可归属于存货采购成本的费用计价。②投资者投入的存货，按该存货的公允价值和应支付的相关税费计价。③接受捐赠的存货，按该存货的公允价值和应支付的相关税费计价。④非货币性资产交换取得的存货，按该存货的公允价值和应支付的相关税费计价。⑤债务重组取得的存货，按该存货的公允价值和应支付的相关税费计价。⑥生产性生物资产收获的农产品，按产出或采收过程中发生的材料费、人工费和应分摊的间接费用等必要支出计价。

（2）存货计价方法。企业可以在先进先出法、加权平均法和个别计价法中选用一种，确认存货的实际成本。计价方法一经选用，不得随意改变；确实需要改变计价方法的，应当在下一纳税年度开始前报主管税务机关批准。

■ 第六节　企业重组

企业在重组过程中，应当在交易发生时确认有关资产的转让所得或者损失，相关资产应当按照交易价格重新确定计税基础。但符合条件的企业可以暂不确认有关资产的转让所得或者损失。

一、企业重组方式

企业重组是指企业成立后发生的法律和经济结构的改变，包括企业资本结构调整、整体资产转让、整体资产置换、企业合并、企业分立等。

（1）企业资本结构调整。是指企业融资结构的改变，包括企业股东持有的股份的金额和比例发生变更、增资扩股等股本结构的变化或负债结构的变化。

（2）企业整体资产转让。是指企业将全部经营性资产或其分支机构转让给另一家企业，以换取对另一家企业的股权。

（3）企业整体资产置换。是指企业将全部资产或其分支机构与另一家企业的全部资产或其分支机构进行整体交换。

（4）企业合并。是指被合并企业将其全部资产和负债转让给另一家现存或新设企业（以下简称合并企业），为其股东换取合并企业的所有者权益份额（以下简称股权支付额）或除合并企业所有者权益份额以外的现金、有价证券和其他资产（以下简称非股权支付额），实现两个或两个以上企业的依法合并。

（5）企业分立。是指被分立企业将其部分或全部营业分离转让给两个或两个以上现存或新设企业（以下简称分立企业），为其股东换取分立企业的股权支付额或非股权支付额。

二、免税重组

企业的重组业务，应在交易发生时确认有关资产转让所得或损失。但符合下列条件的企业重组业务，可暂不确认资产转让所得或损失（简称免税重组）。

（一）免税重组

（1）企业整体资产置换中，作为资产置换补价的货币性资产低于整个资产置换交易公允价值的 20%，除与补价相对应部分的资产转让所得或损失应在交易当期确认外，经主管税务机关确认，资产置换双方可暂不确认资产转让所得或损失。

（2）企业合并、企业分立、整体资产转让等重组业务中，作为补价的非股权支付额的公允价值低于股权账面价值 20%，除与非股权支付额相对应的资产转让所得或损失应在交易当期确认外，经税务机关确认，重组业务中涉及当事各方可暂不确认资产转让所得或损失。

（二）免税重组资产计价

（1）免税的整体资产转让业务中，转让方企业取得接受方企业股权的成本，应按其原持有的资产的计税基础确定。接受方企业取得转让企业的资产的计税基础，可按实际交易价值确定。

（2）免税的整体资产置换业务中，交易双方换入资产的计税基础应以换出资产原计税基础确定。

（3）免税的企业合并业务中，当事各方应按以下方式进行处理：①被合并方企业将全部资产和负债转让给合并企业，除与非股权支付额相对应部分的资产转让所得或损失应在交易当期确认外，经税务机关确认，重组业务中涉及当事各方可暂不确认资产转让所得或损失。②合并方企业应以原计税基础接收被合并企业的全部资产和负债。除法律或协议另有规定外，被合并企业合并前全部纳税事项由合并企业承担。以前年度的亏损，如果未超过法定弥补期限，可由合并企业继续按规定用以后年度实现的与被合并企业资产相关的所得弥补。

当年可由合并后企业弥补的被合并企业亏损限额 ＝ 被合并企业净资产公允价值×国家当年发行的最长期限的国债利率

（4）免税的企业分立交易中，当事各方应按以下方式进行处理：①被分立企业可不确认分离资产的转让所得或损失，不计入应纳税所得额。②被分立企业已分离资产相对应的所得税事项由接受资产的企业承继。被分立企业的未超过法定弥补期限的亏损额可按分离资产占全部资产的比例进行分配，由接受分离资产的分立企业继续弥补。③分立企业接受被分立企业的全部资产和负债的计税基础，应按被分立企业的原计税基础确定。④分立企业接受被分立企业的全部资产和负债的成本，须以被分立企业的账面净值为基础结转确定，不得按经评估确认的价值进行调整。

三、债务重组

（一）独立企业债务重组

（1）以非货币资产清偿债务。独立企业在债务重组中发生的以非货币资产清偿债务，应当分解为视同销售和清偿债务两项业务，确认有关资产的转让所得或损失。

（2）让步条款债务重组。独立企业在债务重组业务中，对于让步条款债务重组，债务人应当按照支付的债务清偿额低于债务计税基础的差额，确认债务重组所得，债权人应当按照收到的债务清偿额低于债权计税基础的差额，确认债务重组的损失。

（3）债权转股权业务。独立企业在债务重组中发生的债权转股权业务，应当分解为债务的清偿和投资两项业务，确认有关债务重组的所得或损失。

（二）关联企业债务重组

（1）符合条件的让步条款债务重组。关联方之间发生的含有一方向另一方转移利润的让步条款的债务重组，有合理的经营需要，并符合以下条件之一的，确认债务重组所得或损失：①经法院裁决同意的；②有全体债权人同意的协议；③经批准的国有企业债转股。

（2）不符合条件的让步条款债务重组。不符合上述规定条件的关联方之间的含有让步条款的债务重组，债权人不得确认重组损失，应当视为捐赠，不得在税前扣除，债务人应当确认捐赠收入。债务人确认的债务重组所得金额超过当年应纳所得额20％的，可以5年分期计入应纳税所得额。

（3）对股东让步条款债务重组。如果债务人是债权人的股东，债权人所作的让步应当推定为企业对股东的分配，债务人取得的让步按符合条件的居民企业之间的股息、红利等权益性投资收益，作免税处理。

■ 第七节　应税所得

企业所得税的计税依据或税基是企业的应纳税所得额，即每一纳税年度的收入总额减除不征税收入、免税收入和各项扣除后的数额，是在会计利润基础上经税务调整后计算获得的。应纳税所得额由企业按每一纳税年度的收入总额减去准

予扣除项目后的余额计算，计算公式为

应纳税所得额 ＝ 收入总额 － 不征税收入 － 免税收入 － 准予扣除项目的金额

一、纳税调整

企业在确定应纳税所得额时，按照税法规定计算出的应纳税所得额与企业依据财务会计制度计算的利润所得额，往往是不一致的。当企业财务、会计处理办法与有关税收法规相抵触时，应当依照国家有关税收的规定计算纳税。企业按照有关财务会计制度规定计算的利润，必须按照税法规定和财务会计制度规定的差异进行必要调整后，才能作为应纳税所得额，计算缴纳所得税。在具体计算时，企业的应税所得额是以利润总额为基础，加减税收调整项目金额后的数额。税收调整项目金额包括两方面的含义：它首先是指企业的财务会计处理和税收规定不一致时，予以调整的金额；同时，它还是企业按税法规定予以调增或调减的税收金额。税收调整项目见表 8-1。

表 8-1　纳税调整增加项目表

行次	项目	本期发生数	税前扣除限额	纳税调增金额
		1	2	3
1	工资薪金			
2	工会经费			
3	职工福利费			
4	职工教育经费			
5	利息			
6	业务招待费			
7	折旧、摊销			
8	广告费			
9	销售佣金			
10	公益性捐赠			
11	财产损失			
12	坏账准备金			
13	各类社会保障性缴款			
14	其中:基本养老保险			
15	失业保险			
16	基本医疗保险			
17	基本生育保险			
18	工伤保险			
19	补充养老保险			
20	补充医疗保险			
21	住房公积金			

续表

行次	项目	本期发生数	税前扣除限额	纳税调增金额
		1	2	3
22	本期增提的各项准备金			
23	其中:存货跌价准备			
24	固定资产减值准备			
25	无形资产减值准备			
26	在建工程跌价准备			
27	自营证券跌价准备			
28	呆账准备			
29	保险责任准备金提转差			
30	其他准备			
31	罚款			
32	与收入无关的支出			
33	其他纳税调增项目			
34	合计			

二、税务机关核定所得额

企业不能提供完整、准确的收入及成本、费用凭证,不能正确计算应纳税所得额的,由税务机关核定其应纳税所得额。核定方法如下:

(1)参照当地同类行业或者类似行业中经营规模和收入水平相近的企业的收入额和利润率核定;

(2)按照成本加合理的费用和利润核定;

(3)按照耗用的原材料、燃料、动力等推算或者测算核定;

(4)按照其他合理的方法核定。

三、清算所得

依照法律法规、章程协议终止经营或应税重组中取消独立纳税人资格的企业,应按照国家有关规定进行清算,并就清算所得计算缴纳企业所得税。清算所得纳税后的剩余资产可向所有者分配。

(1)清算所得。企业的全部资产可变现价值或交易价格减除资产的计税基础、清算费用、相关税费以及债务清偿损益等后的余额为清算所得。

(2)剩余资产分配。企业全部资产的可变现价值减除清算费用、职工的工资、社会保险费用和法定补偿金,缴纳以往年度欠税、清算期间所得税,清偿公司债务后是企业可以向所有者分配的剩余资产。企业从被清算方分得的剩余资产,与被清算方累计为分配利润和累计盈余公积相当的部分,应确认为股息所得；剩余资产扣除股息所得后的余额，超过或低于企业投资成本的部分，应确认为企业的投资转让所得或损失。

四、亏损抵补

亏损是指企业每一纳税年度的收入总额减除不征税收入、免税收入和各项扣除后的余额小于零的数额。亏损抵补也称盈亏互抵。税法规定，企业发生年度亏损的，可以用下一纳税年度的所得弥补；下一纳税年度所得不足弥补的，可以逐年延续弥补，但延续弥补期最长不得超过 5 年。5 年内不论企业是盈利还是亏损，都作为弥补年限计算。但企业在汇总计算缴纳企业所得税时，其境外营业机构的亏损不得抵减境内营业机构的盈利。

例：某生产企业 2008 年按财务会计核算资料为：产品销售收入 7 100 万元（不含增值税），产品销售成本 4 100 万元，各项费用 850 万元，营业外支出 150 万元，附加税 50.7 万元。根据税法规定应对企业以下项目进行税务调整：

①利息收入 30 万元没有作为收入，其中到期国债利息收入 12 万元，存款利息收入 18 万元；

②在生产成本和费用中支付工资、奖金 1 000 万元，福利经费、工会经费和职工教育经费 220 万元；

③实际发生的业务招待费全部在费用中列支合计 50 万元，企业上年度应扣未扣，而在本年度扣除支出 25 万元；

④发生一次性支付全年固定资产租赁费 30 万元，租赁期 1 年，从 7 月 1 日算起。

⑤在营业外支出中列支的赞助费支出 50 万元，发生库存材料因保管不善导致意外损失 30 万元（不含增值税）；

⑥企业转让账面原值 30 万元，累计折旧 15 万元的机器设备，转让价 20 万元；

⑦在营业外支出中列支的通过公共机构农村义务教育捐赠 100 万元；

⑧新产品研究开发费 150 万元。

根据企业财务核算资料和税务调整资料，计算企业应纳税所得额。

解：

（1）会计利润＝7 100－4 100－850－150－50.7＝1 949.3（万元）。

（2）应纳税所得额调整：

①调整存款利息收入增加应税所得 18 万元；

②三项费用增加应税所得＝220－1 000×（14％＋2％＋2.5％）＝35（万元）；

③调整业务招待费增加应税所得＝50×40％＝20（万元），调整企业在本年度列支的上年度应扣未扣支出增加应税所得 25 万元；

④调整租赁费增加应税所得＝30×50％＝15(万元)；

⑤调整赞助费支出增加应税所得 50 万元，调整库存材料意外损失减少应税所得＝30×(1＋17％)＝35.1(万元)；

⑥调整企业转让机器设备增加应税所得＝20－(30－15)＝5(万元)；

⑦通过公共机构农村义务教育捐赠不超过利润总额 12％可以全额扣除；

⑧调整新产品研究开发费减少应税所得＝150×50％＝75(万元)。

(3) 应纳税所得额＝1 949.3＋18＋35＋20＋25＋15＋50－35.1＋5－75＝2 007.2(万元)。

第八节　优惠政策

为了体现国家政策，鼓励和扶持某些产业或企业的发展，企业所得税对重点扶持和鼓励发展的产业和项目具有以下减免税优惠规定：

一、减免税优惠政策

(一) 免税优惠政策

企业的下列收入为免税收入：

(1) 国债利息收入，是指企业持有国务院财政部门发行的国债取得的利息收入。

(2) 符合条件的居民企业之间的股息、红利等权益性投资收益，是指居民企业直接投资于其他居民企业取得的投资收益。股息、红利等权益性投资收益不包括连续持有居民企业公开发行并上市流通的股票不足 12 个月取得的投资收益。

(3) 在中国境内设立机构、场所的非居民企业从居民企业取得与该机构、场所有实际联系的股息、红利等权益性投资收益。股息、红利等权益性投资收益不包括连续持有居民企业公开发行并上市流通的股票不足 12 个月取得的投资收益。

(4) 符合条件的非营利组织的收入。非营利公益组织是指符合下列条件的组织：①依法履行非营利法人登记手续；②从事公益性或者非营利性活动；③取得的收入除用于与该组织有关的、合理的支出外，全部用于登记核定或者章程规定的公益性或者非营利性事业；④财产及其孳息不用于分配；⑤按照登记核定或者章程规定，该组织注销后的剩余财产用于公益性或者非营利性目的，或者由登记管理机关转赠给与该组织性质、宗旨相同的组织，并向社会公告；⑥投入人对投入该组织的财产不保留或者享有任何财产权利；⑦工作人员工资福利开支控制在规定的比例内，不变相分配该组织的财产。符合条件的非营利组织的收入，不包括非营利组织从事营利性活动取得的收入。

（5）国际金融组织贷款给中国政府、中国境内银行和居民企业取得的利息所得，免征企业所得税。外国银行按照优惠利率贷款给中国境内银行取得的利息所得，免征企业所得税。

（6）在中国境内未设立机构、场所，或者虽设立机构、场所但与其机构、场所没有实际联系的非居民企业，投资于国家重点扶植的高新技术企业取得的股息、红利，免征企业所得税。

（二）减免税优惠政策

企业下列所得，可以免征或减征企业所得税：

（1）从事农、林、牧、渔业项目的所得。①企业从事下列项目的所得，免征企业所得税：第一，蔬菜、谷物、薯类、油料、豆类、棉花、麻类、糖料、水果、坚果的种植；第二，农作物新品种的选育；第三，中药材的种植；第四，林木的培育和种植；第五，牲畜、家禽的饲养；第六，林产品的采集；第七，灌溉、农产品初加工、兽医、农技推广、农机作业和维修等农、林、牧、渔服务业项目；第八，远洋捕捞。②企业从事下列项目的所得，减半征收企业所得税：第一，花卉、茶以及其他饮料作物和香料作物的种植；第二，海水养殖、内陆养殖。

（2）从事国家重点扶持的公共基础设施项目投资经营的所得。企业投资《公共基础设施项目企业所得税优惠目录》规定的港口码头、机场、铁路、公路、城市公共交通、电力、水利等项目的投资经营所得，自项目取得第一笔生产经营收入所属纳税年度起，第1年至第3年免征企业所得税，第4年至第6年减半征收企业所得税。企业承包经营、承包建设和内部自建自用本条规定的项目，不得享受本条规定的企业所得税优惠。

（3）从事符合条件的环境保护、节能节水项目的所得。企业从事包括公共污水处理、公共垃圾处理、沼气综合开发利用、节能减排技术改造、海水淡化等符合条件的环境保护、节能节水项目的所得，自项目取得第一笔生产经营收入所属纳税年度起，第1年至第3年免征企业所得税，第4年至第6年减半征收企业所得税。

（4）符合条件的技术转让所得减免税。居民企业从事符合条件的技术转让所得，一个纳税年度内，企业技术转让所得不超过500万元的部分，免征企业所得税；超过500万元的部分，减半征收企业所得税。

二、降低税率优惠政策

（1）符合条件的小型微利企业，减按 20％的税率征收企业所得税。小型微利企业是指同时符合以下条件的企业：①工业企业，年度应纳税所得额不超过 30 万元，从业人数不超过 100 人，资产总额不超过 3 000 万元；②其他企业，年度应纳税所得额不超过 30 万元，从业人数不超过 80 人，资产总额不超过 1 000 万元。

（2）国家需要重点扶持的高新技术企业，减按 15％的税率征收企业所得税。国家需要重点扶持的高新技术企业是指拥有核心自主知识产权，并同时符合下列条件的企业：①产品（服务）属于《国家重点支持的高新技术领域》规定的范围；②研究开发费用占销售收入的比例不低于规定比例；③高新技术产品（服务）收入占企业总收入的比例不低于规定比例；④科技人员占企业职工总数的比例不低于规定比例；⑤高新技术企业认定管理办法规定的其他条件。《国家重点支持的高新技术领域》和高新技术企业认定管理办法由国务院科技、财政、税务主管部门商国务院有关部门制定，报国务院批准后公布施行。

（3）非居民企业在中国境内未设立机构、场所，但从中国取得利息、股息、特许权使用费和其他所得，或者虽设有机构、场所，但上述各项所得与其机构、场所没有实际联系的，减按 10％税率征收企业所得税。

三、民族地区优惠政策

民族自治地方的自治机关对本民族自治地方的企业应缴纳的企业所得税中属于地方分享的部分，可以决定减征或者免征。自治州、自治县决定减征或者免征的，须报省、自治区、直辖市人民政府批准。民族自治地方是指按照《中华人民共和国民族区域自治法》规定设立的自治区、自治州、自治县。云南、贵州、青海省可以比照规定享受民族自治地方企业所得税优惠政策。国家限定发展行业的企业，民族自治地方不得予以减征或者免征企业所得税。

四、税前扣除优惠政策

企业的下列支出，可以在计算应纳税所得额时加计扣除。

（一）开发新技术、新产品、新工艺发生的研究开发费用

企业为开发新技术、新产品、新工艺发生的研究开发费用，未形成无形资产的，允许在据实扣除的基础上，再按当年实际发生额的 50％加计扣除。当年形成无形资产的，可以按无形资产原值的 150％进行摊销，但无形资产原值中已经

税前扣除的研发费用不得进行摊销。

新技术、新产品、新工艺是指国内尚未形成研究开发成果的技术、产品和工艺。企业的研究开发费用包括新产品设计费、工艺规程制定费、设备调整费、原材料和半成品的试验费、技术图书资料费、未纳入国家计划的中间试验费、研究机构人员的工资、研究设备的折旧、与新产品的试制和技术研究有关的其他经费以及委托其他单位进行科研试制的费用。

（二）安置残疾人员及国家鼓励安置的其他就业人员所支付的工资

企业安置残疾人员的，在按照支付给残疾职工工资据实扣除的基础上，按照支付给残疾职工工资的 100% 加计扣除。企业安置国家鼓励安置的其他就业人员所支付的工资的加计扣除办法，由国务院另行规定。残疾职工是指民政福利部门鉴定证明的盲、聋、哑、肢体残疾人员。国家鼓励安置的其他就业人员是指劳动保障部门登记管理的未就业人员。

（三）创业投资企业创业投资

创业投资企业采取股权投资方式投资于未上市的中小高新技术企业 2 年以上的，可以按照其投资额的 70% 在股权持有满 2 年的当年抵扣该创业投资企业的应纳税所得额；当年不足抵扣的，可以在以后纳税年度结转抵扣。

创业投资企业是指按规定经备案管理部门核实且工商登记为"创业投资有限责任公司"、"创业投资股份有限公司"的专业性创业投资公司。其基本条件为：第一，经营范围符合规定。第二，实收资本不低于 3 000 万元人民币，或者首期实收资本不低于 1 000 万元人民币且全体投资者承诺在注册后的 5 年内补足不低于 3 000 万元人民币实收资本。第三，投资者不得超过 200 人，其中，以有限责任公司形式设立创业投资企业的，投资者人数不得超过 50 人。单个投资者对创业投资企业的投资不得低于 100 万元人民币。所有投资者应当以货币形式出资。第四，有至少 3 名具备 2 年以上创业投资或相关业务经验的高级管理人员承担投资管理责任。

（四）企业综合利用资源

企业以《资源综合利用企业所得税优惠目录》规定的资源作为主要原材料，生产国家非限制和禁止并符合国家和行业相关标准的产品取得的收入，减按 90% 计入收入总额。前款所称原材料占生产产品材料的比例不得低于《资源综合利用企业所得税优惠目录》规定的标准。

（五）环保、节能、安全设备投资

企业购置并实际使用《环境保护专用设备企业所得税优惠目录》、《节能节水专用设备企业所得税优惠目录》和《安全生产专用设备企业所得税优惠目录》规定的环境保护、节能节水、安全生产等专用设备的，该专用设备的投资额的10％可以从企业当年的应纳税额中抵免；当年不足抵免的，可以在以后5个纳税年度结转抵免。

享受企业所得税优惠的企业，应当实际购置并自身实际投入使用前款规定的专用设备；企业购置上述专用设备在5年内转让、出租的，应当停止享受企业所得税优惠，并补缴已经抵免的企业所得税税款。

企业同时从事适用不同企业所得税待遇的项目的，其优惠项目应当单独计算所得，并合理分摊企业的期间费用；没有单独计算的，不得享受企业所得税优惠。

五、税收优惠过渡政策

（一）税率优惠过渡政策

在企业所得税法公布前已经批准设立的企业，依照当时的税收法律、行政法规规定，享受低税率优惠的，按照国务院规定，自2008年1月1日起，在新税法施行后5年内逐步过渡到法定税率。其中，享受企业所得税15％税率的企业，2008年按18％税率执行，2009年按20％税率执行，2010年按22％税率执行，2011年按24％税率执行，2012年按25％税率执行；原执行24％税率的企业，2008年起按25％税率执行。企业所得税法公布前已经批准设立的企业是指企业所得税法公布前已经完成登记注册的企业。

（二）减免税优惠过渡政策

在企业所得税法公布前已经批准设立的企业，依照当时的税收法律、行政法规规定，享受定期减免税优惠的，按照国务院规定，自2008年1月1日起，可以在企业所得税法施行后继续享受到期满为止。其中，原享受企业所得税"两免三减半"、"五免五减半"等定期减免税优惠的企业，新税法施行后继续按原税收法律、行政法规及相关文件规定的优惠办法及年限享受至期满为止，但因未获利而尚未享受税收优惠的，其优惠期限从2008年度起计算。

（三）西部开发税收优惠政策

继续执行西部开发税收优惠政策。第一，对设在西部地区，以国家规定的鼓励类产业项目为主营业务，且其当年主营业务收入超过企业总收入70％的企业，实行企业自行申请，税务机关审核的管理办法。经税务机关审核确认后，企业可减按15％税率缴纳企业所得税。第二，对在西部地区新办交通、电力、水利、邮政、广播电视基础产业的企业，且上述项目业务收入占企业总收入70％以上的，实行企业自行申请，税务机关审核的管理办法。经税务机关审核确认后，内资企业自开始生产经营之日起，第1年至第2年免征企业所得税，第3年至第5年减半征收企业所得税；外商投资企业经营期在10年以上的，自获利年度起，第1年至第2年免征企业所得税，第3年至第5年减半征收企业所得税。符合上述规定条件的，第3年至第5年减半征收企业所得税时，按15％税率计算出应纳所得税额后减半执行。第三，对实行汇总（合并）纳税企业，应当将西部地区的成员企业与西部地区以外的成员企业分开，分别汇总（合并）申报纳税，分别适用税率。

（四）特定地区税收过渡期政策

经济特区和上海浦东新区内，在2008年1月1日（含）之后完成登记注册的国家需要重点扶持的高新技术企业（以下简称新设高新技术企业），在经济特区和上海浦东新区内取得的所得，自取得第一笔生产经营收入所属纳税年度起，第1年至第2年免征企业所得税，第3年至第5年减半征收企业所得税。

（五）过渡期政策和新税法关系

享受企业所得税过渡优惠政策的企业，应按照新税法和实施条例中有关收入和扣除的规定计算应纳税所得额，并按规定计算享受税收优惠。企业所得税过渡优惠政策与新税法及实施条例规定的优惠政策存在交叉的，由企业选择最优惠的政策执行，不得叠加享受，而且一经选择，不得改变。

■ 第九节　应纳税额

一、应纳税额计算

企业的应纳税所得额乘以适用税率，减除按税收优惠规定减免和抵免的税额后的余额，为应纳税额。企业所得税实行按年计征、分月（季）预缴、年终汇算清缴、多退少补的办法。其应纳企业所得税额的计算分为预缴所得税额计算和年终汇算清缴所得税额计算两部分。

应纳税额 = 应纳税所得额 × 适用税率 + 减免税额 + 抵免税额

公式中的减免税额和抵免税额是指依照企业所得税法和国务院的税收优惠规定减征、免征和抵免的应纳税额。

（一）按月（季）预缴所得税的计算方法

企业预缴所得税时，应当按纳税期限内应纳税所得额的实际数预缴；按实际数预缴有困难的，可按上一年度应纳税所得额的二分之一或四分之一预缴，或者经当地税务机关认可的其他方法分期预缴所得税。其计算公式为

$$应纳所得税额 = 月（季）应纳税所得额 \times 25\%$$
$$或 = 上年应纳税所得额 \times 1/12（或 1/4） \times 25\%$$

（二）年终汇算清缴的所得税的计算方法

$$全年应纳所得税额 = 全年应纳税所得额 \times 25\%$$
$$多退少补所得税额 = 全年应纳所得税额 + 月（季）已预缴所得税额$$

企业所得税税款应以人民币为计算单位。若所得为外国货币的，应当按照国家外汇管理机关公布的外汇汇率折合人民币缴纳。

二、核定征税计算

为了加强企业所得税的征收管理，对部分中小企业采取核定征收办法。

（一）核定征税范围

企业不能提供完整、准确的收入及成本、费用凭证，不能正确计算应纳税所得额的，由税务机关核定其应纳税所得额。核定方法如下：

（1）参照当地同类行业或者类似行业中经营规模和收入水平相近的企业的收入额和利润率核定；

（2）按照成本加合理的费用和利润核定；

（3）按照耗用的原材料、燃料、动力等推算或者测算核定；

（4）按照其他合理的方法核定。

（二）核定征收办法

采取核定征收方式征收企业所得税，包括定额征收、核定应税所得率征收和其他合理的征收方式。

（1）定额征收。是指税务机关按照一定的标准、程序和方法，直接核定企业年度应纳企业所得税税额，由企业按照规定申报纳税的一种征收方式。

（2）核定应税所得率征收。是指税务机关按照一定的标准、程序和方法，预先核定企业的应税所得率，由企业根据纳税年度内的收入总额或者成本费用等项目的实际发生额，按照预先核定的应税所得率计算缴纳企业所得税的一种征收方式。核定征收率为：农、林、牧、渔业3%～10%，批发和零售业4%～15%，

制造业 5%～15%，交通运输业 7%～15%，建筑业 8%～20%，饮食业 8%～25%，娱乐业 15%～30%，其他行业 10%～30%。

（三）核定征收计算

对于采取核定征收方式计征企业所得税的企业，税务机关应当根据企业的行业特点、纳税情况、财务管理、会计核算、利润水平等因素，结合本地实际情况，按照公平、公正、公开的原则，分类逐户核定其应纳税额或者应税所得率。

采取定额征收方式征税的，税务机关要对企业的有关情况进行调查研究，分类排队，认真测算，并在此基础上，按年从高直接核定企业的应纳所得税额。

采取核定应税所得率征收方式征税的，应纳所得税税额的计算公式为

应纳税额 ＝ 应纳税所得额 × 适用税率

应纳税所得额 ＝ 收入总额 × 应税所得率

　　　　或者 ＝ 成本费用支出额 /（1＋应税所得率）× 应税所得率

企业经营多业的，无论其经营项目是否单独核算，均由税务机关根据其主营项目核定其适用某一行业的应税所得率。

三、税收抵免计算

企业来源于中国境外的所得，应按中国税法汇总计算缴纳企业所得税。境外所得在境外实际缴纳的所得税款，准予在汇总纳税时从其应纳税额中抵免。

（一）税收抵免范围

居民企业来源于中国境外的应税所得，居民企业从其直接或者间接控制的外国企业分得的来源于中国境外的股息、红利等权益性投资收益，非居民企业在中国境内设立机构、场所，取得发生在中国境外但与该机构、场所有实际联系的应税所得，均应按中国税法汇总计算缴纳企业所得税。企业来源于中国境外的所得依照中国境外税收法律以及相关规定应当缴纳并已经实际缴纳的企业所得税性质的税款，准予在汇总纳税时从其应纳税额中抵免。上述直接控制是指居民企业直接持有外国企业 20%以上股份，间接控制是指居民企业以间接持股方式持有外国企业 20%以上股份，具体认定办法由国务院财政、税务主管部门另行制定。

（二）税收抵免限额

抵免限额为该项所得依照本法规定计算的应纳税额。超过抵免限额的部分，可以在以后 5 个年度内，用每年度抵免限额抵免当年应抵税额后的余额进行抵补。抵免限额应当分国（地区）不分项计算，计算公式为

抵免限额＝中国境内、境外所得依照企业所得税法和本条例的规定计算的应纳税总额×来源于某国（地区）的应纳税所得额÷中国境内、境外应纳税所得总额

（三）抵免不足处理

企业取得的来源于中国境外的所得，已经在中国境外缴纳的企业所得税性质的税额超过抵免限额的，其超过部分不得在本年度作为税额扣除，也不得列为费用支出，但可以从次年起连续 5 个纳税年度内，用税额扣除不超过限额的余额补扣。

（四）税收饶让抵免

境外所得享受减免税优惠的税收抵扣。境外所得享受减免税优惠的，对于同中国订有避免双重征税协议的国家可视同纳税纳予抵免，即饶让抵免。对于同中国不订有避免双重征税协议的国家应按实际纳税给予抵免。

企业在依照规定抵免税额时，应当提供境外税务机关填发的税款所属年度的纳税凭证，不得用其他年度的纳税凭证作为抵免税额的凭据。

例：某中国居民企业 2008 年在中国境内企业取得应税所得 1 000 万元。同年在 A 国投资企业取得两项所得：一项是生产经营所得 800 万元，适用税率 20％；另一项是财产转让所得 500 万元，适用税率 30％。在 B 国取得股息所得 288 万元，适用税率 28％。计算该中国居民企业在中国应纳企业所得税。

解：

境内外所得汇总应纳企业所得税＝[1 000＋800＋500＋288/（1－28％）]×25％＝675（万元）

A 国所得已纳所得税＝800×20％＋500×30％＝310（万元）

A 国所得最高抵免限额＝（800＋500）×25％＝325（万元）

B 国所得已纳所得税＝[288/（1－28％）]×28％＝112（万元）

B 国所得最高抵免限额＝[288/（1－28％）]×25％＝100（万元）

境内外所得抵免后应纳企业所得税＝675－310－100＝265（万元）

■ 第十节 源泉扣缴

非居民企业在中国境内未设立机构、场所的，或者虽设立机构、场所但取得的所得与其所设机构、场所没有实际联系的，应当就其来源于中国境内所得，以支付人为扣缴义务人，实行源泉扣缴所得税。

一、应纳税所得额

非居民企业取得本法按规定应纳税所得，按照下列方法计算其应纳税所得额：

（1）股息、红利等权益性投资收益和利息、租金、特许权使用费所得，以收入全额为应纳税所得额。收入全额是指非居民企业向支付人收取的全部价款和价外费用。特许权使用费收入全额包括与专利权、非专利技术和其他特许权利有关的图纸资料费、技术服务费和人员培训费以及其他有关费用。

（2）转让财产所得，以收入全额减除财产净值后的余额为应纳税所得额；财产净值是指财产转让方的财产原值减去折旧、摊销等后的价值。企业不能提供财产原值以及折旧、摊销额的有效凭证的，由主管税务机关根据具体情况估定其财产的原值。

（3）其他所得，参照前两项规定的方法计算应纳税所得额。

二、扣缴义务

企业所得税实行源泉扣缴，以支付人为扣缴义务人。税款由扣缴义务人在每次支付或者到期应支付时，从支付或者到期应支付的款项中扣缴。支付人是指依照有关法律规定或者合同约定对非居民企业直接负有支付相关款项义务的单位或者个人。支付包括现金支付、汇拨支付、转账支付和权益兑价支付等货币支付和非货币支付。到期应支付的款项是指支付人按照权责发生制原则应当计入相关成本、费用的应付款项。

（1）指定扣缴。对非居民企业在中国境内取得工程作业和劳务所得应缴纳的所得税，税务机关可以指定工程价款或者劳务费的支付人为扣缴义务人。扣缴义务人包括：①预计工程作业或者提供劳务期限不足一个纳税年度，且有证据表明不履行纳税义务的；②没有办理税务登记或者临时税务登记，且未委托中国境内的代理人履行纳税义务的；③未按照规定期限办理企业所得税纳税申报或者预缴申报的。规定的扣缴义务人由县级以上税务机关指定，并同时告知扣缴义务人所扣税款的计算依据、计算方法、扣缴期限和扣缴方式。

（2）扣缴管理。依照税法规定应当扣缴的所得税，扣缴义务人未依法扣缴或者无法履行扣缴义务的，由纳税人在所得发生地缴纳。纳税人未依法缴纳的，税务机关可以从该纳税人在中国境内其他收入项目的支付人应付的款项中，追缴该纳税人的应纳税款。所得发生地是指依照税法规定的原则确定的所得发生地。在中国境内存在多处所得发生地的，由纳税人选择其中之一申报缴纳企业所得税。纳税人在中国境内其他收入是指该纳税人在中国境内取得的其他各种来源的收入。

扣缴义务人每次代扣的税款，应当自代扣之日起 7 日内缴入国库，并向所在地的税务机关报送扣缴企业所得税报告表。税务机关在追缴该纳税人应纳税款时，应当将追缴理由、追缴数额、缴纳期限和缴纳方式等告知该纳税人。

■ 第十一节　特别纳税调整

一、关联交易特别纳税调整

企业与其关联方之间的业务往来，应按独立交易原则进行交易。如果发生不符合独立交易原则而减少企业或者其关联方应纳税收入或者所得额的，税务机关有权按照合理方法调整。

（一）关联企业业务往来

关联企业的关联方是指与企业在资金、经营、购销等方面存在直接或者间接的拥有或者控制关系；直接或者间接地同为第三者所拥有或者控制；在利益上具有相关联的其他关系的公司、企业、其他经济组织和个人。

企业与其关联方之间的业务往来，包括商品购销、劳务提供、资金融通、转让财产和提供财产使用权等类型。企业与其关联方共同开发、受让无形资产，或者共同提供、接受劳务发生的成本，在计算应纳税所得额时应当按照独立交易原则进行分摊。独立交易原则是指没有关联关系的企业之间按照公平市场交易和营业常规进行业务往来所遵循的原则。

（二）关联企业纳税调整原则

企业与其关联方之间的业务往来，不符合独立交易原则而减少其应纳税收入或所得额的，税务机关有权采用下列方法，调整其应纳税收入或所得额：

（1）可比非受控价格法，即按照没有关联关系的企业间（或企业与个人间）进行相同或类似业务活动的价格进行调整的方法；

（2）再销售价格法，即按照再销售给没有关联关系的第三方的价格所应取得的收入和利润水平进行调整的方法；

（3）成本加成法，即按照成本加合理的费用和利润进行调整的方法；

（4）交易净利润法，即按照没有关联关系的企业间（或企业与个人间）从事相同或类似业务活动所取得的净利润水平进行调整的方法；

（5）利润分割法，即按照企业与其关联方的合并利润（或亏损）在各方之间采用合理标准进行分配的方法；

（6）其他方法，即其他符合独立交易原则的调整方法。

税务机关采用上述所列方法时，应根据实际情况选择最适当的方法。

（三）预约定价安排

（1）预约定价。是指企业在与其关联方之间的业务往来中，可以预先向主管税务机关申请约定所适用的定价原则和计算方法，在平等、自愿、守信基础上，与税务机关达成一定期间内事先确定关联交易定价并免除事后税务机关对定价调整的一项制度。

（2）预约定价安排。包括单边预约定价安排和双边预约定价安排或多边预约定价安排。单边预约定价安排是指一国的税务机关与单个企业之间签订的预约定价安排。双边预约定价安排或多边预约定价安排是指两国或多国的税务机关与在其境内从事活动的两个或多个企业之间签订的预约定价安排。双边（或多边）预约定价安排应按照我国政府对外签订的避免双重征税协定的有关规定执行。

（3）预约定价程序。预约定价安排具体程序包括预备会谈、正式申请、审核与评估、磋商、签订安排和监控执行，涉及双边预约定价或多边预约定价的，应按照我国政府对外签订的避免双重征税的税收协定有关规定执行。

税务机关在进行关联业务调查时，企业及其关联方以及与关联业务调查有关的其他企业，应当按照规定提供相关资料。

（四）关联业务往来管理

（1）关联业务往来申报。企业向税务机关报送年度企业所得税纳税申报表时，应当就其与关联方之间的业务往来，附送年度关联业务往来报告表。企业应在准备关联业务往来申报之前对关联交易进行审核，未按照独立企业之间交易原则进行业务往来时，须自行调整。关联企业间业务往来年度报告表规定企业有义务准备、保管证实其关联交易符合独立企业之间交易原则的相关资料。

（2）关联业务往来调查。税务机关在进行关联业务调查时，企业及其关联方以及与关联业务调查有关的其他企业，应当按照规定提供相关资料。资料包括：①与关联业务往来有关的价格、费用的制定标准、计算方法和说明等同期资料。②关联业务往来所涉及的财产、财产使用权、劳务等的再销售

（转让）价格或者最终销售（转让）价格的相关资料。③与关联业务调查有关的其他企业应当提供的与被调查企业可比的产品价格、定价方式以及利润水平等资料。④其他与关联业务往来有关的资料。与关联业务调查有关的其他企业是指与被调查企业在生产经营内容和方式上相类似的企业。企业应当在税务机关规定的期限内提供与关联业务往来有关的价格、费用的制定标准、计算方法和说明等资料。关联方以及与关联业务调查有关的其他企业应当在税务机关与其约定的期限内提供相关资料。

（3）应税所得额的税务核定。企业不提供与其关联方之间业务往来资料，或者提供虚假、不完整资料，未能真实反映其关联业务往来情况的，税务机关有权依法核定其应纳税所得额。税务机关依照企业所得税法规定核定企业的应纳税所得额时，可以采用下列方法：①参照同类或者类似企业的利润率水平核定；②按照企业成本加合理的费用和利润的方法核定；③按照关联企业集团整体利润的合理比例核定；④按照其他合理方法核定。企业对税务机关按照前款规定的方法核定的应纳税所得额有异议的，应当提供相关证据，经税务机关认定后，调整核定的应纳税所得额。

二、受控外国企业特别纳税调整

由居民企业或者由居民企业和中国居民控制的设立在实际税负明显低于25％税率水平的国家（地区）的企业，并非由于合理的经营需要而对利润不作分配或者减少分配的，上述利润中应归属于该居民企业的部分，应当计入该居民企业的当期收入。

中国居民是指根据《中华人民共和国个人所得税法》的规定，就其从中国境内、境外取得的所得在中国缴纳个人所得税的个人。

控制包括：①居民企业或者中国居民直接或者间接单一持有外国企业10％以上有表决权股份，且由其共同持有该外国企业50％以上股份；②居民企业或者居民企业和中国居民持股比例没有达到上述规定的标准，但在股份、资金、经营、购销等方面对该外国企业构成实质控制。

实际税负明显低于企业所得税法规定税率水平是指低于企业所得税法规定税率25％的50％，即12.5％。

三、利息支出特别纳税调整

企业从其关联方接受的债权性投资与权益性投资的比例超过规定标准而发生的利息支出，不得在计算应纳税所得额时扣除。

（一）债权性投资和权益性投资

（1）债权性投资。是指企业直接或者间接从关联方获得的，需要偿还本金和支付利息或者需要以其他具有支付利息性质的方式予以补偿的融资。企业间接从关联方获得的债权性投资包括：①关联方通过无关联第三方提供的债权性投资；②无关联第三方提供的、由关联方担保且负有连带责任的债权性投资；③其他间接从关联方获得的具有负债实质的债权性投资。

（2）权益性投资。是指企业接受的不需要偿还本金和支付利息，投资人对企业净资产拥有所有权的投资。

（二）不得扣除规定比例标准

规定标准是指根据不同行业融资特点所确定的债权性投资和权益性投资的比例。具体标准由国务院税务主管部门制定。

四、非合理商业目的安排特别税务调整

企业实施其他不具有合理商业目的的安排而减少其应纳税收入或者所得额的，税务机关有权按照合理方法调整。

（1）非合理商业目的安排。不具有合理商业目的是指违背立法意图，主要目的在于获得包括减少、免除、推迟缴纳税款和套取税收优惠等税收利益。安排是指人为规划的一个或一系列行动或交易，包括任何明确或者隐含的、实际执行或者意图执行的合同、协议、计划、谅解、承诺或保证等以及根据它们而付诸实施的所有行动和交易。

（2）非合理商业目的税务调整。具有合理商业目的是指违背立法意图，且主要目的在于获得包括减少、免除、推迟缴纳税款或税法规定的其他支付款项，或者增加返还、退税收入或税法规定的其他收入款项等税收利益。主管税务机关根据安排的商业运营实质对安排重新定性并进行相应税务处理，取消企业通过安排已获得的或将获得的税收利益。

五、特别纳税调整管理

税务机关根据税收法律、行政法规的规定，对企业作出特别纳税调整的，应当对补征的税款，自税款所属纳税年度的次年6月1日起至补缴税款之日止的期间，按日加收利息。利息，应当按照税款所属纳税年度中国人民银行公布的与补税期间同期的人民币贷款基准利率加5个百分点计算。企业依照企业所得税法第四十三条和本条例的规定提供有关资料的，可以只按前款规定的人民币贷款基准利率计算利息。加收的利息，不得在计算应纳税所得额时扣除。

企业与其关联方之间的业务往来，不符合独立交易原则，或者企业实施其他不具有合理商业目的安排的，税务机关有权在该业务发生的纳税年度起 10 年内进行纳税调整。

■ 第十二节 征收管理

一、纳税年度

企业所得税的纳税年度，自公历 1 月 1 日起至 12 月 31 日止。企业在一个纳税年度的中间开业，或者由于合并、关闭等原因，使该纳税年度的实际经营期不足 12 个月的，应当以其实际经营期为一个纳税年度。企业清算时，应当以清算期间作为一个纳税年度。但在具体纳税时采取按月或按季预缴、按年清算的办法。

二、缴纳方法与纳税期限

企业所得税实行按年计算、分月或分季预缴、年终汇算清缴、多退少补的征纳办法。具体纳税期限由主管税务机关根据企业应纳税额的大小，予以核定。

（一）预缴

企业应当自月份或者季度终了后 15 天内，向其所在地主管税务机关报送预缴所得税申报表，并在规定的纳税期限内预缴所得税。企业在报送企业所得税纳税申报表时，应当按照规定附送财务会计报告和其他有关资料。企业预缴所得税时，应当按纳税期限的实际利润额预缴。按实际利润额预缴有困难的，可以按上一年度应纳税所得额的 1/12 或 1/4，或者经当地税务机关认可的其他方法分期预缴所得税。预缴方法一经确定，不得随意改变。对于纳税的境外投资所得，可以在年终汇算时清缴。企业在纳税年度内，无论是盈利或亏损，均应按规定的期限办理纳税申报。

（二）汇算清缴

企业应当自年度终了之日起 5 个月内，向税务机关报送年度企业所得税纳税申报表，并汇算清缴，结清应缴应退税款。少缴的所得税税款，应在下一年度内补缴；多预缴的所得税税款，可在下一年度抵缴。企业在纳税年度内无论盈利或者亏损，都应当依照企业所得税法规定的期限，向税务机关报送预缴企业所得税纳税申报表、年度企业所得税纳税申报表、财务会计报告和税务机关规定应当报送的其他有关资料。

企业在年度中间终止经营活动的，应当自实际经营终止之日起 60 日内，向税务机关办理当期企业所得税汇算清缴。企业应当在办理注销登记前，就其清算所得向税务机关申报并依法缴纳企业所得税（见表 8-2）。

表 8-2　××企业所得税年度纳税申报表　　　　　单位:万元

	行次	项目	金额
收入总额	1	销售(营业)收入	274 745.86
	2	投资转让净收入	286 784.89
	3	补贴收入	
	4	其他收入	2 154.12
	5	收入总额合计(1+2+3+4)	683 694.86
扣除项目	6	销售(营业)成本	218 933.11
	7	主营业务税金及附加	672.63
	8	期间费用	66 206.75
	9	投资转让成本	276 277.07
	10	其他扣除项目	13 509.72
	11	扣除项目合计(6+7+8+9+10)	575 599.28
应纳税所得额的计算	12	纳税调整前所得(5−11)	108 095.58
	13	加:纳税调整增加额	13 890.03
	14	减:纳税调整减少额	1 975.62
	15	纳税调整后所得(12+13−14)	120 009.99
	16	减:弥补以前年度亏损(17≤16)	15 009.99
	17	减:免税所得(17≤15−16)	
	18	应纳税所得额(15−16−17)	105 000.00
应纳所得税额的计算	19	适用税率	25%
	20	境内所得应纳所得税额(18×19)	26 250.00
	21	加:境外所得应纳所得税额	1 500.00
	22	减:境外所得抵免税额	1 200.00
	23	境内、外所得应纳所得税额(20+21−22)	26 550.00
	24	减:减免所得税额	
	25	实际应纳所得税额(23−24)	26 550.00
	26	减:本期累计实际已预缴的所得税额	24 337.00
	27	本期应补(退)的所得税额	2 213.00
	28	附:上年应缴未缴本年入库所得税额	

三、纳税货币单位

企业缴纳的所得税额应以人民币为计算单位。企业所得以人民币以外的货币计算的，应当折合成人民币计算并缴纳税款。企业所得以人民币以外的货币计算的，预缴企业所得税时，应当按照月度或者季度最后一日的人民币汇率中间价，折合成人民币计算应纳税所得额。年度终了汇算清缴时，对已经按照月度或者季度预缴税款的，不再重新折合计算，只就该纳税年度内未缴纳企业所得税的部分，按照纳税年度最后一日的人民币汇率中间价，折合成人民币计算应纳税所得额。

经税务机关检查确认，企业少计或者多计前款规定的所得的，应当按照检查确认补税或者退税时的上一个月最后一日的人民币汇率中间价，将少计或者多计的所得折合成人民币计算应纳税所得额，再计算应补缴或者应退的税款。

四、纳税地点

企业所得税对居民企业和非居民分别规定了不同的企业纳税地。

（一）居民企业纳税地点

除税收法律、行政法规另有规定外，居民企业以企业登记注册地为纳税地点；但登记注册地在境外的，以实际管理机构所在地为纳税地点。

居民企业在中国境内设立不具有法人资格的营业机构的，应当汇总计算并缴纳企业所得税。

居民企业在中国境内设立不具有法人资格营业机构的，应该在统一核算收入和扣除额的基础上计算应纳税所得额，并按照税法规定纳税地点适用的税率，汇总计算、缴纳企业所得税。不具有法人资格的营业机构不单独计算、缴纳企业所得税。具体办法由国务院财政、税务主管部门另行制定。

（二）非居民企业纳税地点

非居民企业在中国境内设立机构、场所，取得其所设机构、场所来源于中国境内的所得以及发生在中国境外但与其所设机构、场所有实际联系的所得，以机构、场所所在地为纳税地点，缴纳企业所得税。非居民企业在中国境内设立两个或者两个以上机构、场所的，经税务机关审核批准，可以选择由其主要机构、场所汇总缴纳企业所得税。主要机构、场所是指具备下列条件的机构、场所：①对其他各机构、场所的经营业务负有监督管理责任；②设有完整的账簿、凭证，能够正确反映各机构、场所的收入、成本、费用和盈亏情况。

非居民企业在中国境内未设立机构、场所的，或者虽设立机构、场所但取得的所得与其所设机构、场所没有实际联系的，应当就其来源于中国境内的所得，以扣缴义务人所在地为纳税地点。非居民企业依照税法规定汇总缴纳企业所得税的，应当由其选定的主要机构、场所提出申请，经当地税务机关审核后，依照下列规定报批：①汇总申报纳税所涉及的各机构、场所设在同一省、自治区、直辖市的，由省、自治区、直辖市税务机关批准；②汇总申报纳税所涉及的各机构、场所设在两个或者两个以上省、自治区、直辖市的，由国家税务总局批准。

非居民企业经批准汇总缴纳企业所得税后，需要增设、合并、迁移、关闭机构、场所或者停止机构、场所业务的，应当事先由负责汇总申报缴纳企业所得税的主要机构、场所向其所在地税务机关报告；需要变更汇总缴纳企业所得税的主要机构、场所的，依照前款规定办理。

非居民企业按照企业所得税规定汇总缴纳企业所得税的，汇总申报缴纳企业所得税所涉及的各营业机构适用不同税率纳税的，应当合理地分别计算各营业机构的应纳税所得额，按照不同的税率缴纳企业所得税。

各营业机构有盈有亏，盈亏相抵后仍有利润的，应当按照盈利的营业机构所适用的税率纳税。发生亏损的营业机构，应当以该机构、场所以后年度的盈利弥补亏损，弥补亏损后仍有利润的，再按该营业机构适用的税率纳税。其弥补额应当按为该亏损营业机构抵亏的机构、场所所适用的税率纳税。

企业所得税作为法人所得税，既不允许非法人独立纳税，也不允许法人之间合并缴纳企业所得税。

五、总分机构缴纳方式

（一）征收管理办法

实行统一计算、分级管理、就地预缴、汇总清算、财政调库的企业所得税征收管理办法。

（1）统一计算。是指企业总机构统一计算包括企业所属各个不具有法人资格的营业机构、场所在内的全部应纳税所得额、应纳税额。

（2）分级管理。是指总机构、分支机构所在地的主管税务机关都有对当地机构进行企业所得税管理的责任，总机构和分支机构应分别接受机构所在地主管税务机关的管理。

（3）就地预缴。是指总机构、分支机构应按本办法的规定，分月或分季分别向所在地主管税务机关申报预缴企业所得税。

（4）汇总清算。是指在年度终了后，总机构负责进行企业所得税的年度汇算清缴，统一计算企业的年度应纳所得税额，抵减总机构、分支机构当年已就地分期预缴的企业所得税款后，多退少补税款。

（5）财政调库。是指财政部定期将缴入中央国库的跨地区总分机构企业所得税待分配收入，按照核定的系数调整至地方金库。

（二）分支机构预缴条件

总机构和具有主体生产经营职能的二级分支机构，就地分期预缴企业所得税。

总机构设立具有独立生产经营职能部门，且具有独立生产经营职能部门的经营收入、职工工资和资产总额与管理职能部门分开核算的，可将具有独立生产经营职能的部门视同一个分支机构，就地预缴企业所得税。

总机构和分支机构处于不同税率地区的，先由总机构统一计算全部应纳税所得额，然后依照规定的比例和规定的三个因素及其权重，计算划分不同税率地区机构的应纳税所得额后，再分别按总机构和分支机构所在地的适用税率计算应纳税额。

（三）税款预缴

总机构和分支机构应分期预缴的企业所得税，50%在各分支机构间分摊预缴，50%由总机构预缴。总机构预缴的部分，其中25%就地入库，25%预缴入中央国库。

总机构根据统一计算的企业当期实际应纳所得税额，在每月或季度终了后10日内，按照各分支机构应分摊的比例，将本期企业全部应纳所得税额的50%在各分支机构之间进行分摊并通知到各分支机构；各分支机构应在每月或季度终了之日起15日内，就其分摊的所得税额向所在地主管税务机关申报预缴。

总机构根据统一计算的企业当期应纳所得税额的25%，在每月或季度终了后15日内自行就地申报预缴。

（四）汇算清缴

总机构在年度终了后5个月内，应依照法律、法规和其他有关规定进行汇总纳税企业的所得税年度汇算清缴。各分支机构不进行企业所得税汇算清缴。当年应补缴的所得税款，由总机构缴入中央国库。当年多缴的所得税款，由总机构所在地主管税务机关开具"税收收入退还书"等凭证，按规定程序从中央国库办理退库。

（五）分支机构分摊税款比例

总机构应按照以前年度分支机构的经营收入、职工工资和资产总额三个因素计算各分支机构应分摊所得税款的比例，三因素的权重依次为0.35、0.35、0.30。计算公式为

某分支机构分摊比例=0.35×（该分支机构营业收入/各分支机构营业收入之和）+0.35×（该分支机构工资总额/各分支机构工资总额之和）+0.30×

（该分支机构资产总额/各分支机构资产总额之和）

（六）征收管理

总机构应在每年 6 月 20 日前，将依照上述方法计算确定的各分支机构当年应分摊税款的比例填入《中华人民共和国企业所得税汇总纳税分支机构分配表》，并报送总机构所在地主管税务机关，同时下发各分支机构。

➤思考题

1. 企业所得税有哪些特点？
2. 新时期我国企业所得税有哪些重要改革？
3. 我国居民企业是如何认定的？
4. 居民企业和非居民企业在纳税义务上有哪些主要区别？
5. 小型微利企业如何认定？
6. 不征税收入和免税收入有何区别？
7. 征收企业所得税时能扣除的税金有哪些？
8. 公益性捐赠主要用于哪些对象？
9. 基本保险、补充保险和商业保险在税前扣除上有哪些差异？
10. 企业会计所得和应纳税所得关系如何处理？
11. 利息支出在税务上应如何处理？
12. 业务招待费支出在税务上应如何处理？
13. 新产品、新技术、新工艺研究开发费在税务上应如何处理？
14. 经营性租赁和融资性租赁在成本列支上有何区别？
15. 什么情况下可以实行快速折旧？
16. 无形资产在税务上应如何处理？
17. 长期待摊费用在税务上应如何处理？
18. 存货在税务上应如何处理？
19. 关联企业之间让步条款的债务重组在纳税上应如何处理？
20. 企业对境外所得如何进行税收抵免？
21. 企业所得税有哪几类优惠规定？
22. 我国对外商投资企业所得税如何过渡？
23. 关联企业如何认定？
24. 对关联企业转让定价如何调整？
25. 国家重点扶植的高新技术企业享有哪些税收优惠？

➤练习题

1. 某企业 2008 年 1 月有关损益类科目余额如下：产品销售收入 1 400 万元，其他业务收入 200 万元，产品销售成本 840 万元，其他业务支出 120 万元，管理费用 90 万元，销售费用 30 万元，财务费用 40 万元，附加税 40 万元，营业外收入 60 万元，营业外支出 80 万元。计算该企业 1 月份应缴纳的企业所得税。

2. 某企业 2008 年全年利润总额为 6 400 万元，其中境外利润所得为 2 300 万元，该境外所得已在国外缴纳所得税 460 万元；境内利润所得为 4 100 万元，并从境内其他企业分得税后利润 1 700 万元，该所得已缴纳所得税 300 万元。计算该企业应纳所得税额。

3. 某生产企业 2008 年产品销售收入 7 000 万元，产品销售成本 3 000 万元，产品销售费用 820 万元、财务费用 270 万元、管理费用 910 万元（其中，业务招待费用 35 万元，新产品、新技术、新工艺研究开发费用 40 万元）。该企业当年购买并安装环保节能设备 200 万元。计算该企业应纳企业所得税。

4. 某国有百货商场 2008 年全年取得销售收入 8 000 万元，销售成本 4 500 万元，缴纳城市维护建设税和教育费附加 59.5 万元。当年购置货运面包车两辆共 42 万元，兑现到期国库券取得利息收入 20 万元，全年支付职工工资总额 250 万元，发生职工工会、教育、福利三项经费 60 万元，支付业务招待费 50 万元，另按规定列支有关费用 1 500 万元。计算该商场全年应纳企业所得税税额。

5. 某百货商场会计编制 2008 年损益表如下：商品销售收入 6 000 万元，商品销售成本 3 500 万元，商品销售费用 500 万元，城市维护建设税及教育费附加 30 万元，管理费用 370 万元，财务费用 400 万元，营业外收入 60 万元，营业外支出 260 万元，其他业务利润 300 万元，利润总额 1 300 万元，所得税 325 万元，净利润 975 万元。

经商场财务主管审核，发现以下几笔业务没有进行核算：①商场对账面原价为 1 000 万元、累计折旧为 300 万元的一处房屋进行清理。清理转让收入 900 万元，清理时发生清理费用 30 万元。②投资国债取得利息收入 125 万元。③年终从保险公司得到无赔款优待，现金 70 万元。试根据以上资料，重新计算该企业全年应缴纳的企业所得税。

6. 某生产企业 2008 年度生产经营情况为：取得产品销售收入总额 8 600 万元；应扣除产品销售成本 5 400 万元；发生产品销售费用 800 万元，管理费用 700 万元，其中职工工会经费、职工福利费、职工教育经费支出 240 万元（实发工资总额 1 200 万元），财务费用 400 万元（其中含逾期归还银行贷款的罚息 30 万元）；应缴纳的增值税 300 万元、其他销售税费 500 万元；营业外支出 140 万元（其中含通过公共机构进行的公益性捐款 100 万元、缴纳税收滞纳金 40 万元）。计算该企业 2008 年度应缴的企业所得税额。

7. 某市制药公司为增值税一般纳税人，其 2008 年生产经营资料如下：①全年实现不含税销售额 9 000 万元，取得送货的运输费收入 46.8 万元；购进制药厂原材料，取得增值税专用发票，注明购货金额 2 400 万元、进项税额 408 万元；支付购货的运输费 50 万元，保险费和装卸费 30 万元，取得运输公司及其他单位开具的普通发票。②应扣除的销售产品成本 6 000 万元；发生销售费用 1 200 万元；发生财务费用 320 万元，其中，1 月 1 日与非金融机构签订借款合同、借款 2 000 万元，借期 1 年，支付利息费用 120 万元，同期银行贷款的年利息率为 5%；发生管理费用 960 万元，其中，含业务招待费 60 万元，新产品开发费用 80 万元；全年实际发生的职工福利费、职工工会经费和职工教育经费 460 万元（实发工资总额 2 300 万元）。③8 月发生意外事故，经税务机关核定库存原材料损失 50 万元，10 月取得了保险公司赔款 10 万元；9 月 8 日通过教育部门向农村义务教育捐款 8 万元；10 月 1 日直接向某老年服务机构捐款 5 万元。计算该制药公司应缴纳的增值税、城市维护建设税、教育费附加和企业所得税。

8. 某市一化工企业为增值税一般纳税人，主要业务为以外购化妆品生产和销售成套化妆品，2008 年度有关生产经营情况如下：①期初库存外购已税化妆品 300 万元。本期外购已税化妆品取得增值税专用发票，支付价款 2 670 万元、增值税额 453.9 万元；②生产领用外购已税化妆品 2 500 万元，其他生产费用 978 万元，生产成套化妆品 37 万件，每件成套化妆品单位成本 94 元；③批发销售成套化妆品 25 万件，开具增值税专用发票，取得销售额 6 000 万元；零售成套化妆品 8 万件，开具普通发票，取得销售收入 2 340 万元；④2008 年 10 月 31 日销售外购的商标权取得销售收入 100 万元。该商标权为 2008 年 3 月 1 日购进并投入有效使用，支付外购金额 60 万元；⑤发生产品销售费用 820 万元、财务费用 270 万元、管理费用 940 万元（其中含业务招待费用 60 万元，新产品、新技术、新工艺研究开发费用 80 万元）；⑥7 月发生意外事故损失库存的外购化妆品 30 万元（不含增值税额），10 月取得保险公司赔款 5 万元。

(1) 分别计算该企业应缴纳的各种流转税；

(2) 根据流转税计算城建税、教育费附加；

(3) 计算该企业应缴纳的企业所得税（注：化妆品、成套化妆品的消费税税率 30%，教育费附加扣除率 3%）。

9. 某中外合资经营企业的总机构设在中国境内，2008 年度获取所得为 1 500 万元，其境外分支机构同年获得所得折合人民币为 800 万元，境外所得税率为 20%。计算总机构应在我国缴纳的所得税和地方所得税。

10. 某家用电器生产企业 2008 年度发生相关业务如下：

(1) 2008 年度在中国境内取得所得 800 万元。

(2) 在 A、B 两国分别设立三个全资子公司，其中在 A 国设立了甲、乙两个公司，在 B 国设立丙公司。2008 年，甲公司应纳税所得额 110 万美元，乙公司应纳税所得额 -30 万美元，丙公司应纳税所得额 50 万美元。甲公司在 A 国按 30% 的税率缴纳了所得税；丙公司在 B 国按 20% 的税率缴纳了所得税。

（说明：该企业要求其全资子公司税后利润全部汇回；1 美元 = 7.5 元人民币）

根据上述资料，计算有关纳税事项：

(1) 计算 2008 年境内、外所得的应纳所得税额；

(2) 计算从 A 国分回的境外所得应予抵免的税额；

(3) 计算从 B 国分回的境外所得应予抵免的税额；

(4) 计算 2008 年度实际应缴纳的企业所得税；

11. 2006 年 12 月，某中外合资游乐场开业经营。外方从境外银行借款购进游乐场全套设备价值 200 万美元作为投入资本，中方以土地使用权和新建娱乐场地折合 10 万美元作为投入资本。游乐场注册资本按 1 美元兑 8.2 元人民币汇率折合人民币 3 362 万元。据记载：①2007年该娱乐场全年营业收入 1 200 万元；上缴营业税 240 万元；营业成本 700 万元，其中包括游乐场设备折旧 500 万元；管理费用 300 万元，其中包括一次列支开办费 80 万元，交际应酬费的万元；财务费用 90 万元，其中包括支付外方作为投入资本的境外借款利息 82 万元。核算本年利润总额－130 万元（1 200－240－700－300－90）。游乐场向税务机关申报当年亏损 130万元。②2008 年，该娱乐场全年营业收入 1 800 万元，缴纳营业税 360 万元；营业成本 750 万元，其中包括保龄球设备折旧 500 万元，娱乐场装修费 40 万元；管理费用 320 万元，其中包括交际应酬费 60 万元，违法经营罚款 20 万元；财务费用 108 万元，其中包括支付外方作为投入资本的境外借款利息 82 万元，年初向其他企业拆借资金 100 万元，支付年利息 20 万元（商业银行年贷款利率 10%）。核算本年利润总额 262 万元（1 800－360－750－320－108）。弥补上年亏损，全年应纳税所得额 132 万元（262－130），2008 年娱乐场申报应纳所得税额 33 万元。

根据外商投资企业和外国企业所得税法以及企业所得税法有关规定，分析该游乐场两年申报所得税是否正确。如不正确，请指出错误之处，并列出步骤计算应纳企业所得税和地方所得税税额（假定游乐场设备在计算折旧前可减除残值 5%，折旧年限为 5 年；开办费摊销年限为 5 年）。

12. 一生产性中外合资经营企业 2008 年度有关生产经营情况如下：①取得产品销售净额 4 000 万元，取得租金收入 300 万元；②应扣除的产品销售成本 3 200 万元，与租金收入有关的费用支出 220 万元；③应缴纳的增值税 30 万元、消费税 75 万元、营业税 15 万元；④4 月 1日向银行借款 500 万元用于建造厂房，借款期限 1 年，当年向银行支付了 3 个季度的借款利息 22.5 万元，该厂房于 10 月 31 日完工结算并投入使用；⑤发生管理费用 350 万元（其中含支付关联企业的管理费 10 万元、支付的业务招待费 30 万元）；⑥经批准以机器设备一台向其他企业投资，该设备账面原值 50 万元，已提取了折旧 24 万元，投资时双方确认的投资价值为 30 万元；⑦转让人民币特种股票（B 股）取得收入 250 万元，该股票原购进价 210 万元；⑧发生营业外支出 30 万元（其中含通过中国境内非盈利团体向某贫困地区捐款 15 万元、直接向某灾区捐款 15 万元）；⑨营业外收入 60 万元（其中含超过期限的应付未付款收入 20 万元）；⑩从境外分支机构取得税后收益 48 万元，已在境外缴纳了 20% 的所得税；⑪2008 年1 至 3 季度已预缴所得税 70 万元。

根据该企业的生产经营情况，审核企业自行填列的 2008 年度的所得税计算表（表 8-3），将审查核定数填入"审查核定数"栏目中。

表 8-3　2008 年度的所得税计算表　　　　单位:万元

	项目	自行填列数	审查核定数
收入	1. 本年产品销售收入净额	4 000	
成本费用扣除额	2. 本年产品销售成本	3200	
	3. 本年产品销售税金	120	
	4. 本年期间费用	372.5	
	其中:交际应酬费	30	
	利息支出	22.5	
	特许权使用费		
	5. 扣除合计(2+3+4)	3 692.5	
应纳税所得额计算	6. 本年产品销售利润(1-5)		307.5
	7. 本年其他业务利润额		80
	8. 投资收益		45
	其中:境内投资收益		
	境外投资收益		45
	9. 营业外收支净额		10
	10. 抵补以前年度亏损额		35
	11. 应纳税所得额(6+7+8+9-10)		407.5
应纳企业所得税额计算	12. 税率%		25%
	13. 应缴纳企业所得税额(11×12)		101.875
	14. 减免企业所得税		
	15. 实际应缴企业所得税(13-14)		101.875
应补(退)所得税额计算	16. 境外所得扣除税额		9
	17. 全年已预缴所得税额		70
	18. 应补所得税额(15-16-17)		22.875

第九章

个人所得税

第一节　概述

一、个人所得税及其特点

个人所得税是以个人（自然人）取得的各项应税所得为对象征收的一种税。个人所得税是世界各国普遍征收的一个税种。我国现行的个人所得税主要有以下特点：

（1）实行分类征收。世界各国的个人所得税制大体可分为三种类型：分类所得税制、综合所得税制和混合所得税制。这三种税制各有所长，各国可根据本国具体情况选择、运用。我国现行个人所得税采用的是分类所得税制，即将个人取得的各种所得划分为11类，分别适用不同的费用减除标准、不同的税率结构和不同的计税方法。实行分类课征制度，可以广泛采用源泉扣缴办法，加强源泉控管，简化纳税手续，方便征纳双方。同时，还可以对不同所得实行不同的征税方法，便于体现国家的政策。

（2）累进税率与比例税率并用。分类所得税制一般采用比例税率，综合所得税制通常采用累进税率。比例税率计算简便，便于实行源泉扣缴；累进税率可以合理调节收入调节分配，体现公平。我国现行个人所得税根据各类个人所得的不同性质和特点，将这两种形式的税率运用于个人所得税制。其中，对工资、薪金所得，个体工商户生产、经营所得，对企事业单位的承包、承租经营所得，采用累进税率，实行量能负担。对劳务报酬、稿酬等其他所得，采用比例税率，实行等比负担。

（3）定额定率扣除。我国个人所得税对纳税人的各项所得，视情况不同分别采用定额扣除和定率扣除、内外有别的办法：对本国居民取得的工资、薪金所得每月定额扣除 800 元；对外国居民和我国非居民每月定额扣除 4 000 元；对其他所得采取定额扣除 800 元或定率 20％ 扣除费用的办法。

（4）按月按次计算。我国现行个人所得税对工薪所得实行按月计算，即个人应按月将个人取得的工资、奖金、津贴、补贴合并计算缴纳个人工薪所得税。对于劳务所得，稿酬所得，承包、承租所得，特许权使用费所得，财产转让所得，财产租赁所得，股息、利息、红利所得，偶然所得实行按次计算个人所得税。

（5）采取课源制和申报制两种征纳方法。我国个人所得税法规定，对纳税人的应纳税额分别采取由支付单位源泉扣缴和纳税人自行申报两种方法。对凡是可以在应税所得的支付环节扣缴个人所得税的，均由扣缴义务人履行代扣代缴义务。对于没有扣缴义务人的，以及个人在两处以上取得工资、薪金所得的，由纳税人自行申报纳税。此外，对其他不便于扣缴税款的，亦规定由纳税人自行申报纳税。

二、个人所得税制的演变

我国个人所得税制的演变，大致经历了 20 世纪 50 年代个人所得税种的设置、80 年代个人所得税制的建立和 90 年代个人所得税制的完善三个阶段。

（一）50 年代设置个人所得税税种

1950 年 1 月，当时的政务院颁布的《全国税政实施要则》中列有"薪给报酬所得税"和"存款利息所得税"。薪给报酬所得税和存款利息所得税都是个人所得税的组成部分。前者是对个人工资、薪金、劳务报酬所得征收，由于种种原因，80 年代以前一直未能开征。后者是对在我国境内取得利息的单位和个人征收，其征税范围包括存款利息所得，公债、公司债及其他有价证券之利息所得，股东、职工对本业户垫款的利息所得。利息所得税按 5％ 单一比例征收，自 1950 年 12 月政务院公布《利息所得税暂行条例》至 1959 年因政府降低存款利率而停征利息所得税，前后不足 10 年。

（二）80 年代建立个人所得税制

20 世纪 70 年代末，我国实行了"对外开放、对内改革"的政策。随着我国对外经济、文化、技术等各方面交流的扩大，来华的外籍人员日益增加，他们的收入一般都比较高。按照国际惯例，这些外籍人员在一国取得收入，都必须向该国政府履行纳税义务。我国如果不征个人所得税，就意味着对他们放弃征税权和一部分经济利益。为了维护我国的合法权益，1980 年 9 月 1 日，第五届全国人民代表大会第3次会议通过并公布了《中华人民共和国个人所得税法》，同年12月14日财政部公布了《中华人民共和国个人所得税法施行细则》。至此，一个比较完整的个人所得税制度方始在我国建立。1986年9月，针对我国经济体制改革后我国国内个人收入发生很大变化的情况，国务院发布了《中华人民共和国个人收入调节税暂行条例》，规定仅适用于本国居民。而个人所得税仅适用于从我国取得个人所得的外籍人员和其他个人。这样，就形成了对内、对外两套个人所得税制。这是由当时的客观经济情况决定的。

（三）90年代个人所得税制的改革和完善

80年代个人所得税制的建立，虽然顺应了当时改革和开放的客观需要，随着社会主义市场经济体制的建立，内、外有别的个人所得税征税制度不符合公平税负的治税思想。为了有利于形成合理的收入分配机制，客观上要求进一步改革和完善个人所得税制，其主要内容为：

（1）合并税种。80年代，我国对个人所得开征的税种除个人所得税、个人收入调节税外，严格地说，还包括1986年开征的"城乡个体工商业户所得税"。1986年以前，对个体工商业户的个人所得，征收工商所得税，一直采用歧视性的多档次的全额累进税率，直至党的十一届三中全会后才视同集体企业征税。这样，由于历史的原因，城乡个体工商业户所得税被作为企业所得税看待，而未被列入个人所得税制。1993年10月31日，第八届全国人民代表大会常委会第四次会议通过了《关于修改中华人民共和国个人所得税法的决定》的修正案，规定不分内、外，所有我国居民和有来源于我国所得的非居民，均应依法缴纳个人所得税。同时，取消了个人收入调节税和城乡个体工商业户所得税。

（2）扩大征税范围。与原有的个人所得税制比较，新的个人所得税不仅将个人因进行股票、债券、土地使用权、房产转让交易所形成的资本利得纳入征税范围，而且把个人从事工商事业（包括承包、承租经营）取得的所得，也纳入个人所得税的征税范围。

（3）调整税率结构。原有的个人所得税采用5%～45%的7级超额累进税率，而个人收入调节税采用20%～60%的5级超倍累进税率，边际税率偏高，累进速度偏快。现行个人所得税的最高边际税率已降低为45%，工薪所得适用的税率结构增加为9档。

（四）个人所得税的发展趋势

我国个人所得税制从发展趋势分析，主要应在以下几方面进行制度改革和政策调整。①提高起征点。由于现行个人所得税的费用扣除标准还是停留在80年代初的设计水平，已难以适应社会经济发展，人民生活水平提高和制度改革对费用扣除标准的要求，应提高起征点，增加扣除额。②将分类征税改为综合征税。由于实行分类所得税，使收入项目多的纳税人费用扣除多，缴税少，而收入项目少的同等收入纳税人费用扣除少，缴税多，难以体现税收公平，有必要将分类征税改为综合征税。③调整税率结构。现行个人所得税税率从 5‰～45‰分为五档，不但边际税率偏高，增加了税收的反激励效应，而且税率档次偏多，使税收制度变得复杂。应降低过高的边际税率，减少税率档次。④扩大征税范围。现行个人所得税采取正列举法，因此，未在税法上列举的项目难以征税。如果采取反列举法，可扩大征税范围，减少制度性税收流失。

■ 第二节 基本制度

一、纳税人

个人所得税的纳税人是指在税法上负有纳税义务的个人，包括自然人个人，以及从事生产经营但不具有法人资格的个体工商户、独资合伙企业。可分为居民纳税人和非居民纳税人。

（一）居民纳税人与非居民纳税人的判定标准

个人所得税的纳税人可以泛指取得所得的自然人，包括居民纳税人和非居民纳税人。我国对居民纳税人和非居民纳税人的划分，采用了国际上常用的住所标准和居住时间标准。

1. 住所标准

是以个人在一国境内拥有的住所确定其居民身份的判定标准。住所通常指公民长期生活和活动的主要场所。我国税法将在我国境内有住所的个人界定为：因户籍、家庭、经济利益关系而在我国境内习惯性居住的个人。所谓习惯性居住是在税收上判断居民和非居民的一个法律意义上的标准，不是指实际居住或在某一特定时期内的居住地。例如，个人因学习、工作、探亲、旅游等而在我国境外居住的，当其在境外居住的原因消除之后，则必须回到我国境内居住。那么，即使该人并未居住在我国境内，仍应将其判定为在我国习惯性居住。

2. 居住时间标准

是以个人在一国境内居住的时间长短，来确定其居民身份的判定标准。我国规定的时间是一个纳税年度内在我国境内住满 365 日，即以居住满 1 年为时间标准，达到这个标准的个人即为我国居民。在居住期间内临时离境的，即在一个纳税年度中一次离境不超过 30 日或者多次离境累计不超过 90 日的，不扣减日数，连续计算。

我国税法规定的住所标准和居住时间标准，是判定居民身份的两个并列性标准，个人只要符合或达到其中任何一个标准，就可以被认定为我国居民。

（二）居民纳税人和非居民纳税人的纳税义务

1. 居民纳税人的纳税义务

根据两个判定标准确定为我国居民的个人，是指在我国境内有住所，或者虽然无住所，但在1个纳税年度在我国境内居住满1年的个人。居民纳税人应就其来源于我国境内和境外的所得，向我国政府履行全面纳税义务，依法缴纳个人所得税。

为了便于人员的国际交流，本着从宽、从简的原则，对于在我国境内无住所，但居住满1年而未超过5年的个人，就其在我国境内工作期间取得的由我国境内企业或个人雇主支付和由我国境外企业或个人雇主支付的所得缴纳个人所得税。对于其来源于我国境外的各种所得，经主管税务机关批准，可以只就由我国境内公司、企业以及其他经济组织或个人支付的部分缴纳个人所得税。

对于居住超过5年的个人，从第6年起，应就来源于我国境外的全部所得缴纳个人所得税。所谓个人在我国境内居住满5年，是指个人在我国境内连续居住5年，并在5年中的每一个纳税年度内均居住满365天。

2. 非居民纳税人的纳税义务

根据两个判定标准被确定为非我国居民的个人，即在我国境内无住所又不居住，或者无住所而在我国境内居住不满1年的个人，属于我国的非居民纳税人，只就其来源于我国境内的所得向我国政府履行有限纳税义务，依法缴纳个人所得税。非居民纳税人的情况比较复杂，涉及的所得来源及其支付形式也比较多。我国税法根据国际惯例，对于非居民纳税人的纳税义务做了规定。

（1）对于在我国境内无住所而一个纳税年度内在我国境内连续或累计工作不超过90日，或者在税收协定规定的期间内，在我国境内连续或累计居住不超过183日的个人，由我国境外雇主支付并且不是由该雇主设在我国境内机构负担的工资、薪金所得，免于缴纳个人所得税，仅就其实际在我国境内工作期间由我国境内企业或个人雇主支付或者由我国境内机构负担的工资、薪金所得纳税。不过，如果该我国境内企业、机构属于采取核定利润方法计征企业所得税，在该企业、机构任职、受雇的个人实际在我国境内工作期间取得的工资、薪金，不论是否在该企业、机构会计账簿中记载，均应视为该我国境内企业、机构支付或负担的工资、薪金，应予以征税。

（2）对于在我国境内无住所，但在一个纳税年度中在我国境内连续或累计工作超过90日，或在税收协定规定的期间内，在我国境内连续或累计居住超过183日但不满1年的个人，其实际在我国境内工作期间取得的由我国境内企业或个人雇主支付和由境外企业或个人雇主支付的工资、薪金所得，均应缴纳个人所得税。至于个人在我国境外取得的工资、薪金所得，除担任我国境内企业董事或高层管理人员，并在境外履行职务而由境内企业支付董事费或工资、薪金所得之外，不缴纳个人所得税。担任我国境内企业董事或高层管理人员取得的由我国境内企业支付的董事费或工资、薪金，不论个人是否在我国境外履行职务，均应申报缴纳个人所得税。

对于上述涉及的境外雇主支付并且不是由我国境内机构负担工资、薪金所得的个人，如事先可预定在一个纳税年度中连续或累计居住超过 90 日或 183 日的，其每月应纳税额按期申报缴纳。如事先不能预定的，可以待达到 90 日或 183 日后次月 7 日内，就以前月份应纳的税款一并申报缴纳。

（三）扣缴义务人

我国个人所得税实行代扣代缴和个人申报纳税相结合的征收管理制度。个人所得税采取代扣代缴办法，有利于从源控制税源，保证税收收入，简化征纳手续，加强个人所得税管理。税法规定，凡支付应纳税所得的单位或个人，都是个人所得税的扣缴义务人。扣缴义务人在向纳税人支付各项应纳税所得（个体工商业户生产、经营所得除外）时，必须履行代扣代缴税款的义务。

二、所得来源地的确定

下列所得，不论支付地点是否在我国境内，均为来源于我国境内的所得：

（1）在我国境内任职、受雇而取得的工资、薪金所得。对工资、薪金这类非独立个人劳动所得的征税，以劳务活动所在地为工资、薪金所得的发生地，由劳务活动所在地政府对该项所得行使征税权。

（2）在我国境内从事生产、经营活动而取得的生产经营所得。

（3）因任职、受雇、履约等而在我国境内提供各种劳务取得的劳务报酬所得。

（4）将财产出租给承租人在我国境内使用而取得的所得。

（5）转让我国境内的建筑物、土地使用权等财产，以及在我国境内转让其他财产取得的所得。

（6）提供专利权、非专利技术、商标权、著作权，以及其他特许权在我国境内使用的所得。

（7）因持有我国的各种债券、股票、股权而从我国境内的公司、企业或者其他经济组织及个人取得的利息、股息、红利所得。

（8）在中国境内参加各种竞赛活动取得的资金所得，购买中国境内有关部门和单位发行的彩票取得的中奖所得。

（9）在中国境内以图书、报刊方式出版、发表的作品，取得的稿酬所得。

三、税率

(一) 适用税率

个人所得税分别不同个人所得项目，规定了超额累进税率和比例税率两种形式（表10-1、表10-2）。

(1) 工资、薪金所得。适用5％～45％的9级超额累进税率（表9-1）。

(2) 个体工商业户、独资和合伙企业的生产经营所得和对企事业单位的承包、承租经营所得。适用5％～35％的5级超额累进税率（表9-2）。

(3) 稿酬所得、劳务报酬所得、特许权使用费所得、财产租赁所得、财产转让所得、利息、股息、红利所得、偶然所得和其他所得适用20％的比例税率。其中，银行存款利息适用5％比例税率。

表 9-1　工薪所得税税率表

级数	全月应纳税所得额	税率(％)	速算扣除数
1	不超过 500 元	5	0
2	500～2 000 元	10	25
3	2 000～5 000 元	15	125
4	5 000～20 000 元	20	375
5	20 000～40 000 元	25	1 375
6	40 000～60 000 元	30	3 375
7	60 000～80 000 元	35	6 375
8	80 000～100 000 元	40	10 375
9	100 000 元以上部分	45	15 375

表 9-2　个体工商户、独资和合伙企业所得税税率表

级数	全年应纳税所得额	税率(％)	速算扣除数
1	不超过 5 000 元	5	0
2	5 000～10 000 元	10	250
3	10 000～30 000 元	20	1 250
4	30 000～50 000 元	30	4 250
5	50 000 元以上部分	35	6 750

(二) 减征和加成征税规定

个人所得税法了为体现国家政策，有效调节收入分配，对有关所得项目规定予以减征或加成征收。

(1) 减征规定。对稿酬所得，规定在适用20％税率征税时，按应纳税额减征30％，即只征收70％的税额。主要是考虑作者写作或制作一件作品往往需要投入较长的时间和较多的精力，有必要给予适当的税收照顾，体现对稿酬这种知识性勤劳所得的特殊政策。

(2) 加成征税规定。对劳务报酬所得一次性收入畸高的，规定在适用20%税率征税的基础上，实行加成征税办法。对应纳税所得额20 000元至50 000元的部分，依照税法规定计算应纳税额后，再按照应纳税额加征5成；超过50 000元的部分，加征10成，这等于对应纳税所得额超过20 000元和超过50 000元的部分分别适用30%和40%的税率，因此，对劳务报酬所得实行加成征税办法，实际上是一种特殊的、延伸的超额累计税率。

第三节 应税收入

个人所得税的征税对象是个人取得的应税所得。《中华人民共和国个人所得税法》列举征税的个人所得共有11项。

一、工资、薪金所得

工资、薪金所得是指个人因任职或者受雇而取得的工资、薪金、奖金、年终加薪、劳动分红、津贴、补贴以及任职或者受雇有关的其他所得。一般来说，工资、薪金所得属于非独立个人劳动所得。所谓非独立个人劳动，是指个人所从事的是由他人指定、安排并接受管理的劳动，工作或服务于公司、工厂、行政、事业单位的人员（私营企业主除外）均为非独立劳动者。

根据我国目前个人收入的构成情况，规定对于一些不属于工资、薪金性质的补贴、津贴或者不属于纳税人本人工资，薪金所得项目的收入，不予征税。这些项目包括：独生子女补贴；执行公务员工资制度未纳入基本工资总额的补贴、津贴差额和家属成员的副食品补贴；托儿补助费；差旅费津贴、误餐补助。

二、个体工商户、独资和合伙企业的生产、经营所得

个体工商户、独资和合伙企业的生产、经营所得是指：

(1) 个体工商户、独资和合伙企业从事工业、手工业、建筑业、交通运输业、商业、饮食业、服务业、修理业以及其他行业生产、经营取得的所得。

个体工商户、独资和合伙企业或个人专营种植业、养殖业、饲养业、捕捞业，其经营项目属于农业税（包括农业特产税，下同）、牧业税征税范围并已征收了农业税，牧业税的，不再征收个人所得税；不属于农业税、牧业税征税范围的，应对其所得计征个人所得税。兼营上述四业并且四业的所得单独核算的，比照上述原则办理。对属于征收个人所得税的，应与其他行业的生产、经营合并计征个人所得税；对于"四业"的所得不能单独核算的，应就其全部所得计征个人

所得税。

（2）个人经政府有关部门批准，取得执照，从事办学、医疗、咨询以及其他有偿服务活动取得的所得。

（3）其他个人从事个体工商业生产、经营取得的所得。

（4）上述个体工商户、独资和合伙企业、个人取得的与生产、经营有关的各项应税所得。

三、对企事业单位的承包、承租经营所得

对企事业单位的承包、承租经营所得是指个人承包经营、承租经营以及转包、转租取得的所得，包括个人按月或者按次取得的工资、薪金性质的所得。个人对企事业单位的承包、承租经营形式较多，分配方式也不尽相同。大体上可以分为两类：

一类是个人对企事业单位承包、承租经营后，工商登记改变为个体工商户。这类承包、承租经营所得，实际上属于个体工商业户的生产、经营所得，应按个体工商户的生产、经营所得项目征收个人所得税，不再征收企业所得税。

另一类是个人对企事业单位承包、承租经营后，工商登记仍为企业的，不论其分配方式如何，均应先按照企业所得税的有关规定缴纳企业所得税。承包、承租经营者按照合同（协议）规定取得的所得，依照个人所得税法的有关规定缴纳个人所得税。

外商投资企业采取发包、出租经营且经营人为个人的，对经营人从外商投资企业分享的收益或取得的所得，亦按照个人对企事业单位的承包、承租经营所得征税。

四、劳务报酬所得

劳务报酬所得是指个人从事设计，装潢、安装、制图、化验、测试、医疗、法律、会计、咨询、讲学、新闻、广播、翻译、审稿、书画、雕刻、影视、录音、录像、演出、表演、广告、展览、技术服务、介绍服务、经纪服务、代办服务以及其他劳务报得的所得。个人担任董事职务所取得的董事费收入，属于劳务报酬性质，按劳务报酬所得项目征税。上述各项所得一般属于个人独立从事自由职业取得的所得或属于独立个人劳动所得。是否存在雇佣与被雇佣关系，是判断一种收入是属于劳务报酬所得，还是属于工资、薪金所得的重要标准。

五、稿酬所得

稿酬所得是指个人因其作品以图书、报刊形式出版、发表而取得的所得。这里所说的作品，包括文学作品、书画作品、摄影作品，以及其他作品。作者去世

后，财产继承人取得的遗作稿酬，亦应征收个人所得税。稿酬所得具有特许权使用费、劳务报酬等的性质。

六、特许权使用费所得

特许权使用费所得是指个人提供专利权、商标权、著作权、非专利权以及其他特许权的使用权取得的所得。

七、利息、股息、红利所得

利息、股息、红利所得是指个人拥有债权、股权而取得的利息、股息、红利所得。其中，利息一般是指存款、贷款和债券的利息。股息、红利是指个人拥有股权取得的公司、企业分红。其中，按照一定的比率派发的每股息金，称为股息；根据公司、企业应分配的、超过股息部分的利润，按股派发的红股，称为红利。

八、财产租赁所得

财产租赁所得是指个人出租建筑物、土地使用权、机器设备、车船以及其他财产取得的所得。

九、财产转让所得

财产转让所得是指个人转让有价证券、股权、建筑物、土地使用权、机器设备、车船以及其他财产取得的所得。

十、偶然所得

偶然所得是指个人得奖、中奖、中彩以及其他偶然性质的所得。其中，得奖，是指参加各种有奖竞赛活动，取得名次获得的奖金；中奖、中彩，是指参加各种有奖活动，如有奖销售、有奖储蓄或购买彩票，经过规定程序，抽中、摇中号码而取得的奖金。

十一、其他所得

上述 10 项个人应税所得是根据所得的不同性质划分的。除了 10 项个人应税所得外，对于今后可能出现的需要征税的新项目，以及个人取得的难以界定应税项目的个人所得，由国务院财政部门确定征收个人所得税。

■ 第四节　费用扣除

一、费用减除标准

（1）工资、薪金所得。以每月收入额减除费用2 000元后的余额，为应纳税所得额。

（2）个体工商户的生产、经营所得。以每一纳税年度的收入总额，减除成本、费用以及损失后的余额，为应纳税所得额。独资、合伙企业参照个体工商户生产经营所得计算费用扣除。

（3）对企事业单位的承包经营、承租经营所得。以每一纳税年度的收入总额，减除必要费用后的余额，为应纳税所得额。每一纳税年度的收入总额，是指纳税义务人按照承包经营、承租经营合同规定分得的经营利润和工资、薪金性质的所得；所说的减除必要费用，是指按月减除2 000元。

（4）劳务报酬所得、稿酬所得、特许权使用费所得、财产租赁所得。每次收入不超过4 000元的，减除费用800元；4 000元以上的，减除20%的费用，其余额为应纳税所得额。

（5）财产转让所得，以转让财产的收入额减除财产原值和合理费用后的余额，为应纳税所得额。

（6）利息、股息、红利所得，偶然所得和其他所得。以每次收入额为应纳税所得额。

二、附加减除费用适用的范围和标准

（1）附加减除费用适用的范围：①在中国境内的外商投资企业和外国企业中工作取得工资、薪金所得的外籍人员；②应聘在中国境内的企业、事业单位、社会团体、国家机关中工作取得工资、薪金所得的外籍专家；③在中国境内有住所而在中国境外任职或者受雇取得工资、薪金所得的个人；④财政部确定的取得工资、薪金所得的其他人员。

（2）附加减除费用标准。上述适用范围内的人员每月工资、薪金所得在减除2 000元费用的基础上，再减除2 800元。

（3）华侨和香港、澳门、台湾同胞参照上述附加减除费用标准执行。

三、每次收入的确定

《个人所得税法》对纳税义务人取得的劳务报酬所得，稿酬所得，特许权使用费所得，利息、股息、红利所得，财产租赁所得，偶然所得和其他所得，应该按次计算征税。扣除费用依据每次应纳税所得额的大小，分别规定了定额和定率两种标准。

（1）劳务报酬所得。①只有一次性收入的，以取得该项收入为一次。例如从事设计、安装、装潢、制图、化验、测试等劳务，往往是接受客户的委托，按照客户的要求，完成一次劳务后取得收入。因此，是属于只有一次性的收入，应以每次提供劳务取得的收入为一次。②属于同一事项连续取得收入的，以一个月内取得的收入为一次。例如，某歌手与一卡拉 OK 厅签约。

（2）稿酬所得。以每次出版、发表取得的收入为一次。具体又可细分为：①同一作品再版取得的所得，应视作另一次稿酬所得计征个人所得税。②同一作品先在报刊上连载，然后再出版，或先出版，再在报刊上连载的，应视为两次稿酬所得征税。即连载作为一次，出版作为另一次。③同一作品在报刊上连载取得收入的，以连载完成后取得的所有收入合并为一次，计征个人所得税。④同一作品在出版和发表时，以预付稿酬或分次支付稿酬等形式取得的稿酬收入，应合并计算为一次。⑤同一作品出版、发表后，因添加印数而追加稿酬的，应与以前出版、发表时取得的稿酬合并计算为一次，计征个人所得税。

（3）特许权使用费所得。以某项使用权的一次转让所取得的收入为一次。

（4）财产租赁所得，以一个月内取得的收入为一次。

（5）利息、股息、红利所得，以支付利息、股息、红利时取得的收入为一次。

（6）偶然所得，以每次收入为一次。

（7）其他所得，以每次收入为一次。

四、扣除的其他规定

（1）个人将其所得通过中国境内的社会团体、国家机关向教育和其他社会公益事业以及遭受严重自然灾害地区、贫困地区捐赠，捐赠额未超过纳税义务人申报的应纳税所得额 30％的部分，可以从其应纳税所得额中扣除。个人通过非营利的社会团体和国家机关向农村义务教育的捐赠，准予在缴纳个人所得税前的所得额中全额扣除。农村义务教育的范围，是政府和社会力量举办的农村乡镇（不合县和县级市政府所在地的镇）、村的小学和初中以及属于这一阶段的特殊教育学校。纳税人对农村义务教育与高中在一起的学校的捐赠，也享受此项所得税前扣除。

（2）个人的所得（不含偶然所得和经国务院财政部门确定征税的其他所得）用于资助非关联的科研机构和高等学校研究开发新产品、新技术、新工艺所发生的研究开发经费，经主管税务机关确定，可以全额在下月（工资、薪金所得）或下次（按次计征的所得）或当年（按年计征的所得）计征个人所得税时，从应纳税所得额中扣除，不足抵扣的，不得结转抵扣。

■ 第五节　应纳税额

个人所得税的计税依据是纳税人取得的应纳税所得额。应纳税所得额是个人取得的每项收入所得减去税法规定的扣除项目或扣除金额之后的余额。按应纳税所得额乘上适用税率即为应纳税额。

一、工资、薪金所得

工资、薪金所得以个人每月收入额减除 2 000 元或 4 800 元费用后的余额为应纳税所得额。其计算公式为

$$应纳税所得额 = 月工资、薪金收入 - 2\,000 元或 4\,800 元$$

$$应纳税额 = 应纳税所得额 \times 适用税率 - 速算扣除数$$

1. 个人一次取得全年一次性奖金应纳税额的计算

对个人一次取得的全年奖金、年终加薪或劳动分红，可单独作为一个月的工资、薪金所得，就以一次取得的奖金总额作为应纳税所得额，除 12 个月，按规定税率计算纳税。由于对每月的工资、薪金所得计税时已按月扣除了费用，因此，对上述奖金原则上不再减除费用，全额作为应纳税所得额直接按适用税率，计算应纳所得税额。如果纳税人取得奖金当月的工资、薪金所得不足 2 000 元的，可将奖金收入减除当月工资与 2 000 元的差额后的余额作为应纳税所得额，并据以计算应纳税款。

例：某职工个人 12 月份取得工资所得 3 200 元，同期取得全年年终奖 12 000 元。计算该职工个人 12 月份应纳个人所得税。

解：

$$工资所得税 = (3\,200 - 2\,000) \times 10\% - 25 = 95(元)$$

$$年终奖所得税 = 12\,000 \times 10\% - 25 = 1\,175(元)$$

注：年终奖 12 000 元，除 12 个月每月为 1 000 元，适用 10% 税率，按 12 000元计算年终奖所得税。

2. 不满一个月的工资、薪金所得应纳税额的计算

在我国境内无住所的个人，凡在我国境内不满一个月并仅就不满一个月期间的工资、薪金所得申报纳税的，均按全月工资、薪金所得为依据计算实际应纳税额。其计算公式为

$$应纳税额 = (当月工资、薪金应纳税所得税额 \times 适用税率 - 速算扣除数)$$
$$\times (当月实际在我国境内的天数 / 当月天数)$$

如果属于上述情况的个人取得的是日工资、薪金，应以日工资、薪金乘以当月天数换成月工资、薪金后，再按上述公式计算应纳税额。

3. 雇佣单位和派遣单位分别支付工资、薪金应纳税额的计算

在外商投资企业、外国企业和外国驻华机构工作的中方人员取得的工资、薪金收入，凡是由雇佣单位和派遣单位分别支付的，支付单位应扣缴应纳的个人所得税，以纳税人每月全部工资、薪金收入减除规定费用后的余额为应纳税所得额。为了有利于征管，采取由雇佣单位在支付工资、薪金时，按税法规定减除费用，计算扣缴税款；派遣单位支付的工资、薪金不再减除费用，以支付全额直接确定适用税率，计算扣税。

例：某居民个人×年×月取得以下所得：从原派出 A 国有企业取得月工资所得 2 000 元；从派往任职 B 合资企业取得工资所得 3 800 元，奖金所得 1 400 元。计算该个人应纳个人所得税。

A 单位代扣代缴所得税＝2 000×10％－25＝175（元）

B 单位代扣代缴所得税＝（3 800＋1 400－2 000）×15％－125＝355（元）

个人申报缴纳所得税＝（2 000＋3 800＋1 400－2 000）×20％－375－175－355＝135（元）

4. 雇佣单位将部分工资、薪金上交派遣单位应纳税额的计算

对于外商投资企业、外国企业和外国驻华机构发放给中方工作人员的工资、薪金所得，应全额计税。但是，对于可以提供有效合同或有关凭证，能够证明其工资、薪金所得的一部分按有关规定上交派遣（介绍）单位的，可以扣除其实际上交的部分，按其余额计征个人所得税。

5. 对实行年薪制的企业经营者应纳税额的计算

我国在建立现代企业制度中试行的年薪制，是指企业经营者平时按规定领取基本工资，年度结束后，根据其经营业绩的考核结果，再确定其效益收入。对实行年薪制的企业经营者取得的工资、薪金所得应纳的税款，可以实行按年计税、分月预缴的方式计征，即企业经营者按月领取的基本收入，应在减除 800 元的费用之后，按适用税率计税应纳税款并预缴，年度终了领取效益收入后，合计其全年基本收入和效益收入，再按 12 个月平均计算实际应纳的税款。计算公式为

应纳税额 ＝[（全年基本收入和效益收入 /12 － 费用扣除标准）× 适用税率
　　　　－速算扣除数]×12

6. 对退职人员一次取得较高退职费收入应纳税额的计算

对于个人取得的符合《国务院关于工人退休、退职的暂行办法》规定的退职条件和退职费标准的退职费收入，免征个人所得税。对于个人取得的不符合《国务院关于工人退休、退职的暂行办法》规定的退职条件和退职费标准的退职费收入，不属于免税退职费的范围，应按照工资、薪金所得在领取所得的当月计算缴纳个人所得税。但是，考虑到作为雇主给予退职人员经济补偿的退职费，通常一次性发给，数额较大，退职人员有可能在一段时间内没有固定收入等实际情况，

依照税法有关工资、薪金所得计算征税的规定，对退职人员一次取得较高退职费收入的，可视为其一次取得数月的工资、薪金收入，并以原每月工资、薪金收入总额为标准，划分为若干月份的工资、薪金收入后，计算应纳税所得额和应纳税额。如果按照上述方法划分超过了6个月工资、薪金收入的，应按6个月平均划分计算。

个人取得全部退职费收入的应纳税额，应由其原雇主在支付退职费时负责代扣代缴。个人退职后6个月又再次任职、受雇的，对于个人已缴纳个人所得税的退职费收入，不再与再次任职、受雇取得的工资、薪金所得合并计算补缴个人所得税。

7. 失业保险费应纳税额的计算

城镇企事业单位及其职工个人按照《失业保险条例》规定的比例，实际缴付的失业保险费、不计入职工个人当期工资、薪金收入，免于征收个人所得税。超过《失业保险条例》规定的比例缴付失业保险费的，应将其超过规定比例缴付的部分计入职工个人当期工资、薪金收入，依法征收个人所得税。

8. 个人与用人单位解除劳动关系而取得的一次性补偿收入应纳税额的计算

个人与用人单位解除劳动关系而取得一次性补偿收入，其收入在当地上年职工平均工资3倍以内的部分，免征收个人所得税，超过部分计算征收个人所得税。个人领取一次性补偿收入时，按照国家和地方政府规定的比例实际缴纳的住房公积金、医疗保险费、基本养老保险费、失业保险费可予以扣除。

9. 实行内部退养的个人应纳税额计算

在个人办理内部退养手续后至法定离退休年龄之间从原任职单位取得的工资、薪金，不属于离退休工资，应按工资、薪金所得项目计征个人所得税。个人在办理内部退养手续后从原任职单位取得的一次性收入，应按办理内部退养手续后至法定离退休年龄之间的所属月份进行平均，并与领取当月的工资、薪金所得合并后减除当月费用扣除标准，以余额为基数确定适用税率，再将当月工资、薪金加上取得的一次性收入，减去费用扣除标准，按适用税率计征个人所得税。个人在办理内部退养手续后至法定离退休年龄之间重新就业取得的工资、薪金所得，应与其从原任职单位取得的同一月份的工资、薪金所得合并，并依法自行向主管税务机关申报缴纳个人所得税。

10. 境内、境外分别取得工资、薪金所得应内税额计算

纳税人在境内、境外同时取得工资、薪金所得，应首先判断其境内、境外取得的所得是否来源于一国的所得，如果因任职、受雇、履约等而在我国境内提供劳务取得所得，无论支付地点是否在我国境内，均为来源于我国境内的所得。纳税人能够提供在境内、境外同时任职或者受雇及其工资、薪金标准的有效证明文件，可判定其所得是分别来自境内和境外的，应分别减除费用后计税。如果纳税

人不能提供上述证明文件，则应视为来源于一国所得。若其任职或者受雇单位在是中境内，应为来源于我国境内的所得；若其任职或受雇单位在我国境外，应为来源于我国境外的所得，依照有关规定计税。

11. 在我国境内无住所的个人取得的工资薪金所得应纳税额计算

对在我国境内无住所的个人（包括居民纳税人和非居民纳税人），由于在我国境内的公司、企业、经济组织（以下简称我国境内企业）或外国企业在我国境内设立的机构、场所以及税收协定所说的常设机构（以下简称我国境内机构）担任职务，或者由于受雇或履行合同而在我国境内从事工作，而取得的工资薪金所得，应按以下规定纳税：

（1）工资薪金所得来源地的确定。属于来源于我国境内的工资薪金所得，是指个人实际在我国境内工作期间取得的工资薪金，无论是由我国境内还是境外企业或个人雇主支付的，均属来源于我国境内的所得；个人实际在我国境外工作期间取得的工资薪金，不论是由我国境内还是境外企业或个人支付的，均属于来源于我国境外的所得。

（2）无住所非居民纳税人取得的工资薪金所得的计税方法。对于在我国境内无住所，在1个纳税年度在我国境内居住又不满1年的个人为非居民纳税人，仅就其在我国境内所得征税。但在1个纳税年度中在我国境内连续或累计居住不超过90日或在税收协定规定的期间中在我国境内连续或累计居住不超过183日的个人，由我国境外雇主支付并且不是由该雇主的我国境内机构负担的工资薪金，虽然属于我国境内所得，但可免于申报缴纳个人所得税，仅就其实际在我国境内工作期间由我国境内企业或个人雇主支付或者由我国境内机构负担的工资薪金所得申报纳税。凡是该我国境内企业、机构属于采取核定利润方法计征企业所得税或没有营业收入而不征企业所得税的，在该我国境内企业、机构任职、受雇的个人，实际在我国境内工作期间取得的工资、薪金，不论是否在该我国境内企业、机构会计账簿中有记载，均应视为该我国境内企业、机构或由该我国境内企业、机构负担的工资、薪金，应申报纳税。

（3）无住所居民纳税人取得的工资薪金所得的计税方法。对于在我国境内无住所，在1个纳税年度在我国境内居住满1年的个人为居民纳税人，应对其我国境内和境外所得征税。但对于在我国境内居住满1年而不超过5年的个人，其在我国境内工作期间取得的由我国境内企业或个人雇主支付和由我国境外企业或个人雇主支付的工资薪金，均应申报缴纳个人所得税；其在临时离境工作期间的工资薪金所得，仅就其我国境内企业或个人雇主支付的部分申报纳税。凡是该我国境内企业、机构属于采取核定利润方法计征企业所得税或没有营业收入而不征企业所得税的，在该我国境内企业、机构任职、受雇的个人取得的工资薪金，不论是否在我国境内企业、机构会计账簿中有记载，均应视为由其任职的我国境内企业、机构支付。

例：某美国公司雇员派往我国合资企业工作，每月美国公司支付工薪所得折合人民币 30 000 元，我国合资企业每月支付工资 20 000 元。①如果该雇员 1 月 1 日来我国，2 月 29 日（全月 29 天）离开我国，计算该雇员在我国应纳个人所得税；②如果该雇员 1 月 1 日来我国，8 月 31 日离开我国，计算该雇员在我国应纳个人所得税；③如果该雇员 1 月 1 日来我国，12 月 31 日离开我国，其间于 2 月离开 1 个月，计算该雇员在我国应纳个人所得税。

解：

(1) 应纳个人所得税 = [(20 000 − 4 800) × 20% − 375] × 2 = 5 330(元)

(2) 应纳个人所得税 = [(20 000 + 30 000 − 4 800) × 30% − 3 375] × 8
= 81 480(元)

(3) 应纳个人所得税 = [(20 000 + 30 000 − 4 800) × 30% − 3 375] × 11 +
[(20 000 − 4 800) × 20% − 375] = 114 700(元)

二、个体工商户、独资合伙企业生产、经营所得的计税方法

（一）查账征收应纳税所得额

对于实行查账征收的个体工商户、独资合伙企业，应纳税所得额是每一纳税年度的收入总额，减除成本、费用以及损失后的余额。这是采用会计核算办法归集或计算得出的应纳税所得额。计算公式为

应纳税所得额 = 收入总额 −（成本 + 费用 + 损失 + 准予扣除的税金）

1. 收入总额

个体户的收入总额是指个体户从事生产、经营以及与生产、经营有关的活动所取得的各项收入，包括商品（产品）销售收入、营运收入、劳务服务收入、工程价款收入、财产出租或转让收入、利息收入、其他收入和营业外收入。

2. 准予扣除的项目

在计算应纳税所得额时，准予从收入总额中扣除的项目包括成本、费用、损失和准予扣除的税金。

（1）工资。纳税人雇佣的从业人员合理工资可以按实扣除，但业主的工资不能扣除。业主的费用扣除标准由各省、自治区、直辖市地方税务局根据当地的实际情况确定。

（2）职工福利费、工会费和职工教育经费。纳税人实际发生的工会经费支出，在不超过工资总额的 2% 内准予扣除。企业实际发生的职工福利费支出，在不超过工资总额的 14% 内准予扣除。企业发生的职工教育经费支出，在不超过工资总额的 2.5% 内准予扣除，超过部分可结转到以后年度继续抵扣。

（3）利息。纳税人在生产、经营期间借款的利息支出，不超过按照中国人民银行规定的同类、同期贷款利率计算的数额的部分，可以扣除。

（4）低值易耗品。纳税人购入低值易耗品的支出，原则上应当一次摊销；一次性购入价值较大的，应当分期摊销，分期摊销的价值标准和期限由各省、自治区、直辖市地方税务局根据当地的实际情况确定。

（5）保险费。纳税人发生的与生产、经营有关的财产保险、运输保险和从业人员的养老、医疗以及其他保险费用支出，可以按照国家的有关规定计算扣除。

（6）修理费。纳税人发生的与生产、经营有关的修理费用，可以据实扣除；修理费用发生不均衡或者数额较大的，应当分期扣除，分期扣除的标准和期限由各省、自治区、直辖市地方税务局根据当地的实际情况确定。

（7）业务招待费。纳税人发生的与生产、经营有关的业务招待费，应当提供合法凭证，经过税务机关审核以后，按实际发生额的 60% 在税前扣除，最高不超过其收入总额的 5‰。

（8）"三新"研究开发费。纳税人研究开发新产品、新技术、新工艺所发生的开发费用可以按实际发生额的 150% 扣除。

（9）生产、经营费用。纳税人在生产、经营过程中与家庭生活混用的费用，由税务机关核定分摊比例，据以计算其中属于生产、经营过程中发生的费用，并予以扣除。

（10）税金。纳税人按照规定缴纳的消费税、营业税、城市维护建设税、资源税、城镇土地使用税、土地增值税、房产税、车船使用税、印花税、耕地占用税和教育费附加可以扣除；按照规定缴纳的工商管理费、个体劳动者协会会费和摊位费，可以据实扣除；缴纳的其他规费如何扣除，由各省、自治区、直辖市地方税务局根据当地的实际情况确定。

（11）坏账。纳税人发生的与生产、经营有关的无法收回的账款，应当提供有效证明，经过税务机关审核以后，可以据实扣除（如果以后收回，则应当按照收入处理）。

（12）资产盘盈盘亏。纳税人在生产、经营过程中发生的固定资产和流动资产盘亏及毁损净损失，应当提供清查盘存资料，经过税务机关审核以后，可以在当期扣除。

（13）汇兑损益。纳税人在生产、经营过程中发生的以外币结算的往来款项增减变动的时候，由于汇率变动而发生折合人民币的差额，作为汇兑损益计入当期所得，或者在当期扣除。

（14）投资者及其家庭支出。投资者及其家庭发生的生活费用，不允许在税前扣除。投资者及其家庭发生的生活费用与企业生产、经营费用难以划分的，全部视为投资者及其家庭发生的生活费用，不允许在税前扣除。企业生产、经营和投资者及其家庭生活共用的固定资产，难以划分的，由税务机关根据企业的生产、经营类型和规模等具体情况，核定准予在税前扣除的折旧费用的数额或者比例。

3. 不准扣除的项目

纳税人的下列支出不能扣除：资本性支出，被没收的财物、支付的罚款，缴纳的个人所得税和各种税收的滞纳金、罚款和罚金，赞助支出（国家另有规定者除外），自然灾害或者意外事故损失有赔偿的部分，分配给投资者的股利，用于个人和家庭的支出，与生产、经营无关的其他支出，国家税务总局规定不能扣除的其他支出。

4. 资产的税务处理

（1）固定资产的税务处理。纳税人在生产、经营过程中使用的使用期限超过1年，且单位价值在1 000元以上的房屋、建筑物、机器、设备、运输工具和其他与生产、经营有关的设备、器具、工具等，为固定资产。固定资产的税务处理涉及以下几方面的问题：

第一，固定资产的计价方法。购入的固定资产，应当按照实际支付的全部价款计价；自行建造的固定资产，应当按照建造过程中实际发生的全部支出计价；作为投资的固定资产，应当按照评估确认或者合同（协议）约定的价值计价；在原有固定资产基础上改建、扩建的固定资产，应当按照账面原价减去改建、扩建工程中发生的变价收入加上改建、扩建增加的支出计价；盘盈的固定资产，应当按照同类固定资产的重估完全价值计价；融资租入的固定资产，应当按照租赁合同（协议）确定的租赁费加运杂费等计价。

第二，固定资产的折旧范围。可以计提折旧的固定资产包括：房屋、建筑物，在用机械设备和仪器仪表，工具、器具，季节性停用和修理停用的设备，以经营方式租出和以融资租赁方式租入的固定资产。不能计提折旧的固定资产包括：没有使用、不需要使用的固定资产（不包括房屋、建筑物），以经营方式租入的固定资产（但是租赁费可以据实扣除），已经提足折旧继续使用的固定资产。

第三，固定资产的折旧年限。应当在不短于下列规定的年限以内，经过税务机关审核以后执行：房屋、建筑物为20年；火车、轮船、机器、机械和其他生产设备为10年；与生产、经营业务有关的器具、工具、家具等为5年；火车、轮船以外的运输工具为3年；电子设备为3年。由于特殊原因，需要缩短折旧年限的，纳税人可以提出申请，报所在省（自治区、直辖市）地方税务局审批。

第四，固定资产的折旧方式。在计提折旧以前应当估计残值，从固定资产原价中减除。固定资产折旧按照平均年限法或者工作量法计算提取，计算公式与企业所得税同。

（2）无形资产的税务处理。

第一，无形资产的计价方法。购入的无形资产，应当按照合同（协议）规定的合理价格计价；作为投资的无形资产，应当按照实际支付的价款计价；接受捐赠的无形资产，应当按照所附单据或者参照同类无形资产的市场价格计价。非专利技术和商誉的计价应当经过法定评估机构评估后确认。

第二，无形资产的摊销年限。纳税人在生产、经营过程中使用的无形资产，从开始使用之日起，在有效使用期以内分期均额扣除。作为投资或者受让的无形资产，在法律、合同（协议）中规定了使用年限的，按照规定的使用年限分期扣除；没有规定使用年限或者自行开发的无形资产，扣除期限不能少于10年。

（3）长期待摊费物税务处理。纳税人开办费、固定资产改良支出以及需要作长期待摊费用的大修理支出，在不短于3年的期限以内分期均额摊销。

5. 亏损弥补

纳税人本纳税年度发生经营亏损，经过税务机关审核以后，可以用下一纳税年度的经营所得弥补；下一纳税年度的经营所得不足弥补的，可以逐年延续弥补，但是最多不能超过5年。

（二）核定征收应纳税所得额

1. 核定征税适用范围

有下列情形之一的，税务机关应当采取核定征收方式征收个人所得税：第一，企业依照国家有关规定应当设置账簿而没有设置账簿的；第二，企业虽然设置账簿，但是账目混乱或者成本资料、收入凭证、费用凭证残缺不全，难以查账的；第三，纳税人发生纳税义务，没有按照规定的期限办理纳税申报，经税务机关责令限期申报逾期仍不申报的。

2. 核定征税计算方法

核定征税方法包括定额征收、核定应税所得率征收以及其他合理的征收方式。实行核定应税所得率征收方式的，应纳所得税税额的计算公式为

应纳税额 ＝ 应纳税所得额×适用税率－速算扣除数

应纳税所得额 ＝ 收入总额×应税所得率

或者 ＝ 成本、费用支出额／（1－应税所得率）×应税所得率

应税所得率的规定是：农、林、牧、渔业3%～10%，批发和零售业4%～15%，制造业5%～15%，交通运输业7%～15%，建筑业8%～20%，饮食业8%～25%，娱乐业15%～30%，其他行业10%～30%。

企业经营多业的，无论其经营项目是否单独核算，均应当根据其主营项目确定其适用的应税所得率。实行核定征税的投资者，不能享受个人所得税的优惠

政策。

（三）应纳税额的计算

1. 个体工商户应纳税额的计算

个体工商户的生产、经营所得适用五级超额累进税率，以其应纳税所得额按适用税率计算应纳税额。其计算公式为

全年应纳税所得额 ＝ 年度生产、经营收入总额 － 成本、费用、税金、损失

全年应纳税额 ＝ 全年应纳税所得额 × 适用税率 － 速算扣除数

纳税人在多处取得生产、经营收入的，应当将其从各处取得的收入合并计算缴纳个人所得税。如果纳税人没有提供完整、准确的纳税资料，不能正确地计算其应纳税所得额，税务机关可以核定其应纳税所得额。

2. 独资、合伙企业应纳税额的计算

（1）个人独资企业应纳税额计算。个人独资企业以投资者为纳税人，以企业的全部生产、经营所得为应纳税所得额。对于投资者举办两个或两个以上独资企业，应按其兴办的所有独资合伙企业所得汇总计算所得税，然后再按每一独资企业经营所得占总所得比重计算每一独立合伙企业应纳所得税。

例：某投资者个人拥有 A、B 两家独资企业，A 企业年所得 20 万元，B 企业年所得税 30 万元。计算 A、B 企业应纳个人所得税。

解：

汇总应纳所得税 ＝（200 000 ＋ 300 000）× 35％ － 6 750 ＝ 168 250（元）

A 企业应纳所得税 ＝ 168 250 × 30/（20 ＋ 30％）＝ 100 950（元）

A 企业应纳所得税 ＝ 168 250 × 20/（20 ＋ 30％）＝ 673 000（元）

（2）合伙企业以每一个合伙人为纳税人，按照企业的全部生产、经营所得和合伙协议约定的分配比例确定应纳税所得额；合伙协议没有约定分配比例的，以全部生产、经营所得和合伙人数量平均计算每个合伙人的应纳税所得额。对个人独资企业和合伙企业实行查账征税和核定征税两种方法。投资者兴办两个或两个以上企业的（包括参与兴办，下同），年度终了时，应当汇总从所有企业取得的应纳税所得额，据此确定适用税率并计算缴纳应纳所得税税款。

例：某两人合伙企业某年商品销售收入 50 万元，销售成本 35 万元，销售费用 5 万元，附加税金 0.5 万元。①按查账征收方式计算该合伙企业主应纳个人所得税；②如果该合伙企业成本费用支出不实，实行按收入核定征税，应税所得率为 20％，计算该合伙企业主应纳个人所得税。

①查账征收。

应纳税所得额 ＝（500 000 － 350 000 － 50 000 － 5 000）＝ 95 000（元）

应纳所得税 ＝（95 000 ÷ 2 × 30％ － 4 250）× 2 ＝ 20 000（元）

②核定征收。

应税所得＝50 0000×20％＝100 000（元）

应纳所得税＝（100 000÷2×30％－4 250）×2＝21 500（元）

三、对企事业单位承包、承租经营所得的计税方法

（一）应纳税所得额

对企事业单位承包经营、承租经营所得是以每一纳税年度的收入总额，减除必要费用后的余额，为应纳税所得额。其中，收入总额是指纳税人按照承包经营、承租经营合同规定分得的经营利润和工资、薪金性质的所得。个人的承包、承租经营所得，既有工资、薪金性质，又含生产、经营性质，但考虑到个人按承包、承租经营合同规定分到的是经营利润，涉及的生产、经营成本费用已经扣除，所以，税法规定，减除必要费用是指按月减除 2 000 元。其计算公式为

应纳税所得额 ＝ 个人承包、承租经营收入总额－2 000 元／月

（二）应纳税额的计算方法

承包人、承租人按照合同（协议）的规定，只向发包方、出租方交纳一定的费用，企业经营成果归承包人、承租人所有的，按照个体工商户所得缴纳个人所得税。如果承包人、承租人对企业的经营成果没有所有权，只是按照合同（协议）的规定取得一定的收入，则应当按照工资、薪金所得缴纳个人所得税。对企事业单位承包经营、承租经营所得以其应纳所得额按适用税率计算应纳税额。

实际工作中，纳税人可能会在一年内分次取得承包、承租经营所得。如遇这种情况，应在每次分得承包、承租经营所得后，先预缴税款，年终汇算清缴，多退少补。

实行承包、承租经营的纳税人，应以每一纳税年度的承包、承租经营所得计算纳税。如果纳税人的承包、承租期不足一年的，在一个纳税年度内，承包、承租经营不足 12 个月的，以其实际承包、承租经营的月份数为一个纳税年度计算纳税。计算公式为

应纳税所得额＝该年度承包、承租经营收入额－（2 000×该年度实际承包、承租经营月份数）

应纳税额＝应纳税所得额×适用税率－速算扣除数

四、劳务报酬所得的计税方法

（一）应纳税所得额

劳务报酬所得以个人每次取得的收入，定额或定率减除规定费用后的余额为

应纳税所得额。每次收入不超过 4 000 元的,定额减除费用 800 元;每次收入在 4 000 元以上的,定率减除 20% 的费用。其计算公式为

$$应纳税额 = (每次收入 - 800) \times 适用税率$$
$$应纳税额 = 每次收入 \times (1 - 20\%) \times 适用税率$$

劳务报酬所得因其一般具有不固定、不经常性,不便于按月计算,所以,规定凡属于一次性收入的,以取得该项收入为一次,按次确定应纳税所得额;凡属于同一项目连续性收入的,以一个月内取得的收入为一次,据以确定应纳税所得额。如果个人兼有不同的劳务报酬所得,应当分别按不同的项目所得定额或定率减除费用。

此外,获得劳务报酬所得的纳税人从其收入中支付给中介人和相关人员的报酬,在定率扣除 20% 的费用后,一律不再扣除。对中介人和相关人员取得的报酬,应分别计征个人所得税。

(二)应纳税额的计算方法

劳务报酬所得适用 20% 的比例税率,其应纳税额的计算公式为

$$应纳税额 = 应纳税所得额 \times 适用税率$$

如果纳税人的每次应税劳务报酬所得超过 20 000 元,应实行加成征税。其中,20 000~50 000 元的加五成,50 000 元以上的加十成。

例:某居民个人×年×月取得以下所得:从 A 单位一次性取得工程设计劳务所得 40 000 元;从 B 单位取得 4 次讲学所得,每次 800 元。计算该人应纳个人所得税。

工程设计劳务所得税 = $40\,000 \times (1 - 20\%) \times 30\% - 2\,000 = 7\,600$(元)

或工程设计劳务所得税 = $20\,000 \times 20\% + 12\,000 \times 30\% = 7\,600$(元)

讲学劳务所得税 = $(800 \times 4 - 800) \times 20\% = 480$(元)

五、稿酬所得的计税方法

(一)应税所得额

稿酬所得以个人每次取得的收入,定额或定率减除规定费用后的余额为应纳税所得额。每次收入不超过 4 000 元的,定额减除费用 800 元;每次收入在 4 000 元以上的,定率减除 20% 的费用。费用扣除计算方法与劳务报酬相同。所谓每次取得的收入,是指以每次出版、发表作品取得的收入为一次,确定应纳税所得额。在实际生活中,稿酬的支付或取得形式是多种多样的,比较复杂。为了便于合理确定不同形式、不同情况、不同条件下稿酬的税收负担,国家税务总局另有具体规定。主要是:

（1）个人每次以图书、报刊方式出版、发表同一作品，不论出版单位是预付还是分笔支付稿酬，或者加印该作品后再付稿酬，均应合并为一次征税。

（2）在两处或两处以上出版、发表或再版同一作品而取得的稿酬，则可以分别各处取得的所得或再版所得分次征税。

（3）个人的同一作品在报刊上连载，应合并其因连载而取得的所得为一次。连载之后又出书取得稿酬的，或先出书后连载取得稿酬的，应视同再版稿酬分次征税。

（4）作者去世后，对取得其遗作稿酬的个人，按稿酬所得征税。

（二）应纳税额的计算方法

稿酬所得适用 20% 的比例税率，并按规定对应纳税额减征 30%，即实际缴纳税额是应纳税额的 70%，其计算公式为

$$应纳税额 = 应纳税所得额 × 适用税率$$
$$实际缴纳税额 = 应纳税额 × (1 - 30\%)$$

例：某居民个人×年×月取得以下所得：文学作品出版稿酬所得 3 000 元，同时取得该作品在报刊连载稿酬所得 2 次，每次数 1 000 元，计算该个人应纳个人所得税。

解：

$$出版稿酬所得税 = (3\,000 - 800) × 20\% × 70\% = 308(元)$$
$$连载稿酬所得税 = (1\,000 + 1\,000 - 800) × 20\% × 70\% = 168(元)$$

六、特许权使用费所得的计税方法

（一）应纳税所得额

特许权使用费所得以个人每次取得的收入，定额或定率减除规定费后的余额为应纳税所得额。每次收入不超过 4 000 元的，定额减除费用 800 元；每次收入在 4 000 元以上的，定率减除 20% 的费用。费用扣除计算方法与劳务报酬相同。其中，每次收入是指一项特许权的一次许可使用所取得的收入。对个人从事技术转让中所支付的中介费，若能提供有效合法凭证，允许从其所得中扣除。

（二）应纳税额的计算方法

特许权使用费所得适用 20% 的比例税率，其应纳税额的计算公式为

$$应纳税额 = 应纳税所得额 × 适用税率$$

七、利息、股息、红利所得的计税方法

（一）应纳税所得额

利息、股息、红利所得以个人每次取得的收入额为应纳税所得额，不得从收入额中扣除任何费用。其中，每次收入是指支付单位或个人每次支付利息、股息、红利时，个人所取得的收入。对于股份制企业在分配股息、红利时，以股票形式向股东个人支付应得的股息、红利（即派发红股），应以派发红股的股票票面金额为收入额，计算征收个人所得税。

（二）应纳税额的计算方法

利息、股息、红利所得适用 20％的比例税率。其应纳税额的计算公式为
$$应纳税额 = 应纳税所得额（每次收入额）× 适用税率$$

八、财产租赁所得的计税方法

（一）应纳税所得额

财产租赁所得一般以个人每次取得的收入，定额或定率减除规定费用后的余额为应纳税所得额。每次收入不超过 4 000 元，定额减除费用 800 元；每次收入在 4 000 元以上，定率减除 20％的费用。财产租赁所得以一个月内取得的收入为一次。

在确定财产租赁的应纳税所得额时，纳税人在出租财产过程中缴纳的税金和教育费附加，可持完税（缴款）凭证，从其财产租赁收入中扣除。准予扣除的项目除了规定费用和有关税、费外，还准予扣除能够提供有效、准确凭证，证明由纳税人负担的该出租财产实际开支的修缮费用。允许扣除的修缮费用，以每次800 元为限。一次扣除不完的，准予在下一次继续扣除，直到扣完为止。

应纳税所得额的计算公式为

每次（月）收入不超过 4 000 元的：

应纳税所得额＝每次（月）收入额－准予扣除项目－修缮费用（800元为限）－800元

每次（月）收入超过4 000元的：

应纳税所得额＝［每次（月）收入额－准予扣除项目－修缮费用（800元为限）］×（1－20％）

（二）应纳税额的计算方法

财产租赁所得适用 20％的比例税率。其应纳税额的计算公式为

$$应纳税额 = 应纳税所得额 \times 适用税率$$

九、财产转让所得的计税方法

（一）应纳税所得额

财产转让所得以个人每次转让财产取得的收入额减除财产原值和合理费用后的余额为应纳税所得额。其中，每次是指以一件财产的所有权一次转让取得的收入为一次。财产转让所得中允许减除的财产原值是指：①有价证券。其原值为买入价以及买入时按规定交纳的有关费用；②建筑物。其原值为建造费或者购进价格以及其他有关费用；③土地使用权。其原值为取得土地使用权所支付的金额、开发土地的费用以及他有关费用；④机器设备、车船。其原值为购进价格、运输费、安装费以及其他有关费用；⑤其他财产。其原值参照以上方法确定。如果纳税人未提供完整、准确的财产原值凭证，不能正确计算财产原值的，由主管税务机关核定其财产原值。财产转让所得中允许减除的合理费用，是指卖出财产时按照规定支付的有关费用。财产转让所得应纳税所得额的计算公式为

$$应纳税所得额 = 每次收入额 - 财产原值 - 合理费用$$

（二）应纳税额的计算方法

财产转让所得适用 20％的比例税率。其应纳税额的计算公式为

$$应纳税额 = 应纳税所得额 \times 适用税率$$

对于个人财产转让，若纳税人不能提供完整、准确的原值凭证，不能正确计算财产转让所得的，也可以按纳税人财产转让收入的一定比例核定应纳个人所得税额。如我国对个人在二级市场转让商品房，要求征收 20％财产转让所得税。纳税人若不能提供完整的房产原值凭证，不能正确计算财产转让所得的，可以按房地产转让收入的 1％～3％计算个人财产转让所得税。又如我国对个人艺术品拍卖所得，要求征收 20％财产转让所得税。纳税人若不能提供完整的艺术品原值凭证，不能正确计算艺术品转让所得的，可以按艺术品拍卖收入的 3％计算个人艺术品转让所得税。

十、偶然所得的计税方法

（一）应纳税所得额

偶然所得以个人每次取得的收入额为应纳税所得额，不扣除任何费用。除有特殊规定外，每次收入额就是应纳税所得额，以每次取得该项收入为一次。

（二）应纳税额的计算方法

偶然所得适用 20％的比例税率。其应纳税额的计算公式为

$$应纳税额 = 应纳税所得额（每次收入额）×适用税率$$

十一、个人所得税的特殊计税方法

正确、合理地确定和计算应纳税所得额及应纳所得税额，是一个比较复杂的问题。除了上述 11 种应税项目的计税方法以外，税法还对计税过程中涉及的一些带普遍性的问题和特殊问题，单独规定有专门的计税方法。

（一）扣除捐赠款的计税方法

税法规定，个人将其所得对教育事业和其他公益事业捐赠的部分，允许从应纳税所得额中扣除。上述捐赠是指个人将其所得通过我国境内的社会团体、国家机关向教育和其他社会公益事业以及遭受严重自然灾害地区、贫困地区的捐赠。捐赠额的扣除以不超过纳税人申报应纳税所得额的 30％为限。有关计算公式为

$$捐赠限额＝应纳税所得额×30％$$

当实际捐赠额≤捐赠限额，允许扣除的捐赠额为实际捐赠额；
当实际捐赠额≥捐赠限额，允许扣除的捐赠额为捐赠限额。

$$应纳税额＝（应纳税所得额－允许扣除的捐赠额）×适用税率－速算扣除数$$

（二）境外缴纳税额抵免的计税方法

在我国境内有住所，或者虽无住所，但在我国境内居住满一年以上的个人，从我国境内和境外取得的所得，都应缴纳个人所得税。由于纳税人的境外所得一般均已缴纳或负担了有关国家的所得税额。为了避免发生国家间对同一所得的重复征税，同时维护我国的税收权益，税法规定，纳税人从我国境外取得的所得，准予其在应纳税额中扣除已在境外实缴的个人所得税税款，但扣除额不得超过该纳税人境外所得依照本法规定计算的应纳税额。具体规定及计税方法如下：

（1）境外所得应按我国税法计算个人所得税，但境外所得在境外实际已缴纳的所得税可予以抵扣。但准予抵扣的最高限额不能超过境外所得按我国税法计算的所得税。

（2）我国个人所得税的抵免限额采用分国限额法。即分别来自不同国家或地区和不同应税项目，依照税法规定的费用减除标准和适用税率计算抵免限额。对于同一国家或地区的不同应税项目，以其各项的抵免限额之和作为来自该国或该地区所得的抵免限额。

（3）某一纳税年度如发生境外所得在境外实际缴纳的税款超过抵免限额，即

发生超限额时，超限额部分不允许在应纳税额中抵扣，但可以在以后纳税年度仍来自该国家或地区的不足限额中抵扣。下一年度结转后仍有超限额的，可继续结转，但每年发生的超限额结转期最长不得超过5年。

（4）境外缴纳税款的抵免必须由纳税人提出申请，并提供境外税务机关填发的完税凭证原件。

（三）两人以上共同取得同一项目收入的计税方法

两个或两个以上的个人共同取得同一项目收入的，如编著一本书，参加同一场演出等，应当对每个人取得的收入分别按照税法规定减除费用后计算纳税，即实行先分、后扣、再税的办法。

第六节　优惠政策

为了鼓励科学发明，支持社会福利、慈善事业和照顾某些纳税人的实际困难，个人所得税法对有关所得项目作有免税、减税的优惠规定。

一、免税项目

个人所得税法规定，对下列各项个人所得，免征个人所得税。

（1）省级人民政府、国务院部委和中国人民解放军军级以上单位以及外国组织、国际组织颁发的科学、教育、技术、文化、卫生、体育、环境保护等方面的奖金。

（2）国债和国家发行的金融债券利息。其中，国债利息，是指个人持有的我国财政部发行的债券而取得的利息；国家发行的金融债券利息，是指个人持有经国务院批准发行的金融债券而取得的利息所得。

（3）按照国家统一规定发给的补贴、津贴。是指按照国务院规定发给的政府特殊津贴和国务院规定免纳个人所得税的补贴、津贴。

（4）福利费、抚恤金、救济金。其中，福利费是指根据国家有关规定，从企业、事业单位、国家机关、社会团体提留的福利费或者从工会经费中支付给个人的生活补助费；救济费是指国家民政部门支付给个人的生活困难补助费。

（5）企业和个人按照省级以上人民政府规定的比例提取并缴付的住房公积金、医疗保险金、基本养老保险金、失业保险金，不计入个人当期的工资、薪金收入，免予征收个人所得税。超过规定的比例缴付的部分计征个人所得税。个人领取原提存的住房公积金、医疗保险金、基本养老保险金时，免予征收个人所得税。

（6）对个人取得的教育储蓄存款利息所得以及国务院财政部门确定的其他

专项储蓄存款或者储蓄性专项基金存款的利息所得，免征个人所得税。

（7）保险赔款。

（8）军人的转业安置费、复员费。

（9）按照国家统一规定发给干部、职工的安家费、退职费、退休工资、离休工资、离休生活补助费。其中，退职费是指符合《国务院关于工人退休、退职的暂行办法》规定的退职条件并按该办法规定的退职费标准所领取的退职费。

（10）依照我国有关法律规定应予免税的各国驻华使馆、领事馆的外交代表、领事官员和其他人员的所得。

（11）我国政府参加的国际公约、签订的协议中规定免税的所得。

（12）经国务院财政部门批准免税的所得。

二、减税项目

有下列情形之一的，经批准可以减征个人所得税：

（1）残疾、孤老人员和烈属的所得。

（2）因严重自然灾害造成重大损失的。

（3）残疾人员投资兴办或者参与投资兴办个人独资企业和合伙企业的，残疾人员取得的生产、经营所得，符合本省（自治区、直辖市）人民政府规定的减征个人所得税条件的，经本人申请，税务机关审核批准，可以按照本省（自治区、直辖市）人民政府规定减征的范围和幅度减征个人所得税。

（4）此外，财政部、国家税务总局规定：个人出租住房取得的所得暂减按10％的税率征税。

上述减税项目的减征幅度和期限，由省、自治区、直辖市人民政府规定。

三、暂免征税项目

根据《财政部、国家税务总局关于个人所得税若干政策问题的通知》的规定，对下列所得暂免征收个人所得税：

（1）外籍个人以非现金形式或实报实销形式取得的住房补贴、伙食补贴、搬迁费、洗衣费。

（2）外籍个人按合理标准取得的境内、境外出差补贴。

（3）外籍个人取得的探亲费、语言训练费、子女教育费等，经当地税务机关审核批准为合理的部分。

（4）外籍个人从外商投资企业取得的股息、红利所得。

（5）凡符合下列条件之一的外籍专家取得的工资、薪金所得，可免征个人所得税：根据世界银行专项贷款协议由世界银行直接派往我国工作的外国专家；联合国组织直接派往我国工作的专家；为联合国援助项目来华工作的专家；援助国派往我国专为该国援助项目工作的专家；根据两国政府签订的文化交流项目来华工作两年以内的文教专家，其工作、薪金所得由该国负担的；根据我国大专院校国际交流项目来华工作两年以内的文教专家，其工作、薪金所得由该国负担的；通过民间科研协定来华工作的专家，其工作、薪金所得由该国政府机构负担的。

(6) 股票、证券投资基金转让所得。

(7) 科研机构、高等学校转化职务科技成果，以股份、出资比例等股权形式给予个人的奖励。

(8) 集体所有制企业改为股份合作制企业时职工个人以股份形式取得的拥有所有权的企业量化资产。

(9) 个人购买社会福利有奖募捐奖券和体育彩票，一次中奖不超过 1 万元的。

(10) 个人举报、协查各种违法、犯罪行为而获得的奖金。

(11) 个人代理代扣代缴手续，按规定取得的扣缴手续费。

(12) 个人转让自用达五年以上、并且是唯一的家庭生活用房取得的所得。

(13) 达到离休、退休年龄，但确因工作需要，适当延长离休、退休年龄的高级专家（指享受国家发放的政府特殊津贴的专家、学者），其在延长离休期间的工作、薪金所得，视同离休、退休工资免征个人所得税。

(14) 企业按照国家有关法律规定宣告破产，企业职工从该破产企业取得的一次性安置收入免征个人所得税。

(15) 为了鼓励个人换购住房，对于出售自有住房并拟在现住房出售以后 1 年之内按照市场价格重新购房的纳税人，可以视其重新购房的价值全部或者部分免征个人所得税。

(16) 经国务院财政部门批准免税的其他所得。

■ 第七节　征收管理

一、个人所得税申报

我国个人所得税有采取源泉扣缴税款和自行申报纳税两种纳税方法。

(一) 源泉扣缴税款

1. 扣缴义务人

税法规定，个人所得税以取得应税所得的个人为纳税义务人，以支付所得的单位或者个人为扣缴义务人，包括企业（公司）、事业单位、机关、社会团体、军队、驻华机构（不包括外国驻华使领馆和联合国及其他依法享有外交特权和豁免的国际组织驻华机构）、个体户等单位或个人。按照税法规定代扣代缴个人所得税，是扣缴义务人的法定义务，必须依法履行。

2. 应扣缴税款的所得项目

扣缴义务人在向个人支付下列所得时，应代扣代缴个人所得税。这些所得项目是：工资、薪金所得；对企事业单位的承包经营、承租经营所得；劳务报酬所得；稿酬所得；特许权使用费所得；利息、股息、红利所得；财产租赁所得；财产转让所得；偶然所得，以及经国务院财政部门确定征税的其他所得。

3. 扣缴义务人的法定义务

扣缴义务人在向个人支付应纳税所得（包括现金支付、汇拨支付、转账支付和以有价证券、实物以及其他形式支付）时，不论纳税人是否属于本单位人员，均应代扣代缴其应纳的个人所得税税款。扣缴义务人依法履行代扣代缴税款义务，纳税人不得拒绝。如果纳税人拒绝履行纳税义务，扣缴义务人应当及时报告税务机关处理，并暂时停止支付其应纳税所得额。否则，纳税人应缴纳的税款由扣缴义务人补缴。同时，扣缴义务人还要就应扣未扣、应收未收的税款缴纳滞纳金或罚款。应补缴的税款按下列公式计算：

应纳税所得额＝（支付的收入额－费用扣除标准－速算扣除数）/（1－税率）

应纳税额＝应纳税所得额×适用税率－速算扣除数

扣缴义务人在扣缴税款时，必须向纳税人开具税务机关统一印制的代扣代收税款凭证，并详细注明纳税人姓名、工作单位、家庭住址和身份证或护照号码（无上述证件的，可用其他能有效证明身份的证件）等个人情况。对工资、薪金所得和股息、利息、红利所得等，因纳税人众多，不便一一开具代扣代收税款凭证的，经主管税务机关同意，可不开具代扣代收税款凭证，但应通过一定的形式告知纳税人已扣缴税款。纳税人为持有完税依据而向扣缴义务人索取代扣代收税款凭证的，扣缴义务人不得拒绝。扣缴义务人向纳税人提供非正式扣税凭证的，后者可以拒收。

扣缴义务人应设立代扣代缴税款账簿，正确反映个人所得税的扣缴情况，并如实填写《扣缴个人所得税报告表》及其他有关资料。扣缴义务人每月扣缴的税款，应当在次月7日内缴入国库，并向主管税务机关报送《扣缴个人所得税报告表》、代扣代收凭证和包括每一纳税人姓名、单位、职务、收入、税款等内容的支付个人收入明细表，以及税务机关要求报送的其他有关资料。扣缴义务人违反以上规定不报送或者报送虚假纳税资料的，一经查实，其未在支付个人收入明细表中反映的向个人支付的款项，在计算扣缴义务人应纳税所得额时，不得作为成本费用扣除。

4. 法律责任

扣缴义务人的法人代表（或单位主要负责人）、财会部门的负责人及具体办理代扣代缴税款的有关人员，共同对依法履行代扣代缴义务负法律责任。根据税法规定，扣缴义务人为纳税人隐瞒应纳税所得，不扣或少扣缴税款的，按偷税处理；以暴力、威胁方式拒不履行扣缴义务的，按抗税处理。

5. 代扣代缴税款的手续费

税务机关应根据扣缴义务人所扣缴的税款，付给2%的手续费，由扣缴义务人用于代扣代缴费用开支和奖励代扣代缴工作做得较好的办税人员。

（二）自行申报纳税

1. 申报纳税的所得项目

税法规定，凡有下列情形之一的，纳税人必须自行向税务机关申报所得并缴纳税款：

（1）年所得12万元以上的（不包括在中国境内无住所，且在一个纳税年度中在中国境内居住不满1年的个人）；

（2）在两处或两处以上取得工资、薪金所得的；

（3）取得应纳税所得，没有扣缴义务人的，如个体工商户从事生产、经营的所得；

（4）分笔取得属于一次劳务报酬所得、稿酬所得、特许权使用费所得和财产租赁所得的；

（5）取得应纳税所得，扣缴义务人未按规定扣缴税款的；

（6）税收主管部门规定必须自行申报纳税的。

2. 申报纳税地点

申报纳税地点一般应为收入来源地的税务机关，具体有以下规定：

（1）在中国境内有任职、受雇单位的，向任职、受雇单位所在地主管地税机关申报。有两处或者两处以上任职、受雇单位的，选择并固定向其中一处单位所在地主管地税机关申报。

（2）在中国境内无任职、受雇单位，年所得项目中有个体工商户的生产、经营所得的，向其中一处实际经营所在地主管地税机关申报。在中国境内无任职、受雇单位，年所得项目中无生产、经营所得的，向户籍所在地主管地税机关申报。

（3）个人独资企业和合伙企业投资者应当向企业实际经营管理所在地税务机关申报缴纳个人所得税。投资者从合伙企业取得的生产、经营所得，由合伙企业向企业实际经营管理所在地税务机关申报缴纳投资者应纳的个人所得税，并将个人所得税申报表抄送投资者。

（4）投资者兴办两个以上企业的，应当分别向企业实际经营管理所在地税务机关预缴个人所得税税款。年度终了后办理汇算清缴的时候，区别不同情况分别处理：①投资者兴办的企业全部是个人独资性质的，分别向各企业的实际经营管理所在地税务机关办理年度纳税申报，并按照所有企业的经营所得总额确定适用税率，以本企业的经营所得为基础，计算应缴个人所得税税款，办理汇算清缴。②投资者兴办的企业中含有合伙性质的，投资者应当向经常居住地税务机关申报纳税，办理汇算清缴。经常居住地与其兴办企业的经营管理所在地不一致的，应当选定其参与兴办的某一合伙企业的经营管理所在地为办理年度汇算清缴所在地，并在 5 年以内不得变更。5 年以后需要变更的，须经原主管税务机关批准。

纳税人要求变更申报纳税地点的，须经原主管税务机关批准。

3. 申报纳税期限

除特殊情况外，纳税人应在取得应纳税所得的次月 7 日内向主管税务机关申报所得并缴纳税款。具体规定如下：

（1）工资、薪金所得的应纳税款，按月计征，由纳税人在次月 7 日内缴入国库，并向税务机关报送个人所得税纳税申报表。采掘业、远洋运输业、远洋捕捞业等特定行业的纳税人，其工资、薪金所得应纳的税款，考虑其工作的特殊性，可以实行按年计算，分月预缴的方式计征，自年度终了之日起 30 日内，合计全年工资、薪金所得，再按 12 个月平均并计算实际应纳的税款，多退少补。

（2）对于账册健全的个体工商户，其生产、经营所得应纳的税款实行按年计算、分月预缴，由纳税人在次月 7 日内申报预缴，年度终了后 3 个月汇算清缴，多退少补。对账册不健全的个体工商户，其生产、经营所得的应纳税款，由税务机关依据《税收征管法》自行确定征收方式。

（3）个人独资企业和合伙企业投资者的生产、经营所得，应纳的个人所得税税款按年计算，分月或者分季预缴，由投资者在每月或者每季度终了后 7 日以内预缴，年度终了后 3 个月以内汇算清缴，多退少补。个人独资企业和合伙企业在年度中间合并、分立、终止的时候，投资者应当在停止生产、经营之日起 60 日以内向税务机关办理当期个人所得税汇算清缴。

投资者在预缴个人所得税的时候，应当向税务机关报送《个人独资企业和合伙企业投资者个人所得税申报表》，并附送会计报表。年度终了后 30 日以内，投资者应当向税务机关报送《个人独资企业和合伙企业投资者个人所得税申报表》，并附送年度会计决算报表和预缴个人所得税纳税凭证。

投资者兴办两个以上企业的，向企业实际经营管理所在地税务机关办理年度个人所得税纳税申报的时候，应当附注从其他企业取得的年度应纳税所得额；其中含有合伙企业的，应当报送汇总从所有企业取得的所得情况的《合伙企业投资者个人所得税汇总申报表》，同时附送所有企业的年度会计决算报表和本年度已缴个人所得税的纳税凭证。

（4）纳税人年终一次性取得承包经营、承租经营所得的，自取得收入之日起 30 日内申报纳税；在 1 年内分次取得承包经营、承租经营所得的，应在取得每次所得后的 7 日内预缴税款，年度终了后 3 个月汇算清缴，多退少补。

（5）劳务报酬、稿酬、特许权使用费、利息、股息、红利、财产租赁、财产转让所得和偶然所得等，按次计征。取得所得的纳税人应当在次月 7 日内将应纳税款缴入国库，并向税务机关报送个人所得税纳税申报表。

（6）个人从我国境外取得所得的，其来源于我国境外的应纳税所得，若在境外以纳税年度计算缴纳个人所得税的，应在所得来源国的纳税年度终了、结清税款后的 30 日内应当向我国境内户籍所在地或者经常居住地的税务机关申报纳税。若在取得境外所得时结清税款的，或者在境外按所得来源国税法规定免于缴纳个人所得税的，应当在次年 1 月 1 日起 30 日内，向我国主管税务机关申报纳税。从我国境外取得的所得和在我国境内两处以上取得所得的，可以由纳税人选择一地申报缴纳个人所得税；纳税人变更申报纳税地点的，应当经原主管税务机关批准。纳税人兼有来源于我国境内、境外所得的，应当分别申报缴纳个人所得税。

（7）纳税人年取得所得 12 万元以上的，于次年 3 月底前向主管税务机关申报。

4. 申报纳税方式

个人所得税的申报纳税方式主要有三种，即由本人直接申报纳税、委托他人代为申报纳税以及采用邮寄方式在规定的申报期内申报纳税。其中，采取邮寄申报纳税的，以寄出地的邮戳日期为实际申报日期。

5. 纳税申报表填写

年所得 12 万元以上的个人，须持个人有效身份证件复印件，根据一个纳税年度内的所得、应纳税额、已缴（扣）税额、抵免（扣）税额、应补（退）税额等情况，如实填写并报送《个人所得税纳税申报表》。需要填写的个人相关基础信息包括姓名、身份证照类型及号码、职业、任职受雇单位、经常居住地、中国境内有效联系地址及邮编、联系电话。

二、个人所得税管理

为了进一步加强和规范税务机关对个人所得税的征收管理，促进个人所得税征管的科学化、精细化，不断提高征管效率和质量，国家制定了个人所得税管理办法。主要措施有以下几种：

（一）个人收入档案管理制度

税务机关的管理部门区别不同类型纳税人，并按以下内容建立相应的基础信息档案：

（1）雇员纳税人的档案内容包括：姓名、身份证照类型、身份证照号码、学历、职业、职务、电子邮箱地址、有效联系电话、有效通信地址、邮政编码、户籍所在地、扣缴义务人编码、是否重点纳税人。

（2）非雇员纳税人的档案内容包括：姓名、身份证照类型、身份证照号码、电子邮箱地址、有效联系电话、有效通信地址（工作单位或家庭地址）、邮政编码、工作单位名称、扣缴义务人编码、是否重点纳税人。

（3）股东、投资者的档案内容包括：姓名、国籍、身份证照类型、身份证照号码、有效通信地址、邮政编码、户籍所在地、有效联系电话、电子邮箱地址、公司股本（投资）总额、个人股本（投资）额、扣缴义务人编码、是否重点纳税人。

（4）个人独资、合伙企业投资者、个体工商户、对企事业单位的承包承租经营人的档案内容包括：姓名，身份证照类型，身份证照号码，个体工商户（或个人独资企业、合伙企业、承包承租企事业单位）名称，经济类型，行业，经营地址，邮政编码，有效联系电话，税务登记证号码，电子邮箱地址，所得税征收方式（核定、查账），主管税务机关，是否重点纳税人。

（5）外籍人员的档案内容包括：纳税人编码、姓名、性别、出生地、出生年月、境外地址、国籍或地区、身份证照类型、身份证照号码、居留许可号码、劳动就业证号码、职业、境内职务、境外职务、入境时间、任职期限、预计在华时间、预计离境时间、境内任职单位名称及税务登记证号码、境内任职单位地址、邮政编码、联系电话、其他任职单位名称及税务登记证号码、境内受聘或签约单位名称及税务登记证号码、地址、邮政编码、联系电话、境外派遣单位名称、境外派遣单位地址、支付地、是否重点纳税人。

（二）代扣代缴明细账制度

（1）税务机关应按照税法及相关法律、法规的有关规定，督促扣缴义务人按规定设立代扣代缴税款账簿，正确反映个人所得税的扣缴情况。

（2）扣缴义务人申报的纳税资料，税务机关应严格审查核实。已实行信息化管理的，可以将《支付个人收入明细表》并入《扣缴个人所得税报告表》。《扣缴个人所得税报告表》填写实际缴纳了个人所得税的纳税人的情况；《支付个人收入明细表》填写支付了应税收入，但未达到纳税标准的纳税人的情况。

（3）税务机关应对每个扣缴义务人建立档案，其内容包括：扣缴义务人编码、扣缴义务人名称、税务（注册）登记证号码、电话号码、电子邮件地址、行业、经济类型、单位地址、邮政编码、法定代表人（单位负责人）和财务主管人员姓名及联系电话、税务登记机关、登记证照类型、发照日期、主管税务机关、应纳税所得额（按所得项目归类汇总）、免税收入、应纳税额（按所得项目归类汇总）、纳税人数、已纳税额、应补（退）税额、减免税额、滞纳金、罚款、完税凭证号等。

（三）双向申报制度

对税法及其实施条例，以及相关法律、法规规定纳税人必须自行申报的，税务机关应要求其自行向主管税务机关进行纳税申报。

（四）与社会各部门配合的协税制度

税务机关应重点加强与以下部门的协调配合：公安、检察、法院、工商、银行、文化体育、财政、劳动、房管、交通、审计、外汇管理等部门。税务机关通过加强与有关部门的协调配合，着重掌握纳税人的相关收入信息。逐步实现与有关部门的相关信息共享或定期交换。

（五）信息化建设

按照一体化建设的要求，个人所得税与其他税种具有共性的部分，由核心业务系统统一开发软件，个人所得税个性的部分单独开发软件。根据个人所得税特点，总局先行开发个人所得税代扣代缴（扣缴义务人端）和基础信息管理（税务端）两个子系统。

代扣代缴（扣缴义务人端）系统的要求是：为扣缴义务人提供方便快捷的报税工具；可以从扣缴义务人现有的财务等软件中导入相关信息；自动计算税款，自动生成各种报表；支持多元化的申报方式；方便扣缴义务人统计、查询、打印；提供《代扣代收税款凭证》打印功能；便于税务机关接受扣缴义务人的明细扣缴申报，准确全面掌握有关基础数据资料。

基础信息管理系统（税务端）的要求是：建立个人收入纳税一户式档案，用于汇集扣缴义务人、纳税人的基础信息、收入及纳税信息资料；传递个人两处以上取得的收入及纳税信息给征管环节；从一户式档案中筛选高收入个人、高收入行业、重点纳税人、重点扣缴义务人，并实施重点管理；通过对纳税人收入、纳税相关信息进行汇总比对，判定纳税人申报情况的真实性；通过设定各类统计指标、口径和运用统计结果，为加强个人所得税管理和完善政策提供决策支持；建立与各部门的数据应用接口，为其他税费征收提供信息；按规定打印《中华人民共和国个人所得税完税证明》，为纳税人提供完税依据。

（六）高收入者的重点管理

（1）税务机关应将下列人员纳入重点纳税人范围：金融、保险、证券、电力、电信、石油、石化、烟草、民航、铁道、房地产、学校、医院、城市供水供气、出版社、公路管理、外商投资企业和外国企业、高新技术企业、中介机构、体育俱乐部等高收入行业人员；民营经济投资者、影视明星、歌星、体育明星、模特等高收入个人；临时来华演出人员。税务机关应选择一定数量的个人作为重点纳税人，实施重点管理：

（2）税务机关应强化对个体工商户、个人独资企业和合伙企业投资者以及独立从事劳务活动的个人的个人所得税征管。①推行个体工商户、个人独资企业和合伙企业建账工作，规范财务管理，健全财务制度；有条件的地区应使用税控装置加强对纳税人的管理和监控。②健全和完善核定征收工作，对账证不全、无法实行查账征收的纳税人，按规定实行核定征收，并根据纳税人经营情况及时进行定额调整。③加强税务系统的协作配合，实现信息共享，建立健全个人所得税情报交流和异地协查制度，互通信息，解决同一个投资者在两处或两处以上投资和取得收入合并缴纳个人所得税的监控难题。④加强个人投资者从其投资企业借款的管理，对期限超过一年又未用于企业生产经营的借款，严格按照有关规定征税。⑤严格对个人投资的企业和个体工商户税前扣除的管理，定期进行检查。对个人投资者以企业资金为本人、家庭成员及其相关人员支付的与生产经营无关的消费性、财产性支出，严格按照规定征税。⑥加强对从事演出、广告、讲课、医疗等人员的劳务报酬所得的征收管理，全面推行预扣预缴办法，从源泉上加强征管。

（七）税源的源泉管理

税务机关应严格税务登记管理制度，认真开展漏征漏管户的清理工作，摸清底数。

（八）全员全额管理

凡取得应税收入的个人，无论收入额是否达到个人所得税的纳税标准，均应就其取得的全部收入，通过代扣代缴和个人申报，全部纳入税务机关管理。

➤思考题

1. 个人所得税有哪些特点？
2. 个人所得税的政策原则是什么？
3. 居民纳税人和非居民纳税人如何划分？
4. 居民纳税人和非居民纳税人的纳税义务有什么区别？
5. 工薪所得来源地如何确定？
6. 个人所得税的应税项目有哪些？
7. 各应纳税所得项目的税率是如何规定的？
8. 工薪所得的费用扣除标准是如何规定的？
9. 什么情况下对个人所得采取减征和加成征税？

10. 在我国无住所个人如何征税?

11. 对合伙企业的合伙人如何计算征税?

12. 个人经营两个以上企业应如何计算缴税?

13. 稿酬实行按次征税的次是如何确定的?

14. 个人所得税有哪些法定免税项目?

15. 境外缴纳税额抵免如何计算?

16. 扣缴义务人的法定义务和法律责任有哪些?

17. 在什么情况下个人应自行申报纳税?

➤练习题

1. 某个人拥有两家独资企业,A 企业全年所得 30 000 元,B 企业全年所得 40 000 元。计算该个人应缴个人所得税。

2. 某从事交通运输的个人独资企业全年营业收入 40 万元,营业成本 15 万元,营业费用 5 万元。税务部门认为该企业成本费用支出不实,实行按收入核定征税,应税所得率为 20%。计算该独资企业应纳个人所得税。

3. 某个人独资企业,自行申报取得产品销售收入 300 万元,购买国库券利息收入 2 万元;本年应结转的产品销售成本 150 万元;发生管理费用 80 万元,其中业务招待费 3 万元,家庭生活费 10 万元;发生营业外支出 30 万元;应缴纳的增值税 20 万元、城市维护建设税 1.4 万元、教育费附加 0.6 万元。计算该个人独资企业应纳个人所得税额。

4. 孙某个人收入情况如下:①出版中篇小说一部,取得稿酬 50 000 元,后因小说加印和报刊连载,分别取得出版社稿酬 10 000 元和报社稿酬 3 800 元;②受托对一电影剧本进行审核,取得审稿收入 15 000 元;③临时担任会议翻译,取得收入 3 000 元;④在 A 国讲学取得收入 30 000 元,在 B 国从事书画展卖取得收入 70 000 元,已分别按收入来源国税法规定缴纳了个人所得税 5 000 元和 18 000 元。计算孙某 2003 年应缴纳的个人所得税。

5. 王某 2005 年收入情况如下:①雇佣单位每月支付工资、薪金 8 000 元;②派遣单位每月支付工资、薪金 4 000 元;③从国外一次取得特许权使用费收入折合人民币 18 000 元,并提供了来源国纳税凭证,纳税折合人民币 1 800;④从国内另一单位一次取得工程设计费 30 000 元。计算李某全年应纳个人所得税税额。

6. 有一中国公民,6 月从中国境内取得工资、薪金收入 9 000 元,取得稿酬收入 5 000 元,还从 A 国取得特许权使用费收入 8 000 元,从 B 国取得债券利息收入 3 000 元。该纳税人已按 A 国、B 国税法规定分别缴纳了个人所得税 1 400 元和 500 元。计算该纳税人应纳个人所得税税额。

第十章

资源税

资源税是对各种自然资源开发、使用所征收的一种特别税类。自然资源一般是指天然存在的自然物质资源，包括土地资源、矿藏资源、水流资源、森林资源、草原资源、野生生物资源、海洋资源及阳光、空气、风能等资源。我国现行资源税包括资源税、土地使用税和土地占用税。其中，资源税是对矿产资源征税，而土地使用税和耕地占用税是对土地资源征税。资源税主要研究资源税、土地使用税和耕地占用税纳税人、征税对象、计税依据、税率结构、税额计算和征收管理等问题。

■ 第一节　概论

一、资源税及其特点

广义资源税包括资源税、土地使用税和耕地占用税，是对在我国境内开采应税资源矿产品、占用国家土地，以及把农业耕地转为非农业使用所征收的一类税。我国现行资源税有以下的特点：

（1）对特定资源产品开发征税。我国资源税在 1984～1993 年只限于原油、煤炭、天然气三种特定资源产品，1994 年扩大征税范围后，也只限于矿产品和盐。随着价格体系的改革，将会扩大一些征税范围，但并不会对所有自然资源开发都列入征税。征税资源也中只限于就开采矿藏取得的原料产品或自然资源产品和生产的原盐征税，不包括经过再加工的工业品。

（2）对资源的绝对收益和级差收益征税。1994 年后，资源税的征收是普遍征收与级差调节相结合，虽然仍着重调节资源产品的级差收入，但因对开采矿产品和生产盐要普遍征税，相当于绝对地租的部分也征税。

（3）实行从量差别幅度定额税。按应税产品的数量和规定的单位税额计算征税。本着不同开采者资源条件差异以及利润水平区别征税的原则，分别实行差别较大的定额税率。

二、资源税的发展演变

新中国成立以后至 80 年代很长一段时期内，我国税制中具资源课税性质的税种只有盐税。1984 年 9 月由国务院首次颁布开征资源税，其征税范围包括原油、天然气、煤炭、天然气、金属矿产品和非金属矿产品，但在实施过程中其实际征收的范围局限于部分的石油、煤炭、天然气及铁矿石的开采，对其他矿产品的开采尚未征税。1993 年 12 月 25 日由国务院重新颁布了新的资源税暂行条例，并自 1994 年 1 月 1 日起开始实施。新的资源税将原资源税与盐税两个税种合并，扩大了资源税的征税范围，将资源税的征收对象增加为原油、天然气、煤炭、其他非金属矿原矿、黑色金属矿原矿、有色金属矿原矿和盐 7 个，并适当提高资源税的税负水平。

1984 年以前我国没有单独的土地使用税，只有城市房地产税，包括房产税和土地使用税两个部分，分别对房产和土地征税。1984 年，设置了城镇土地使用税，对城镇和工矿区使用土地的单位和个人按占用的土地面积征收。

我国历史上没有耕地占用税，随着我国城市化进程的加快，耕地逐渐减少，为合理利用土地资源，加强土地管理，保护农业耕地，于 1987 年开征了耕地占用税。

三、资源税的作用

（1）以税代费，促进资源的合理利用。资源税属于受益税，它的基本特征体现在按是否受益、受益大小来决定是否征税、征多少税。由于有偿使用，使其具有价格或收费的特征，有利于资源开发和使用企业加强资源成本核算，改善资源经营管理，合理开发和利用有限资源。

（2）调节资源级差收入，促进企业平等竞争。资源税不但对开发和使用资源的绝对收益和级差收益征税，使资源有偿使用。而且按资源的级差收益实行差别税率，使资源条件不同的开发企业在税后取得相近的收益。通过调节资源级差收入，促进企业平等竞争。

（3）加强资源管理，保护土地资源。在我国由于农业耕地面积十分有限，通过耕地占用税来调节耕地占用者的经济利益，可以在一定程度上促使少占或尽量不占农用地，控制耕地占用数量，以合理调整农业土地结构，落实国家土地政策。

■ 第二节　资源税

一、纳税人

（一）纳税人

凡在我国境内开采应税矿产品或者生产盐的单位和个人都是资源税的纳税义务人。境内是指实际税收管理行政范围内，不包括进口。单位是指国有企业、集体企业、私营企业、股份制企业、其他企业和行政单位、事业单位、军事单位、社会团体及其他单位；个人是指个体经营者和其他个人；其他单位和其他个人包括外商投资企业、外国企业和外籍个人。中外合作开采石油、天然气的企业目前只征收矿区使用费，暂不征收资源税。

（二）扣缴义务人

为了加强资源税的征收管理，适应某些未税矿产品税源小、零散、不定期开采、容易漏税、不易控管等情况，由税务机关确定独立矿山、联合企业、收购未税矿产品的单位为扣缴义务人，在收购时代扣代缴税款。独立矿山是指只有采矿或只有采矿和选矿，独立核算，自负盈亏的单位，其销售的原矿和精矿主要用于对外销售。联合企业是指采矿、选矿、冶炼（或加工）连续生产的企业，或采矿、冶炼（或加工）连续生产的企业，其采矿单位一般是该企业的二级或二级以下核算单位。在现行盐的产销体制下，盐的纳税环节确定在出场（厂）环节，由生产者缴纳，有些地区由运销或公收单位统一销售的，则盐的运销或公收单位为扣缴人，代扣代缴盐的资源税。

二、征收范围

资源税的征收范围，就理论上来讲应当包括一切开发和利用的国有资源。但考虑到我国普遍开征资源税还缺乏条件，所以资源税征收的范围只包括矿产品、盐等。具体的征收范围包括：

（1）原油。指开采的天然原油（含稠油、高凝油、稀油），不包括人造石油。凝析油视同原油征税，但不包括以油母页岩等为原料经加工炼制的原油。

（2）天然气。指专门开采和与原油同时开采的天然气，暂不包括煤矿生产的天然气。

（3）煤炭。指原煤，不包括以原煤加工的洗煤、选煤及其煤炭制品。

（4）其他非金属原矿。指上述产品和井矿盐以外的非金属原矿。包括宝石、宝石级金刚石、玉石、膨润土、石墨、石英砂、萤石、重晶石、毒重石、蛭石、长石、氟石、滑石、白云石、硅灰石、凹凸棒石黏土、高岭土、耐火黏土、云母、大理石、花岗石、石灰石、菱镁矿、天然碱、石膏、硅线石、工业用金刚石、石棉、硫铁矿、自然硫、磷铁矿等。

（5）黑色金属矿产品原矿。指纳税人开采后自用、销售的，用于直接入炉冶炼或作为主产品先入选精矿、制造人工矿，最终入炉冶炼的金属矿石原矿。包括铁矿石、锰矿石、铬矿石等。

（6）有色金属矿产品原矿。包括铜矿石、铅锌矿石、铝土矿、钨矿石、锡矿石、锑矿石、钼矿石、镍矿石、黄金矿（岩金矿、砂金矿）、其他有色金属原矿。

（7）盐。包括固体盐、液体盐。具体包括：海盐原盐、湖盐原盐、井矿盐、卤水（用于生产碱和其他产品的原料）等。

未列举名称的其他非金属矿原矿和其他有色金属矿原矿，由省、自治区、直辖市人民政府决定征收或暂缓征收资源税，并报财政部和国家税务总局备案。

三、税率

资源税采用从量定额办法征收。根据不同的资源产品及资源条件的差异和相关产品流转税负担的变化，按照调节资源级差收入的要求，区别不同的应税产品品种和主要开采者，确定高低不同的适用税额。税目、税额的调整，由国务院决定。

资源税除了《暂行条例》公布的税目税率表规定的定额税额幅度外，实施细则还规定了更详细的《资源税税目税额表》和《几个主要品种的矿山资源等级表》。资源税的具体适用税额根据矿产品等级划分，按这两个表执行。资源税税目税额表如表10-1所示。

表10-1 资源税税目税额表

税 目	税额幅度
一、原油	8～30元/吨
二、天然气	2～15元/千立方米
三、煤炭	0.3～5元/吨
四、其他非金属矿原矿	0.5～20元/吨或者千立方米
五、黑色金属矿原矿	2～30元/吨
六、有色金属矿原矿	0.4～30元/吨
七、盐	
固体盐	10～60元/吨
液体盐	2～10元/吨

实施细则所附的《资源税税目税额明细表》和《几个主要品种的矿山资源等级表》未列举名称的纳税人适用的税额，由各省、自治区、直辖市人民政府根据纳税人的资源状况，参照《资源税税目税额表》和《几个主要品种的矿山资源等级表》中确定的邻近矿山的税额标准，在浮动30％的幅度内核定。对上述两表中未列举名单的其他非金属矿产品，由各省、自治区、直辖市人民政府根据本地的资源状况，列举征收或暂缓征收。

纳税人开采或生产不同税目的应税产品，应分别核算不同税目应税产品的课税数量；未分别核算或者不能准确提供不同税目应税产品的课税数量的，从高适用税率。

税法规定：纳税人执行的单位税额标准，根据价格、资源和开采条件等因素的变化情况，在《条例》所附《资源税税目税额幅度表》所规定的幅度范围内，每隔一定时期调整一次。这是因为资源税实行的是差别税额，而矿山的资源级差状况是在不断变化的，一般变化的规律是3～5年变化到一个新的梯次。因此，合理、科学地调整税额应与资源级差状况的变化相适应。

四、应纳税额计算

（一）计税依据

资源税实行从量定额征税，其计税依据为应税产品的课税数量。

（1）纳税人开采或者生产应税产品销售的，以销售数量为课税数量。

（2）纳税人开采或者生产应税产品自用的，以自用数量为课税数量。

（3）纳税人不能准确提供应税产品的销售数量或移送使用数量的，以应税产品的产量或主管税务机关确定的折算比换算成的数量为课税数量，据以征税。

（4）原油中的稠油、高凝油与稀油划分不清楚或不易划分的，不再区分稠油量、高凝油量，一律按原油、稀油的数量为课税数量，据以征税。

（5）纳税人以自产原煤连续加工成洗煤、选煤或用于炼焦、发电、机车及生产生活等用煤，均以动用时的原煤量为课税数量；对于连续加工前无法正确计算原煤动用量的，可按加工产品的综合回收率，将加工产品实际销量折算成原煤动用量作为课税数量，据以征税。

（6）金属矿产品和非金属矿产品原矿因无法准确掌握纳税人销售或移送使用金属和非金属矿产品原矿数量的，可将其精矿按选矿比折算成原矿数量作为课税数量。

（7）纳税人直接销售海盐原盐、湖盐原盐、矿盐和液体盐的，以其销售数量为课税数量；纳税人以自产的盐加工精制后销售或直接用于制碱及加工其他产品的，均以自用时移送使用量为课税数量；纳税人以自产的液体盐加工成固体盐销售的，以固体盐的销售数量为课税数量。

（8）收购未税矿产品的单位，以收购的数量为课税数量，分别依法按照本单位应税产品税额标准，或按主管税务机关核定的应税产品税额标准，据以代扣代缴税款。

（二）应纳税额的计算

1. 一般计算方法

资源税应纳税额，按生产销售或自产自用应税产品的课税数量和规定的单位税额计算。应纳税额计算公式为

$$应纳税额 = 单位税额 \times 课税数量$$

例：某矿 5 月份开采原煤 450 000 吨，其中对外直接销售 320 000 吨，80 000 吨用于连续加工洗煤、选煤；13 000 吨用于该矿发电、机车；2 500 吨用于矿区职工生活。该矿开采的原煤适用 0.70 元/吨的定额税率。则计算如下：

应纳税额＝0.70×（320 000＋80 000＋13 000＋2 500）＝290 850（元）

2. 扣缴义务人代扣代缴资源税的计算方法

$$应代扣代缴的税额 = 单位税额 \times 收购的未税矿产品数量$$

五、减免税

资源税的减税、免税，主要为了照顾原油开采企业生产中必不可少的自用油，以及意外事故和自然灾害损失。下列情况可减征或者免征资源税：

（1）开采原油过程中用于加热、修井的原油免税。

（2）纳税人开采或者生产应税产品过程中，因意外事故，自然灾害等不可抗拒的原因遭受重大损失的，可由省、自治区、直辖市人民政府酌情给予减税或者免税照顾。

（3）国务院确定的其他减免税项目。如对冶金联合企业独立矿山应纳的铁矿石资源税减征 40％；从 1996 年 7 月 1 日起，继续减征 20％；同时规定对有色金属矿的资源税减征 30％。

（4）资源税规定仅对我国境内开采或生产应税产品的单位和个人征收，进口的矿产品和盐不征收资源税。但出口应税产品也不免征或退还已纳资源税。

纳税人的减免税项目，依照规定应当单独核算课税数量，未单独核算或不能准确提供课税数量的，不予减、免税。除此之外，取消其他一切照顾性和困难性减免税。出口的应税资源也不予免税。

六、征收管理

（一）资源税的纳税义务发生时间及纳税期限

1. 纳税义务发生时间

资源税纳税人销售应税产品，其纳税义务发生时间为收讫销售款或者取得销售款凭证的当天；自用应税产品，其纳税义务发生时间为移送使用的当天。具体规定如下：

（1）纳税人采取分期收款结算方式销售应税产品，其纳税义务发生时间为销售合同规定的收款日期当天；

（2）纳税人采取预收货款结算方式销售应税产品，其纳税义务发生时间为发出应税产品的当天；

（3）纳税人采取其他结算方式销售应税产品，其纳税义务发生时间为收讫价款或者取得索取价款凭证的当天。

2. 纳税期限

资源税的纳税期限，由主管税务机关根据纳税人或者扣缴人应纳税额的大小分别核定为1日、3日、5日、10日、15日或者1个月。

以1个月为一期的纳税人或者扣缴人，自期满后10日内申报纳税，以1日、3日、5日、10日、15日为一期的纳税人或者扣缴人，自期满后5日内预缴税款，于次月1日起10日内申报纳税并结清上月应纳税款。

（二）资源税的纳税地点

纳税人应纳的资源税，向应税产品的开采或生产所在地税务机关缴纳。具体实施时，跨省开采的矿山或油（气）田（独立矿山或独立油、气田、联合企业），其下属生产单位与核算单位不在同一省、自治区、直辖市的，对其开采的矿产品，一律在采掘地纳税，其应纳税款，由独立核算、自负盈亏的单位（如独立矿山或独立油、气田、联合企业），按照采掘地各矿井的实际销售量（或自用量）及适用的单位税额计算，定期划拨。

税法将资源税纳税地点规定在采掘地，照顾到了采掘地的利益，有利于调动采掘地爱矿、护矿、支持生产的积极性，解决或者缩小了由财政体制的"分灶吃饭"与资源税纳税地点不一致的矛盾，同时又考虑到了各省的实际情况。税法规定，纳税人在本省、自治区、直辖市范围内开采或者生产应税产品，其纳税地点需要调整的，由省、自治区、直辖市人民政府确定。

第三节 土地使用税

城镇土地使用税是以国有土地为征税对象，对在我国境内拥有土地使用权的单位和个人，就其使用的土地面积按规定税额征收的一种税。1951 我国就颁布了《城市房地产税暂行条例》，规定城市对房产和土地征收。1973 年将企业缴纳的城市房地产税并入工商税，不再单独征收。1988 年我国重新颁布了《中华人民共和国城镇土地使用税暂行条例》。

一、征税范围和纳税人

城镇土地使用税的征税范围为城市、县城、建制镇和工矿区。其中，城市是指经国务院批准设立的市，其征税范围包括市区和郊区；县城是指县人民政府所在地，其征税范围为县人民政府所在地的城镇；建制镇是指经省、自治区、直辖市人民政府批准设立的，符合国务院规定的镇建制标准的镇，其征税范围为镇人民政府所在地；工矿区是指工商业比较发达，人口比较集中的大中型工矿企业所在地。工矿区的设立必须经省、自治区、直辖市人民政府批准。

由于城市、县城、建制镇和工矿区内的不同地方，其自然条件和经济繁荣程度各不相同，税法很难对全国城镇的具体征税范围作出统一规定。因此，国家税务总局在《关于土地使用税若干具体问题的解释和暂行规定》中确定：城市、县城、建制镇、工矿区的具体征税范围，由各省、自治区、直辖市人民政府划定。

凡在城市、县城、建制镇、工矿区范围内使用土地的单位和个人，为城镇土地使用税的纳税义务人。由于在现实经济生活中，使用土地的情况十分复杂，为确保将土地使用税及时、足额地征收上来，税法根据用地者的不同情况，对纳税人有如下具体规定：

（1）城镇土地使用税由拥有土地使用权的单位或个人缴纳；

（2）土地使用权未确定或权属纠纷未解决的，由实际使用人纳税；

（3）土地使用权共有的，由共有各方分别纳税。

二、税率

城镇土地使用税实行分级幅度税额。每平方米土地年税额规定如下：

（1）大城市 1.5～30 元；

（2）中等城市 1.2～24 元；

（3）小城市 0.9～18 元；

（4）县城、建制镇、工矿区 0.6～12 元。

上述大、中、小城市是以公安部门登记在册的非农业正式户口人数为依据，按照国务院颁布的《城市规划条例》规定的标准划分的。其中，市区及郊区非农业人口在 50 万以上的，称为大城市；市区及郊区非农业人口在 20 万～50 万的，称为中等城市；市区及郊区非农业人口在 20 万以下的称为小城市。

根据《城镇土地使用税暂行条例》规定，省、自治区、直辖市人民政府应当在法定税额幅度内，根据市政建设状况、经济繁荣程度等条件，确定所辖地区的适用税额幅度。市、县人民政府应当根据实际情况，将本地区土地划分为若干等级，在省、自治区、直辖市人民政府确定的税额幅度内，制定适用税额标准，报省、自治区、直辖市人民政府批准执行。

经省、自治区、直辖市人民政府批准，经济落后地区的土地使用税适用税额标准可以当降低，但降低额不得超过规定的最低税额的 30%。经济发达地区土地使用税的适用税额标准可以适当提高，但须报经财政部批准。

三、应纳税额的计算

（一）计税依据

城镇土地使用税以纳税人实际占用的土地面积为计税依据。纳税人实际占用的土地面积，是指由省、自治区、直辖市人民政府确定的单位组织测定的土地面积。尚未组织测量，但纳税人持有政府部门核发的土地使用证书的，以证书确认的土地面积为准；尚未核发土地使用证书的，应由纳税人据实申报土地面积。

（二）应纳税额计算方法

城镇土地使用税的应纳税额依据纳税人实际占用的土地面积和适用单位税额计算。计算公式如下：

$$应纳税额＝计税土地面积×适用税额$$

如果土地使用权由几方共有的，由共有各方按照各自实际使用的土地面积占总面积的比例，分别计算缴纳土地使用税。

例：某市一商场坐落在该市繁华地段，企业土地使用证书记载占用土地的面积为 3 600 平方米，经确定属一等地段；该商场另设两个统一核算的分店均坐落在市区三等地段，共占地 7 800 平方米；一座仓库位于市郊，属五等地段，占地面积为 1 100 平方米；另外，该商场自办托儿所占地面积 2 600 平方米，属三等地段。适用税额为：一等地段年税额 20 元/平方米；三等地段年税额 10 元/平方米；五等地段年税额 5 元/平方米。计算该商场全年应纳城镇土地使用税税额。

解：

$$商场占地应纳税额＝3 600×20＝72 000（元）$$
$$分店占地应纳税额＝7 800×10＝78 000（元）$$
$$仓库占地应纳税额＝1 100×5＝5 500（元）$$

商场自办托儿所按税法规定免税。

四、减免税

城镇土地使用税的免税项目有：

（1）国家机关、人民团体、军队自用的土地。其中，人民团体是指经国务院授权的政府部门批准设立或登记备案并由国家拨付行政事业费的各种社会团体。国家机关、人民团体、军队自用的土地，是指这些单位本身的办公用地和公务用地。

（2）由国家财政部门拨付事业经费的单位自用的土地。其中，由国家财政部门拨付事业经费的单位，是指由国家财政部门拨付经费、实行全额预算管理或差额预算管理的事业单位。不包括实行自收自支、自负盈亏的事业单位。事业单位自用的土地，是指这些单位本身的业务用地。企业办的学校、医院、托儿所、幼儿园，其用地能与企业其他用地明确区分的，可以比照由国家财政部门拨付事业经费的单位自用的土地，免征土地使用税。

（3）宗教寺庙、公园、名胜古迹自用的土地。其中，宗教寺庙自用的土地，是指举行教仪式等的用地和寺庙内的宗教人员生活用地。公园、名胜古迹自用的土地，是指供公共参观游览的用地及其管理单位的办公用地。公园、名胜古迹中附设的营业单位，如影剧院、饮食部、茶社、照相馆等使用的土地，应征收土地使用税。

（4）市政街道、广场、绿化地带等公共用地。但非社会性的公共用地不能免税，如企业内的广场、道路、绿化等占用的土地，

（5）直接用于农、林、牧、渔业的生产用地。指直接从事种植、养殖、饲养的专业用地。农副产品加工厂占地和从事农、林、牧渔业生产单位的生活、办公用地不包括在内。

（6）政府部门和企业、事业单位、社会团体、个人投资兴办的福利性、非营利性老年服务机构自用的土地。

（7）以开山填海整治的土地和改造的废弃土地，从使用的月份起免缴土地使用税 5 年至 10 年。

（8）非营利性医疗机构、疾病控制机构、妇幼保健机构等医疗、卫生机构自用的土地，可以免征城镇土地使用税。营利性医疗机构取得的收入直接用于改善医疗卫生条件的，自其取得执业登记之日起 3 年以内，自用的土地也可以免征城镇土地使用税。

（9）国家规定可以免征城镇土地使用税的能源，交通用地（主要涉及煤炭、石油、天然气、电力、铁路、民航、港口等类企业）和其他用地可以暂免征收城镇土地使用税。

此外，个人所有的居住房屋及院落用地，房产管理部门在房租调整改革前经租的居民住房用地，免税单位职工家属的宿舍用地，民政部门举办的安置残疾人占一定比例的福利工厂用地、集体和个人举办的各类学校、医院、托儿所、幼儿园用地等的征免税，由省、自治区、直辖市税务局确定。

五、申报缴纳

（一）纳税期限

城镇土地使用税按年计算，分期缴纳。缴纳期限由省、自治区、直辖市人民政府确定。各省、自治区、直辖市税务机关结合当地情况，一般分别确定按月、季或半年等不同的期限缴纳。

（二）纳税申报

纳税人应依照当地税务机关规定的期限，填写《城镇土地使用用税纳税申报表》，将其占用土地的权属、位置，用途、面积和税务机关规定的其他内容，据实向当地税务机关办理纳税申报登记，并提供有关的证明文件资料。纳税人新征用的土地，必须于批准新征用之日起 30 日内申报登记。纳税人如有住址变更、土地使用权属转换等情况，从转移之日起，按规定期限办理申报变更登记。

（三）纳税地点

城镇土地使用税的纳税地点为土地所在地，由土地所在地的税务机关负责征收。纳税人使用的土地不属于同一市（县）管辖范围内的，由纳税人分别向土地所在地的税务机关申报缴纳。在同一省（自治区、直辖市）管辖范围内，纳税人跨地区使用的土地，由各省、自治区、直辖市税务局确定纳税地点。

第四节　耕地占用税

耕地占用税是以占用耕地的行为为征税对象，向占用耕地建房和从事非农业建设的单位和个人征收的一种税。随着经济发展，我国农用耕地面积的逐年减少，非农业占地数量急剧增加，为综合治理这种非农业占用耕地现象，保护农用耕地使用，促进土地资源的合理开发利用，我国于 1987 年 4 月颁发了《中华人民共和国耕地占用税暂行条例》，全面开征耕地占用税。

一、征税范围

耕地占用税的征税对象是一切用于建房和从事其他非农业建设的耕地。包括国家所有和集体所有的耕地。

所谓耕地，一般是指种植农作物的土地（包括菜地、园地）。其中，园地包括苗圃、花圃、茶园、果园、桑园和其他种植经济林木的土地。

占用鱼塘及其他农用土地建房或从事其他非农业建设，视同占用耕地，必须依法征收耕地占用税。其中，占用"其他农用土地"，如占用已开发从事种植、养殖的滩涂、草场、水面和林地等从事非农业建设，是否征税，由省、自治区、直辖市本着有利保护农用土地资源和保护生态平衡的原则，结合具体情况加以确定。

此外，土地被占用前3年内曾用于种植农作物的，也被视为耕地，应按规定征收耕地占用税。

二、纳税人

凡是占用上述农用耕地建房和从事非农业建设的单位和个人，都是耕地占用税的纳税人。但不包括外商投资企业和外国企业。

三、税率

（一）全国统一的幅度税额

耕地占用税实行定额税率，从量征收。定额税率设计的方法是，以县为单位，按人均耕地面积的多少，确定占用每平方米耕地的适用税额。中央统一规定单位幅度税额，各地区适用税额由省级人民政府在中央统一规定的幅度内核定。中央统一规定的幅度税额为：

（1）人均耕地不超过1亩的地区（以县级行政区域为单位，下同），每平方米为10～50元；

（2）人均耕地超过1亩但不超过2亩的地区，每平方米为8～40元；

（3）人均耕地超过2亩但不超过3亩的地区，每平方米为6～30元；

（4）人均耕地超过3亩的地区，每平方米为5～25元。

国务院财政、税务主管部门根据人均耕地面积和经济发展情况确定各省、自治区、直辖市的平均税额。各地适用税额，由省、自治区、直辖市人民政府在规定的税额幅度内，根据本地区情况核定。经济特区、经济技术开发区和经济发达且人均耕地特别少的地区，适用税额可以适当提高。占用基本农田的，适用税额应当在规定的当地适用税额的基础上提高50%。

（二）各省、自治区、直辖市的平均税额

为了避免毗邻地区税额标准过于悬殊，使各地区税负基本公平，并保证税收

任务的完成,财政部对各地区每平方米的平均税额又作出了具体规定:上海市9元;北京市8元;天津市7元;浙江、福建、江苏、广东四省各6元;湖北、湖南、辽宁三省各5元;河北、山东、江西、安徽、河南、四川六省各4.5元;广西、陕西、贵州、云南四省(区)各4元;山西、黑龙江、吉林三省各3.5元;甘肃、宁夏、内蒙古、青海、新疆五省(区)各2.5元。各省、自治区、直辖市的平均税额和适用税额平均数不得低于上级核定的税额标准。

(三)单位税额的其他规定

(1)由于公路建设的情况特殊,财政部对公路建设用地所适用的耕地占用税税额做了专门规定。具体税额标准为:各地区平均税额每平方米在5元(含5元)以上的地区,每平方米按2元计征;平均税额每平方米在5元以下的地区,每平方米按1.5元计征。

(2)农村居民经县(市)土地管理部门批准占用耕地建造住宅,按规定的适用税额减半征收。

(3)对单位和个人获准征用或占用耕地超过两年不使用的,按规定加征两倍以下的耕地占用税。

四、应纳税额的计算

(一)耕地占用税的计税依据

耕地占用税以实际占用耕地面积为计税依据。计算单位为平方米。

(二)应纳税额的计算

耕地占用税应纳税额的计算公式为

$$应纳税额 = 实际占用耕地面积 \times 适用税额$$

五、减免税

(一)法定免税

下列经批准占用的耕地,免征耕地占用税:

(1)部队军事设施用地。

(2)铁路线路、飞机跑道和停机坪用地。国家规定的西部地区和其他地区的公路国道、省道建设用地,比照此项规定免税;其他公路建设用地是否免税,由当地省级人民政府决定。

(3)炸药库用地。

(4)幼儿园、各类全日制学校、敬老院、医院、诊所用地。

（5）直接为农业生产服务的农田水利设施用地，免征耕地占用税。水利工程占用耕地以发电、旅游为主的，不予免税。

（6）农村居民搬迁，原宅基地恢复耕种，并且新建住宅用地不超过原宅基地的。

（7）安置水库移民、灾民、难民建房用地。

上述免税用地，凡改变用途，不属于免税范围的，应从改变时起补交耕地占用税。

（二）法定减税

（1）农村居民新建自用住宅用地，可以按照规定税额标准减半征收耕地占用税。

（2）农村革命烈士家属、革命残废军人、鳏寡孤独以及革命老根据地、少数民族聚居地区和边远贫困山区生活困难的农户，在规定用地标准以内新建住宅纳税有困难的，由纳税人提出申请，经所在地乡（镇）人民政府审核，报经县级人民政府批准后，可以给予减税或免税。

（3）民政部门举办的安置残疾人员就业的福利工厂，可以按照残疾人员占工厂人员的比例，享受一定的减征耕地占用税的照顾。

（4）国家在革命老区和根据地、少数民族地区、边远贫困地区采取以工代贩办法修筑的公路，缴纳耕地占用税确有困难的，经过所在省（自治区、直辖市）财政部门审核，财政部批准，可以减税或者免税。

（5）不是直接为农业生产服务的农田水利设施，但是确属综合性枢纽工程的，可以按照为农业服务的直接效益占工程总效益的比重，确定耕地占用税的征收额。

（6）公路建设用地，规定的平均税额标准为每平方米5元以上的地区，可以按照每平方米2元征收耕地占用税；平均税额标准每平方米不足5元的地区，可以按照每平方米1.5元征税。由于公路建设需要临时占用耕地，占地时间不超过1年并且能够恢复耕种的，可以免征耕地占用税，否则应当按照上述规定征税。

（7）单位和个人经过批准临时占地超过1年的，可以按照规定税额标准减半征收耕地占用税；超过2年的，从第三年起按照规定税额标准征税。

免征耕地占用税的土地，凡改变用途，不再属于规定的免税范围的，应当在改变用途的时候补缴耕地占用税。

耕地占用税减税、免税审批权限的规定是：占用耕地不足3亩的，报所在县（市、区、旗）人民政府批准；占用耕地3亩以上，不足30亩的，报所在地区（盟）行政公署或者市（区、州）人民政府批准；占用耕地30亩以上，不足1000亩的，报所在省（自治区、直辖市）人民政府批准；占用耕地1000亩以上的，报财政部批准。

六、申报缴纳

耕地占用税由各地财政部门负责征收。土地管理部门在批准单位、个人占用耕地后，应及时通知同级财政部门。

获准占用耕地的单位和个人，应持县以上土地管理部门批准占用耕地的文件向财政机关申报纳税。纳税人应自批准之日起 30 日内缴纳耕地占用税。逾期不缴者，自逾期之日起，按日加收 5‰的滞纳金。

土地管理部门凭完税凭证和征用耕地批准文件，划拨用地。

➤思考题

1. 资源税有哪些特点？
2. 资源税有哪些作用？
3. 资源税的纳税人是如何确定的？
4. 资源税的征收范围是如何规定的？
5. 资源税的税率有哪些特点？
6. 资源税有哪些减免税规定？
7. 土地使用税的征税范围如何确定？
8. 土地使用税的税率如何确定？
9. 耕地占用税的征税范围如何确定？
10. 耕地使用税的税率如何确定？

➤练习题

1. 某油田 10 月份生产原油 9 万吨（单位税额 20 元/吨），其中销售 6 万吨，用于自办油厂加工 1 万吨，用于加热、修井 1 万吨，待销售 1 万吨，当月在采油过程中还回收伴生天然气 5 千立方米（单位税额 18 元/千立方米）。计算该油田 10 月份应纳资源税。

2. 某钨矿企业 2008 年 10 月共开采钨矿石原矿 80 000 吨，直接对外销售钨矿石原矿 40 000吨，以部分钨矿石原矿入选精矿 9 000 吨，选矿比为 40％。钨矿石选用税额每吨 6 元。该企业 10 月份应缴纳资源税。

3. 某市一家公司，实际占地 23 000 平方米。由于经营规模扩大，年初该公司又受让了一块尚未办理土地使用证的土地 3 000 平方米，公司按其当年开发使用的 2 000 平方米土地面积进行申报纳税，以上土地均适用每平方米 10 元的城镇土地使用税税率。计算该公司当年应缴纳城镇土地使用税。

4. 某企业 2008 年度共计拥有土地 65 000 平方米，其中子弟学校占地 3 000 平方米、幼儿园占地 1 200 平方米、企业内部绿化占地 2 000 平方米。城镇土地使用税 14 元/平方米，计算该企业 2003 年应缴纳的城镇土地使用税。

5. 某企业实际占地面积共计 30 000 平方米，其中 2 000 平方米为厂区以外的绿化区，企业内学校和医院共占地 3 500 平方米，另外该企业出租面积 800 平方米的土地使用权，还借给部队 1 000 平方米土地作为训练场地。城镇土地使用税 8 元/平方米。计算该企业应缴纳的城镇土地使用税。

第十一章

财产税

■ 第一节 概论

一、财产税及其特点

财产税是对财产所有人、占用人或使用人所拥有或支配的应税财产，就其数量或价值依法征收的一种税。在所得、消费和财产三大税系中，财产税有着悠久历史，虽然在现代各国税收结构中并不占主导地位，但由于它能起到其他税种难以达到的独特的调节作用，因而被大多数国家的政府所采用，特别是被许多国家的地方政府所掌握，并成为地方财政收入的重要来源。财产税同其他税比较具有以下特点：

（一）财产税是一种存量税

按课税对象是否流动为标志，可将税分为流量税和存量税。流量税是对货币资金流征税，流量税的最大特点是课税对象的流动性，计算应纳税额时往往与一定的时段相联系，流转税和所得税都是流量税。如流转税是对一个时段的流转额征税，所得税是对一个时段的所得额征税。存量税是对货币资金积征税，即历年的货币资金积累，存量税的最大特点是课税对象的非流动性，计算应纳税额往往同某一时点相系。财产税是存量税，是对某一时点的财产征税。

（二）财产税主要选择不动产征税

财产可分为不动产和动产，动产又可分为有形动产和无形动产。不动产通常指土地、房屋等；有形动产一般包括有形收益财产和有形消费财产，前者如营业设备、商品存货等，后者如汽车等各种耐用消费品；有形动产还包括一些具有贮藏价值的财产，如古玩、珍宝、金银等；无形动产主要是指具有价值并可以据此取得收益的各种无形资产，如专有技术、专利权、股票、债券、银行存款、应收款项等。虽然财产税可选择的财产范围很广，但现实中的财产税主要选择不动产征税，主要是政府可通过不动产登记来控制不动产，征税的可操作性较强。而不动产以外的财产一般难以掌握，征税的可操作性较差。在对有形和无形动产征税过程中遇到的行政管理问题使得现实中的财产税主要是对不动产征税，而排除了其他形式的财产。

（三）财产税一般作为地方财政收入

与商品税和所得税相比，财产税的课税对象是固定的，而不是流动的。一般来说，不会因对不动产征税而引起财产的区域间流动，因而适宜作为地方税，而不宜全国统一。即使是全国统一的财产税制度，一般也由地方政府掌握，并列作其固定的收入来源。地方政府也有较大的管理权限，如可以根据本地区的实际情况确定是否开征或停征，以及开征范围、税率高低和征收管理的方法等。因此，财产税具有较强的地域性特点。

（四）财产税征收管理比较复杂

财产税作为存量税，是对历年货币积征税。由于财产的价值随着时间的推移是变动的，因此，在对财产征税时必须对其应税财产进行估价，不仅工作量繁重，而且计税基数也很难准确确定。对于现金、有价证券、银行存款等无形动产和一部分贵重财产，虽然价值评估相对容易，因为存在着组织严密的市场以供股票、债券、抵押及其他"票面"资产的交易，而且其价格信息每天都可得到，但存在极易隐匿虚报，从而造成逃税、漏税的问题。而对于不动产，虽然财产登记制度使得对财产的掌握控制较为容易，但由于不动产评估是一个专业性极强的工作，需要在掌握不动产年收益、有效寿命、折现率等参数基础上进行估计，作出准确的估价相当困难。这就使得财产税征收管理复杂，成本较高。

二、财产税的分类

财产种类和形式的多样化使财产税具有多种形式，我们也可以从不同角度对财产税进行归类：如按课税财产的不同范围，可分为一般财产税和特别财产税。一般财产税，也称综合财产税，是对纳税人拥有或支配的多种财产综合课征的税收。特别财产税，又称个别财产税，是纳税人拥有或支配的某些特定财产（如土地、房屋等），分别课征的税收。按应税财产的不同运动形态，可分为静态财产税和动态财产税。前者是指以一定时点的纳税人所拥有或支配的财产占用额为课税对象的税收；后者是以财产所有权或使用权等其他权益发生转移时，以财产或财产权益的转移价值或增值额为课税对象的税收。静态财产税和动态财产税也可分别称为财产占用税和财产转移税。现实的财产税主要有一般财产税、选择性财产税和财产转移税三种类型。

（一）一般财产税

一般财产税是指对纳税人的各类财产普遍征收的一种税。财产主要由以下三部分构成：纳税人拥有的全部房地产，即土地及其增值；纳税人拥有的全部有形动产，包括汽车、家具、衣服和珠宝之类的所有动产；纳税人拥有的全部无形动产，包括股票、债券、现金及其他反映对公司和政府持有资产的债权的"票面"资产。一般财产税又可进一步分为总财产税和净财产税。总财产税是对上述财产总额征税，而净财产税是在财产总额基础上扣除纳税人的所有债务（如抵押和贷款）额征税。净财产税与总财产税比较，净财产税可以避免对财产重复征税，相对比较合理。从财产税的发展历史来看，最初的财产税只是对土地财产征税，随着商品经济发展、个人收入提高、社会财富积累增加，财产税的征税范围逐步扩大到对全部财产，包括土地、其他不动产和动产等征税。一般财产税往往名义税率高于实际税率，这是因为财产税是对评估财产征税，而评估财产价值一般低于实际财产价值，并且由于不动产价值有一种不断上升趋势，从而使一般财产税的实际税率低于名义税率。

（二）选择性财产税

选择性财产税是指对纳税人的部分财产个别征收的一种税，主要是对不动产征税。虽然一般财产税具有征税范围广、征税面宽、税基大、体现横向公平特点。但也存在可操作性差、实施困难的问题。选择占个人财产最大比重的不动产征税，既能发挥财产税的功能，又具有可操作性。选择性财产税可分为全国统一的财产税和地区差别的财产税，两种税可能会产生不同的影响。

（1）全国统一的不动产税。如果在全国范围内以同一税率对不动产征税。具有一般财产税相同的效应，即降低投资和储蓄的收益，纳税人会选择以消费替代投资或以人力资本投资替代实物资本投资。

（2）地区差别的不动产税。如果各地区以不同税率对不动产征税，不动产税不但产生降低投资和储蓄的收益，纳税人会选择以消费替代投资、或以人力资本投资替代实物资本投资的替代效应。还会导致投资在各地区之间的流动，在其他条件相同的情况下，投资会从财产税税率高于全国平均税率的地区流向税率低于全国平均水平的地区，使资本在地区之间重新配置。

虽然财产税在调节收入分配方面可以发挥不同于流转税和所得税的独特作用，因为对于收入较低和消费较少，而财产较多的个人，在流转税和所得税无法调节的情况下，通过财产税可以弥补流转税和所得税的缺陷。但如果这部分收入较低和消费较少，难以承受财产税的是特殊的退休群体，为了避免因缴纳财产税而出售财产情况的发生，就需要考虑给予特别财产税减免。

（三）财产转移税

财产转移税是财产所有权发生转移时所征收的一种财产税，主要有遗产税、继承税及赠与税。

（1）遗产税。是以财产所有人死亡后遗留的财产为课税对象课征的一种税。在对遗产的处理上遗产税的特征是"先税后分"，即先就被继承人死亡时遗留的财产净值课税，再把税后财产分配给法定继承人或受遗赠人，在税率设计上采用累进税率，且不考虑被继承人和继承人关系的亲疏程度以及继承人的负担能力等因素。

（2）继承税。包括对被继承人遗产总额课征的遗产税和对继承人继承份额课征的继承税。在对遗产的处理上表现为"先分后税"，即先按国家有关继承法分配遗产，然后就各继承人分得的遗产课税，在税率的设计上也采取累进税率，但要考虑被继承人和继承人关系的亲疏程度以及继承人的负担能力等因素。

（3）赠与税。赠与税有总赠与税和分赠与税两种。总赠与税制以财产赠与人为纳税人，分赠与税制以财产受赠人为纳税人。两种税制模式虽然纳税人不同，但课税对象实质是相同的，即以赠与他人的财产额为课税对象，且两种模式也都采用累进税率。由于赠与税是遗产税的辅助税种，其税制模式的选择必然要与遗产税制相配合，国际惯例通常是：实行总遗产税制的国家，选择课征总赠与税制度；实行分遗产税制的国家，选择分赠与税制；实行总分遗产税制的国家，也多选择分赠与税制。

三、我国财产税制度演变

我国现行财产税制度包括房产税、车船税、契税以及正在酝酿的遗产税和物业税。

我国财产税制度的建设经历了一个缓慢的发展过程。1950年，当时的政务院颁布的《全国税政实施要则》中曾列举有遗产税、房产税、地产税。同年4月，政务院又公布了《契税暂行条例》，至此，初步形成了我国的财产税体系。1951年，房产税与地产税合并，统称为城市房地产税。1982年公布的《中华人民共和国宪法》明确规定："城市土地属国家所有，农村和城市郊区的土地除由法律规定属于国家所有以外，属于集体所有"。从而使地产税的税种名称已名不符实，实际上也已不征地产税。1984年工商税制改革时，把城市房地产税分为房产税和城镇土地使用税，分别适用于国内企业和个人。同时保留该税种，规定仅适用于涉外企业和个人。遗产税自1950年颁布以后因条件不成熟一直没有开征。进入20世纪80年代以来，随着我国改革开放政策的贯彻实施，国民经济迅速发展，人民生活水平显著提高。特别是一部分人先富了起来，是否需要开征遗产税引起了人们的关注。物业税是我国目前正在研究探讨的一个税种。所谓物业税，就是对不动产所有人在不动产持有环节征收的一种财产税。我国现行税收体系中，同不动产持有有关的税种主要是房产税和土地使用税。目前，这两个税种主要是对单位持有不动产征收，而对个人持有不动产不征收。而物业税的改革实质是将现行房产税和土地使用税合并，由企业征税扩大到个人，由按账面价值征税改为评估价格征税。由于物业税是一个新的税，涉及面比较广，将加重个人持有不动产的税收负担，并要对征税的不动产作出评估，因此需要在充分论证基础上，合理设计税制。

■ 第二节　房产税

房产税是以房屋为征税对象，按房屋的计税余值或租金收入，向产权所有人征收的一种财产税。现行房产税于1986年9月开征，在1994年税制改革时作了扩大征收范围、改变计税依据、调整税率结构的修正。

一、征税范围

所谓房产，是以房屋形态表现的财产。房屋则是指有屋面和围护结构（有墙或两边有柱），能够遮风避雨，可供人们在其中生产、工作、学习、娱乐、居住或储藏物资的场所。至于那些独立于房屋之外的建筑物，如围墙、烟囱、水塔、变电塔、油池油柜、酒窖菜窖、酒精池、糖蜜池、室外游泳池、玻璃暖房、砖瓦石灰窑以及各种油气罐等，则不属于房产。

《房产税暂行条例》规定，房产税在城市、县城、建制镇和工矿区征收。其中，城市是指经国务院批准设立的市。城市的征税范围为市区、郊区和市辖县县城，不包括农村；县城是指未设立建制镇的县人民政府所在地；建制镇是指经省、自治区、直辖市人民政府批准设立的建制镇。建制镇的征税范围为镇人民政府所在地，不包括所辖的行政村；工矿区是指工商业比较发达，人口比较集中，符合国务院规定的建制镇标准，但尚未设立镇建制的大中型工矿企业所在地。开征房产税的工矿区须经省、自治区、直辖市人民政府批准。

二、纳税人

房产税以在征税范围内的房屋产权所有人为纳税人。其中：

（1）产权属国家所有的，由经营管理单位纳税；产权属集体和个人所有的，由集体单位和个人纳税。

（2）产权出典的，由承典人纳税。所谓产权出典，是指产权所有人将房屋、生产资料等的产权，在一定期限内典给他人使用，而取得资金的一种融资业务。这种业务大多发生于出典人急需用款，但又想保留产权回赎权的情况。承典人向出典人交付一定的典价之后，在质典期内即获抵押物品的支配权，并可转典。产权的典价一般要低于卖价。出典人在规定期间内须归还典价的本金和利息，方可赎回出典房屋等的产权。由于在房屋出典期间，产权所有人已无权支配房屋，因此，税法规定由对房屋具有支配权的承典人为纳税人。

（3）产权所有人、承典人不在房屋所在地的，由房产代管人或者使用人纳税。

（4）产权未确定及租典纠纷未解决的，亦由房产代管人或者使用人纳税。所谓租典纠纷，是指产权所有人在房产出典和租赁关系上，与承典人、租赁人发生各种争议，特别是权利和义务的争议悬而未决的。此外还有一些产权归属不清的问题，也都属于租典纠纷。对租典纠纷尚未解决的房产，规定由代管人或使用人为纳税人，主要目的在于加强征收管理，保证房产税及时入库。

外商投资企业和外国企业暂不缴纳房产税。

三、计税依据和税率

（一）计税依据

房产税采用从价计税。计税依据分为按房产余值计税和按租金收入计税两种。

1. 对经营自用的房屋，以房产余值作为计税依据

所谓房产余值，是指依照房产原值一次减除10％至30％的损耗价值以后的余额。其中，房产原值是指纳税人按照会计制度规定，在账簿"固定资产"科目中记载的房屋原价。因此，凡按会计制度规定在账簿中记载有房屋原价的，应以房屋原价按规定减除一定比例后作为房产余值计征房产税；没有记载房屋原价的，按照上述原则，并参照同类房屋，确定房产原值，计征房产税。在确定房产余值时，房产原值的具体减除比例，由省、自治区、直辖市人民政府在税法规定的减除幅度内自行确定。这样规定，既有利于各地区根据本地情况，因地制宜的确定计税余值，又有利于平衡各地税收负担，简化计算手续，提高征管效率。

（1）房产原值应包括与房屋不可分割的各种附属设备或一般不单独计算价

值的配套设施。主要有：暖气、卫生、通风、照明、煤气等设备；各种管线，如蒸汽、压缩空气、石油、给水排水等管道及电力、电信、电缆导线；电梯、升降机、过道、晒台等。属于房屋附属设备的水管、下水道、暖气管、煤气管等应从最近的探视井或三通管算起，计税原值；电灯网、照明线从进线盒连接管算起，计税原值。纳税人对原有房屋进行改建、扩建的，要相应增加房屋的原值。

（2）对投资联营的房产，在计征房产税时应予以区别对待。对于以房产投资联营，投资者参与投资利润分红，共担风险的，按房产余值作为计税依据计征房产税；对以房产投资，收取固定收入，不承担联营风险的，实际是以联营名义取得房产租金，应按租金收入计缴房产税。

（3）对于融资租赁房屋的情况，由于租赁费包括购进房屋的价款、手续费、借款利息等，与一般房屋出租的租金内涵不同，且租赁期满后，当承租方偿还最后一笔租赁费时，房屋产权要转移到承租方。这实际是一种变相的分期付款购买固定资产的形式，所以在计征房产税对应以房产余值计算征收。

2. 对于出租的房屋，以租金收入为计税依据

房产的租金收入，是房屋产权所有人出租房产使用权所得的报酬，包括货币收入和实物收入。对以劳务或其他形式作为报酬抵付房租收入的，应根据当地同类房产的租金水平，确定一个标准租金额，依率计征。

（二）税率

房产税采用比例税率。依据房产余值计税的，年税率为 1.2%；依据租金收入计税的，税率为 12%。

四、应纳税额

房产税的应纳税额计算公式为

1. 从价计征的

应纳税额 ＝ 房产原值 ×（1 － 原值减除率）× 适用税率

2. 从租计征的

应纳税额 ＝ 租金收入 × 适用税率

例：某国有企业在其所在城市市区有三幢房屋，其中两幢用于本企业生产经营，房产账面原值共为 400 万元，年初对这两幢房屋进行了装修，花费了 50 万元，另一幢房屋账面原值共为 180 万元，租给某私营企业年租金收入为 20 万元。计算该企业应纳房产税额（该省规定允许按房产原值一次扣除 30%）。

解：

自用房产应纳房产税额＝[（400＋50）×（1－30%）]×1.2%＝3.78(万元)

租金收入应纳房产税额＝20×12％＝2.4(万元)

五、减免税

《房产税暂行条例》规定的免税项目主要有：

(1) 国家机关、人民团体、军队自用的房产。其中，人民团体是指经国务院授权的政府部门批准设立或登记备案的各种社会团体。如从事广泛群众性社会活动的团体，从事文学艺术、美术、音乐、戏剧的文艺工作团体，从事某种专门学术研究团体，从事社会公益事业的社会公益团体等。自用的房产是指这些单位本身原办公用房和公务用房。

(2) 国家财政部门拨付事业经费的单位的自用房产。事业单位自用的房产，是指这些单位本身的业务用房。实行差额预算管理的事业单位，虽然有一定的收入，但收入不够本身经费开支的部分，还要由国家财政部门拨付经费补助。因此，对实行差额预算管理的事业单位，也属于是由国家财政部门拨付事业经费的单位，对其本身自用的房产免征房产税（企业所办的各类学校、托儿所、幼儿园自用的房产可以比照）。

(3) 宗教寺庙、公园、名胜古迹自用的房产。其中，宗教寺庙自用的房产，是指举行宗教仪式等的房屋和宗教人员使用的生活用房屋。公园、名胜古迹自用的房产，是指供公共参观游览的房屋及其管理单位的办公用房屋。公园、名胜古迹中附设的营业单位，如影剧院、饮食部、茶社、照相馆等所使用的房产及出租的房产，应征收房产税。

(4) 非营利性医疗机构、疾病控制机构、妇幼保健机构等医疗、卫生机构自用的房产，可以免征房产税。营利性医疗机构取得的收入直接用于改善医疗卫生条件的，自其取得执业登记之日起 3 年以内，自用的房产也可以免征房产税。

(5) 个人拥有的非营业用房产。对个人所有的非营业用房产给予免税，主要是为了照顾我国城镇居民目前住房的实际状况，鼓励个人建房、购房，改善住房条件，配合城市住房制度的改革。但是，对个人所有的营业用房或出租等非自用的房产，应按照规定征收房产税。

(6) 经过有关部门鉴定停止使用的毁损房屋和危险房屋。

(7) 政府部门和企业、事业单位、社会团体、个人投资兴办的福利性、非营利性老年服务机构自用的房产，可以免征房产税。

(8) 微利企业和亏损企业，可以定期免征房产税。

(9) 在基建工地建造的为工地服务的各种临时性房屋，在施工期间可以免征房产税。

(10) 房屋大修停用半年以上的，在大修期间可以免征房产税。

(11) 企业停产、撤销以后，其房产闲置不用的，可以暂免征收房产税。

（12）按照政府规定价格出租的公有住房和廉租住房暂免征收房产税，个人按照市场价格出租的居民住房暂减按 4% 的税率征收房产税。

（13）经过财政部批准免征房产税的其他房产。

除了上述规定以外，纳税人缴纳房产税确有困难的，可以由所在省（自治区、直辖市）人民政府确定，定期减税或者免税。纳税单位与免税单位共同使用的房屋，按照各自使用的部分划分，分别缴纳或者免纳房产税。免税单位出租的房产和非本单位业务用的生产、经营用房产，应当缴纳房产税。

六、征收管理

（一）纳税申报

房产税的纳税申报，是房屋产权所有人或纳税人缴纳房产税必须履行的法定手续。纳税义务人应根据税法要求，将现有房屋的坐落地点、结构、面积、原值、出租收入等情况，据实向当地税务机关办理纳税申报，并按规定纳税。如果纳税人住址发生变更、产权发生转移，以及出现新建、改建、扩建、拆除房屋等情况，而引起房产原值发生变化或者租金收入变化的，都要按规定及时向税务机关办理变更登记，以便税务机关及时掌握纳税人的房产变动情况。

（二）纳税期限

房产税实行按年征收，分期缴纳。纳税期限由省、自治区、直辖市人民政府规定。各地一般规定按季或按半年征收一次。纳税人自建的房屋，自建成之次月起征收房产税。纳税人委托施工企业建设的房屋，从办理验收手续之次月起征收房产税。纳税人在办理验收手续以前已经使用或者出租、出借的新建房屋，应当按照规定征收房产税。

（三）纳税地点

房产税在房产所在地缴纳。房产不在同一地方的纳税人，应按房产的坐落地点分别向房地所在地的税务机关缴纳。

■ 第三节　车船税

车船税是以车船为征税对象，向拥有车船的单位和个人征收的一种税。现行车船税的基本规范，是 2006 年 12 月 27 日国务院通过并于 2007 年 1 月 1 日起施行的《中华人民共和国车船税暂行条例》。

一、征税范围

车船使用税的征税对象是在中华人民共和国境内，依法在车船管理部门登记的车辆和船舶。其征税范围由车辆和船舶两大类构成。

（一）车辆

车辆分为机动车辆和非机动车辆。非机动车辆免税。征收车船税的车辆仅指机动车辆，即依靠燃料等能源为动力运行的车辆，包括载客汽车、载货汽车、三轮汽车、低速货车、专项作业车和摩托车。载客汽车划分为大型客车、中型客车、小型客车和微型客车4种。其中，大型客车是指核定载客人数大于或者等于20人的载客汽车；中型客车是指核定载客人数大于9人且小于20人的载客汽车；小型客车是指核定载客人数小于或者等于9人的载客汽车；微型客车是指发动机气缸总排气量小于或者等于1升的载客汽车。三轮汽车是指在车辆管理部门登记为三轮汽车或者三轮农用运输车的机动车。低速货车是指在车辆管理部门登记为低速货车或者四轮农用运输车的机动车。专项作业车是指装置有专用设备或者器具，用于专项作业的机动车；轮式专用机械车是指具有装卸、挖掘、平整等设备的轮式自行机械。

（二）船舶

船舶分为机动船舶和非机动船舶。非机动船舶除驳船外免税。征收车船税的船舶仅指机动船舶，即依靠燃料等能源为动力运行的船舶，包括客货轮船、气垫船、拖船和机帆船等。拖船是指专门用于拖（推）动运输船舶的专业作业船舶。

二、纳税人

凡在我国境内车辆和船舶的所有人或者管理人为车船税的纳税人，应当依照规定缴纳车船税。管理人是指对车船具有管理使用权，但不具有所有权的单位。车船管理部门是指公安、交通、农业、渔业、军事等依法具有车船管理职能的部门。在机场、港口以及其他企业内部场所行驶或者作业并在车船管理部门登记的车船，应当缴纳车船税。

三、计税标准

车船使用税实行从量计税的方法。根据车船的种类、性能、构造和使用情况不同，分别选择了三种单位的计税标准，即辆、自重吨位和净吨位。

（一）车辆

车辆采用辆与自重吨位为计税标准，船舶采用净吨位为计税标准。采用以辆为计税标准的车辆有载客汽车和摩托车；采用以自重吨位为计税标准的车辆有载货汽车、三轮汽车和低速货车。对车辆自重尾数在 0.5 吨以下（含 0.5 吨）的，按照 0.5 吨计算；超过 0.5 吨的，按照 1 吨计算。

（二）船舶

船舶采用以净吨位为计税标准。机动船的"净吨位"是指在其总吨位数内，减去驾驶间、轮机间、业务办公室、卫生设备及船员住室等占用容积所余的吨位。船舶净吨位尾数在 0.5 吨以下（含 0.5 吨）的不予计算，超过 0.5 吨的按照 1 吨计算。1 吨以下的小型车船，一律按照 1 吨计算。拖船按照发动机功率每 2 马力折合净吨位 1 吨计算征收车船税。

拖船和非机动驳船按净吨位计算。为了照顾这些船舶实际运输能力，按船舶税额的 50% 计征。客货两用汽车，其载人部分按乘人汽车税额减半征税，载货部分按机动载货汽车税额征税。

核定载客人数、自重、净吨位、马力等计税标准，以车船管理部门核发的车船登记证书或者行驶证书相应项目所载数额为准。纳税人未按照规定到车船管理部门办理登记手续的，上述计税标准以车船出厂合格证明或者进口凭证相应项目所载数额为准；不能提供车船出厂合格证明或者进口凭证的，由主管地方税务机关根据车船自身状况并参照同类车船核定。

四、税率

由于车辆与船舶的行使情况不同，车船使用税的税额又可分为车辆税额和船舶税额。车船税采用幅度定额税率，即对征税的车船规定单位幅度税额。车船税条例制定了幅度税额的《车船税税目税额表》（表 11-1）。国务院财政、税务主管部门在《车船税税目税额表》规定的税目范围和税额幅度内划分子税目，并明确车辆的子税目税额幅度和船舶的具体适用税额。

表 11-1　车船税税目税额表

税目	计税单位	每年税额	备注
载客汽车	每辆	60～660 元	包括电车
载货汽车	每吨（按自重）	16～120 元	包括半挂牵引车、挂车
三轮汽车低速货车	每吨（按自重）	24～120 元	
摩托车	每辆	36～180 元	
船舶	每吨（按净吨位）	3～6 元	拖船和非机动驳船分别按船舶税额的 50% 计算

（一）车辆税额

车船税对应税车辆采用幅度定额税率，即对各类车辆分别规定一个最低至最高限度的税额，由各地根据当地情况自行确定本地区的适用税额。这种规定主要是考虑我国幅员辽阔，各地经济发展不平衡，车辆种类及极其繁多，大小也不相同，客观上难以制定一个适用全国的统一税额标准；而且，车船使用税又属地方税，应给予地方必要的税收管理权限。所以，国家对各类车辆的税额只规定了一个幅度范围。

（1）载客汽车每年税额幅度：大型客车，480～660 元；中型客车，420～660 元；小型客车，360～660 元；微型客车，60～480 元。

（2）其他汽车每年税额幅度：专项作业车和轮式专用机械车的计税单位为自重每吨，每年税额为 16～120 元。

车辆的具体适用税额由省、自治区、直辖市人民政府参照载货汽车的税额标准在规定的幅度内确定。

（3）客货两用汽车按照载货汽车的计税单位和税额标准计征车船税。

（二）船舶税额

船舶税实行全国统一的定额税，并按净吨位大小设计不同的税额。净吨位越大税额越高；净吨位越低税额越低。船舶具体适用税额为：净吨位小于或者等于200 吨的，每吨 3 元；净吨位为 201～2 000 吨的，每吨 4 元；净吨位为2 001～10 000 吨的，每吨 5 元；净吨位为 10 001 吨及其以上的，每吨 6 元。

五、应纳税额

车船使用税根据不同类型的车船及其适用的计税标准分别计算应纳税额。计算公式如下：

（一）车辆

$$应纳税额 = 应税车辆数量 × 单位税额$$
$$或 = 应税车辆自重吨位 × 单位税额$$

（二）船舶

$$应纳税额 = 应税船的净吨位 × 单位税额$$

例：某公司拥有载货汽车 8 辆，自重吨位均为 5 吨；大客车 2 辆，小轿车10 辆。该公司还拥有净吨位均为 500 吨的机动货船 4 艘。计算该公司应缴纳的车船税。该地区车船税的年税额载重汽车为每吨 80 元，大型客车每辆 550 元，小型客车每辆 400 元。

解：

$$载货汽车应纳税额 = 80 \times 5 \times 8 = 3\,200(元)$$
$$乘人汽车应纳税额 = 550 \times 2 + 400 \times 10 = 5\,100(元)$$
$$机动货船应纳税额 = 4 \times 500 \times 4 = 8\,000(元)$$

六、减免税

《车船税暂行条例》规定，下列车船免纳车船税：

（1）非机动车船（不包括非机动驳船）。是指以人力或者畜力驱动的车辆以及符合国家有关标准的残疾人机动轮椅车、电动自行车等车辆；非机动船是指自身没有动力装置，依靠外力驱动的船舶；非机动驳船是指在船舶管理部门登记为驳船的非机动船。

（2）拖拉机。是指在农业（农业机械）部门登记为拖拉机的车辆。

（3）捕捞、养殖渔船。是指在渔业船舶管理部门登记为捕捞船或者养殖船的渔业船舶，不包括在渔业船舶管理部门登记为捕捞船或者养殖船以外类型的渔业船舶。

（4）军队、武警专用的车船。是指按照规定在军队、武警车船管理部门登记，并领取军用牌照、武警牌照的车船。

（5）警用车船。是指公安机关、国家安全机关、监狱、劳动教养管理机关和人民法院、人民检察院领取警用牌照的车辆和执行警务的专用船舶。

（6）按照有关规定已经缴纳船舶吨税的船舶。

（7）依照我国有关法律和我国缔结或者参加的国际条约规定的应当予以免税的外国驻华使馆、领事馆和国际组织驻华机构及其有关人员的车船。有关法律是指《中华人民共和国外交特权与豁免条例》、《中华人民共和国领事特权与豁免条例》。外国驻华使馆、领事馆和国际组织驻华机构及其有关人员在办理规定的免税事项时，应当向主管地方税务机关出具本机构或个人身份的证明文件和车船所有权的证明文件，并申明免税的依据和理由。

省、自治区、直辖市人民政府可以根据当地实际情况，对城市、农村公共交通车船给予定期减税、免税。

七、征收管理

（一）纳税期限

（1）纳税义务发生时间。车船税的纳税义务发生时间，为车船管理部门核发的车船登记证书或者行驶证书所记载日期的当月。纳税人未按照规定到车船管理部门办理应税车船登记手续的，以车船购置发票所载开具时间的当月作为车船税的纳税义务发生时间。对未办理车船登记手续且无法提供车船购置发票的，由主管地方税务机关核定纳税义务发生时间。购置的新车船，购置当年的应纳税额自纳税义务发生的当月起按月计算。

$$应纳税额 = （年应纳税额 /12）× 应纳税月份数$$

（2）纳税期限。车船税按年申报缴纳，具体申报纳税期限由省、自治区、直辖市人民政府确定。

（二）纳税申报

车船使用税的纳税人应根据税法要求，将现有车船的数量、种类、吨位和用途等情况，据实向当地税务机关办理纳税申报登记，经审核后办理纳税手续。

纳税人住址变更、使用的车船在数量、吨位等方面发生变化时，应按规定及时向税务机关申报。

（三）纳税地点

车船使用税由纳税人所在地税务机关负责征收。纳税人所在地是指单位的经营所在地或机构所在地以及个人住所所在地，具体由省、自治区、直辖市人民政府根据当地实际情况确定。跨省、自治区、直辖市使用的车船，纳税地点为车船的登记地。

（四）征收缴纳

从事机动车交通事故责任强制保险业务的保险机构为机动车车船税的扣缴义务人，应当依法代收代缴车船税。由扣缴义务人代收代缴机动车车船税的，纳税人应当在购买机动车交通事故责任强制保险的同时缴纳车船税。纳税人应当向主管地方税务机关和扣缴义务人提供车船的相关信息。拒绝提供的，按照《中华人民共和国税收征收管理法》有关规定处理。

已完税或者按照规定减免车船税的车辆，纳税人在购买机动车交通事故责任强制保险时，应当向扣缴义务人提供地方税务机关出具的本年度车船税的完税凭证或者减免税证明。不能提供完税凭证或者减免税证明的，应当在购买保险时按照当地的车船税税额标准计算缴纳车船税。

■ 第四节　契税

契税是对土地、房屋权属发生转移时，按照订立的契约向产权承受人征收的一种税。我国的契税最早于1950年4月颁布实施，以后曾随土地房屋权属转移情况的变动作过修改调整。现行的契税条例已由国务院于 1997 年 4 月 23 日审议通过，并于同年 7 月 7 日颁布并规定从同年 10 月 1 日起施行。

一、征税范围

（一）一般情况

契税的征税对象是发生土地使用权和房屋所有权权属转移的土地和房屋。其具体征税范围包括：

（1）国有土地使用权出让。

（2）土地使用权转让，包括出售、赠与和交换。

（3）房屋买卖。即以货币为媒介或以获取其他经济利益为目的，出卖者向购买者让渡房产所有权的交易行为。

（4）房屋赠与。是指房屋产权所有人将房屋无偿转让给他人所有。其中，将自己的房屋转交给他人的法人和自然人，称作房屋赠与人，接受他人房屋的法人和自然人，称为受赠人。房屋赠与的前提必须是，产权无纠纷，赠与人和受赠人双方自愿。由于房屋是不动产，价值较大，故法律要求赠与房屋应有书面合同（契约），并到房地产管理机关或农村基层政权机关办理登记过户手续，才能生效。如果房屋赠与行为涉及涉外关系，还需公证处证明和外事部门认证，才能有效。房屋的受赠人要按规定缴纳契税。

（5）房屋交换。是指房屋住户、用户、所有人为了生活工作方便，相互之间交换房屋的使用权或所有权的行为。行为的主体有公民、房地产管理机关，以及企事业单位、机关团体。交换的标的性质有公房（包括直管房和自管房）、私房；标的种类有住宅、店面及办公用房等。行为的内容包括：第一，房屋使用权交换。经房屋所有人同意，使用者可以通过变更租赁合同，办理过户手续，交换房屋使用权。对此不征收契税。第二，房屋所有权交换。交换双方应订立交换契约，办理房屋产权变更手续和契税手续。房屋产权相互交换，双方交换价值相等，免纳契税，办理免征契税手续。其价值不相等的，按超出部分缴纳买契税。

（二）特殊情况

以下几种特殊情况，视同买卖房屋：

（1）以房产抵债或实物交换房屋。经当地政府和有关部门批准，以房抵债和实物交换房屋，均视同房屋买卖，应由产权承受人，按房屋现值缴纳契税。

（2）以房产作投资或作股权转让。这种交易亦属房屋产权转移，应根据国家房地产管理的有关规定，办理房屋产权交易和产权变更登记手续，视同房屋买卖，由产权承受方按买契税率缴纳契税。以自有房产作股投入本人经营企业，免纳契税。因为以自有的房地产投入本人独资经营的企业，产权所有人和使用权使用人未发生变化，不需办理房产变更登记手续，也不办理契税手续。

（3）以获奖方式承受土地、房屋权属。

（4）以预购方式或者预付集资建房款方式承受土地、房屋权属。

（三）企业改制处理

针对企业改制重组中涉及的契税政策，按以下规定处理：

（1）企业公司制改造。非公司制企业，按照《中华人民共和国公司法》的规定，整体改建为有限责任公司（含国有独资公司）或股份有限公司，或者有限责任公司整体改建为股份有限公司的，对改建后的公司承受原企业土地、房屋权属，免征契税。非公司制国有独资企业或国有独资有限责任公司，以其部分资产与他人组建新公司，且该国有独资企业（公司）在新设公司中所占股份超过50%的，对新设公司承受该国有独资企业（公司）的土地、房屋权属，免征契税。

（2）企业股权重组。在股权转让中，单位、个人承受企业股权，企业土地、房屋权属不发生转移，不征收契税。国有、集体企业实施"企业股份合作制改造"，由职工买断企业产权，或向其职工转让部分产权，或者通过其职工投资增资扩股；将原企业改造为股份合作制企业的，对改造后的股份合作制企业承受原企业的土地、房屋权属，免征契税。

（3）企业合并。两个或两个以上的企业，依据法律规定、合同约定，合并改建为一个企业，对其合并后的企业承受原合并各方的土地、房屋权属，免征契税。

（4）企业分立。企业依照法律规定、合同约定分设为两个或两个以上投资主体的企业，对派生方、新设方承受原企业土地、房屋权属，不征收契税。

（5）企业出售。国有、集体企业出售，被出售企业法人予以注销，并且买受人妥善安置原企业30%以上职工的，对其承受所购企业的土地、房屋权属，减半征收契税；全部安置原企业职工的，免征契税。

（6）企业关闭、破产。企业依照有关法律、法规的规定实施关闭、破产后，债权人（包括关闭、破产企业职工）承受关闭、破产企业土地、房屋权属以抵偿债务的，免征契税。对非债权人承受关闭、破产企业土地、房屋权属，且妥善安置原企业30%以上职工的，减半征收契税；全部安置原企业职工的，免征契税。

（7）其他。经国务院批准实施债权转股权的企业，对债权转股权后新设立的公司承受原企业的土地、房屋权属，免征契税。政府主管部门对国有资产进行行政性调整和划转过程中发生的土地、房屋权属转移，不征收契税。企业改制重组过程中，同一投资主体内部所属企业之间土地、房屋权属的无偿划转，不征收契税。

二、纳税人

在中华人民共和国境内转移土地、房屋权属，承受的单位和个人为契税的纳税人。契税的纳税人包括企业单位、事业单位、国家机关、军事单位、社会团体、个体经营者和其他个人，包括我国公民和外籍人员。

三、税率

契税实行幅度比例税率，税率幅度为 3‰～5‰。具体执行税率，由省、自治区、直辖市人民政府在规定的幅度内，根据本地区的实际情况确定。

考虑到对土地使用权转移征收契税和对公有制经济单位承受土地、房屋权属恢复征收契税后，税基大为拓宽，修订后的《中华人民共和国契税暂行条例》将税率降低了 1～3 个百分点。同时，照顾到全国各地经济和房地产市场发展的不平衡状况，契税的税率也由实行全国统一税率，改为由省级人民政府在规定幅度内确定适用税率。

四、计税依据

契税的计税依据按照土地、房屋交易的不同情况确定：

（1）国有土地使用权出让、土地使用权出售和房屋买卖。以上三类权属转让的计税依据为交易的成交价格。这样规定的好处有：一是与城市房地产管理法和有关房地产法规规定的价格申报制度相一致；二是在现阶段有利于契税的征收管理。

（2）土地使用权赠与和房屋赠与。土地使用权、房屋赠与的计税依据由征收机关参照土地使用权出售、房屋买卖的市场价格核定。这是因为土地使用权赠与、房屋赠与属于特殊的转移形式，无货币支付，在计征税额时只能参照市场上同类土地、房屋价格计算应纳税额。

（3）土地使用权交换和房屋交换。土地使用权、房屋交换的计税依据，是所交换的土地使用权、房屋的价格差额。对于成交价格明显低于市场价格且无正当理由的，或者所交换的土地使用权、房屋的价格差额明显不合理且无正当理由的，由征收机关参照市场价格核定。其目的是为了防止纳税人隐瞒、虚报成交价格。

五、应纳税额

应纳税额的计算公式为

$$应纳税额 ＝ 计税依据 \times 税率$$

例：某外商投资企业 2008 年接受某国有企业以房产投资入股，房产市场价值为 100 万元，该企业还于 2008 年以自有房产与另一企业交换一处房产，支付差价款 300 万元，同年政府有关部门批准向该企业出让土地一块，该企业缴纳土地出让金 150 万元，该地契税税率 3%。计算该企业 2008 年应缴契税。

解：

$$接受投资应缴契税＝100×3\%＝3（万元）$$
$$房产交换应缴契税＝300×3\%＝9（万元）$$
$$取得土地使用权应缴契税＝150×3\%＝4.5（万元）$$

六、减免税

（1）国家机关、事业单位、社会团体、军事单位承受土地、房屋用于办公、教学、医疗，科研和军事设施的，免征契税。企业事业组织、社会团体、其他社会组织和公民个人经过有关主管部门批准，利用非国家财政性教育经费面向社会举办的教育机构，承受土地、房屋用于教学的，可以比照上述规定。主要考虑是，上述单位的经费主要来源于财政预算拨款；同时，对教学、医疗、科研等特定项目免税，有利于教育、医疗、科研事业的发展。

（2）城镇职工经过县级以上人民政府批准，在国家规定的标准面积以内第一次购买公有住房的，可以免征契税。公有制单位为了解决职工住房以集资建房方式建造的普通住房和由单位购买的普通商品住房，经过当地县以上政府房改部门批准，按照国家房改政策出售给本单位职工的，如果属于职工第一次购买住房，可以比照上述规定免税。

（3）个人购买自用普通住宅，暂时可以减半征收契税。

（4）因不可抗力丧失住房而重新购买住房的，酌情准予减征或者免征契税。

（5）因不可抗力灭失住房而重新购买住房的，可以酌情减征或者免征契税。

（6）承受荒山、荒沟、荒丘、荒滩土地使用权，用于农业、林业、牧业、渔业生产的，可以免征契税。

（7）按照我国有关法律和我国缔结、参加的国际条约、协定的规定应当免税的各国驻华使馆、领事馆，联合国驻华机构，外交代表、领事官员和其他人员，在我国境内承受土地、房屋权属的，经过外交部确认，可以免征契税。

（8）土地、房屋被县级以上人民政府征用、占用以后，重新承受土地、房屋权属的，是否可以免征或者减征契税，由各省、自治区、直辖市人民政府确定。

（9）财政部规定的其他减征、免征契税的项目。

税法规定，凡经批准减征、免征契税的纳税人，改变有关土地、房屋的用途，不再属于减免税的范围，应当补缴已经减征、免征的税款。其纳税义务发生时间为改变有关土地、房屋权属的当天。

七、征收管理

（1）纳税义务时间。契税的纳税义务发生时间是纳税人签订土地、房屋权属转移合同的当天，或者纳税人取得其他具有土地、房屋权属转移合同性质凭证的当天。

（2）纳税期限。纳税人应当自纳税义务发生之日起10日内，向土地、房屋所在地的契税征收机关办理纳税申报，并在契税征收机关核定的期限内缴纳税款。

（3）纳税地点。契税的纳税地点是土地、房屋所在地的契税征收机关。

（4）征收管理。纳税人办理纳税事宜后，征收机关应向纳税人开具契税完税凭证。纳税人持契税完税凭证和其他规定的文件材料，依法向土地管理部门、房产管理部门办理有关土地、房屋的权属变更登记手续。土地管理部门和房产管理部门应向契税征收机关提供有关资料，并协助契税征收机关依法征收契税。征收机关直接征收契税确有困难的地区，经过上一级征收机关批准，可以委托当地的房屋管理部门、土地管理部门或者其他有关单位代征。

纳税人应当持契税完税凭证和其他规定的文件、材料，依法向土地管理部门、房产管理部门办理有关土地、房屋权属变更登记手续。

符合免征、减征契税规定的纳税人，应当在签订土地、房屋权属转移合同以后10日之内，向土地、房屋所在地的契税征收机关申请办理有关免税、减税手续。

➤思考题

1. 房产税有哪些特点？
2. 房产税的纳税人是如何规定的？
3. 房产税的计税依据是如何规定的？
4. 契税的特点和政策原则是什么？
5. 契税的征税项目有哪些？
6. 契税的计税依据是如何规定的？
7. 车船使用税的征税对象和征税范围是如何规定的？
8. 车船使用税的税额设计是如何规定的？

➤练习题

1. 某公司拥有一处原值2 000万元的商住楼房产。其中一半作本公司经营用房，另一半出租给其他单位使用，年租金收入95万元。计算应纳房产税额（房产原值一次扣除率为 20%)。

2. 某企业有原值为 2 500 万元的房产，2008 年 1 月 1 日将其中的 30%用于对外投资联营，投资期限 10 年，每年固定利润分红 50 万元，不承担投资风险。已知当地政府规定的扣除比例为 20%，计算该企业 2005 年度应纳房产税。

3. 某企业上半年共有房产原值 4 000 万元，7 月 1 日起企业将原值 200 万元、占地面积 400 平方米的一栋仓库出租给某商场存放货物，租期 1 年，每月租金收入 1.5 万元。8 月 10 日对委托施工单位建设的生产车间办理验收手续，由在建工程转入固定资产原值 500 万元。已知房产税计算余值的扣除比例 20%，计算该企业应纳房产税。

4. 某企业拥有 5 吨载货卡车 10 辆，8 吨的汽车挂车 5 辆，大客车 3 辆，小轿车 10 辆。车船税税额为：载货汽车 60 元/吨，大客车 500 元/辆，小轿车 250 元/辆。计算该企业应缴纳车船税。

第十二章

行为税

■ 第一节 概论

一、行为目的税的性质

行为目的税是政府为特定的社会经济政策目的和意图而设计征收的税种。从理论上来讲，行为目的税应有时效性，即在一定时期内开征。当政府的政策意图和目的完成后应停征。但实际上，一个税种一旦开征，往往就长期延续下去。我国现行行为目的课税有城市维护建设税、印花税、车辆购置税和土地增值税等税种。

严格地说，按照课税对象的性质划分，无外乎流转税、所得税和财产税三大类。但是，在各国税收体系中，除了一些典型的流转税、所得税和财产税税种外，还有一些居于次要地位，属于专门对特定行为和目的所课征的税种。按照课税对象的性质划分，这些税种也可以分别归入流转税类、所得税类和财产税类，但其中某些税种的课税对象由于兼有多种性质，导致税种性质的混合性，很难明确归入哪一类。因此，在这里将它们集中起来作一简单介绍。通常，这些税种大致有以下三种情况：

（1）出于特定社会目的课征并有指定用途的税收。这类税的名称繁多，主要体现保护国家有限资源、保障人民生活安定的精神，其收入大都是用于社会公共设施。如日本地方税体系中的狩猎税，一方面体现"寓限于征"的精神；另一方面，将其税收收入用于保护鸟兽等野生动物方面的开支。在日本，属于这类税收的税种还包括：汽车购置税、电力开发促进税、挥发油税、城市规划税等。在中国现行税收体系中，城市维护建设税就属于这类税收。另外，在名称上不称为"税"的"教育费附加"也属同样性质。

（2）出于特定经济目的而课征的税收。这类税收的立法意图在于：用税收调节和控制宏观经济结构，体现国家的经济政策。如我国目前实行的土地增值税，以及曾经实行过的固定资产投资方向调节税、奖金税、工资调节税、烧油特别税、特别消费税等，分别体现出国家的产业导向政策、资源开发利用政策、收入分配政策和消费政策等。

（3）出于财政目的而课征的税收。有些税收的开征，主要是为国家财政提供收入来源，而不着眼于社会的或经济的目的。如各国普遍开征的印花税，主要为政府筹集财政资金。再如我国曾经实行过的名称上不称为"税"的"国家预算调节基金"也属于这类税收。

二、行为目的课税的特点

（1）税种多、税源分散。基于各种社会的、经济的和财政目的的行为目的课税，大都选择某些特定的征税对象和特定的调节范围或区域，并常常通过单设税种的方法来达到某种特定目的。因而造成税种繁多的情况。而且，从调节的区域或立法的层次来看，这些税种既有中央政府直接掌管的，又有地方政府控管的，这又同时造成税源分散的状况，从而增加了征收管理的困难，导致征收成本的上升。

（2）政策性强、调节范围明确。行为目的课税通常具有明确的调节范围，体现国家特定的政策意图，具有难以代替的优点。正是由于行为目的税具有特定的调节目的和明显的政策意图，才使大多数国家的税制具有多税种、多层次、多环节征收的复合税制的特点。当然，过多的税种，容易给人们造成"税负过重"的感觉，因此，行为目的税的开征，必须十分谨慎，以避免不必要的社会抵触情绪，真正达到国家的政策意图。

（3）税负直接、难以转嫁。行为目的课税一般都由纳税人缴纳，具有纳税人与负税人相一致、税负难以转嫁的特点。正是由于这个特点，才使行为目的税能够较好地达到其开征目的。

（4）稳定性差。正是由于大多数的行为目的课税税种具有特定的调节目的和明确的政策意图，因此，当客观社会政治经济条件发生变化时，就可能需要对税种进行修改、实行停征或缓征，也可能新设税种。

行为目的税是政府为特定的社会经济政策目的和意图而设计征收的税种。我国现行行为目的税主要有城市维护建设税和印花税等税种。

第二节　城市维护建设税

城市维护建设税是对从事生产、经营取得收入的单位和个人，以实际缴纳的增值税、消费税和营业税为计税依据征收，税款专项用于城市、县城、乡镇维护建设方面的一种税。城市维护建设税于 1985 年 1 月 1 日开征。

一、纳税人

凡在我国境内从事生产、经营，缴纳增值税、消费税和营业税的单位和个人都是城市维护建设税的纳税人。具体包括国有企业、集体企业、股份制企业、私营企业、其他企业、事业单位及个体经营者和其他个人。但目前外商投资企业和外国企业虽负有增值税、消费税和营业税纳税义务，但不缴纳城市维护建设税。

二、征税对象

城市维护建设税是以附加税的形式出现，其计税依据为纳税人实际缴纳的增值税、消费税、营业税。对进口产品由海关代征的增值税、消费税、营业税不作城市维护建设税计税依据征收城市维护建设税。对纳税人因违反增值税、消费税、营业税有关税法而加收的滞纳金或罚款，不作城市维护建设税的计税依据，不征城市维护建设税。但对纳税人因偷漏税而被查补或处罚的增值税、消费税、营业税，应作业城市维护建设税计税依据征收城市维护建设税。如果纳税人减征或免征增值税、消费税、营业税，同时也就减征或免征了城市维护建设税。但对出口产品实行出口退还增值税、消费税的，不退出口产品已缴纳有城市维护建设税。

三、税率

城市维护建设税采用地区差别比例税率。

（1）纳税人所在地为市区的，税率为 7%；

（2）纳税人所在地为县城、建制镇的，税率为 5%；

（3）纳税人所在地为市区、县城、建制镇以外地区的，税率为 1%。

城市维护建设税的税率一般按纳税人所在地确定，但对于由受托方代征代扣增值税、消费税、营业税的单位和个人，其代征代扣的城市维护建设税按受托方所在地适用税率缴纳。流动经营无固定纳税地点的单位和个人，在经营地缴纳增值税、消费税、营业税的，其城市维护建设税的缴纳按经营地适用税率。

四、征收管理

1. 城市维护建设税的计算

城市维护建设税应纳税款的计算公式为

应纳城市维护建设税＝纳税人实际缴纳增值税、消费税、营业税×适用税率

例：设在某市的某化妆品生产经营企业，6月份产品销售缴纳消费税300万元，增值税100万元，提供美容服务缴纳营业税20万元，产品出口退还增值税30万元，进口设备在海关缴纳增值税15万元，进口原材料在海关缴纳增值税25万元，同期税务部门检查发现该企业少缴增值税10万元，对其处以补缴税款，2倍罚款，城市维护处罚与增值税同。计算该企业应纳城市维护建设税和城市维护建设税罚款。

解：

$$应纳城市维护建设税 = (300 + 100 + 20 + 10) \times 7\% = 30.1(万元)$$
$$城市维护建设税罚款 = 10 \times 7\% \times 2 = 1.4(万元)$$

2. 城市维护建设税的征收管理

城市维护建设税的纳税义务发生时间和纳税期限的规定与现行增值税、消费税、营业税的相同，具体可由主管税务机关根据纳税人的情况分别确定。如果不能按照固定的纳税期限纳税的，可以按次纳税。

城市维护建设税的纳税地一般为纳税人缴纳增值税、消费税、营业税的所在地。代征代扣增值税、消费税、营业税的单位和个人，城市维护建设税的纳税地在代征代扣地。如此规定可以避免地方财政收入分配不合理的现象，体现税负与受益相一致的原则。

■ 第三节　印花税

印花税是对经济活动和经济交往中书立、领受的凭证征收的一种税。我国曾于1950年公布《印花税暂行条例》，经1953年和1956年两次修订后，缩小了征收范围。1958年税制改革时，并入工商统一税。1988年8月6日，国务院发布了《中华人民共和国印花税暂行条例》，同年10月1日起恢复征收印花税。

一、纳税人

印花税的纳税人是指在中华人民共和国境内书立、领受应税凭证的单位和个人。单位是指在我国境内书立应税凭证的国内各类企业、事业、机关、团体、部队以及中外合资企业、中外合作企业、外资企业、外国公司企业和其他经济组织及其在华机构等单位；个人是指在我国境内书立应税凭证的我国公民和外国公

民。根据书立、领受应税凭证的不同，印花税的纳税人可分别称为：

（1）立合同人。指合同的当事情人。当事人是指对凭证有直接权利关系的单位和个人，但不包括保人、证人、鉴定人。合同包括购销、加工承揽、建设工程承包、财产租赁、货物运输、仓储保管、借款、财产保险、技术合同或具有合同性质的凭证。

（2）立据人。产权转移书据的纳税人是立据人。

（3）立账簿人。营业账簿的纳税人是立账簿人。立账簿人是指设立并使用营业账簿的单位和个人。

（4）领受人。权利、许可证照的纳税人是领受人。领受人是指领取或接受并持有该项凭证的单位和个人。

（5）使用人。在国外书立、领受，但在国内使用的应税凭证纳税人是使用人。

对合同、书据等凭证，凡属两方或两方以上当事人共同书立的凭证，其当事人各方都是印花税的纳税人，各就其所持凭证所载的金额依率纳税。

二、征收对象

（一）征收对象

印花税属行为课税，其征收对象为在我国境内书立、领受应税凭证的行为。应税凭证的具体范围包括：

1. 各类经济技术合同

包括以下各类合同及具有合同性质的凭证（包括具有合同效力的协议、契约、合约、单据、确认书及其他各种名称的凭证）：

（1）购销合同。包括供应、预购、采购、购销结合及协作、调剂、补偿、贸易等合同。

（2）加工承揽合同。包括加工、定做、修缮、修理、印刷、广告、测绘、测试等合同。

（3）建设工程勘察设计合同。包括勘察、设计合同。

（4）建设安装工程承包合同。包括建筑、安装工程承包合同。

（5）财产租赁合同。包括租赁房屋、船舶、飞机、机动车辆、机械、器具、设备等合同，还包括企业、个人出租门店、柜台等签订的合同。

（6）货物运输合同。包括民用航空、铁路运输、海上运输、公路运输和联运合同。

（7）仓储保管合同。包括仓储、保管合同。

（8）借款合同。银行及其他金融组织与借款人所签订的合同。

（9）财产保险合同。包括财产、责任、保证、信用保险合同。

（10）技术合同。包括技术开发、转让、咨询、服务等合同。

2. 产权转移书据

是指单位和个人产权的买卖、继承、赠与、交换、分割等所立的书据，包括财产所有权和版权、商标专用权、专利权、专有技术使用权等转移书据。

3. 营业账簿

是指单位和个人从事生产经营活动所设立的账册。账册按其反映内容的不同，可分为记载资金的账簿和其他账簿。记载资金的账簿是指标反映生产经营单位资本金增减变化的账簿。其他账簿是指除上述账簿以外的有关其他生产经营活动内容的账簿，包括日记账簿和各种明细分类账簿。

4. 权利、许可证照

包括政府部门发给的房屋产权证、工商营业执照、商标注册证、专利证、土地使用证。

5. 股份转让书据

包括上市股票和企业内部发行的股票买卖、继承、赠与等转让书据。

（二）计税依据

由于印花税分别采用从价计征和从量计征两种办法，因此，印花税计税依据的确定有两种情况：

（1）采用从价计征的，其计税依据为应税凭证上记载的金额。适用此种方法确定计税依据的应税凭证有各类经济技术合同、产权转移书据、股份转让书据和营业账簿中的资金账簿。

（2）采用从量计征的，其计税依据为应税凭证的数量。适用此种方法确定计税依据的应税凭证有权利、许可证照和营业账簿中的其他账簿。

三、税率

印花税共设有 13 个税目，分别是购销合同、加工承揽合同、建设工程勘察设计合同、建筑安装工程承包合同、财产租赁合同、货物运输合同、仓储保管合同、借款合同、财产保险合同、技术合同、产权转移书据、营业账簿、权利许可证照。由于对证券交易行为目前尚未开征专门的税种，因此对证券交易过程中发生的股权、债券书据转移目前暂时列入印花税中开征印花税，归属产权转移书据之中。

印花税采用比例税率和定额税率两种税率形式。按比例税率征收的各类凭证，一般都载有金额，税率分为 6 个档次。其中，股份转让书据适用千分之二税率；财产租赁合同、仓储保管合同、财产保险合同适用千分之一税率；加工承揽合同、建设工程勘察设计合同、货物运输合同、产权转移书据、营业账簿中的资金账簿适用万分之五税率；购销合同、建筑安装工程承包合同、技术合同适用万分之三税率；借款合同适用万分之零点五税率；营业账簿中的其他账簿、权利许可证照适用定额税，每件5元（表12-1）。

表 12-1　印花税税目税率表

税　目	计税依据	税率	纳税人
1. 购销合同	购销金额	0.3‰	立合同人
2. 加工承揽合同	加工承揽收入	0.5‰	立合同人
3. 建设工程勘察设计合同	收取费用	0.5‰	立合同人
4. 建筑安装工程承包合同	承包金额	0.3‰	立合同人
5. 财产租赁合同	租赁金额	1‰	立合同人
6. 货物运输合同	运输费用	0.5‰	立合同人
7. 仓储保管合同	仓储保管费用	1‰	立合同人
8. 借款合同	借款金额	0.05‰	立合同人
9. 财产保险合同	保险费收入	1‰	立合同人
10. 技术合同	合同所载金额	0.3‰	立合同人
11. 产权转移书据	书据所载金额	0.5‰	立据人
12. 股权转让书据	股权转让金额	1‰	立据人
13. 资金账簿	实收资本和资本公积	0.5‰	立账簿人
14. 其他账簿	件	5元	立账簿人
15. 权利许可证照	件	5元	领受人

同一凭证因载有两个或两个以上经济事项而适用不同税目税率，如分别记载金额的，应分别计算应纳税额，相加后按合计税额贴花；如未分别记载金额的，按税率高的计税贴花。

四、政策优惠

（1）已缴纳印花税凭证的副本或抄本。以副本或者抄本视同正本使用的，应另贴印花，不予免税。

（2）财产所有人将财产捐赠给政府、抚养老伤残的社会福利单位以及学校书立的凭证。

（3）国家指定的收购部门与村民委员会、农民个人签订的农副产品收购合同。

（4）无息、贴息贷款合同。

（5）外国政府或国际金融组织向我国政府及国家金融机构提供优惠贷款所书

立的合同。

（6）房地产管理部门与个人签订的用于生活居住的租赁合同。

（7）农牧业保险合同。

（8）军事物资运输、抢险救灾物资运输、新建铁路的工程临管线运输等特殊货运凭证。

（9）股权分置改革减免税。股权分置改革过程中因非流通股股东向流通股股东支付对价而发生的股权转让，暂免征收印花税。

（10）企业改制减免税。①实行公司制改造的企业在改制过程中成立的新企业（重新办理法人登记的），其新启用的资金账簿记载的资金或因企业建立资本纽带关系而增加的资金，凡原已贴花的部分可不再贴花，未贴花的部分和以后新增加的资金按规定贴花。②以合并或分立方式成立的新企业，其新启用的资金账簿记载的资金，凡原已贴花的部分可不再贴花，未贴花的部分和以后新增加的资金按规定贴花。合并包括吸收合并和新设合并。③企业债权转股权新增加的资金按规定贴花。④企业改制中经评估增加的资金按规定贴花。⑤企业其他会计科目记载的资金转为实收资本或资本公积的资金按规定贴花。⑥企业改制前签订但尚未履行完的各类应税合同，改制后需要变更执行主体的，对仅改变执行主体、其余条款未作变动且改制前已贴花的，不再贴花。⑦企业因改制签订的产权转移书据免予贴花。

五、应纳税额

按照比例税率计算税额缴纳印花税的，其应纳税额的计算公式为

$$应纳税额 = 计税金额 \times 适用税率$$

（一）计税依据的一般规定

上述计税金额是指计税依据，具体来说分为以下几种情况：

（1）购销合同的计税依据为合同记载的购销金额。

（2）加工承揽合同的计税依据是加工或承揽收入的金额。具体规定：①对于由受托方提供原材料的加工、定做合同，凡在合同中分别记载加工和原材料金额的，应分别按加工承揽和购销合同计税。如未分别记载的，全部按加工合同计税。②对于由委托方提供原材料的加工、定做合同，受托方按加工费和辅助材料费合计金额依据加工承揽合同计税。

（3）建设工程勘探设计合同的计税依据是收取的费用。

（4）建筑安装工程承包合同的计税依据为承包金额。

（5）财产租赁合同的计税依据为租赁金额。

（6）货物运输合同的计税依据为取得的运输费金额（即运费收入），不包括

装卸费和保险费。

（7）仓储保管合同的计税依据为收取的仓储保管费用。

（8）借款合同的计税依据为借款金额。

（9）财产保险合同的计税依据为支付（收取）的保险费金额。

（10）技术合同的计税依据为合同所载的价款、报酬或使用费。为了鼓励技术研究开发，对技术开发合同，只就合同所载的报酬金额计税。

（11）产权转移书据的计税依据为所载金额。

（12）营业账簿税目中记载资金的账簿的计税依据为"实收资本"与"资本公积"两项的合计金额。实收资本，包括现金、实物、无形资产和材料物资。现金按实际收到或存入纳税人开户银行的金额确定。实物，指房屋、机器等，按评估确认的价值或者合同、协议约定的价格确定。无形资产和材料物资，按评估确认的价值确定。资本公积，包括接受捐赠、法定财产重估增值、资本折算差额、资本溢价等。如果是实物捐赠，则按同类资产的市场价格或有关凭据确定。其他账簿的计税依据为应税凭证件数。

（13）权利、许可证照的计税依据为应税凭证件数。

印花税最低税额是1角。按规定计算出的应纳税额不足1角的凭证，免贴印花税；应纳税额在1角以上的，按照四舍五入的规则，其尾数不满5分的不计，满5分的按1角计算贴花。财产租赁合同税额不足1元的，按1元计算贴花。应纳税额不足1角的免纳印花税；1角以上的，其税额尾数不满5分的不计，满5分的按1角计算贴花。

（二）计税依据的特殊规定

（1）同一凭证载有两个或两个以上经济事项而适用不同税目税率，如分别记载金额的，应分别计算应纳税额，相加后按合同计税额贴花；如未分别记载金额的，按税率高的计税贴花。

（2）按金额比例贴花的应税凭证，未标明金额的，应按照凭证所载数量及国家牌价计算金额；没有国家牌价的，按市场价格计算金额，然后按规定税率计算应纳税额。

（3）应税凭证所载金额为外国货币的，应按照凭证书立当日国家外汇牌价折合成人民币，然后计算应纳税额。

（4）有些合同在签订时无法确定计税金额，可在签订时先按5元定额贴花，以后结算时再按实际金额计税。

（5）不论合同是否兑现，均应贴花。对已履行并贴花的合同，所载金额与合同履行后实际结算金额不一致的，只要双方未修改合同金额，一般不再办理完税手续。

（6）采取易货换货方式签订的合同，应按合同所载购销合计金额计税贴花。

合同未列明金额的，应按合同所载购销数量依照国家牌价或市场价格计算应纳税额。

(7) 施工单位将承包的建设项目分包或转包给其他施工单位所签订的分包或转包合同，应按新的分包或转包合同所载金额计算应纳税额。

(8) 对国内各种形式的货物联运，凡起运地统一结算全程运费的，应以全程运费作为计税中各方缴纳印花税。对国际货运，凡由我国运输企业运输的，不论在我国境内、境外起运或中转分程运输，我国运输企业所持的一份运费结算凭证，均按全程运费计算应纳税额；托运方所持的一份运输结算凭证，按全程运费计算应纳税额。由外国运输企业运输进出口货物的，外国运输企业所持的一份运费结算凭证免纳印花税；托运方所持的一份运费结算凭证亦免缴纳印花税。国际货运运费结算凭证在国外办理的，应在凭证转回我国境内时按规定缴纳印花税。

例：某企业 2007 年发生以下应税项目：①与 A 公司签订一项易货合同，约定以原材料 50 万元换取 40 万元产成品；②接受 B 公司委托，加工商品，原材料由 B 公司提供，价值 50 万元，辅助材料由本企业提供，价值 10 万元，加工费 20 万元；加工合同中分开记载，合计金额 80 万元；③与企业签订一份建筑工程合同，金额 1 000 万元，施工期间将价值 100 万元的工程转包给 D 企业，签订转包合同；④国外某金融机构向该企业提供优惠贷款，书立合同注明金额 1 000 万元。计算该企业应纳印花税。

解：

① 应纳印花税 $= (500\ 000 + 400\ 000) \times 0.3‰ = 270$（元）

② 应纳印花税 $= (100\ 000 + 200\ 000) \times 0.5‰ = 150$（元）

③ 应纳印花税 $= (10\ 000\ 000 + 1\ 000\ 000) \times 0.3‰ = 3\ 300$（元）

④ 应纳印花税 $= 10\ 000\ 000 \times 0.05‰ = 500$（元）

六、征收管理

1. 印花税的缴纳方法

印花税实行由纳税人根据规定自行计算应纳税额，购买并一次贴足印花税票的缴纳办法。

印花税票为有价证券，其票面金额以人民币为单位，分为 1 角、2 角、5 角、1 元、2 元、5 元、10 元、50 元和 100 元 9 种。纳税人应首先向印花税票的代售单位或个人购买印花税票。

印花税票应当黏贴在应纳税凭证上，并由纳税人在每枚税票的骑缝处盖戳注销或者画销。应纳税凭证黏贴印花税票后应即注销。纳税人有印章的，应加盖印章注销，纳税人没有印章的，可用钢笔（圆珠笔）画几条横线注销。注销标记与骑缝处相交。骑缝处是指黏贴的印花税票与凭证及印花税票之间的交接处。已贴用的印花税票不得重用。

产权转移书据由立据人贴花，如未贴或者少贴印花，书据的持有人负责补贴印花。所立书据以合同方式签订的，应由持有书据的各方分别按全额贴花。同一凭证，由两方或两方以上当事人签订并各执一份的，应当由各方就所执一份的各自金额贴花。已贴花的凭证，修改后所载金额增加的，其增加部分应当补贴印花税票。

为简化贴花手续，一份凭证应纳税额超过 500 元的，纳税人应向税务机关申请填写缴款书或者完税证，将其中一联黏贴在凭证上或者由税务机关在凭证上加注完税标记代替贴花。同一类应纳税凭证，贴花次数频繁的，应向当地税务机关申请按期汇总缴纳印花税。汇总缴纳的期限由当地税务机关确定，但最长期限不得超过 1 个月。凡汇总缴纳印花税的凭证，应加注税务机关指定的汇缴戳记，编号并装订成册后，将已贴花或者缴款书的一联黏附册后，盖章注销，保存备查。凡多贴印花税票者，不得申请退税或者抵用。

2. 印花税的处罚规定

（1）对应纳税凭证未贴花或少贴花的，除责令补贴印花税票外，可处以应补贴印花税金额 3～5 倍的罚款；

（2）对应纳税凭证黏贴了印花税票而没有注销或没有画销的，可处以未注销或画销印花税票金额的 1～3 倍的罚款；

（3）已贴用的印花税票揭下重用的，可处以重用印花税票金额 5 倍或者 2 000 元以上 10 000 元以下的罚款；

（4）汇总缴纳印花税的单位，超过税务机关核定的纳税期限，未缴或者少缴印花税款的，税务机关除令其限期补缴税款外，并从滞纳之日起，按日加收 5‰ 的滞纳金；

（5）纳税人未按税法规定保管纳税凭证，可酌情处以 5 000 元以下的罚款；

（6）伪造印花税票的，属犯罪行为，司法机关追究刑事责任。

第四节　车辆购置税

车辆购置税是对购置的车辆征收的一种税收。我国现行车辆购置税于 2000 年 10 月 22 日发布，从 2001 年 1 月 1 日起施行的。车辆购置税由国家税务局负责征收管理（目前暂由交通部门所属的原车辆购置附加费稽征机构代征），所得收入归中央政府所有，专门用于交通事业建设。

一、纳税人和征税范围

（1）纳税人。车辆购置税的纳税人包括在我国境内购置规定的车辆（以下简称应税车辆）的国有企业、集体企业、私营企业、股份制企业、外商投资企业、外国企业、其他企业、事业单位、社会团体、国家机关、部队、其他单位、个体工商户和其他个人。

（2）征税范围。车辆购置税的征收范围包括汽车、摩托车、电车、挂车、农用运输车。车辆购置税征收范围的调整，由国务院决定并公布。

上述车辆购置，包括纳税人购买、进口、自产、受赠、获奖或者以其他方式取得并自用应税车辆的行为。

二、计税方法

车辆购置税按照规定的应税车辆计税价格和适用税率计算应纳税额。

应纳税额计算公式为

$$应纳税额 = 计税价格 \times 适用税率$$

（一）计税依据

车辆购置税的计税价格根据不同情况，按照下列规定确定：

（1）纳税人购买自用的应税车辆的计税价格，为纳税人购买应税车辆的时候支付给销售者的全部价款和价外费用（包括销售方在车价以外向购买方收取的手续费、基金、违约金、包装费、运输费、保管费、代收款项、代垫款项和其他收费），但是不包括增值税税款。

（2）纳税人进口自用的应税车辆的计税价格的计算公式为

$$计税价格 = 关税完税价格 + 关税 + 消费税$$

（3）纳税人自产、受赠、获奖或者以其他方式取得并自用的应税车辆的计税价格，由主管税务机关参照国家税务总局规定的最低计税价格确定。

（4）最低计税价格的确定。国家税务总局参照应税车辆市场平均交易价格，规定不同类型应税车辆的最低计税价格。①已经缴纳车辆购置税并办理了登记注册手续的车辆，其发动机或者底盘发生更换的，其最低计税价格按照同类型新车最低计税价格的70%计算。②对于国家税务总局没有核定最低计税价格的车辆，代征机构可以比照已经核定最低计税价格的同类型车辆先行征税，并按照规定的程序，由省级车辆购置附加费征管部门将有关信息报交通部车辆购置附加费征收管理办公室，该办公室提出初步意见报国家税务总局，由国家税务总局审定以后发布执行。③纳税人购买或者进口自用应税车辆，申报的计税价格低于同类型应税车辆的最低计税价格，又无正当理由的，按照最低计税价格计算征收车辆购置税。

纳税人以外汇结算应税车辆价款的，按照申报纳税之日中国人民银行公布的人民币对外国货币的基准汇价（或者按照有关规定套算得出的汇价）折合成人民币，然后计算缴纳车辆购置税。

（二）税率

车辆购置税的税率为10％。车辆购置税税率的调整，由国务院决定并公布。

例：某企业购买1辆价格为20万元的轿车和1辆价格为30万元的货车（上述价格均为不含增值税的价格）。计算该企业应纳车辆购置税税额。

解：

$$应纳税额 ＝ (20＋30) \times 10％ ＝ 5(万元)$$

车辆购置税实行一次征收制度。购置已征车辆购置税的车辆，不再征收车辆购置税。

三、政策优惠

（一）减免税

下列项目可以免征车辆购置税：

（1）外国驻华使馆和外交代表、外国驻华领事馆和领事官员、国际组织驻华机构及其官员自用的车辆。

（2）中国人民解放军和中国人民武装警察部队列入军队武器装备订货计划的车辆。

（3）设有固定装置的非运输车辆（如挖掘机、平地机、叉车、装载车、起重机、推土机等）。

（4）防汛专用车、森林消防专用车。

（5）回国服务的在外留学人员用现汇购买自用的国产小汽车（限1辆）。

（6）长期来华定居专家进口自用的小汽车（限1辆）。

车辆购置税的其他免税、减税项目由国务院规定。

免征、减征车辆购置税的车辆由于转让、改变用途等原因不再属于免税、减税范围的，应当在办理车辆过户手续以前或者办理变更车辆登记注册手续以前缴纳车辆购置税。上述应税车辆的最低计税价格按以下公式计算：

最低计税价格＝同类型新车最低计税价格×（1－已使用年限/规定使用年限）×100％

在以上公式中，国产车辆的规定使用年限按照10年计算，进口车辆的规定使用年限按照15年计算。超过规定使用年限的车辆不再征收车辆购置税。

（二）退税

纳税人已经缴纳车辆购置税，在办理车辆登记注册手续以前由于下列原因需要办理退还车辆购置税的，由纳税人申请，原征收机构审查以后办理退税手续：

（1）公安机关车辆管理机构不予办理车辆登记注册手续的，凭公安机关车辆管理机构出具的证明办理退税手续。

（2）由于质量等原因退回所购车辆的，凭经销商的退货证明办理退税手续。

已经办理了车辆登记注册手续的车辆，不论出于何种原因，均不能退还已缴纳的车辆购置税。

四、征收管理

（1）纳税地点。纳税人购置应税车辆，应当向车辆登记注册地的税务机关申报缴纳车辆购置税。购置不需要办理车辆登记注册手续的应税车辆，应当向纳税人所在地的税务机关申报纳税。

（2）纳税时间。纳税人购买自用应税车辆的，应当自购买之日起 60 日以内申报缴纳车辆购置税；进口自用应税车辆的，应当自进口之日起 60 日以内申报纳税；自产、受赠、获奖或者以其他方式取得并自用应税车辆的，应当自取得之日起 60 日以内申报纳税。车辆购置税税款应当一次缴清。

（3）征税管理。纳税人应当在向公安机关车辆管理机构办理车辆登记注册以前缴纳车辆购置税。纳税人应当持税务机关出具的车辆购置税完税证明或者免税证明，向公安机关车辆管理机构办理车辆登记注册手续。没有上述完税证明或者免税证明的，公安机关车辆管理机构不得办理车辆登记注册手续。

税务机关发现纳税人没有按照规定缴纳车辆购置税的，有权责令其补缴；纳税人拒绝缴纳的，税务机关可以通知公安机关车辆管理机构暂扣纳税人的车辆牌照。

第五节　土地增值税

土地增值税是对有偿转让国有土地使用权及地上建筑物和其他附着物产权、取得增值收入的单位和个人征收的一种税。随着我国房地产市场的不断发展，在房地产开发过程当中土地因其稀缺性特征其增值潜力逐渐凸现。为了增强国家对房地产开发和房地产市场的调控力度，抑制炒买炒卖土地投机获取暴利的行为，规范国家参与土地增值收益的分配方式，增加国家财政收入，在1993年12月我国颁布了《中华人民共和国土地增值税暂行条例》，并规定从1994年1月起施行。

一、征税范围

土地增值税的课税对象是有偿转让国有土地使用权及地上建筑物和其他附着物产权所取得的增值额。这一概念所界定的征税范围有以下三层含义：

1. 土地增值税只对转让国有土地使用权的行为课税，转让非国有土地和出让国有土地的行为均不征税

按我国宪法和土地管理法规定，城市的土地属于国家所有。农村和城市郊区的土地除由法律规定属于国家所有的以外，属于集体所有。企业、单位和个人对国有土地只拥有使用权，而无所有权。土地增值税只对企业、单位和个人等经济主体转让国有土地使用权的行为课税。

对属于集体所有的土地，按现行规定需先由国家征用后才能转让。未经国家征用的集体土地不得转让，亦不征税。在补办土地征用或出让手续，将集体所有的土地变为国家所有之后，才可纳入土地增值税的征税范围。

2. 土地增值税既对转让土地使用权课税，也对转让地上建筑物和其他附着物的产权征税

具体征税范围包括：

（1）转让国有土地使用权。转让国有土地使用权是指土地使用者通过出让方式，向政府缴纳了土地出让金，有偿受让土地使用权后，仅对土地进行了通水、通电、通路和平整地面等土地开发，而未进行房产开发。即所谓"将生地变熟地"，然后将空地直接出售的行为。

（2）取得国有土地使用权并进行房屋开发建造后，出售地上建筑物和其他附着物的产权。虽然这种行为通常被称作卖房，但按照有关法规的规定，房屋开发单位在出售房屋产权的同时，土地使用权也随之发生转让。在这种情况下，转让土地使用权和地上建筑物及其他附着物产权的行为，都应纳入土地增值税的征税范围。因此，纳入土地增值税课征范围的增值额，是纳税人转让房地产所取得的全部增值额，而非仅仅是土地使用权转让的收入。

所谓地上建筑物，是指建于土地上的一切建筑物，包括地上地下的各种附属设施。如厂房、仓库、商店、医院、住宅、地下室、围墙、烟囱、电梯、中央空调、管道等。所谓附着物是指附着于土地上的、不能移动，一经移动即遭损坏的种植物、养植物及其他物品。上述建筑物和附着物的所有者对自己的财产依法享有占有、使用、收益和处置的权利，即拥有排他性的全部产权。

（3）原有房地产的买卖。原有房地产买卖是指房屋所有人将已经建成并已投入使用的房地产（包括正在使用的旧房及已经使用过的新房）的房屋产权和土地使用权一并转让给其他单位和个人的行为。这种行为按照国家有关房地产法规，应当向有关部门办理房产产权和土地使用权的转移变更手续。原土地使用权属于无偿划拨的，还应到土地管理部门补交土地出让金。由于转让原有房地产既发生了房屋产权和土地使用权的转让，又取得了收入，所以应当纳入土地增值税的征税范围。

3. 土地增值税只对有偿转让的房地产征税，对以继承、赠与等方式无偿转让的房地产，则不予征税

具体地，不征土地增值税的房地产赠与行为包括以下两种情况：

（1）房产所有人、土地使用权所有人将房屋产权、土地使用权赠与直系亲属或承担直接赡养义务的人。

（2）房产所有人、土地使用权所有人通过我国境内非营利性的社会团体、国家机关将房屋产权、土地使用权赠与教育、民政和其他社会福利、公益事业的行为。其中，社会团体是指中国青少年发展基金会、希望工程基金会、宋庆龄基金会、减灾委员会、中国红十字会、中国残疾人联合会、全国老年基金会、老区促进会以及经民政部门批准成立的其他非营利的公益性组织。

二、税率

由于土地增值税的主要目的在于抑制房地产的投机、炒卖活动，限制滥占耕地的行为，并适当调节纳税人的收入分配，保障国家权益，因此，税率设计的基本原则是，增值多的多征，增值少的少征，无增值的不征。按照这个原则，土地增值税采用四级超率累进税率。其中，最低税率为30%，最高税率为60%，税收负担高于我国的企业所得税（表12-2）。实行这样的税率结构和负担水平，一方面，可以对正常的房地产开发经营，通过较低税率体现优惠政策；另一方面，对取得过高收入，尤其是对炒买炒卖房地产获取暴利的单位和个人，也能发挥一定的调节作用。

表 12-2　土地增值税税率表

级次	增值额与扣除项目金额的比率(%)	税率(%)	速算扣除系数(%)
1	不超过50%的部分	30	0
2	超过50%～100%的部分	40	5
3	超过100%～200%的部分	50	15
4	超过200%的部分	60	35

三、计税依据

土地增值税的计税依据是纳税人转让房地产所取得的增值额。转让房地产的增值额，是纳税人转让房地产的收入减除税法规定的扣除项目金额后的余额。由于我国目前房地产市场不健全，土地、房屋的评估工作刚刚起步，如何计算或评估增值额尚处探索阶段，因此，对土地增值额的计算与确定，税法规定采用"扣除计算法"和"价格评估法"两种方法。

（一）扣除计算法

所谓扣除计算法，是以纳税人转让房地产所取得的收入，减除税法规定的扣除项目金额后的余额为税基，按适用税率计算应纳税额的一种方法。显然，土地增值额的大小，取决于转让房地产的收入额和扣除项目金额两个因素。对这两个因素的内涵、范围和确定方法等，税法作了较为明确的规定。

1. 收入额的确定

纳税人转让房地产所取得的收入，是指包括货币收入、实物收入和其他收入在内的全部价款及有关的经济利益，不允许从中减除任何成本费用。对取得的实物收入，要按收入的市场价格折算成货币收入；对取得的无形资产收入，要进行专门的评估，在确定其价值后折算成货币收入。

2. 扣除项目及其金额

在确定房地产转让的增值额和计算应纳土地增值税时，允许从房地产转让收入总额中扣除的项目及其金额，可分为以下六类：

（1）取得土地使用权所支付的金额。是指纳税人为取得土地使用权支付的地价款和按国家统一规定交纳的有关费用之和。其中，"取得土地使用权所支付的金额"可以有三种形式：以出让方式取得土地使用权的，支付的土地出让金；以行政划拨方式取得土地使用权的，转让土地使用权时按规定补缴的出让金；以转让方式取得土地使用权的，支付的地价款。

（2）开发土地和新建房及配套设施的成本（简称房地产开发成本）。是指纳税人开发房地产项目实际发生的成本。这些成本允许按实际发生数扣除。主要包括土地征用及拆迁补偿费、前期工程费、建筑安装工程费、基础设施费、公共配套设施费、开发间接费用等。

第一，土地征用及拆迁补偿费。包括土地征用费、耕地占用税、劳动力安置费及有关地上、地下附着物拆迁补偿的净支出、安置动迁用房支出等。

第二，前期工程费。包括规划、设计、项目可行性研究和水文、地质、勘察、测绘、三通一平等支出。

第三，建筑安装工程费。是指以出包方式支付给承包单位的建筑安装工程费，以自营方式发生的建筑工程安装费。

第四，基础设施费。包括开发小区内的道路、供水、供电、供气、排污、排洪、通信、照明、环卫、绿化等工程发生的支出。

第五，公共配套设施费。包括不能有偿转让的开发小区内公共配套设施发生的支出。

第六，开发间接费用。是指直接组织、管理开发项目所发生的费用，包括工资、职工福利费、折旧费、修理费、办公费、水电费、劳动保护费、周转房摊销等。

（3）开发土地和新建房及配套设施的费用（简称房地产开发费用）。是指与房地产开发项目有关的销售费用、管理费用、财务费用。根据新会计制度的规定，与房地产开发有关的费用直接计入当年损益，不按房地产项目进行归集或分摊。为了便于计算操作，土地增值税实施细则对有关费用的扣除，尤其是财务费用中的数额较大利息支出扣除，作了较为详细的规定。

对于利息支出以外的其他房地产开发费用，按取得土地使用权支付的金额和房地产开发成本金额之和，在5%以内计算扣除。对于利息支出，分两种情况确定扣除：第一，凡能按转让房地产项目计算分摊利息并提供金融机构证明的，允许据实扣除，但最高不能超过按商业银行同期贷款利率计算的金额。超过贷款期限的利息和加罚的利息均不允许扣除；第二，凡不能按转让房地产项目计算分摊利息支出或不能提供金融机构证明的，利息支出不得单独计算，而应并入房地产开发费用中一并计算扣除。在这种情况下，"房地产开发费用"的计算方法是，按取得土地使用权支付的金额和房地产开发成本金额之和，在10%以内计算扣除。

（4）旧房及建筑物的评估价格。税法规定，转让旧房的，应按旧房及建筑物的评估价格、取得土地使用权所支付的地价款和按国家统一规定缴纳的有关费用以及在转让环节缴纳的税金作为扣除项目金额计征土地增值税。其中，"旧房及建筑物的评估价格"是指转让已使用过的房屋及建筑物时，由政府批准设立的房地产评估机构评定的重置成本价乘以成新折扣率后的价格。评估价格须经当地税务机关确认。

对取得土地使用权时未支付地价款或不能提供已支付的地价款凭据的，不允许扣除取得土地使用权时所支付的金额。纳税人转让旧房及建筑物时，因计算纳税需要对房地产进行评估，其支付的评估费用允许在计算土地增值税时予以扣除。但是，对纳税人因隐瞒、虚报房地产成交价格等情形而按房地产评估价格计算征收土地增值税时所发生的评估费用，则不允许在计算土地增值税时予以扣除。

（5）与转让房地产有关的税金。是指在转让房地产时缴纳的营业税、印花税、城市维护建设税，教育费附加也可视同税金扣除。其中，允许扣除的印花税，是指在转让房地产时缴纳的印花税。房地产开发企业按照《施工、房地产开发企业财务制度》的有关规定，其缴纳的印花税列入管理费用，已相应作了扣除。房地产开发企业以外的其他纳税人在计算土地增值税时，允许扣除在转让房地产环节缴纳的印花税。对于个人购入房地产再转让的，其在购入环节缴纳的契税，由于已经包含在旧房及建筑物的评估价格之中，因此，计征土地增值税时，不另作为与转让房地产有关的税金予以扣除。

（6）财政部确定的其他扣除项目。其中规定的一项重要扣除项目是，对从事房地产开发的纳税人允许按取得土地使用权时所支付的金额和房地产开发成本之和，加计20％扣除。这项扣除政策的基本立法意图是，由于纳税人取得土地使用权后投入资金开发房地产，将生地变为熟地后转让，属于国家鼓励的投资行为，因此，在计算应纳增值税时，不仅可以从转让收入扣除取得土地使用权时支付的地价款、缴纳的有关费用、开发土地和新建房及配套设施的成本和规定费用，以及扣除与转让房地产有关的税金，而且，还允许按取得土地使用权时所支付的金额和房地产开发成本加计20％的扣除。这样，就可以保证从事房地产开发的纳税人取得基本的投资回报，以调动其从事房地产开发的积极性。但是，对取得土地使用权后，未进行开发即转让的，在计算应纳增值税时，只允许扣除取得土地使用权时支付的地价款、缴纳的有关费用，以及在转让环节缴纳的税金。这样规定的目的主要是，抑制炒买炒卖地皮的投机行为。

此外，对于县级及县级以上人民政府要求房地产开发企业在售房时代收的各项费用，可以根据代收费用是否计入房价和是否作为转让收入，确定能否扣除。具体有：①如果代收费用计入房价向购买方一并收取的，则可作为转让房地产所取得的收入计税。相应地，在计算扣除项目金额时，代收费用可以扣除，但不得作为加计20％扣除的基数；②如果代收费用未计入房价中，而是在房价之外单独收取的，可以不作为转让房地产的收入征税。相应地，在计算扣除项目金额时，代收费用就不得在收入中扣除。

（二）价格评估法

价格评估法，是以转让房地产或扣除项目的评估价格为依据，计算土地增值额的一种方法。所谓评估价格，指由政府批准设立的房地产评估机构根据相同地段、同类房地产进行综合评定的价格。这种评估价格亦须经当地税务机关确认。税法规定，纳税人有下列情况之一的，需要对房地产进行评估，并以房地产的评估价格来确定转让房地产收入、扣除项目的金额。

（1）出售旧房及建筑物。新房和旧房界定的标准是，新房是指建成后未使用的房产。凡是使用一定时间或达到一定磨损程度的房产均属旧房。其中，使用时间和磨损程度的标准由各省、自治区、直辖市财政厅（局）和地方税务局具体规定。根据税法规定，出售旧房及建筑物的，应按评估价格计算扣除项目的金额。

（2）隐瞒、虚报房地产成交价格。隐瞒、虚报房地产成交价格的情况主要有两种，一是指纳税人不报转让房地产的成交价格，即根本不申报；二是指纳税人有意低报转让土地使用权、地上建筑物及其附着物价款的行为，即少申报。

（3）提供扣除项目金额不实。提供扣除项目金额不实，是指纳税人在纳税申报时，不据实提供扣除项目金额，而是虚增被转让房地产扣除项目的内容或金额，使税务机关无法从纳税人方面了解计征土地增值税所需的正确的扣除项目金额，以实现通过虚增成本，达到偷税的目的。

（4）转让房地产的成交价格低于房地产评估价格且无正当理由。转让房地产的成交价格低于房地产评估价格且无正当理由，是指纳税人申报的转让房地产的成交价低于房地产评估机构通过市场比较法进行房地产评估时所确定的正常市场交易价，对此，纳税人又不能提供有效凭据或无正当理由进行解释的行为。对这种情况，应按评估的市场交易价确定其实际成交价，并以此作为转让房地产的收入计算征收土地增值税。

四、应纳税额

土地增值税以转让房地产的增值额为税基，依据超率累进税率，计算应纳税额，其计算原理与超额累进税率基本相同。计算的基本原理和方法是，首先以出售房地产的总收入减除扣除项目金额，求得增值额。再以增值额同扣除项目相比，其比值即为土地增值率。然后，根据土地增值率的高低确定适用税率，用增值额和适用税率相乘，求得应纳税额。

计算土地增值税基本公式为

应纳税额＝增值额×适用税率－速算扣除数（或扣除项目金额×速算扣除系数）

（一）转让土地使用权和出售新建房及配套设施应纳税额的计算方法

转让土地使用权和出售新建房及配套设施的情况在征管实践中较为普遍。可根据上述计税原理，分四步计算应纳税额。

（1）汇集扣除项目的金额并计算转让房地产的增值额；

（2）计算增值率。增值率＝（转让房地产的总收入－扣除项目金额）/扣除项目金额；

（3）依据增值率确定适用税率；

（4）依据适用税率计算应纳税额：

应纳税额 ＝ 增值额×适用税率 － 扣除项目金额×速算扣除系数

例：某房地产开发公司出售一幢写字楼，收入总额为 10 000 万元。开发该写字楼有关支出如下：支付地价款及各种费用 1 000 万元；房地产开发成本 3 000 万元；财务费用中的利息支出为 500 万元（可按转让项目计算分摊并提供金融机构证明），但其中有 50 万元属加罚的利息；转让环节缴纳的有关税费为 555 万元；该单位所在地政府规定的其他房地产开发费用计算扣除比例为 5%。试计算该公司应纳的土地增值税。

解：

$$允许扣除的项目金额 = (1\,000 + 3\,000) \times (1 + 5\% + 20\%)$$
$$+ (500 - 50) + 555 = 6\,005(万元)$$

$$增值额 = 10\,000 - 6\,005 = 3\,995(万元)$$

$$增值率 = 3\,995 \div 6\,005 = 66.53\%$$

$$应纳税额 = 3\,995 \times 40\% - 6\,005 \times 5\% = 1\,297.75(万元)$$

（二）出售旧房应纳税额的计算方法

出售旧房及建筑物，首先按评估价格及有关因素计算、确定扣除项目金额，再根据上述方法计算应纳税额。具体计算步骤是：

（1）计算评估价格。其公式为

$$评估价格 = 重置成本价 \times 成新度折扣率$$

（2）汇集扣除项目金额。

（3）计算增值率。

（4）依据增值率确定适用税率。

（5）依据适用税率计算应纳税额如下：

$$应纳税额 = 增值额 \times 适用税率 - 扣除项目金额 \times 速算扣除系数$$

（三）按价格评估法计算应纳税额的方法

土地增值税是按出售房地产的收入减除规定的扣除项目金额来确定增值额，并据以计算应纳税额的，因此，需要纳税人提供有关收入和扣除项目的准确资料。如果纳税人不能提供扣除项目金额或提供不实的，以及纳税人隐瞒、虚报转让房地产的成交价或成交价低于评估价的，税务机关有权按照房地产的评估价格，确定扣除项目金额或转让房地产收入，计算应纳的土地增值税额。

（四）特殊售房方式应纳税额的计算方法

房地产业经营方式较为特殊，征收管理难度也比较大。其中，最突出的是纳税人成片受让土地使用权后分期分批开发、转让房地产，以及纳税人采取预售方式出售商品房。为了加强土地增值税的征收管理，堵塞漏洞，保证税收及时足额入库，土地增值税实施细则规定，土地增值税以纳税人房地产成本核算的最基本核算项目或核算对象为单位计算。依据这项原则，对上述两种经营方式采取了先按比例征收，然后清算的办法。具体方法如下：

（1）纳税人成片受让土地使用权后，分期分批开发、转让房地产的，对允许扣除项目的金额可按转让土地使用权的面积占总面积的比例计算分摊。若按此办法难以计算或明显不合理的，也可按建筑面积或税务机关确认的其他方式计算分

摊。按转让土地使用权的面积占总面积的比例，计算分摊扣除项目金额的公式为

扣除项目金额＝扣除项目总金额×（转让土地使用权面积或建筑面积／受
让土地使用权的总面积）

（2）纳税人采取预售方式出售商品房的，在计算缴纳土地增值税时，可以按买卖双方签订预售合同所载金额计算出应纳土地增值税数额，再根据每笔预收款占总售价款的比例，计算分摊每次所需缴纳的土地增值税税额，在每次预收款时计征。

五、政策优惠

对房地产转让征收土地增值税，涉及面广，政策性强。为了促进房地产开发结构的调整，改善城镇居民的居住条件，并有利于城市改造规划的实施，土地增值税暂行条例及其他有关法规规定的减免税项目有：

（1）建造普通标准住宅出售，其增值率未超过20％的，予以免税。增值额超过扣除项目金额之和20％的，应就其全部增值额按规定计税。普通标准住宅是指按所在地一般民用住宅标准建造的居住用住宅。高级公寓、别墅、小洋楼、度假村，以及超面积、超标准豪华装修的住宅，均不属于普通标准住宅。普通标准住宅与其他住宅的具体界限，由省级人民政府规定。对纳税人既建普通标准住宅，又搞其他房地产开发的，应分别核算增值额；不分别核算增值额或不能准确核算增值额的，其建造的普通标准住宅不适应该免税规定。

（2）因国家建设需要而被政府征用、收回的房地产，免税。这类房地产是指因城市市政规划、国家建设的需要拆迁，而被政府征用、收回的房地产。由于上述原因，纳税人自行转让房地产的，亦给予免税。税法之所以对建造普通标准住宅和政府征用、收回的房地产给予免税优惠，主要是因为经营这类房地产，一般属于政策要求必建的微利项目，它的投资大，收益小。因此，国家应当从政策上给予支持和鼓励，同时也可以避免征收土地增值税后又征所得税，导致负担过重的问题。

（3）个人因工作调动或改善居住条件而转让原自用住房，经向税务机关申报核准，凡居住满5年或5年以上的，免予征收土地增值税；居住满3年未满5年的，减半征收土地增值税；居住未满3年的，按规定计征土地增值税。

（4）个人之间互换自有居住用房地产的。

（5）下列项目可以暂免征收土地增值税：以房地产进行投资、联营，联营一方以房地产作价入股或者作为联营条件，将房地产转让到所投资、联营的企业中的；合作建房，一方出土地，一方出资金，建成后按照比例分房自用的；企业兼并，被兼并企业将房地产转让到兼并企业中的；居民个人转让自有普通住宅。

六、征收管理

（一）纳税申报

（1）在转让房地产合同签订之日起 7 日内向房地产所在地主管税务机关办理纳税申报。同时向税务机关提交房屋及建筑物产权、土地使用权证书，土地转让、房产买卖合同、会计报表和有关资料。按照税务机关核定的税额及规定的期限，到指定银行缴纳土地增值税。

（2）如果纳税人经常取得房地产转让收入而难以在每次转让以后申报缴纳土地增值税，经过税务机关批准，可以定期申报纳税，具体期限由税务机关根据实际情况确定。

（3）纳税人在项目全部竣工结算以前转让房地产取得的收入，由于各种原因无法据实计算土地增值税的，可以按照所在省（自治区、直辖市）地方税务局的规定预征税款，待项目全部竣工、办理结算以后清算，多退少补。凡当地税务机关规定不预征土地增值税的，也应在取得收入时先到税务机关登记或备案。

（二）纳税地点

土地增值税的纳税人应向房地产所在地主管税务机关办理纳税申报，并在税务机关核定的期限内缴纳土地增值税。这里所说的"房地产所在地"，是指房地产的坐落地。纳税人转让的房地产坐落在两个或两个以上地区的，应按房地产所在地分别申报纳税。在实际工作中，纳税地点的确定又可分为以下两种情况：①纳税人是法人的。当转让的房地产坐落地与其机构所在地或经营所在地一致时，则在办理税务登记的原管辖税务机关申报纳税即可；如果转让的房地产坐落地与其机构所在地或经营所在地不一致时，则应在房地产坐落地所管辖的税务机关申报纳税。②纳税人是自然人的。当转让的房地产坐落地与其居住在地一致时，则在住所所在地税务机关申报纳税；当转让的房地产坐落地与其居住所在地不一致时，在办理过户手续所在地的税务机关申报纳税。

（三）征收缴纳

土地增值税由税务机关负责征收。土地管理部门、房产管理部门应当向税务机关提供有关房屋及建筑物产权、土地使用权、房地产评估价格、土地出让金额数及权属变更等方面的资料。如果纳税人没有按照规定缴纳土地增值税，土地管理部门和房产管理部门不能办理有关权属变更登记。

（四）纳税清算

现行土地增值税大都采取预征办法，即依据房地产预售额按 1‰～2‰实行预征。同时，要求在房地产开发销售完成后实行清算。2006 年底，国家税务总局发布了《关于房地产开发企业土地增值税清算管理有关问题的通知》，要求各地自 2007 年 2 月 1 日起执行，依据通知的规定并结合当地实际情况制定具体清算管理办法。

（1）清算单位。土地增值税以国家有关部门审批的房地产开发项目为单位进行清算，对于分期开发的项目，以分期项目为单位清算。开发项目中同时包含普通住宅和非普通住宅的，应分别计算增值额。

（2）清算条件。符合下列情形之一的，纳税人应进行土地增值税的清算：①房地产开发项目全部竣工、完成销售的；②整体转让未竣工决算房地产开发项目的；③直接转让土地使用权的。符合下列情形之一的，主管税务机关可要求纳税人进行土地增值税清算：①已竣工验收的房地产开发项目，已转让的房地产建筑面积占整个项目可售建筑面积的比例在 85％以上，或该比例虽未超过 85％，但剩余的可售建筑面积已经出租或自用的；②取得销售（预售）许可证满 3 年仍未销售完毕的；③纳税人申请注销税务登记但未办理土地增值税清算手续的。

（3）清算报送资料。符合纳税人应进行土地增值税清算条件的，纳税人须在满足清算条件之日起 90 日内到主管税务机关办理清算手续；符合主管税务机关要求纳税人进行土地增值税清算条件的，纳税人须在主管税务机关限定的期限内办理清算手续。纳税人办理土地增值税清算应报送以下资料：①房地产开发企业清算土地增值税书面申请、土地增值税纳税申报表；②项目竣工决算报表、取得土地使用权所支付的地价款凭证、国有土地使用权出让合同、银行贷款利息结算通知单、项目工程合同结算单、商品房购销合同统计表等与转让房地产的收入、成本和费用有关的证明资料；③主管税务机关要求报送的其他与土地增值税清算有关的证明资料等。纳税人委托税务中介机构审核鉴证的清算项目，还应报送中介机构出具的《土地增值税清算税款鉴证报告》。

（4）审核鉴证。税务中介机构受托对清算项目审核鉴证时，应按税务机关规定的格式对审核鉴证情况出具鉴证报告。对符合要求的鉴证报告，税务机关可以采信。税务机关要对从事土地增值税清算鉴证工作的税务中介机构在准入条件、工作程序、鉴证内容、法律责任等方面提出明确要求，并做好必要的指导和管理工作。

➢思考题

1. 行为目的税有哪些主要特点？
2. 城市维护建设税的征税对象是如何确定的？
3. 印花税的纳税人如何确定？

4. 印花税的征收对象包括哪些项目?

5. 印花税有哪些处罚规定?

6. 土地增值税计算时扣除对象是如何确定的?

➤练习题

1. 某县城一生产企业为增值税一般纳税人。本期进口原材料一批,向海关缴纳进口环节增值税 10 万元;本期在国内销售甲产品缴纳增值税 30 万元、消费税 50 万元,由于缴纳消费税时超过纳税期限 10 天,被罚滞纳金 1 万元;本期出口乙产品一批,规定退回增值税 5 万元。计算该企业应缴纳的城市维护建设税。

2. 某市汽车制造厂(增值税一般纳税人)6 月购进原材料等,取得的增值税专用发票上注明税款共 600 万元;销售汽车取得不含税销售额 8 000 万元;兼营汽车租赁业务取得收入 20 万元;兼营汽车运输业务取得收入 50 万元。该厂分别核算汽车销售额、租赁业务和运输业务营业额。计算该厂当期应缴纳的城市维护建设税(该厂汽车适用的消费税税率为 8%)。

3. 设在某县城的白鹭旅行社 6 月份组织 4 次国内旅游团,收取旅游费 60 000 元,其中替旅游者支付给其他单位的各项费用 30 000 元,改由其他旅游企业接待 2 个团,转付旅游费 20 000 元。计算该旅行社应缴纳的城市维护建设税。

4. 某贸易公司本月对外签订三份合同:与甲建筑工程队签订建筑工程承包合同,合同金额 120 万元;与乙运输公司签订货物运输合同,合同金额 30 万元;与丙银行签订贷款合同,贷款金额 60 万元,计算该贸易公司应缴纳的印花税税额。印花税税率:建筑工程承包合同 0.3‰,运输合同 0.5‰,银行贷款合同 0.05‰。

5. 某汽车修配厂与机械进出口公司签订购买价值 2 000 万元测试设备合同,为购买此设备向工商银行签订借款 2 000 万元的借款合同。后因故购销合同作废,改签融资租赁合同,租赁费 1 000 万元。计算该厂应缴纳的印花税。

6. 某企业 2008 年度有关资料如下:①实收资本比 2007 年增加 100 万元。②与银行签订 1 年期借款合同,借款金额 300 万元,年利率 5%。③与甲公司签订以货换货合同,本企业的货物价值 350 万元,甲公司的货物价值 450 万元。④与乙公司签订受托加工合同,乙公司提供价值 80 万元的原材料,本企业提供价值 15 万元的辅助材料并收加工费 20 万元。⑤与货运公司签订运输合同,载明运输费用 8 万元(其中含装卸费 0.5 万元)。⑥与铁路部门签订运输合同,载明运输费及保管费共计 20 万元。计算该企业 2008 年应缴纳的印花税。

7. 某电厂与某水运公司签订一份运输保管合同,合同载明的费用为 500 000 元(运费和保管费未分别记载)。货物运输合同的印花税税率为 0.05%,仓储保管合同的印花税税率为

1‰。计算该项合同双方各应缴纳的印花税。

8. A公司向B汽车运输公司租用5辆载重汽车，双方签订的合同规定，5辆载重汽车的总价值为240万元，租期3个月，租金为12.8万元。计算A公司应缴纳的印花税额。

9. A公司与B公司签订了购销合同，由A公司向B公司提供价值300 000元的钢材，B公司向A公司提供价值400 000元的水泥，货物价差由A公司付款补足。已知购销合同的印花税税率为0.3‰，计算A、B两公司共应缴纳的印花税。

10. 某建筑安装工程公司与某大厦筹建处签订了一承包金额为8 000万元的工程承包合同后，又将其中的3 000万元工程分包给了某市第一建筑公司，并签订了正式合同。计算该建筑安装工程公司应缴纳的印花税。

11. 某企业2008年实收资本数为500万元，资本公积数为400万元。该企业2007年资金账簿上已贴印花税2 000元。计算该企业2008年应缴纳的印花税。

12. 2008年1月31日，某房地产开发公司转让写字楼一幢，共取得转让收入5 000万元，公司即按税法规定缴纳了有关税金（营业税税率5%，城建税等其他税金25万元）。已知该公司为取得土地使用权而支付的地价款和按国家统一规定交纳的有关费用为500万元；投入的房地产开发成本为1 500万元；房地产开发费用中的利息支出为120万元（能够按转让房地产项目计算分摊并提供金融机构证明），比按工商银行同类同期贷款利率计算的利息多出10万元。另知公司所在地政府规定的其他房地产开发费用的计算扣除比例为5%。计算该公司转让此楼应缴纳的土地增值税税额。

第十三章

税收管理

■ 第一节 税收立法管理

税收立法是指有权立法的机关依据一定的程序，遵循一定的原则，运用一定的技术，制定、公布、修改、补充和废止有关税收法律、法规、规章的活动。税收立法管理主要是确定税收立法机构、严格税收立法程序。

一、税收立法机关

我国的税收立法可分为全国人民代表大会及其常务委员会制定税收法律；国务院及所属各部委制定税收行政法规和规章；地方人民代表大会及其常务委员会制定税收地方性法规；民族自治地方的人大制定税收自治条例和单行条例。各有权立法机关根据国家立法体制规定，所制定的税收法律、法规、规章和规范性文件，构成了我国的税收法律体系。

（1）全国人民代表大会和全国人大常委会制定税收法律。在国家税收中，凡是基本的、全局性的问题，例如，国家税收的性质，税收法律关系中征纳双方权利与义务的确定，税种的设置，税目、税率的确定等，都需要由全国人大及其常委会以税收法律的形式制定实施，并且在全国范围内普遍适用。在现行税法中，《外商投资企业和外国企业所得税法》、《个人所得税法》、《税收征收管理法》都是税收法律。在税收法律体系中，税收法律具有最高的法律效力，是其他机关制定税收法规、规章的法律依据，其他各级机关制定的税收法规、规章，都不得与税收法律相抵触。

（2）全国人大或人大常委会授权国务院制定税收暂行条例。全国人民代表大会及其常务委员会可根据需要授权国务院制定某些具有法律效力的暂行规定或者条例。国务院授权立法所制定的规定或条例等具有国家法律的性质和地位，它的法律效力高于行政法规。我国现行的《增值税暂行条例》、《消费税暂行条例》、《营业税暂行条例》、《企业所得税暂行条例》、《资源税暂行条例》、《土地增值税暂行条例》等税收暂行条例都是由人大授权国务院立法。授权立法在一定程度上解决了我国经济体制改革和对外开放工作急需法律保障的当务之急。税收暂行条例的制定和公布施行，也为全国人大及常委会立法工作提供了有益的经验和条件，在条件成熟时，将这些条例上升为法律做好了准备。

（3）国务院制定税收行政法规。国务院可根据宪法和法律，规定行政措施，制定税收行政法规，发布决定和命令。税收行政法规作为一种法律形式，在中国法律形式中处于低于宪法、法律和高于地方法规、部门规章、地方规章的地位，也是在全国范围内普遍适用的。税收行政法规立法目的在于保证宪法和法律的实施。我国现行的《外商投资企业和外国企业所得税法实施细则》、《个人所得税法实施细则》、《税收征收管理法实施细则》等，都属于税收行政法规。

（4）国务院税务主管部门制定税收部门规章。国务院各部、各委员会根据法律和国务院的行政法规，制定税收部门规章，在本部门的权限内，发布命令和指示。有权制定税收部门规章的税务主管机关是财政部和国家税务总局。其制定规章的范围包括对有关税收法律、法规的具体解释，税收征收管理的具体规定、办法等。税收部门规章在全国范围内具有普遍适用效力。我国现行的《增值税暂行条例实施细则》、《消费税暂行条例实施细则》、《营业税暂行条例实施细则》、《企业所得税暂行条例实施细则》、《资源税暂行条例实施细则》、《土地增值税暂行条例实施细则》等税收暂行条例实施细则都是属于国务院所属财政部门制定的税收部门规章。

（5）地方人民代表大会及其常委会制定的税收地方性法规。省、自治区、直辖市的人民代表大会以及省、自治区的人民政府所在地的市和经国务院批准的较大的市的人民代表大会有制定地方性法规的权力。但由于我国在税收立法上坚持统一税法的原则，因此地方权力机关制定税收地方法规时要受到限制和约束。目前，除了海南省、民族自治地区按照全国人大授权立法规定，在遵循宪法、法律和行政法规的原则基础上，可以制定有关税收的地方性法规外，其他省、市一般都无权自定税收地方性法规。

（6）地方政府制定税收地方规章。省、自治区、直辖市以及省、自治区的人民政府所在地的市和国务院批准的较大的市的人民政府，可以根据法律和国务院的行政法规，制定规章。按照统一税法的原则，地方政府制定税收规章，都必须在税收法律、法规明确授权的前提下进行，并且不得与税收法律、行政法规相抵触。现行国务院发布实施的《城市维护建设税暂行条例》、《车船使用税暂行条例》、《房产税暂行条例》等地方性税种暂行条例，规定可由省、自治区、直辖市人民政府可根据条例制定实施细则。

二、税收立法程序

税收立法程序是指有权的机关，在制定、认可、修改、补充、废止等税收立法活动中，必须遵循的法定步骤和方法。目前，我国税收立法程序主要包括以下几个阶段：

（1）提议阶段。无论是税法的制定，还是税法的修改、补充和废止，一般由国务院授权其税务主管部门，主要是财政部或国家税务总局，负责立法的调查研究等准备工作，并提出立法方案或税法草案，上报国务院。

（2）审议阶段。税收法规由国务院负责审议。税收法律在经国务院审议通过后，以议案的形式提交全国人民代表大会常务委员会的有关工作部门，在广泛征求意见并做修改后，提交全国人民代表大会或其常务委员会审议通过。

（3）通过和公布阶段。税收行政法规，由国务院审议通过后，以国务院总理名义发布实施。税收法律，在全国人民代表大会或其常务委员会开会期间，先听取国务院关于制定税法议案的说明，然后经过讨论，以简单多数的方式通过后，以国家主席名义发布实施。

第二节　税收执法管理

税收执法是税务机关依据税法行使征税权。为保障国家税收收入，保护纳税人的合法权益，促进经济和社会发展，我国制定了《税收征收管理法》，作为国家税收征收管理法律依据和规范。税收征管法是税收执法部门和纳税人必须共同遵守的，有关税收征管的法律规范。主要有以下方面内容：

一、税务登记制度

税务登记是税务机关根据税法规定，对纳税义务人的生产、经营活动进行登记管理的一项制度。税务登记包括开业登记、变更登记、重新登记和注销登记。

（一）开业税务登记

1. 开业登记时间

根据《税收征管法》的规定，凡经工商行政管理机关批准开业和发给营业执照，从事生产、经营的纳税人，包括企业，企业在外地设立的分支机构和从事生产、经营的场所，个体工商户和从事生产、经营的事业单位，应自领取营业执照之日起 30 日内，向生产、经营地或者纳税义务发生地的主管税务机关申报办理税务登记，如实填写税务登记表，并按照税务机关的要求提供有关证件、资料。

纳税人不从事生产经营活动，但依法律、行政法规规定负有纳税义务的单位和个人，除临时取得应税收入或发生应税行为以及只缴纳个人所得税、车船使用税外，也应自有关部门批准之日起或在按税法规定成为法定纳税人之日起 30 日之内，向当地税务机关办理注册税务登记。

上述规定以外的纳税人，除国家机关和个人外，应当自纳税义务发生之日起 30 日内，持有关证件向所在地的主管税务机关申报办理税务登记。

扣缴义务人应当自扣缴义务发生之日起 30 日内，向所在地的主管税务机关申报办理扣缴税款登记，领取扣缴税款登记证件；税务机关对已办理税务登记的扣缴义务人，可以只在其税务登记证件上登记扣缴税款事项，不再发给扣缴税款登记证件。

2. 开业登记程序

（1）报送资料。纳税人办理税务登记时应提供的证件、资料主要有：营业执照或其他核准执业证件及工商登记表；有关机关部门批准设立的文件；有关合同、章程、协议书；法定代表人和董事会成员名单；法定代表人或业主居民身份证、护照或其他证明身份的合法证件；组织机构统一代码证书；住所或经营场所证明；委托代理协议书复印件。属于享受税收优惠政策的企业，还应包括需要提供的相应证明、资料；税务机关要求提供的其他证件和资料。

（2）填写税务登记表。纳税人应如实填写税务登记表，税务登记表的内容包括：单位名称、法定代表人或业主姓名及其居民身份证、护照或其他证明身份的合法证件；住所、经营地点；登记注册类型及所属主管单位；核算方式；行业、经营范围、经营方式；投资资金、投资总额、开户银行及账号；经营期限、作业人数、营业执照号码；财务负责人、办税人员等其他有关事项。

（3）税务审核。对纳税人填报的税务登记表及其提供的各种证件和资料，税务机关应当自收到之日起 30 日内审核完毕，并对符合规定条件的纳税人予以登记，核发税务登记证，或者注册税务登记证。其中，对经工商行政管理机关批准开业和发给营业执照，从事生产、经营的纳税人核发税务登记证及其副本；对纳税人非独立核算的分支机构及非从事生产经营活动的纳税人核发注册税务登记证及其副本。对于不符合规定条件的纳税人，也应在 30 日之内予以答复。

（4）适用范围。税务登记证只限纳税人自己使用，不得涂改、转租或转让。税务登记证应悬挂在营业场所，亮证经营，并接受税务机关查验。纳税人申请减免税、退税，领购发票，外出经营活动，增值税一般纳税人认定，必须持税务登记证。纳税人遗失税务登记证，应及时向当地税务机关书面报告、提供有关证据，申请换发。

（二）变更税务登记

（1）变更税务登记适用对象。从事生产、经营的纳税人遇有单位名称、法定代表人、经济性质、经济类型、住所和经营地点、生产经营方式、生产经营期限、注册资金、银行账号等税务登记内容发生变化时，应当依法向原税务登记机关申报办理变更税务登记。

（2）变更税务登记时间。纳税人需要在工商行政管理机关办理变更登记的，应当自工商行政管理部门办理变更登记之日起 30 日以内，持下列证件到原税务机关申报办理变更税务登记：变更税务登记申请书，工商变更登记表及工商执照（注册登记执照），纳税人变更登记内容的决议及有关证明文件，税务机关发放的原税务登记证件（登记证正、副本和登记表等），其他有关资料。应办理税务变更登记。不需要到工商行政管理机关或者其他机关办理变更登记的，应当自发生变化之日起 30 日内，持有关证件向原税务登记机关申报办理变更税务登记。

（3）变更税务登记程序。纳税人提交资料齐全的，由税务机关发给税务登记变更表，依法如实填写。税务机关审核以后，归入纳税人档案，并在税务登记表和税务登记证件副本的有关栏次内填写变更记录。变更税务登记的内容涉及税务登记证件内容需做更改的，税务机关应当收回原税务登记证件，并按照变更以后的内容重新核发税务登记证件。

（三）注销税务登记

纳税人发生解散、破产、撤销以及其他情形，依法终止纳税义务的，应当在向工商行政管理机关或者其他机关办理注销登记前，持有关证件向原税务登记机关申报办理注销税务登记；按照规定不需要在工商行政管理机关或者其他机关办理注册登记的，应当自有关机关批准或者宣告终止之日起 15 日内，持有关证件向原税务登记机关申报办理注销税务登记。

纳税人因住所、经营地点变动，涉及改变税务登记机关的，应当在向工商行政管理机关或者其他机关申请办理变更或者注销登记前或者住所、经营地点变动前，向原税务登记机关申报办理注销税务登记，并在 30 日内向迁达地税务机关申报办理税务登记。如果纳税人已经或者正在享受税收优惠待遇，迁出地税务机关应当在迁移通知书上注明。

纳税人被工商行政管理机关吊销营业执照或者被其他机关予以撤销登记的，应当自营业执照被吊销或者被撤销登记之日起 15 日内，向原税务登记机关申报办理注销税务登记。纳税人办理注销税务登记的时候，应当提交注销税务登记申请、主管部门或者董事会（职工代表大会）的决议以及其他有关证明文件，同时向税务机关结清税款、滞纳金和罚款，缴销票、发票领购簿和税务登记证件，经过税务机关核准，办理注销税务登记手续。

（四）停业、复业税务登记

（1）停业税务登记。实行定期定额征收方式的纳税人在营业执照核准的经营期限以内需要停业的，应当向税务机关提出停业登记，说明停业的理由、时间、停业以前的纳税情况和发票的领、用、存情况，并如实填写申请停业登记表。税务机关经过审核（必要的时候可以实地审查），应当责成申请停业的纳税人结清税款并收回其税务登记证件、发票领购簿和发票，办理停业登记。纳税人的发票不便收回的，税务机关应当就地封存。经核准停业在 15 日以上的纳税人，税务机关应当相应调整已经核定的应纳税额。具体调整的时限或者额度由各省、自治区、直辖市税务机关根据当地的实际情况确定。如果纳税人在停业期间发生纳税义务，应当及时向税务机关申报，依法补缴应纳税款。

（2）复业税务登记。纳税人应当于恢复生产、经营以前向税务机关提出复业登记申请，经过确认以后，办理复业登记，领回或者启用税务登记证件和发票领购簿及其领购的发票。纳税人停业期满不能及时恢复生产、经营的，应当在停业期满以前向税务机关提出延长停业登记。纳税人停业期满没有按期复业，又不申请延长停业的，税务机关应当视为已经恢复营业，实施正常的税收征收管理。

（五）外出经营报验登记

从事生产、经营的纳税人到外县（市）生产、经营的，应当向税务机关申请开具外出经营活动税收管理证明。税务机关审核以后，按照一地（外出经营地应当具体填写到县、市）一证的原则，核发《外出经营活动税收管理证明》。纳税人到外县（市）销售货物的，证明的有效期限一般为 30 日；到外县（市）从事建筑安装工程的，证明的有效期最长为 1 年。因工程需要延长的，应当向原证明核发机关重新申请。

纳税人应当在到达经营地从事生产、经营以前向经营地税务机关申请报验登记，并提交下列证件、资料：税务登记证件副本；《外出经营活动税收管理证明》；销售货物的，填写《外出经营货物报验单》，并申请查验货物。纳税人所携带的货物没有在证明上注明地点销售完毕而需易地销售的，必须经过注明地点税务机关验审，并在其所持证明上转注。易地销售而没有经过注明地点税务机关验审转注的，视为未持有证明。

外出经营活动结束，纳税人应当向经营地税务机关填报《外出经营活动情况申报表》，并按照规定结清税款、缴销没有使用完的发票。经营地税务机关应当在证明上注明纳税人的经营、纳税及发票使用情况。纳税人应当持此证明，在证明有效期届满之日起 10 日以内，回到所在地税务机关办理证明缴销手续。

二、账簿、凭证管理

账簿、凭证是记录和反映纳税人经营活动的基本材料之一，也是税务机关对纳税人、扣缴义务人计征税款以及确认其是否正确履行纳税义务的重要凭据。经县以上税务机关批准纳税人、扣缴义务人按照有关法律、行政法规和国务院财政、税务主管部门的规定设置账簿，根据合法、有效凭证记账，并进行核算。

（一）账簿、凭证管理

1. 账簿、凭证设置管理

我国《税收征管理法》规定，从事生产、经营的纳税人、扣缴义务人应自领取营业执照之日起 15 日内，按国家财政、税务主管部门的规定设置账簿。账簿，是指总账、明细账、日记账以及其他辅助性账簿。总账、日记账应当采用订本式。对确实无力建账的个体工商业户，生产、经营规模小又确无建账能力的纳税人，可以聘请经批准从事会计代理记账业务的专业机构或者经税务机关认可的财会人员代为建账和办理账务；聘请上述机构或者人员有实际困难的，经县以上税务机关批准，可以按照税务机关的规定，建立收支凭证粘贴簿、进货销货登记簿或者使用税控装置。扣缴义务人应当自税收法律、行政法规规定的扣缴义务发生之日起 10 日内，按照所代扣、代收的税种，分别设置代扣代缴、代收代缴税款账簿。

2. 财务会计制度管理

从事生产、经营的纳税人应当自领取税务登记证件之日起 15 日内，将其财务、会计制度或者财务、会计处理办法和会计核算软件，报送主管税务机关备案。纳税人使用计算机记账的，应当在使用前将会计电算化系统的会计核算软件、使用说明书及有关资料报送主管税务机关备案。纳税人、扣缴义务人的财务、会计制度或者财务、会计处理办法与国务院或者国务院财政、税务主管部门有关税收的规定抵触的，依照国务院或者国务院财政、税务主管部门有关税收的规定计算应纳税款、代扣代缴和代收代缴税款。

3. 账簿、凭证保管

账簿、记账凭证、报表、完税凭证及其他有关涉税资料，除法律、行政法规另有规定的外应当保存 10 年。

（二）发票管理

发票是指在购销商品、提供或者接受服务以及从事其他经营活动中，开具收取的收付款凭证。发票管理是指发票设计、印制、发放、经存、销毁以及对用票单位和个人购入、使用、保存、缴销等管理的一项制度。根据《中华人民共和国发票管理办法》的规定，发票由税务机关统一管理。其主要内容是：

1. 发票的基本联次

发票的基本联次为三联。其中，第一联为存根联，开票方留存备查；第二联为发票联，收执方作为付款或者收款原始凭证；第三联为记账联。开票方作为记账原始凭证。增值税专用发票的基本联次还应当包括抵扣联，收执方作为抵扣税款的凭证。

2. 发票的基本内容

发票的基本内容包括：发票的名称、字轨号码、联次和用途客户名称，开户银行和账号，商品名称或者经营项目，计量单位数量、单价、金额，开票人，开票日期，开票单位名称等。有代扣、代收、委托代征税款的，发票内容还应当包括代扣、代收、委托代征税种的税率和代扣、代收、委托代征税额。增值税专用发票的内容还应当包括购货人地址、税务登记号，增值税税率、税额，供货方名称、地址和税务登记号。在全国范围内统一式样的发票，由国家税务总局确定；在省、自治区、直辖市范围内统一式样的发票，由省级税务机关确定。

3. 发票的印制

增值税专用发票由国家税务总局指定的企业印制，其他发票分别由省级税务机关指定的企业印制。发票防伪专用品由国家税务总局指定的企业生产。税务机关对发票印制实行统一管理，严格审查印制发票企业的资格，对合格者发给发票准印证。发票应当套印全国统一发票监制章。全国统一发票监制章是税务机关管理发票的法定标志，该章的式样和发票版面印刷的要求，由国家税务总局规定。发票监制章由省级税务机关制作。

4. 发票的领购

(1) 依法办理税务登记的各类单位和个人，在领取税务登记证件以后，可以向税务机关申请领购发票。购票单位和个人在提出购票申请的时候，应当同时提供经办人身份证明（如居民身份证、护照、工作证等）、税务登记证件或者其他有关证明、财务印章或者发票专用章的印模，经过税务机关审核以后，发给发票领购簿。购票单位和个人可以凭发票领购簿核准的购票种类、数量和方式，向税务机关领购发票。其中，申请领购增值税专用发票的单位和个人，应当提供加盖有"增值税一般纳税人"确认专章的税务登记（副本）。非增值税纳税人和增值税小规模纳税人不能领购增值税专用发票。

(2) 依法不需要办理税务登记的单位和个人需要领购发票的，可以按照规定向税务机关申请领购发票。需要临时使用发票的单位与个人，可以直接向税务机关申请办理，同时应当提供发生购销业务，提供、接受劳务或者其他经营活动的书面证明。依法应当纳税的，税务机关应当在开具发票的同时征税。

(3) 临时到外省（自治区、直辖市）从事经营活动的单位和个人，可以凭本地税务机关的证明，向经营地的税务机关申请领购经营地的发票。临时在本省（自治区、直辖市）内跨市、县从事经营活动领购发票的办法，由本省（自治区、直辖市）税务机关规定。

（4）税务机关对于申请领购发票的从外省（自治区、直辖市）来本地从事临时经营活动的单位和个人，可以要求其提供保证人，或者根据所领购发票的票面限额与数量交纳1万元以下的保证金，并限期缴销发票。按期缴销发票的，解除保证人的担保义务，或者退还保证金；否则由保证人或者以保证金承担法律责任。税务机关在收取保证金的时候应当开具收据。

从事生产、经营的纳税人、扣缴义务人有税收违法行为，拒不接受税务机关处理的，税务机关可以收缴其发票或者停止向其发售发票。

5. 发票的开具

（1）销售商品、提供劳务和从事其他经营活动的各类单位及个人，对外发生经营业务，收取款项，收款方应当向付款方开具发票；在特殊情况下（如收购单位和扣缴义务人向个人支付款项的时候），由付款方向收款方开具发票。开具发票应当按照规定的时限和帧序，逐栏、全部联次一次如实开具，并加盖单位财务印章或者发票专用章。使用电子计算机开具发票，必须经过税务机关批准，并使用税务机关统一监制的机外发票，开具以后的存根联应当按照顺序号装订成册。

（2）各类单位和从事生产、经营活动的个人，在购买商品、接受劳务和从事其他经营活动支付款项的时候，应当向收款方取得发票，并不得要求变更商品、项目名称和金额。不符合规定的发票（如应经而未经税务机关监制，填写项目不齐全、内容不真实、字迹不清楚、没有加盖财务印章或者发票专用章、伪造、作废等），不得作为财务报销凭证，任何单位和个人有权拒收。

（3）开具发票以后，发生销货退回，需要开具红字发票的，必须收回原发票并注明"作废"字样，或者取得对方有效证明；发生销货折让的，应当在收回原发票并注明"作废"以后重开发票。

（4）任何单位和个人不得转借、转让、代开发票；没有经过税务机关批准，不得拆本使用发票；不得自行扩大专业发票使用范围。禁止倒买倒卖发票、发票监制章和发票防伪专用品。

（5）发票一般只限于领购单位和个人在本省（自治区、直辖市）内开具。省级税务机关可以规定在本省（自治区、直辖市）内跨市、县开具发票的办法。没有经过批准，任何单位和个人不得跨越规定的使用区域携带、邮寄、运输空白发票。禁止携带、邮寄、运输空白发票出入国境。

6. 发票的保管

开具发票的单位和个人应当建立发票使用登记制度，设置发票登记簿，并定期向税务机关报告发票使用情况。发票的存放和保管应当按照税务机关的规定办理，不得丢失和擅自损毁。如果丢失发票，应当在当天报告税务机关，并通过报刊等传播媒介公告作废。已经开具的发票存根联和发票登记簿，应当保存5年，保存期满，报经税务机关查验以后可以销毁。在办理变更或者注销税务登记的时候，应当同时办理发票和发票领购簿的变更、缴销手续。

7. 发票的检查

税务机关在发票管理中可以检查印制、领购、开具、取得和保管发票的情况，调出发票查验，查阅、复制与发票有关的凭证、资料，向当事各方询问与发票有关的问题和情况。在查处发票案件的时候，对与案件有关的情况和资料，可以记录、录音、录像、照相和复制。税务人员进行税务检查的时候，应当出示税务检查证。印制、使用发票的单位和个人，应当接受税务机关依法检查，如实反映情况，提供有关资料，不得拒绝、隐瞒。

（三）税控管理

税控管理是税务机关利用税控装置对纳税人的生产经营情况进行监督和管理，以保障国家税收收入，防止税款流失，提高税收征管工作效率，降低征收成本的各项活动的总称。《税收征管法》规定："国家根据税收征收管理的需要，积极推广使用税控装置。纳税人应当按照规定安装、使用税控装置，不得损毁或者擅自改变税控装置。"同时规定："不能按照规定安装、使用税控装置，或者损毁或者擅自改动税控装置的，由税务机关责令限期改正，可以处以2 000元以下的罚款；情节严重的，处2 000元以上1万元以下的罚款。"

三、纳税申报

纳税申报是纳税人履行其纳税义务，向税务机关申报纳税的法定手续，也是税务机关办理征收业务、核定应征税款、填开税票的主要依据，是税收征收管理的一项重要制度。

1. 纳税申报对象

纳税人必须依照法律、行政法规规定或者税务机关依照法律、行政法规的规定确定的申报期限、申报内容如实办理纳税申报，报送纳税申报表、财务会计报表以及税务机关根据实际需要要求纳税人报送的其他纳税资料。纳税人在纳税期内没有应纳税款的，也应当按照规定办理纳税申报。纳税人享受减税、免税待遇的，在减税、免税期间应当按照规定办理纳税申报。

扣缴义务人必须依照法律、行政法规规定或者税务机关依照法律、行政法规的规定确定的申报期限、申报内容如实报送代扣代缴、代收代缴税款报告表以及税务机关根据实际需要要求扣缴义务人报送的其他有关资料。

纳税人、扣缴义务人的纳税申报或者代扣代缴、代收代缴税款报告表的主要内容包括：税种、税目，应纳税项目或者应代扣代缴、代收代缴税款项目，计税依据，扣除项目及标准，适用税率或者单位税额，应退税项目及税额、应减免税项目及税额，应纳税额或者应代扣代缴、代收代缴税额，税款所属期限、延期缴纳税款、欠税、滞纳金等。

2. 纳税申报方式

纳税人、扣缴义务人可以直接到税务机关办理纳税申报或者报送代扣代缴、代收代缴税款报告表，也可以按照规定采取邮寄、数据电文或者其他方式办理上述申报、报送事项。数据电文方式，是指税务机关确定的电话语音、电子数据交换和网络传输等电子方式。纳税人采取邮寄方式办理纳税申报的，应当使用统一的纳税申报专用信封，并以邮政部门收据作为申报凭据。邮寄申报以寄出的邮戳日期为实际申报日期。纳税人采取电子方式办理纳税申报的，应当按照税务机关规定的期限和要求保存有关资料，并定期书面报送主管税务机关。

3. 纳税申报报送资料

纳税人办理纳税申报时，应当如实填写纳税申报表，并根据不同的情况相应报送下列有关证件、资料：财务会计报表及其说明材料；与纳税有关的合同、协议书及凭证；税控装置的电子报税资料；外出经营活动税收管理证明和异地完税凭证；境内或者境外公证机构出具的有关证明文件；税务机关规定应当报送的其他有关证件、资料。扣缴义务人办理代扣代缴、代收代缴税款报告时，应当如实填写代扣代缴、代收代缴税款报告表，并报送代扣代缴、代收代缴税款的合法凭证以及税务机关规定的其他有关证件、资料。实行定期定额缴纳税款的纳税人，可以实行简易申报、简并征期等申报纳税方式。

纳税人、扣缴义务人按照规定的期限办理纳税申报或者报送代扣代缴、代收代缴税款报告表确有困难，需要延期的，应当在规定的期限内向税务机关提出书面延期申请，经税务机关核准，在核准的期限内办理。纳税人、扣缴义务人因不可抗力，不能按期办理纳税申报或者报送代扣代缴、代收代缴税款报告表的，可以延期办理；但是，应当在不可抗力情形消除后立即向税务机关报告。税务机关应当查明事实，予以核准。

四、税款征收

税款征收是指税务机关、扣缴义务人、纳税人根据税收法律、行政法规的规定，办理征收、代征计缴和解缴税款。

（一）税款征收

主要有以下几种方式：

（1）查账征收。是指税务机关对会计核算制度比较健全的纳税人，依据其报送的纳税申报表、财务会计报表和其他有关纳税资料，计算应纳税款，填写缴款书或完税凭证，由纳税人到银行划解税款的征收方式。这种方式一般适用于财务会计制度较为健全，能够认真履行纳税义务的纳税单位。

（2）查定征收。是指税务机关对财务不全但能控制其材料、产量或进销货物的纳税单位和个人，根据纳税户正常条件下的生产能力，对其生产的应税产品确定产量、销售额并据以核算税款的一种征收方式。这种方式适用于生产规模较小、会计核算不健全的作坊式小企业。

（3）查验征收。是指税务机关对纳税人的应税商品、产品，通过查验数量，按市场一般销售单价计算其销售收入，并据以计算应纳税款的一种征收方式。这种方式适用于城乡集贸市场的临时经营以及场外如火车站、机场、码头、公路交通要道等地经销商品的课税，其灵活性较大。

（4）定期定额征收。是指对某些营业额、利润额不能准确计算的小型个体工商业户，采取自报评议，由税务机关定期确定营业额和所得额附征率，多税种合并征收的一种征收方式。这种方式适用于一些无完整考核依据的纳税人。

（5）代扣代缴、代收代缴。代扣代缴是指按照税法规定，负有扣缴税款义务的法定义务人负责对纳税人应纳的税款进行代扣代缴的方式。代收代缴是指按照税法规定，负有收缴税款义务的法定义务人，负责对纳税人应纳的税款进行代收代缴的方式。其目的在于对零星分散、不易控管的税源，以及税收网络覆盖不到或难以征收的领域实行源泉控制。

（6）委托代征。委托代征是受委托的有关单位按照税务机关核发的代征证书的要求，以税务机关的名义向纳税人征收一些零星税款的方式。目前，各地对零散、不易控管的税源，大多是委托街道办事处、居委会、乡政府、村委会及交通管理部门等代征税款。

（7）邮寄申报纳税。这种方式主要适用于那些有能力按期纳税，但采用其他方式纳税又不方便的纳税人。但要采取这种方式，必须先经税务机关批准，而且要在邮寄税款的同时报送纳税申报表。

（8）自行申报方式。随着自行申报纳税方式在我国的普遍推行，纳税人在税款的解缴方面居于越来越主动的地位，如自核自缴方式，亦称"三自"纳税方式，是指纳税人根据税法规定，自行计税、自行填写缴款书、自行按期到银行缴纳税款的一种纳税方式；自报核缴方式是纳税户向税务机关报送纳税申报表，经税务机关审核并填开税收缴款书，纳税人凭此到银行缴纳税款的一种方式。

（二）税收征收制度

1. 延期缴税制度

纳税人、扣缴义务人按照法律、行政法规规定，或者税务机关依照法律、行政法规的规定确定的期限，缴纳或者解缴税款，纳税人因有特殊困难，不能按期缴纳税款的，经省、自治区、直辖市国家税务局、地方税务局批准，可以延期缴纳税款，但是最长不得超过3个月。纳税人的特殊困难是指：因不可抗力，导致纳税人发生较大损失，正常生产经营活动受到较大影响的；当期货币资金在扣除应付职工工资、社会保险费后，不足以缴纳税款的。纳税人需要延期缴纳税款的，应当在缴纳税款期限届满前提出申请，并报送申请延期缴纳税款报告，当期货币资金余额情况及所有银行存款账户的对账单，资产负债表，应付职工工资和社会保险费等税务机关要求提供的支出预算等材料。税务机关应当自收到申请延期缴纳税款报告之日起20日内作出批准或者不予批准的决定；不予批准的，从缴纳税款期限届满之日起加收滞纳金。

2. 税收滞纳金征收制度

纳税人未按照规定期限缴纳税款的，扣缴义务人未按照规定期限解缴税款的，税务机关除责令限期缴纳外，从滞纳税款之日起，按日加收滞纳税款万分之五的滞纳金。

3. 减免税收制度

纳税人可以依照法律、行政法规的规定书面申请减税、免税。减税、免税的申请须经法律、行政法规规定的减税、免税审查批准机关审批。地方各级人民政府、各级人民政府主管部门、单位和个人违反法律、行政法规规定，擅自作出的减税、免税决定无效，税务机关不得执行，并向上级税务机关报告。法律、行政法规规定或者经法定的审批机关批准减税、免税的纳税人，应当持有关文件到主管税务机关办理减税、免税手续。减税、免税期满，应当自期满次日起恢复纳税。享受减税、免税优惠的纳税人，减税、免税条件发生变化的，应当自发生变化之日起15日内向税务机关报告；不再符合减税、免税条件的，应当依法履行纳税义务；未依法纳税的，税务机关应当予以追缴。

4. 税额核定制度

纳税人有下列情形之一的，税务机关有权核定其应纳税额：依照法律、行政法规的规定可以不设置账簿的；依照法律、行政法规的规定应当设置账簿但未设置的；私自销毁账簿或者拒不提供纳税资料的；已设置账簿，但账目混乱或者成本资料、收入凭证、费用凭证残缺不全，难以查账的；发生纳税义务，未按照规定的期限办理纳税申报，经税务机关责令限期申报，逾期仍不申报的；纳税人申报的计税依据明显偏低，又无正当理由的。

5. 税收调整制度

企业或者外国企业在中国境内设立的从事生产、经营的机构、场所与其关联企业之间的业务往来，应当按照独立企业之间的业务往来收取或者支付价款、费用；不按照独立企业之间的业务往来收取或者支付价款、费用，而减少其应纳税的收入或者所得额的，税务机关有权进行合理调整。

6. 未按照规定办理税务登记的从事生产、经营的纳税人以及临时从事经营的纳税人的税款征收制度

对未按照规定办理税务登记的从事生产、经营的纳税人（包括到外县、市从事生产、经营而未向营业地税务机关报验登记的纳税人）以及临时从事经营的纳税人，由税务机关核定其应纳税额，责令缴纳；不缴纳的，税务机关可以扣押其价值相当于应纳税款的商品、货物。扣押后缴纳应纳税款的，税务机关必须立即解除扣押，并归还所扣押的商品、货物；扣押后仍不缴纳应纳税款的，经县以上税务局（分局）局长批准，依法拍卖或者变卖所扣押的商品、货物，以拍卖或者变卖所得抵缴税款。纳税人对税务机关采取本条规定的方法核定的应纳税额有异议的，应当提供相关证据，经税务机关认定后，调整应纳税额。

7. 税收保全措施

（1）税收保全条件。税务机关有根据认为从事生产、经营的纳税人有逃避纳税义务行为的，可以在规定的纳税期之前，责令限期缴纳应纳税款；在限期内发现纳税人有明显的转移、隐匿其应纳税的商品、货物以及其他财产或者应纳税的收入的迹象的，税务机关可以责成纳税人提供纳税担保。如果纳税人不能提供纳税担保，经县以上税务局（分局）局长批准，税务机关可以采取税收保全措施。担保包括经税务机关认可的纳税保证人为纳税人提供的纳税保证，以及纳税人或者第三人以其未设置或者未全部设置担保物权的财产提供的担保。纳税保证人，是指在中国境内具有纳税担保能力的自然人、法人或者其他经济组织。纳税担保人同意为纳税人提供纳税担保的，应当填写纳税担保书，写明担保对象、担保范围、担保期限和担保责任以及其他有关事项。担保书须经纳税人、纳税担保人签字盖章并经税务机关同意，方为有效。

（2）税收保全措施。第一，书面通知纳税人开户银行或者其他金融机构冻结纳税人的金额相当于应纳税款的存款；第二，扣押、查封纳税人的价值相当于应纳税款的商品、货物或者其他财产（参照同类商品的市场价、出厂价或者评估价估算）。税务机关扣押商品、货物或者其他财产时，必须开付收据；查封商品、货物或者其他财产时，必须开付清单。纳税人在前款规定的限期内缴纳税款的，税务机关必须立即解除税收保全措施；限期期满仍未缴纳税款的，经县以上税务局（分局）局长批准，税务机关可以书面通知纳税人开户银行或者其他金融机构从其冻结的存款中扣缴税款，或者依法拍卖或者变卖所扣押、查封的商品、货物或者其他财产，以拍卖或者变卖所得抵缴税款。个人及其所扶养家属（指与纳税人共同居住生活的配偶、直系亲属以及无生活来源并由纳税人扶养的其他亲属）维持生活必需的住房和用品，单价5 000元以下的其他生活用品，不在税收保全措施的范围之内。税务机关执行扣押、查封商品、货物或者其他财产时，应当由

两名以上税务人员执行，并通知被执行人。被执行人是自然人的，应当通知被执行人本人或者其成年家属到场；被执行人是法人或者其他组织的，应当通知其法定代表人或者主要负责人到场；拒不到场的，不影响执行。

（3）税收保全的法律责任。纳税人在税务机关采取税收保全措施后，按照税务机关规定的期限缴纳税款的，税务机关应当自收到税款或者银行转回的完税凭证之日起1日内解除税收保全。纳税人在限期内已缴纳税款，税务机关未立即解除税收保全措施，使纳税人的合法利益遭受损失的，税务机关应当承担赔偿责任。

8. 税收强制执行措施

（1）税收强制执行条件。从事生产、经营的纳税人、扣缴义务人未按照规定的期限缴纳或者解缴税款，纳税担保人未按照规定的期限缴纳所担保的税款，由税务机关责令限期缴纳，逾期仍未缴纳的，经县以上税务局（分局）局长批准，税务机关可以采取税收强制执行措施。

（2）税收强制执行措施。第一，书面通知其开户银行或者其他金融机构从其存款中扣缴税款；第二，扣押、查封、依法拍卖或者变卖其价值相当于应纳税款的商品、货物或者其他财产，以拍卖或者变卖所得抵缴税款。税务机关采取强制执行措施时，纳税人、扣缴义务人、纳税担保人未缴纳的滞纳金同时强制执行。个人及其所扶养家属（指与纳税人共同居住生活的配偶、直系亲属以及无生活来源并由纳税人扶养的其他亲属）维持生活必需的住房和用品，不在强制执行措施的范围之内。税务机关对单价5 000元以下的其他生活用品，不采取税收保全措施和强制执行措施。

（3）税收强制执行的财产处理。第一，对价值超过应纳税额且不可分割的商品、货物或者其他财产，税务机关在纳税人、扣缴义务人或者纳税担保人无其他可供强制执行的财产的情况下，可以整体扣押、查封、拍卖，以拍卖所得抵缴税款、滞纳金、罚款以及扣押、查封、保管、拍卖等费用。第二，税务机关执行规定，实施扣押、查封时，对有产权证件的动产或者不动产，税务机关可以责令当事人将产权证件交税务机关保管，同时可以向有关机关发出协助执行通知书，有关机关在扣押、查封期间不再办理该动产或者不动产的过户手续。第三，税务机关将扣押、查封的商品、货物或者其他财产变价抵缴税款时，应当交由依法成立的拍卖机构拍卖；无法委托拍卖或者不适于拍卖的，可以交由当地商业企业代为销售，也可以责令纳税人限期处理；无法委托商业企业销售，纳税人也无法处理的，可以由税务机关变价处理，具体办法由国家税务总局规定。第四，国家禁止自由买卖的商品，应当交由有关单位按照国家规定的价格收购。拍卖或者变卖所得抵缴税款、滞纳金、罚款以及扣押、查封、保管、拍卖、变卖等费用后，剩余部分应当在3日内退还被执行人。

（4）税收强制执行的法律责任。第一，对查封的商品、货物或者其他财产，税务机关可以指令被执行人负责保管，保管责任由被执行人承担。第二，继续使用被查封的财产不会减少其价值的，税务机关可以允许被执行人继续使用；因被执行人保管或者使用的过错造成的损失，由被执行人承担。第三，税务机关滥用职权违法采取税收保全措施、强制执行措施，或者采取税收保全措施、强制执行措施不当，使纳税人、扣缴义务人或者纳税担保人的合法权益遭受损失的，应当依法承担赔偿责任。

9. 纳税担保措施

是指经税务机关同意或确认，纳税人或其他自然人、法人、经济组织以保证、抵押、质押的方式，为纳税人应当缴纳的税款及滞纳金提供担保的行为。

（1）纳税担保。纳税人有下列情况之一的，适用纳税担保：①税务机关有根据认为从事生产、经营的纳税人有逃避纳税义务行为，在规定的纳税期之前经责令其限期缴纳应纳税款，在限期内发现纳税人有明显的转移、隐匿其应纳税的商品、货物以及其他财产或者应纳税收入的迹象，责成纳税人提供纳税担保的；②欠缴税款、滞纳金的纳税人或者其法定代表人需要出境的；③纳税人同税务机关在纳税上发生争议而未缴清税款，需要申请行政复议的；④税收法律、行政法规规定可以提供纳税担保的其他情形。

（2）纳税保证。是指纳税保证人向税务机关保证，当纳税人未按照税收法律、行政法规规定或者税务机关确定的期限缴清税款、滞纳金时，由纳税保证人按照约定履行缴纳税款及滞纳金的行为。税务机关认可的，保证成立；税务机关不认可的，保证不成立。①纳税人在规定的期限届满未缴清税款及滞纳金，税务机关在保证期限内书面通知纳税保证人的，纳税保证人应按照纳税担保书约定的范围，自收到纳税通知书之日起 15 日内缴纳税款及滞纳金，履行担保责任。②纳税保证人未按照规定的履行保证责任的期限缴纳税款及滞纳金的，由税务机关发出责令限期缴纳通知书，责令纳税保证人在限期 15 日内缴纳；逾期仍未缴纳的，经县以上税务局（分局）局长批准，对纳税保证人采取强制执行措施，通知其开户银行或其他金融机构从其存款中扣缴所担保的纳税人应缴纳的税款、滞纳金，或扣押、查封、拍卖、变卖其价值相当于所担保的纳税人应缴纳的税款、滞纳金的商品、货物或者其他财产，以拍卖、变卖所得抵缴担保的税款、滞纳金。

（3）纳税抵押。是指纳税人或纳税担保人不转移对财产的占有，将财产作为税款及滞纳金的担保。纳税人在规定的期限届满未缴清税款、滞纳金的，税务机关应当在期限届满之日起 15 日内书面通知纳税担保人自收到纳税通知书之日起 15 日内缴纳担保的税款、滞纳金。纳税担保人未按照规定的期限缴纳所担保的税款、滞纳金的，由税务机关责令限期在 15 日内缴纳；逾期仍未缴纳的，经县以上税务局（分局）局长批准，税务机关依法拍卖、变卖抵押物，抵缴税款、滞纳金。

（4）纳税质押。是指经税务机关同意，纳税人或纳税担保人将其动产或权利凭证移交税务机关占有，将该动产或权利凭证作为税款及滞纳金的担保。纳税人逾期未缴清税款及滞纳金的，税务机关有权依法处置该动产或权利凭证以抵缴税款及滞纳金。纳税质押分为动产质押和权利质押。①纳税人在规定的期限内缴清税款及滞纳金的，税务机关应当自纳税人缴清税款及滞纳金之日起3个工作日内返还质物，解除质押关系。②纳税人在规定的期限内未缴清税款、滞纳金的，税务机关应当在期限届满之日起15日内书面通知纳税担保人自收到纳税通知书之日起15日内缴纳担保的税款、滞纳金。③纳税担保人未按规定的期限缴纳所担保的税款、滞纳金，由税务机关责令限期在15日内缴纳；缴清税款、滞纳金的，税务机关自纳税担保人缴清税款及滞纳金之日起3个工作日内返还质物、解除质押关系；逾期仍未缴纳的，经县以上税务局（分局）局长批准，税务机关依法拍卖、变卖质物，抵缴税款、滞纳金。

（5）法律责任。①纳税人、纳税担保人采取欺骗、隐瞒等手段提供担保的，由税务机关处以1 000元以下的罚款；属于经营行为的，处以10 000元以下的罚款。非法为纳税人、纳税担保人实施虚假纳税担保提供方便的，由税务机关处以1 000元以下的罚款。②纳税人采取欺骗、隐瞒等手段提供担保，造成应缴税款损失的，由税务机关按规定处以未缴、少缴税款50％以上5倍以下的罚款。③税务机关负有妥善保管质物的义务。因保管不善致使质物灭失或者毁损，或未经纳税人同意擅自使用、出租、处分质物而给纳税人造成损失的，税务机关应当对直接损失承担赔偿责任。

10. 欠税清缴制度

从事生产、经营的纳税人、扣缴义务人未按照规定的期限缴纳或者解缴税款的，纳税担保人未按照规定的期限缴纳所担保的税款的，由税务机关发出限期缴纳税款通知书，责令缴纳或者解缴税款的最长期限不得超过15日。并可采取以下措施：

（1）欠税公告。税务机关应当对纳税人欠缴税款的情况定期予以公告。县级以上各级税务机关应当将纳税人的欠税情况，在办税场所或者广播、电视、报纸、期刊、网络等新闻媒体上定期公告。

（2）清税优先。税务机关征收税款，除法律另有规定外，税收优先于无担保债权，纳税人欠缴的税款发生在纳税人以其财产设定抵押、质押或者纳税人的财产被留置之前的，税收应当先于抵押权、质权、留置权执行。纳税人欠缴税款，同时又被行政机关决定处以罚款、没收违法所得的，税收优先于罚款、没收违法所得。

（3）阻止出境。欠缴税款的纳税人或者他的法定代表人需要出境的，应当在出境前向税务机关结清应纳税款、滞纳金或者提供担保。未结清税款、滞纳金，又不提供担保的，税务机关可以通知出境管理机关阻止其出境。欠缴税款的纳税人或者其法定代表人在出境前未按照规定结清应纳税款、滞纳金或者提供纳税担保的，税务机关可以通知出入境管理机关阻止其出境。

（4）连带责任。纳税人有合并、分立情形的，应当向税务机关报告，并依法缴清税款。纳税人合并时未缴清税款的，应当由合并后的纳税人继续履行未履行的纳税义务；纳税人分立时未缴清税款的，分立后的纳税人对未履行的纳税义务应当承担连带责任。

（5）提供情况。纳税人有欠税情形而以其财产设定抵押、质押的，应当向抵押权人、质权人说明其欠税情况。抵押权人、质权人可以请求税务机关提供有关的欠税情况。

（6）资产处置报告。欠缴税款5万元以上的纳税人在处分其不动产或者大额资产之前，应当向税务机关报告。欠缴税款数额较大，是指欠缴税款。

（7）行使代位权、撤销权。欠缴税款的纳税人因怠于行使到期债权，或者放弃到期债权，或者无偿转让财产，或者以明显不合理的低价转让财产而受让人知道该情形，对国家税收造成损害的，税务机关可以依照合同法规定行使代位权、撤销权。税务机关依照前款规定行使代位权、撤销权的，不免除欠缴税款的纳税人尚未履行的纳税义务和应承担的法律责任。

11. 税款退还和追征制度

（1）税款退还。纳税人超过应纳税额缴纳的税款，税务机关发现后应当立即退还。纳税人自结算缴纳税款之日起3年内发现的，可以向税务机关要求退还多缴的税款并加算银行同期存款利息，税务机关及时查实后应当立即退还。涉及从国库中退库的，依照法律、行政法规有关国库管理的规定退还。税务机关发现纳税人多缴税款的，应当自发现之日起10日内办理退还手续；纳税人发现多缴税款，要求退还的，税务机关应当自接到纳税人退还申请之日起30日内查实并办理退还手续。加算银行同期存款利息的多缴税款退税，不包括依法预缴税款形成的结算退税、出口退税和各种减免退税。退税利息按照税务机关办理退税手续当天中国人民银行规定的活期存款利率计算。当纳税人既有应退税款又有欠缴税款的，税务机关可以将应退税款和利息先抵扣欠缴税款；抵扣后有余额的，退还纳税人。

（2）税款补缴和追征。第一，税款补缴。因税务机关的责任，致使纳税人、扣缴义务人未缴或者少缴税款的，税务机关在3年内可以要求纳税人、扣缴义务人补缴税款，但是不得加收滞纳金。税务机关的责任，是指税务机关适用税收法律、行政法规不当或者执法行为违法。第二，税款追征。因纳税人、扣缴义务人计算错误等失误（是指非主观故意的计算公式运用错误以及明显的笔误），未缴或者少缴税款的，税务机关在 3 年内可以追征税款、滞纳金；有特殊情况的（指累计数额在 10 万元以上的），追征期可以延长到 5 年。对偷税、抗税、骗税的，税务机关追征其未缴或者少缴的税款、滞纳金或者所骗取的税款，不受规定期限的限制。补缴和追征税款、滞纳金的期限，自纳税人、扣缴义务人应缴未缴或者少缴税款之日起计算。

五、税务检查

税务检查是税务机关根据税收法律、法规以及有关会计制度的规定，采取一定的组织形式，运用一定的检查方法，对纳税人是否依法履行纳税义务的情况进行检查和监督，以充分发挥税收职能作用的一种管理活动。它包括对偷逃税等违法案件的查处和对税务违章案件的查处。税务机关有权进行下列税务检查：

（1）检查纳税人的账簿、记账凭证、报表和有关资料，检查扣缴义务人代扣代缴、代收代缴税款账簿、记账凭证和有关资料。

（2）税务机关查询的内容，包括纳税人存款账户余额和资金往来情况。

（3）税务机关对从事生产、经营的纳税人以前纳税期的纳税情况依法进行税务检查时，发现纳税人有逃避纳税义务行为，并有明显的转移、隐匿其应纳税的商品、货物以及其他财产或者应纳税的收入的迹象的，可以按照本法规定的批准权限采取税收保全措施或者强制执行措施。

（4）纳税人、扣缴义务人必须接受税务机关依法进行的税务检查，如实反映情况，提供有关资料，不得拒绝、隐瞒。

（5）税务机关依法进行税务检查时，有权向有关单位和个人调查纳税人、扣缴义务人和其他当事人与纳税或者代扣代缴、代收代缴税款有关的情况，有关单位和个人有义务向税务机关如实提供有关资料及证明材料。

（6）税务机关调查税务违法案件时，对与案件有关的情况和资料，可以记录、录音、录像、照相和复制。

（7）税务机关派出的人员进行税务检查时，应当出示税务检查证和税务检查通知书，并有责任为被检查人保守秘密；未出示税务检查证和税务检查通知书的，被检查人有权拒绝检查。税务机关对集贸市场及集中经营业户进行检查时，可以使用统一的税务检查通知书。

■ 第三节　税收行政司法管理

税收行政司法制度是税务行政机关或司法机关，对纳税人在履行纳税义务，或税务行政人员在税务执法中的违法行为，以及纳税人同税务机关在税收征纳中的争议，进行处理的法律程序和法律规范。我国税收行政司法制度主要包括税务行政处罚、税务行政复议、税务行政诉讼和税务行政赔偿。

一、税务行政处罚

税务行政处罚是依法享有税务行政处罚权的税务机关，对违反税收法律、行政法规和行政规章，尚未构成犯罪的税收当事人，给予行政制裁的具体行政行为。

（一）税收违法行为处罚方式

税收违法行为处罚方式主要根据纳税人违法情节轻重以及加强税务管理的需要来确定，有经济制裁、行政制裁和刑事制裁三种。

1. 经济制裁

经济制裁是税务机关对有税收违法行为的当事人，在经济上给予处罚，包括滞纳金、罚款、扣押财产抵缴税款和银行扣缴 4 种形式。

（1）滞纳金。是对逾期不缴纳税款的纳税人，按其滞纳税款的一定比例，按日加征的一种处罚款。

（2）罚款。是对纳税人以及扣缴义务人，不按税法规定办理纳税申报、纳税登记、提供税收有关资料、偷税、欠税、骗税、抗税或违法经营行为，给予一定比例和一定数额的处罚款。

（3）扣押财产抵缴税款。税务机关在必要时，经县以上税务局局长批准后，可以扣留，抵押纳税人的部分货物、财产，限期缴纳。逾期不缴的，可以将扣留、抵押的货物、财产变价抵缴其应缴的税款、滞纳金和罚款。

（4）银行扣缴。税务机关对纳税人的欠缴税款屡催无效时，可填开扣款通知书，通知纳税人开户银行，由银行按国务院规定的扣款程序，从纳税人的存款户中扣缴。或者对纳税人银行存款暂停支付，冻结账户限期缴纳。

2. 行政制裁

行政制裁是指由税务机关或税务机关提请有关部门对违反税法的当事个人，依行政程序而给予的处理，包括吊销营业执照、吊销税务登记等处罚。

（1）吊销营业执照。对逾期催缴无效的纳税人，税务机关提请工商行政管理部门，吊销其营业执照，责令其停业整顿，限期缴纳税款。

（2）吊销税务登记。对逾期催缴税款无效的纳税人，税务机关取消其税务登记证，收回由税务机关发给的票证，限期缴纳税款。

3. 刑事制裁

刑事制裁是指对犯有偷税、抗税行为，情节严重、构成犯罪的纳税人，依照刑法给予制裁措施，包括拘役和有期徒刑。

（1）拘役。对违反税收法规，进行伪造发票、偷税、抗税活动，情况较严重，构成犯罪的直接责任人，在短期内剥夺其人身自由，就近强制劳动改造的处罚方法。

（2）有期徒刑。对违反税收法规、伪造发票、偷税及抗税情节严重，构成犯罪的直接责任人，在一定期限内剥夺其人身自由，实行强迫劳动改造的处罚方法。

（二）违反税务管理基本规定行为的处罚

（1）纳税人有下列行为之一的，由税务机关责令限期改正，可以处2千元以下的罚款；情节严重的，处2千元以上1万元以下的罚款。①未按照规定的期限申报办理税务登记、变更或者注销登记的；②未按照规定设置、保管账簿或者保管记账凭证和有关资料的；③未按照规定将财务、会计制度或者财务、会计处理办法和会计核算软件报送税务机关备查的；④未按照规定将其全部银行账号向税务机关报告的；⑤未按照规定安装、使用税控装置，或者损毁或者擅自改动税控装置的。

（2）纳税人不办理税务登记的，由税务机关责令限期改正；逾期不改正的，经税务机关提请，由工商行政管理机关吊销其营业执照。

（3）纳税人未按照规定使用税务登记证件，或者转借、涂改、损毁、买卖、伪造税务登记证件的，处2千元以上1万元以下的罚款；情节严重的，处1万元以上5万元以下的罚款。

（4）纳税人未按照规定办理税务登记证件验证或者换证手续的，由税务机关责令限期改正，可以处2千元以下的罚款；情节严重的，处2千元以上1万元以下的罚款。

（5）扣缴义务人未按照规定设置、保管代扣代缴、代收代缴税款账簿或者保管代扣代缴、代收代缴税款记账凭证及有关资料的，由税务机关责令限期改正，可以处2千元以下的罚款；情节严重的，处2千元以上5千元以下的罚款。

（6）纳税人未按照规定的期限办理纳税申报和报送纳税资料的，或者扣缴义务人未按照规定的期限向税务机关报送代扣代缴、代收代缴税款报告表和有关资料的，由税务机关责令限期改正，可以处2千元以下的罚款；情节严重的，可以处2千元以上1万元以下的罚款。

（三）违反发票管理法规的行政处罚

1. 纳税人违反发票管理法规，没有构成犯罪的处罚规定

（1）对于没有按照规定印制发票或者生产发票防伪专用品，没有按照规定领购发票，没有按照规定开具发票，没有按照规定取得发票，没有按照规定保管发

票，没有按照规定接受税务机关检查的单位和个人，由税务机关责令限期改正，没收违法所得，可以并处 1 万元以下罚款。有上述两种以上行为的，可以分别处罚。其中，没有按照规定保管增值税专用发票而丢失该种发票的，将视情节给予半年以内不能使用、领购该种发票，并收缴结存该种发票的处罚。

（2）非法携带、邮寄、运输或者存放空白发票的，由税务机关收缴发票，没收违法所得，可以并处 1 万元以下罚款。

（3）非法印制、伪造变造、倒买倒卖发票，私自制作发票监制章、发票防伪专用品的，由税务机关依法予以查封、扣押或者销毁，没收违法所得和作案工具，可以并处 1 万元以上 5 万元以下罚款。

（4）伪造或者出售伪造的增值税专用发票，伪造并出售伪造的增值税专用发票，非法出售、购买增值税专用发票（包括购买伪造的增值税专用发票），伪造、擅自制造或者出售伪造、擅自制造的其他发票，非法出售其他发票，情节显著轻微，尚不构成犯罪的，由公安机关处 15 日以下拘留、5 000 元以下罚款。

（5）违反发票管理法规，导致其他单位或者个人未缴、少缴或者骗取税款的，由税务机关没收违法所得，可以并处未缴、少缴或者骗取税款 1 倍以下罚款。

（6）违反发票管理法规，造成偷税的，按照偷税处罚。

2. 关于惩治虚开、伪造和非法出售增值税专用发票及其他发票犯罪的规定

（1）个人犯虚开增值税专用发票或者用于骗取出口退税、抵扣税款的其他发票（如运输发票、农业产品收购发票等，下同）罪的，处 3 年以下有期徒刑或者拘役，并处 2 万元以上 20 万元以下罚金；虚开的税款数额较大或者有其他严重情节的，处 3 年以上 10 年以下有期徒刑，并处 5 万元以上 50 万元以下罚金；虚开的税款数额巨大或者有其他特别严重情节的，处 10 年以上有期徒刑或者无期徒刑，并处 5 万元以上 50 万元以下罚金或者没收财产；骗取国家税款数额特别巨大，情节特别严重，给国家利益造成特别重大损失的，处无期徒刑或者死刑，并处没收财产。单位犯此罪的，对单位判处罚金，并对其直接负责的主管人员和其他直接责任人处 3 年以下有期徒刑或者拘役；虚开的税款数额较大或者有其他严重情节的，处 3 年以上 10 年以下有期徒刑；虚开的税款数额巨大或者有其他特别严重情节的，处 10 年以上有期徒刑或者无期徒刑。

（2）个人犯伪造或者出售伪造的增值税专用发票罪的，处 3 年以下有期徒刑、拘役或者管制，并处 2 万元以上 20 万元以下罚金；数量较大或者有其他严重情节的，处 3 年以上 10 年以下有期徒刑，并处 5 万元以上 50 万元以下罚金；数量巨大或者有其他特别严重情节的，处 10 年以上有期徒刑或者无期徒刑，并处 5 万元以上 50 万元以下罚金或者没收财产；数量特别巨大，情节特别严重，严重破坏经济秩序的，处无期徒刑或者死刑，并处没收财产。单位犯此罪的，对

单位判处罚金，并对其直接负责的主管人员和其他直接责任人员处3年以下有期徒刑、拘役或者管制；数量较大或者有其他严重情节的，处3年以上10年以下有期徒刑；数量巨大或者有其他特别严重情节的，处10年以上有期徒刑或者无期徒刑。

(3) 个人犯非法出售增值税专用发票罪的，处3年以下有期徒刑、拘役或者管制，并处2万元以上20万元以下罚金；数量较大的，处3年以上10年以下有期徒刑，并处5万元以上50万元以下罚金；数量巨大的，处10年以上有期徒刑或者无期徒刑，并处5万元以上50万元以下罚金或者没收财产。单位犯此罪的，对单位判处罚金，并按照上述规定处罚其直接负责的主管人员和其他直接责任人员。

(4) 个人犯非法购买增值税专用发票或者购买伪造的增值税专用发票罪的，处5年以下有期徒刑或者拘役，并处或者单处2万元以上20万元以下罚金。个人非法购买增值税专用发票或者伪造的增值税专用发票又虚开或者出售的，分别按照虚开增值税专用发票、出售伪造的增值税专用发票、非法出售增值税专用发票定罪处罚。单位犯上述罪的，对单位判处罚金，并按照上述规定处罚其直接负责的主管人员和其他直接责任人员。

(5) 个人犯伪造、擅自制造或者出售伪造、擅自制造的可以用于骗取出口退税、抵扣税款的其他发票，非法出售可以用于骗取出口退税、抵扣税款的其他发票罪的，处3年以下有期徒刑、拘役或者管制，并处2万元以上20万元以下罚金；数额巨大的，处3年以上7年以下有期徒刑，并处5万元以上50万元以下罚金；数额特别巨大的，处7年以上有期徒刑，并处5万元以上50万元以下罚金或者没收财产。个人犯伪造、擅自制造或者出售伪造、擅自制造的上述规定以外的其他发票，非法出售上述规定以外的其他发票罪的，处2年以下有期徒刑、拘役或者管制，并处或者单处1万元以上5万元以下罚金；情节严重的，处2年以上7年以下有期徒刑，并处5万元以上50万元以下罚金。单位犯上述罪的，对单位判处罚金，并按照上述规定处罚其直接负责的主管人员和其他直接责任人员。

(6) 盗窃增值税专用发票或者可以用于骗取出口退税、抵扣税款的其他发票，数额较大或者多次盗窃的，处3年以下有期徒刑、拘役或者管制，并处或者单处罚金；数额巨大或者有其他严重情节的，处3年以上10年以下有期徒刑，并处罚金；数额特别巨大或者有其他特别严重情节的，处10年以上有期徒刑或者无期徒刑，并处罚金或者没收财产。

(7) 使用欺骗手段骗取增值税专用发票或者可以用于骗取出口退税、抵扣税款的其他发票，数额较大的，处3年以下有期徒刑、拘役或者管制，并处或者单处罚金；数额巨大或者有其他严重情节的，处3年以上10年以下有期徒刑，并处罚金；数额特别巨大或者有其他特别严重情节的，处10年以上有期徒刑或者无期徒刑，并处罚金或者没收财产。

（四）偷税、欠税、骗税、抗税的行政处罚

1. 偷税的行政处罚

（1）纳税人伪造、变造、隐匿、擅自销毁账簿、记账凭证，或者在账簿上多列支出或者不列、少列收入，或者经税务机关通知申报而拒不申报或者进行虚假的纳税申报，不缴或者少缴应纳税款的，是偷税。对纳税人偷税的，由税务机关追缴其不缴或者少缴的税款、滞纳金，并处不缴或者少缴的税款50％以上5倍以下的罚款；构成犯罪的，依法追究刑事责任。偷税数额占应纳税额的10％以上不满30％，并且偷税数额在1万元以上不满10万元的，或者因偷税被税务机关给予2次行政处罚又偷税的，除了由税务机关追缴其偷税款、滞纳金以外，处3年以下有期徒刑或者拘役，并处偷税数额1倍以上5倍以下罚金。偷税数额占应纳税额的30％以上并且偷税数额在10万元以上的，处3年以上7年以下有期徒刑，并处偷税数额1倍以上5倍以下罚金。

（2）扣缴义务人采取前款所列手段，不缴或者少缴已扣、已收税款，由税务机关追缴其不缴或者少缴的税款、滞纳金，并处不缴或者少缴的税款50％以上5倍以下的罚款；不缴或者少缴已扣、已收税款数额占应缴税额的10％以上并且数额在1万元以上的，除了由税务机关追缴其不缴或者少缴的税款、滞纳金以外，按照上述关于惩治偷税犯罪的规定处罚。

（3）对多次犯有上述行为，未经处罚的，按照累计数额计算。纳税人、扣缴义务人编造虚假计税依据的，由税务机关责令限期改正，并处5万元以下罚款。纳税人不进行纳税申报，不缴或者少缴应纳税款的，由税务机关追缴其不缴或者少缴的税款、滞纳金，并处不缴或者少缴的税款50％以上5倍以下罚款。

2. 欠税的行政处罚

纳税人欠缴应纳税款，采取转移或者隐匿财产的手段，妨碍税务机关追缴欠缴的税款的，由税务机关追缴欠缴的税款、滞纳金，并处欠缴税款50％以上5倍以下的罚款；致使税务机关无法追缴欠缴的税款，数额在1万元以上不满10万元的，除了由税务机关追缴欠缴的税款、滞纳金以外，处3年以下有期徒刑或者拘役，并处或者单处欠缴税款1倍以上5倍以下罚金；数额在10万元以上的，处3年以上7年以下有期徒刑，并处欠缴税款1倍以上5倍以下罚金。

3. 骗税的行政处罚

以假报出口或者其他欺骗手段，骗取国家出口退税款，由税务机关追缴其骗取的退税款，并处骗取退税款1倍以上5倍以下罚款。骗取退税款数额较大的，除了由税务机关追缴其骗取的退税款以外，处5年以下有期徒刑或者拘役，并处骗取税款1倍以上5倍以下罚金;数额巨大或者有其他严重情节的,处5年以上10年以下有期徒刑,并处骗取税款1倍以上5倍以下罚金;数额特别巨大或者有其他特别严重情节的,处10年以上有期徒刑或者无期徒刑,并处骗取税款1倍以上5倍以下罚金或者没收财产。此外,对于骗取国家出口退税款的,税务机关可以在规定的期间以内停止为其办理出口退税。单位犯上述罪的,对单位判处罚金,并对其直接负责的主管人员和其他直接责任人员,处3年以下有期徒刑或者拘役;情节严重的,处3年以上10年以下有期徒刑;情节特别严重的,处10年以上有期徒刑。

4. 抗税的行政处罚

以暴力、威胁方法拒不缴纳税款的,是抗税,除由税务机关追缴其拒缴的税款、滞纳金外,依法追究刑事责任。情节轻微,未构成犯罪的,由税务机关追缴其拒缴的税款、滞纳金,并处拒缴税款1倍以上5倍以下的罚款。情节严重的,处3年以上7年以下有期徒刑,并处拒缴税款1倍以上5倍以下罚金。

(五) 税务行政处罚程序

税务机关在处理违法案件时,要针对案件的不同情况分别按简易程序和一般程序经进行处理。

1. 简易程序

税务行政处罚的简易程序是指税务机关及其执法人员对违法事实清楚,情节轻微,处罚较轻的案件,通常适用于集市贸易市场上的无照经营者,当场作出行政处罚决定的程序。根据《行政处罚法》的规定,违法事实确凿并有法定依据的,对公民处以50元以下、对法人或者其他组织处以1 000元以下罚款或者警告的行政处罚,可以当场作出行政处罚决定。当场作出税务行政处罚决定应当遵守以下程序规则:向当事人出示税务检查证或者其他税务行政执法身份证件;告知当事人受到税务行政处罚的违法事实、依据和陈述申辩权;听取当事人的陈述申辩意见;填写具有预定格式、编有号码的税务行政处罚决定书,并当场交付当事人;将当场作出的行政处罚决定报所属税务机关备案。

2. 一般程序

税务行政处罚的一般程序,是指除了依法可以适用简易程序的案件以外的其他行政处罚案件应当遵循的程序。与简易程序相比,一般程序是行政处罚的基本程序,具有严格、完整、适用范围广等特点。根据《行政处罚法》的规定,行政处罚决定的一般程序主要包括以下内容:

(1) 受理和立案。税务机关根据管辖的规定,在自己的权限范围内,受理涉及违法行为的线索和材料。然后对这些线索和材料进行初步审查,了解所反映的问题是否存在。经过初步审查认为有税务违法事实需要给予行政处罚的,应当立案；认为没有税务违法事实或者税务违法事实轻微的，不需要给予行政处罚的，不予立案。

（2）调查取证。立案的违法案件，税务机关都要派员进行调查，做到事实清楚，证据确凿。调查开始时，调查人员必须出示税务检查证和税务检查通知书，然后按照征管法授予的职权进行调查。调查取证时可以记录、录音、录像、照相和复制。同时，对于涉及国家秘密、商业秘密和个人隐私的，有责任替被调查人保密。对于能够证实当事人有税务违法行为或者无税务违法行为，以及税务违法行为情节轻重的各种证据均应收集，要特别注意听取当事人的陈述和辩解。税务违法案件调查终结，调查人员应当写出调查报告。对于符合法定听证条件的案件，应当告知当事人有要求听证的权利。

（3）听证。听证是指税务机关在对当事人某些违法行为作出行政处罚决定之前，按照一定形式听取调查人员和当事人意见的程序，使作出的行政处罚决定更加公正、合理。税务行政处罚听证的范围是对公民作出2 000元以上或者对法人或其他组织作出1万元以上罚款的案件。凡属听证范围的案件，在作出税务处罚决定之前，应当首先向当事人送达《税务行政处罚事项告知书》，要求听证的当事人，应当在收到《告知书》后3日内向税务机关书面提出听证要求，逾期不提出的，视为放弃听证权利。税务机关应在当事人提出听证要求后的15日内举行听证，并在举行听证的7日前将《听证通知书》送达当事人。除涉及国家秘密、商业秘密或者个人隐私的不公开听证外，对于公开听证的案件，应当先期公告案情和听证的时间、地点，并允许公众旁听。

（4）审理。案件审理人员在接到调查人员的调查报告后，要从以下几个方面审理把关：所办案件是否应属其管辖；当事人的违法事实是否清楚，证据是否充分；对案件的定性是否准确；适用法律、法规、规章是否准确；量罚是否适当；程序是否合法以及案件涉及的其他重要问题。

（5）决定。案件经过审理后，税务机关负责人应当根据不同情况作出决定：确有应受税务行政处罚的违法行为的，根据情节轻重以及具体情况，作出税务行政处罚决定；违法行为轻微，依法可以不予行政处罚的，不予行政处罚；违法事实不能成立的，不得给予行政处罚；违法行为已经构成犯罪的，移送司法机关。对情节复杂或者重大违法行为给予较重的行政处罚，税务机关应当集体讨论决定。税务机关依法作出给予行政处罚的决定以后，应当制作《税务行政处罚决定书》。《税务行政处罚决定书》应当在宣告后当场交付当事人，当事人不在场的，行政机关应当在7日内依照民事诉讼法的有关规定，将《税务行政处罚决定书》送达当事人。

（6）执行。当事人自收到税务机关的行政处罚决定后，应当在规定的期限内履行。当事人履行处罚决定，应注意以下几点：①要实际履行，即当事人要以实际行动来履行处罚决定所设定的义务，如缴纳罚款；②要按时履行，处罚决定都要对当事人履行义务规定一定的期限，那么当事人接到处罚决定书后就应当如期缴纳罚款；③要全面履行，当事人履行处罚决定，应当全面履行处罚决定所规定的内容。

二、税务行政复议

税务行政复议是指纳税人、代征人或其他当事人同税务机关在纳税或违章处理问题上发生争议时，向上一级税务机关申请复查的制度和上级税务机关依法进行税务行政复议工作。

（一）税务行政复议机构

税务行政复议机构是指受理复议申请，依法对具体行政行为进行审查并作出裁决的税务机构。县及县以上税务机关应设立税务行政复议委员会，代表本级机关行使税务复议职责。复议委员会由7～9人组成，下设办公室，负责处理日常事务。复议委员会的权利和义务是：

（1）税务复议委员会的权利：有权要求申请人或其他有关人员提供与争议案件相关的事实材料（如账簿、凭证等），并将提供的材料在复议期间留用；有权进行调查，并在必要时进行现场勘查检验；有权对受理的税务争议案件进行裁决。

（2）税务复议委员会的义务：为纳税人提供陈述的机会；向申请人及相关人员讲解税法；对留用的材料进行妥善保管，不得遗失、损毁或泄密；对涉及申请人或相关人员经营秘密或其他隐私的，应为其保密；将复议裁决以书面形式通知申请人及原处理机关，并告知申请人享有的起诉权。

（二）税务行政复议受案范围

根据《税务行政复议规则》，公民、法人、其他组织以及外国人、无国籍人和外国组织，对税务机关下列具体行政行为不服所申请的复议，税务复议行政机关都应受理。这些行政行为包括：

（1）税务机关作出的征税行为，包括征收税款，加收滞纳金和扣缴义务人、受税务机关委托征收的单位作出的代扣代缴、代收代缴税款行为。

（2）税务机关作出的责令纳税人提缴纳税保证金或提供纳税担保行为。

（3）税务机关作出的税收保全措施，包括书面通知银行或者其他金融机构冻结纳税人的存款，扣押、查封纳税人的商品、货物或者其他财产。

（4）税务机关没有及时解除税收保全措施，使纳税人的合法权益遭受损失的行为。

（5）税务机关采取的税收强制执行措施，包括书面通知银行或者其他金融机构从纳税人的存款中扣缴税款，拍卖或者变卖扣押、查封的纳税人的商品、货物或者其他财产抵缴税款。

（6）税务机关作出的税务行政处罚行为，包括罚款、没收违法所得、停止办理出口退税。

（7）税务机关不予依法办理或者答复的行为，包括不予审批减税、免税或者出口退税；不予抵扣税款；不予退还税款；不予颁发税务登记证、发售发票；不予开具完税凭证和出具票据；不予认定为增值税一般纳税人；不予核准延期申报、批准延期缴纳税款。

（8）税务机关作出的取消增值税一般纳税人资格的行为。

（9）税务机关作出的通知进出境管理机关阻止出境行为。

（10）税务机关作出的其他税务具体行政行为。

（三）税务行政复议的申请与受理

1. 税务行政复议申请

（1）税务行政复议申请人。为依法提起税务行政复议的纳税人和其他税务当事人，具体包括纳税人、扣缴义务人、纳税担保人和其他税务当事人。有权申请税务行政复议的公民死亡的，其近亲属可以申请税务行政复议。有权申请税务行政复议的公民为无行为能力人或者限制行为能力人的，其法定代理人可以代理申请税务行政复议。有权申请税务行政复议的法人或者其他组织发生合并、分立或者终止的，承受其权利的法人或者其他组织可以申请税务行政复议。与申请税务行政复议的税务具体行政行为有利害关系的其他公民、法人或者组织，可以作为第三人参加税务行政复议。纳税人和其他税务当事人对税务机关的税务具体行政行为不服申请税务行政复议的，作出税务具体行政行为的税务机关是被申请人。申请人、第三人可以委托代理人代为参加税务行政复议，被申请人不得委托代理人代为参加税务行政复议。

（2）税务行政复议申请。申请人可以在得知税务机关作出税务具体行政行为之日起 60 日以内提出税务行政复议申请。因不可抗力或者被申请人设置障碍等正当理由耽误法定申请期限的，申请期限自障碍消除之日起继续计算。申请人申请税务行政复议，可以书面申请，也可以口头申请。口头申请的，复议机关应当当场记录申请人的基本情况、复议请求、申请复议的主要事实、理由和时间。申请人向复议机关申请税务行政复议，复议机关已经受理的，在法定税务行政复议期限以内，申请人不得向人民法院起诉。申请人向人民法院提起税务行政诉讼，人民法院已经受理的，不得申请税务行政复议。

2. 税务行政复议受理

税务行政复议受理是税务行政复议机关在接到当事人请求复议申请后,经审查决定接受申请或不接受申请的行为及过程。税务行政复议受理程序为:

(1) 复议机关收到税务行政复议申请以后,应当在 5 日以内进行审查。对于不符合规定者,决定不予受理,并书面告知申请人。对于符合规定,但是不属于本机关受理者,应当告知申请人向有关机关提出申请。对于符合规定者,自复议机关法制工作机构收到之日起即为受理,并应当书面告知当事人。纳税人和其他税务当事人依法提出税务行政复议申请,复议机关无正当理由不予受理且申请人没有向人民法院提起税务行政诉讼的,上级税务机关应当责令其受理,必要时上级税务机关也可以直接受理。

(2) 对于应当先向复议机关申请税务行政复议,对税务行政复议决定不服再向人民法院提起行政诉讼的税务具体行政行为,复议机关决定不予受理或者受理以后超过复议期限不作答复的,纳税人和其他税务当事人可以自收到不予受理决定书之日起或者税务行政复议期满之日起 15 日以内,依法向人民法院提起税务行政诉讼。

(3) 税务行政复议期间,税务具体行政行为不停止执行。但是,有下列情形之一的,可以停止执行:①被申请人认为需要停止执行的;②复议机关认为需要停止执行的;③申请人申请停止执行,复议机关认为其要求合理,决定停止执行的;④法律、法规、规章规定停止执行的。

(四) 税务行政复议形式

税务行政复议有必经复议和选择复议两种形式。实行两种复议形式主要是使税务机关的行政执法权和法院的行政司法权分离,保证国家正常纳税和税务争议得到公正解决。

(1) 必经复议。是指公民、法人和其他组织对税务机关作出的行政行为不服,在程序上必须先向上一级税务机关申请复议,对复议不服,再向人民法院起诉。我国《税务行政复议规则》规定,纳税人和其他税务当事人对税务机关作出的征税行为不服,应当先向复议机关申请税务行政复议;对税务行政复议决定不服,再向人民法院起诉。申请人按照此项规定申请税务行政复议的,必须先按照税务机关根据法律、行政法规确定的税额、期限缴纳或者解缴税款及滞纳金,或者提供相应的担保,然后可以在收到税务机关填发的缴款凭证之日起 60 日以内提出税务行政复议申请。

(2) 选择复议。是指公民、法人和其他组织对税务机关作出的行政行为不服,在程序上可先向上一级税务机关申请复议,对复议不服,再向人民法院起诉;也可直接向人民法院起诉。我国《税务行政复议规则》规定,申请人对税务机关作出的其他税务具体行政行为不服，可以申请税务行政复议，也可以直接向人民法院提起税务行政诉讼。

（五）税务行政复议的审理和决定

1. 复议审理

复议审理是指税务行政复议机关受理当事人复议申请以后，着手进行调查核实的全过程。

（1）税务行政复议机关对已受理的案件，应在受理之日起7日内将税务行政复议申请书副本或者税务行政复议笔录复印件发送被申请人。被申请人应当从收到申请书副本或者申请笔录复印件之日起10日以内，提出书面答复，并提交当初作出税务具体行政行为的证据、依据和其他有关材料。在税务行政复议过程中，被申请人不得自行向申请人和其他有关组织、个人搜集证据。

（2）申请人和第三人可以查阅被申请人提出的书面答复、作出税务具体行政行为的证据、依据和其他有关材料。除了涉及国家秘密、商业秘密和个人隐私者以外，复议机关不得拒绝。在税务行政复议决定作出以前，申请人要求撤回税务行政复议申请的，经说明理由，可以撤回；撤回税务行政复议申请的，税务行政复议终止。

（3）复议机关在审查被申请人作出的税务具体行政行为的时候，认为其依据不合法，本机关有权处理的，应当在30日以内依法处理；无权处理的，应当在7日以内按照法定程序转送有权处理的行政机关依法处理。处理期间，中止对税务具体行政行为的审查。

2. 复议决定

复议决定是指税务行政复议机关对当事人提起的有效的复议申请，进行审理后所作出的最后处理决定。

（1）复议决定。复议机关应当自受理税务行政复议申请之日起60日以内作出税务行政复议决定。情况复杂，不能在规定期限以内作出税务行政复议决定的，经过复议机关负责人批准，可以适当延长，但是延长期限最多不超过30日。复议机关法制工作机构应当对被申请人作出的税务具体行政行为进行合法性与适当性审查，提出意见，经过复议机关负责人同意，按照下列规定作出税务行政复议决定：

税务具体行政行为认定事实清楚，证据确凿，适用依据正确，程序合法，内容适当的，决定维持。

被申请人不履行法定职责的，决定其在一定期限内履行。

事实不清，证据不足的；适用依据错误的；违反法定程序的；超越或者滥用职权的；税务具体行政行为明显不当的，决定撤销、变更或者确认该税务具体行政行为违法。决定撤销或者确认该税务具体行政行为违法的，可以责令被申请人在一定期限内重新作出税务具体行政行为。

（2）被申请人责权。被申请人应当履行税务行政复议决定。被申请人不履行税务行政复议决定或者无正当理由拖延履行税务行政复议决定的，复议机关或者有关上级行政机关应当责令其限期履行。复议机关责令被申请人重新作出税务具体行政行为的，被申请人不得以同一事实和理由作出与原税务具体行政行为相同或者基本相同的税务具体行政行为。被申请人不按照规定提出书面答复，提交当初作出税务具体行政行为的证据、依据和其他有关材料的，视为该税务具体行政行为没有证据、依据，决定撤销该税务具体行政行为。

（3）申请人责权。申请人在申请税务行政复议的时候，可以一并提出行政赔偿请求。复议机关对按照国家赔偿法的有关规定应当给予赔偿的，在决定撤销、变更税务具体行政行为或者确认税务具体行政行为违法的时候，应当同时决定被申请人依法予以赔偿。申请人在申请税务行政复议的时候没有提出行政赔偿请求的，复议机关在依法决定撤销或者变更原税务具体行政行为确定的税款、滞纳金、罚款和对财产的扣押、查封等强制措施的时候，应当同时责令被申请人退还税款、滞纳金和罚款，解除对财产的扣押、查封等强制措施，或者赔偿相应的价款。申请人逾期不起诉又不履行税务行政复议决定的，或者不履行最终裁决的税务行政复议决定的，按照下列规定分别处理：①维持税务具体行政行为的税务行政复议决定，由作出税务具体行政行为的税务机关依法强制执行，或者申请人民法院强制执行。②改变税务具体行政行为的税务行政复议决定，由复议机关依法强制执行，或者申请人民法院强制执行。

三、税务行政诉讼

税务行政诉讼是指公民、法人或其他组织在其合法权益受到税务机关的违法行为或不法行为的侵害时，向法院申诉请求撤销或制止这种违法行为或赔偿其经济损失的一种诉讼活动。

（一）税务行政诉讼受案范围

根据《中华人民共和国行政诉讼法》和有关税收法律、行政法规的规定，税务行政诉讼的受案范围包括对下列税务具体行政行为提起的行政诉讼：

（1）税务机关作出的征税行为。包括征收税款，加收滞纳金，扣缴义务人、代征人作出的代扣代缴、代收代缴税款行为。

（2）税务机关作出的责令纳税人提供纳税担保行为。

（3）税务机关采取的税收保全措施。包括通知银行或者其他金融机构冻结纳税人的存款，扣押、查封纳税人的财产。

（4）税务机关没有及时解除税收保全措施，使纳税人等合法权益遭受损失的行为。

（5）税务机关采取的税收强制执行措施。包括通知银行或者其他金融机构从纳税人的存款中扣缴税款，拍卖或者变卖所扣押、查封的纳税人的财产以抵缴税款等。

（6）税务机关作出的税务行政处罚行为。包括罚款、没收违法所得、停止办理出口退税。

（7）税务机关不予依法办理或者答复的行为。包括不予审批减税、免税或者出口退税，不予抵扣税款，不予退还税款，不予颁发税务登记证、发售发票，不予开具完税凭证和出具票据，不予认定为增值税一般纳税人，不予核准延期申报、批准延期纳税。

（8）税务机关作出的取消增值税一般纳税人资格的行为。

（9）税务机关作出的通知出境管理机关阻止出境行为。

（10）税务机关作出的其他税务具体行政行为。

（二）税务行政诉讼管辖

税务行政诉讼管辖可以分为级别管辖、地域管辖和裁定管辖三类。

1. 级别管辖

其主要内容是：基层人民法院管辖本辖区内一般的税务行政诉讼案件，中级人民法院和高级人民法院管辖本辖区内重大、复杂的税务行政诉讼案件，最高人民法院管辖全国范围内重大、复杂的税务行政诉讼案件。

2. 地域管辖

包括一般地域管辖和特殊地域管辖两种。

（1）一般地域管辖。指按照最初作出税务具体行政行为的税务机关所在地确定管辖法院。凡是没有经过税务行政复议直接向人民法院提起税务行政诉讼的；或者经过税务行政复议。裁决维持原税务具体行政行为，当事人不服，向人民法院提起税务行政诉讼的，均由最初作出税务具体行政行为的税务机关所在地的人民法院管辖。

（2）特殊地域管辖。指根据特殊行政法律关系或者特殊行政法律关系所指的对象确定管辖法院。这里有三种情况：一是经过税务行政复议的案件，复议机关改变原税务具体行政行为的，可以由复议机关所在地的人民法院管辖；二是在税务行政案件中，原告对税务机关通知出境管理机关阻止出境行为不服而提起的诉讼，由作出上述行为的税务机关所在地的人民法院或者原告所在地的人民法院管辖；三是因不动产提起的税务行政诉讼，由不动产所在地的人民法院管辖。

两个以上的人民法院都有管辖权的税务行政案件，可以由原告选择其中一个法院提起诉讼。原告向两个以上有管辖权的人民法院提起税务行政诉讼的，由最先收到起诉状的法院管辖。

3. 裁定管辖

包括移送管辖、指定管辖和管辖权的转移三种。

（1）移送管辖。人民法院发现受理的税务行政案件不属于自己管辖时，应当将其移送有管辖权的人民法院。

（2）指定管辖。有税务行政诉讼管辖权的人民法院，由于特殊原因不能行使其管辖权的，由上级人民法院指定管辖。人民法院对税务行政诉讼管辖权发生争议的，由争议双方协商解决；协商不成的，报其共同上级人民法院指定管辖。

（3）管辖权的转移。上级人民法院有权审判下级人民法院管辖的第一审税务行政案件，也可以把自己管辖的第一审税务行政案件移交下级人民法院审判。下级人民法院对其管辖的第一审税务行政案件，认为需要由上级人民法院审判的，可以报请上级人民法院决定。

（三）税务行政诉讼的起诉和受理

1. 税务行政诉讼的起诉

税务行政诉讼起诉，是指公民、法人或者其他组织认为自己的合法权益受到税务机关具体行政行为的侵害，而向人民法院提出诉讼请求，要求人民法院行使审判权，依法予以保护的诉讼行为。在税务行政诉讼等行政诉讼中，起诉权是单向性的权利，税务机关不享有起诉权，只有应诉权，即税务机关只能作被告；与民事诉讼不同，作为被告的税务机关不能反诉。

纳税人、扣缴义务人等税务管理相对人在提起税务行政诉讼时，必须符合下列条件：①原告是认为具体税务行为侵犯其合法权益的公民、法人或者其他组织；②有明确的被告；③有具体的诉讼请求和事实、法律根据；④属于人民法院的受案范围和受诉人民法院管辖。此外，提起税务行政诉讼，还必须符合法定的期限和必经的程序。对税务机关的征税行为提起诉讼，必须先经过复议；对复议决定不服的，可以在接到复议决定书之日起 15 日内向人民法院起诉。对其他具体行政行为不服的，当事人可以在接到通知或者知道之日起 15 日内直接向人民法院起诉。税务机关作出具体行政行为时，未告知当事人诉权和起诉期限，致使当事人逾期向人民法院起诉的，其起诉期限从当事人实际知道诉权或者起诉期限时计算。但最长不得超过 2 年。

2. 税务行政诉讼的受理

原告起诉，经人民法院审查，认为符合起诉条件并立案审理的行为，称为受理。对当事人的起诉，人民法院一般从以下几方面进行审查并作出是否受理的决定：一是审查是否属于法定的诉讼受案范围；二是审查是否具备法定的起诉条件；三是审查是否已经受理或者正在受理；四是审查是否有管辖权；五是审查是否符合法定的期限；六是审查是否经过必经复议程序。根据法律规定，人民法院接到诉状，经过审查，应当在 7 天内立案或者作出裁定不予受理。原告对不予受理的裁定不服的，可以提起上诉。

（四）税务行政诉讼的审理和判决

1. 税务行政诉讼的审理

人民法院审理行政案件实行合议、回避、公开审判和两审终审的审判制度。审理的核心是审查被诉具体行政行为是否合法，即作出该行为的税务机关是否依法享有该税务行政管理权；该行为是否依据一定的事实和法律作出；税务机关作出该行为是否遵照必备的程序等。

2. 税务行政诉讼的判决

人民法院对受理的税务行政案件，经过调查、搜集证据、开庭审理之后，分别作出如下判决：

（1）维持判决。适用于具体行政行为证据确凿，适用法律、法规正确，符合法定程序的案件。

（2）撤销判决。被诉的具体行政行为主要证据不足，适用法律、法规错误，违反法定程序，或者超越职权、滥用职权，人民法院应判决撤销或部分撤销，同时可判决税务机关重新作出具体行政行为。

（3）履行判决。税务机关不履行或拖延履行法定职责的，判决其在一定期限内履行。

（4）变更判决。税务行政处罚显失公正的，可以判决变更。

对一审人民法院的判决不服，当事人可以上诉。对发生法律效力的判决，当事人必须执行，否则人民法院有权依对方当事人的申请予以强制执行。

四、税务行政赔偿

税务行政赔偿属于国家赔偿中的行政赔偿。所谓国家赔偿，是指国家机关和国家机关工作人员违行行政职权，对公民、法人和其他组织的合法权益造成损害，由国家承担赔偿责任的制度。

（一）税务行政赔偿

税务行政赔偿是指税务机关作为履行国家赔偿义务的机关，对本机关及其工作人员的职务违法行为给纳税人和其他税务当事人的合法权益造成的损害，代表国家予以赔偿的制度。税务行政赔偿由以下要点内容构成：必须是税务机关或者其工作人员的职务违法行为，这是构成税务行政赔偿责任的核心要件；必须存在对纳税人和其他税务当事人合法权益造成损害的事实，这是构成税务行政赔偿的必备要件；必须是税务机关及其工作人员的职务违法行为与现实发生的损害事实存在因果关系。

（1）税务行政赔偿请求人。是指有权对税务机关及其工作人员的违法职务行为造成的损害提出赔偿要求的人。根据国家赔偿法的规定，税务行政赔偿请求人可分为以下几类：受害的纳税人和其他税务当事人；受害公民的继承人，其他有扶养关系的亲属；承受原法人或其他组织的法人或其他组织。

（2）税务行政赔偿的赔偿义务机关。一般情况下，哪个税务机关及其工作人员行使职权侵害公民、法人和其他组织的合法权益，该税务机关就是履行赔偿义务的机关。如果两个以上税务机关或者其工作人员共同违法行使职权侵害纳税人和其他税务当事人合法权益的，则共同行使职权的税务机关均为赔偿义务机关，赔偿请求人有权对其中任何一个提出赔偿请求。经过上级税务机关行政复议的，最初造成侵权的税务机关为赔偿义务机关。但上级税务机关的复议决定加重损害的，则上级税务机关对加重损害部分履行赔偿义务。应当履行赔偿义务的税务机关被撤销的，继续行使其职权的税务机关是赔偿义务机关；没有继续行使其职权的，撤销该赔偿义务机关的行政机关为赔偿义务机关。

（3）税务行政赔偿的请求时效。依据国家赔偿法规定，税务行政赔偿请求人请求赔偿的时效为2年，自税务机关及其工作人员行使职权时的行为被依法确认为违法之日起计算。如果税务行政赔偿请求人在赔偿请求时效的最后6个月内，因不可抗力或者其他障碍不能行使请求权的，时效中止。从中止时效的原因消除之日起，赔偿请求时效期间继续计算。

（4）取得税务行政赔偿的特别保障。依据国家赔偿法规定，赔偿请求人要求赔偿的，赔偿义务机关、复议机关、人民法院不得向该赔偿请求人收取任何费用；对赔偿请求人取得的赔偿金不予征税。

（5）涉外税务行政赔偿。依据国家赔偿法规定，涉外赔偿适用国内赔偿的有关法律规定，但是如果外国人、外国企业和组织的所属国对我国公民、法人和其他组织要求该国家赔偿的权利不予保护或者限制的，我国与该外国人、外国企业和组织的所属国实行对等原则。涉外税务行政赔偿也适用这一原则。

（二）税务行政赔偿范围

税务行政赔偿的范围是指税务机关对本机关及其工作人员在行使职权时给受害人造成的损害予以赔偿。我国的国家赔偿法将损害赔偿的范围限于对财产权和人身权中的生命健康权，人身自由权的损害，未将精神损害等列入赔偿范围。此外，我国国家赔偿法中的损害赔偿仅包括对直接损害的赔偿，不包括间接损害。依据国家赔偿法的规定，税务行政赔偿的范围包括：

1. 侵犯人身权的赔偿

主要包括：税务机关及其工作人员非法拘禁纳税人和其他税务当事人或者以其他方式剥夺纳税人和其他税务当事人人身自由的；税务机关及其工作人员以殴打等暴力行为或者唆使他人以殴打或暴力行为造成公民身体伤害或者死亡的；造成公民身体伤害或者死亡的税务机关及其工作人员的其他违法行为。

2. 侵犯财产权的赔偿

主要包括：税务机关及其工作人员违法征收税款及滞纳金的；税务机关及其工作人员对当事人违法实施罚款，没收非法所得等行政处罚的；税务机关及其工作人员对当事人财产违法采取强制措施或者税收保全措施的；税务机关及其工作人员违反国家规定向当事人征收财物，摊派费用的；税务机关及其工作人员造成当事人财产损害的其他违法行为。

3. 税务机关不承担赔偿责任的情形

一般情况下，有损害必须赔偿，但在法定情况下，虽有损害发生，国家也不予赔偿。国家赔偿法规定了一些情形作为行政赔偿的例外，这些情形包括：

（1）行政机关工作人员与行使职权无关的行为。税务机关工作人员非职务行他人造成的损害、责任由其个人承担。

（2）因纳税人和其他税务当事人自己的行为致使损害发生的。在损害不是由税务行政侵权行为引起，而是由纳税人和其他税务当事人自己的行为引起的情况下，税务机关不承担赔偿义务。

（三）税务行政赔偿程序

税务行政赔偿的程序由两部分组成，一是非诉讼程序，即税务机关的内部程序；二是税务行政赔偿诉讼程序，即司法程序。

1. 税务行政赔偿非诉讼程序

（1）税务行政赔偿请求的提出。依据国家赔偿法规定，税务赔偿请求人应当先向负有履行赔偿义务的税务机关提出赔偿要求。这是税务行政赔偿的必经程序。如果税务行政赔偿请求人在要求税务行政赔偿的同时，还要求上级税务复议或者人民法院确认致害的职务行为违法或者要求撤销该行为，则也可以在申请税务行政复议或者提起税务行政诉讼时，一并提出税务行政赔偿请求。

（2）赔偿请求的形式。依据国家赔偿法的规定，要求税务行政赔偿的应当递交申请书，申请书应当载明受害人的姓名、性别、年龄、工作单位和住所，法人或者其他组织的名称、住所和法定代表人或者主要负责人的姓名、职务；具体的要求、事实根据和理由；申请的年、月、日等事项。

（3）对税务行政赔偿请求的处理。税务行政赔偿请求人在法定期限内提出赔偿请求后，负有赔偿义务的税务机关应当自收到申请之日起2个月内依照法定的赔偿方式和计算标准给予赔偿；逾期不赔偿或者赔偿请求人对赔偿数额有异议的，赔偿请求人可以在期间届满之日 3 个月内向人民法院提诉讼。

2. 税务行政赔偿诉讼程序

当税务赔偿义务机关逾期不予赔偿或者税务行政赔偿请求人对赔偿数额有异议时，税务行政赔偿请求人可以向人民法院提起诉讼，此时进入税务行政赔偿诉讼程序。应当注意，税务行政赔偿诉讼与税务行政赔偿非诉讼程序中规定的可以在提出税务行政诉讼的同时，一并提出税务行政赔偿的请求。

（1）在提起税务行政诉讼时一并提出赔偿请求无须经过先行处理，而税务行政赔偿诉讼的提起必须以税务机关的先行处理为条件。

（2）依据行政诉讼法规定，税务行政诉讼不适用调解，而税务行政赔偿诉讼可以进行调解，因为税务行政赔偿诉讼的核心是税务行政赔偿请求人的人身权、财产权受到的损害是否应当赔偿，应当赔偿多少，权利具有自由处分的性质，存在调解的基础。

（3）依据行政诉讼法规定，在税务行政诉讼中，被告即税务机关承担举证责任，而在税务行政赔偿诉讼中，损害事实部分的举证责任不可能由税务机关承担，也不应由税务机关承担。

3. 税务行政追偿制度

税务行政追偿制度是指违法行使职权给纳税人和其他税务当事人合法权益造成损害的税务机关的工作人员主观有过错，如故意和重大过失，税务机关赔偿其造成的损害以后，再追究其责任的制度。它解决的是税务机关与其工作人员之间的关系。此外，如果赔偿义务机关因故意或者重大过失造成赔偿的，或者超出国家赔偿法规定的范围和标准赔偿的，同级人民政府可以责令赔偿义务机关自行承担部分或者全部赔偿费用。

（四）税务行政赔偿方式

赔偿方式是指国家承担赔偿责任的各种形式。依据国家赔偿法规定，国家赔偿以支付赔偿金为主要方式，如果赔偿义务机关能够通过返还财产或者恢复原状实施国家赔偿的，应当返还财产或者恢复原状。

（1）支付赔偿金。这是最主要的赔偿形式。支付赔偿金简便易行，适用范围广，它可以使受害人的赔偿要求迅速得到满足。

（2）返还财产。这是对财产所有权造成损害后的赔偿方式。返还财产要求财产或者原物存在，只有这样才谈得上返还财产。返还财产所指的财产一般是特定物，但也可以是种类物，如罚款所收缴的货币。

（3）恢复原状。这是指对受到损害的财产进行修复，使之恢复到受损前的形状或者性能。使用这种赔偿方式必须是受损害的财产确能恢复原状且易行。

　　按照国家赔偿法和国家赔偿费用管理办法的规定，税务行政赔偿费用列入各级财政预算，由各级财政按照财政管理体制分级负担。

➢思考题

　　1. 我国税收立法机构如何确定？

　　2. 我国税收立法程序如何进行？

　　3. 纳税人如何办理税务开业登记？

　　4. 在哪些情况下纳税人应办理税务变更注销登记？

　　5. 哪些单位和个人应办理纳税申报？

　　6. 纳税申报应提供哪些资料？

　　7. 账簿、凭证保管期限是如何规定的？

　　8. 税收款征收有哪些方式？

　　9. 税收保全应具备哪些条件？

　　10. 税收保全的主要措施是什么？

　　11. 税收强制执行应具备哪些条件？

　　12. 税收强制执行的主要措施是什么？

　　13. 税收保全和强制执行的主要区别？

　　14. 发票的使用有哪些规定？

　　15. 欠税清缴可采取哪些措施？

　　16. 税务违法行为有哪些主要处罚方式？

　　17. 违反发票管理法规的行为应如何处罚？

　　18. 虚开增值税发票应如何处罚？

　　19. 对纳税人偷税应如何进行处罚？

　　20. 对纳税人欠税应如何进行处罚？

　　21. 对纳税人骗税应如何进行处罚？

　　22. 对纳税人抗税应如何进行处罚？

　　23. 税务行政处罚的简易程序适用哪些对象？

　　24. 税务行政处罚的一般程序应如何进行？

　　25. 税务行政复议的范围是如何规定的？

　　26. 当事人应如何提出税务行政复议申请？

　　27. 税务行政复议中的必经复议和选择复议有哪些主要区别？

　　28. 税务行政复议可作出哪些决定？

　　29. 税务行政诉讼受案范围是如何规定的？

　　30. 税务行政赔偿的范围是如何规定的？

参 考 文 献

曹立瀛. 1995. 财政理论与政策. 北京：中国财政经济出版社

大卫·N. 海曼. 2001. 公共财政——现代理论在政策中的应用. 北京：中国财政经济出版社

葛惟熹. 1999. 国际税收学. 北京：中国财政经济出版社

国务院关于改革现行出口退税机制的决定. 国发〔2003〕24 号

哈维·罗森. 2000. 财政学. 北京：中国人民大学出版社

亨瑞·艾伦. 2001. 美国税制改革的经济影响. 北京：中国人民大学出版社

胡怡建. 2008. 税收学. 上海：上海财经大学出版社

上海财经大学公共政策研究中心. 2001. 2001 中国财政发展报告——转轨经济中的税收变革. 上海：上海
　　财经大学出版社

税务行政复议规则（暂行）. 国家税务总局令〔2004〕第 8 号

王光普. 1999. 关税理论政策与实务. 北京：对外经济贸易大学出版社

中华人民共和国车船税暂行条例. 2006 年国务院令 482 号令

中华人民共和国车辆购置税暂行条例. 国务院令〔2000〕第 294 号

中华人民共和国城市维护建设税暂行条例. 国发〔1985〕19 号

中华人民共和国城镇土地使用税暂行条例. 2006 年国务院令 483 号令

中华人民共和国发票管理办法实施细则. 国税发〔1993〕157 号

中华人民共和国房产税暂行条例. 国发〔1986〕90 号

中华人民共和国个人所得税法实施条例. 国务院令〔2003〕第 452 号

中华人民共和国个人所得税法. 主席令〔2007〕第 44 号

中华人民共和国进出口关税条例. 国务院〔2003〕第 392 号令

中华人民共和国契税暂行条例. 国务院令〔1997〕第 224 号

中华人民共和国税收征收管理法. 2001 年 4 月 28 日第九届全国人民代表大会常务委员会第二十一次会议
　　修订

中华人民共和国税收征收管理法实施细则. 国务院令〔2002〕第 362 号

中华人民共和国消费税暂行条例. 国务院令〔1993〕第 135 号

中华人民共和国消费税暂行条例实施细则. 财法字〔1993〕第 39 号

中华人民共和国印花税暂行条例. 国务院令〔1988〕第 11 号

中华人民共和国印花税暂行条例施行细则. 财税字〔1988〕第 225 号

中华人民共和国营业税暂行条例. 国务院令〔1993〕第 136 号

中华人民共和国增值税暂行条例. 国务院令〔1993〕第 134 号

中华人民共和国增值税暂行条例实施细则. 财法字〔1993〕第 38 号

中华人民共和国资源税暂行条例. 国务院令〔1993〕第 139 号

中华人民共和国资源税暂行条例实施细则. 财法字〔1993〕第 43 号

附录 练习题答案

第三章 增 值 税

1.

当期销项税额=(200+300+40)×17%=91.80(万元)

当期进项税额=(50−10)×13%+100×17%+2×7%=22.34(万元)

当期应纳税额=91.80−22.34=69.46(万元)

2.

当期销项税额=[280×800×90%+280×500+60 000/(1+17%)]×17%=66 789.95(元)

当期进项税额=140 000×17%+7 000×7%=24 290(元)

当期应纳税额=66 789.95−24 290=42 499.45(元)

3.

当期应纳税额=[(3+0.2)×30+3.3×10+3×5]×17%−8.8=15.68(万元)

4.

当期销项税额=84×17%=14.28(万元)

当期进项税额=3.91+1×7%+1.38+(42+2)×13%=11.08(万元)

当期应纳税额=14.28−11.08=3.2(万元)

5.

当期进项税额=120×17%+75×17%+17×7%=34.41(万元)

当期销项税额=180×13%+230×17%=62.5(万元)

当期应纳税额=62.5−34.41=28.09(万元)

6.

当月销项税额=0.9×(500+200+100+50)×17%=130.05(万元)

当月进项税额=(10+0.5)×7%+200×17%+18=52.735(万元)

当月应纳税额=130.05−52.735=77.315(万元)

7.

销项税额=[0.2×(50 000+1 000+800+100+2 000)+1]/(1+17%)×17%=1 566.47(万元)

进项税额=680+15+20×7%=696.4(万元)

增值税额＝1 566.47－696.4＝870.07(万元)

8.

当期销项税额＝[50 000＋81 900/(1＋17％)＋200 000＋1 170/(1＋17％)×100＋7 000×(1＋10％)]×17％＝72 709(元)

当期进项税额＝35 700＋1 700＋6 800＋5 100＋18 500＝67 800(元)

当期应纳增值税税额＝72 709－67 800＝4 909(元)

9.

进口应纳增值税＝(2 000＋50＋40＋140)×17％＝379.10(万元)

国内销售应纳增值税＝3 600×17％－379.10＝232.90(万元)

10.

①出口货物不予抵扣或退税额＝300×8.3×(17％－13％)＝99.6(万元)

②当期应纳增值税＝800×17％－(2 000×17％－99.6)＝－104.4(万元)

③出口货物免抵退税额＝300×8.3×13％＝323.7(万元)

④当期应退税额为104.4万元

11.

免抵退税不得免征和抵扣税额＝180×8.3×(17％－13％)＝59.76(万元)

当期应纳税额＝600×17％－(400＋10×7％－59.76)－32＝－270.94(万元)

免抵退税额＝180×8.3×13％＝194.22(万元)

当期应退税额＝194.22(万元)

当期免抵税额＝0(元)

转下期留抵＝270.94－194.22＝76.72(万元)

第四章　消　费　税

1.

委托加工烟丝代收代缴消费税＝(60 000＋3 700)/(1－30％)×30％＝27 300(元)

销售卷烟应纳消费税＝1 053 000/(1＋17％)×45％－27 300＋150×100＝392 700(元)

2.

B酒厂加工药酒代收代缴消费税＝[120 000×(1－13％)＋18 000]/(1－10％)×10％＝13 600(元)

B酒厂加工药酒应纳增值税＝(18 000＋27 000)×17％－18 000×17％＝4 590(元)

A酒厂销售药酒应纳增值税＝260 000×17％－4 590－120 000×13％＝375 010(元)

3.

当期应纳消费税＝95 000×(80＋50＋1)×5％＋(1 000×50＋67 000)/(1＋17％)×5％＝627 250(元)

当期应纳增值税＝95 000×(80＋50＋1)×17％＋(1 000×50＋67 000)/(1＋17％)×17％－986 000－8 000×7％＝1 146 090(元)

4.

(1)B卷烟厂

代收代缴消费税＝[90×(1－13％)＋26.7]/(1－30％)×30％＝45(万元)

应纳增值税＝26.7×17％＝4.539(万元)

(2) A卷烟厂

①应纳消费税

从量消费税＝0.015×(1 000＋50＋150)＝18(万元)

从价消费税＝[1.55×(1 000＋50)＋1.6×150]×45％＝840.375(万元)

应纳消费税＝18＋840.375－(30＋150－50)×30％－45×60％＝792.375(万元)

②应纳增值税

增值税销项税＝[1.45×(1 000＋50)＋1.6×150＋100]×17％＝316.625(万元)

增值税进项税＝(150＋10＋12＋8)×17％＋90×13％＋4.539＋3×7％＝48.939(万元)

应纳增值税＝316.625－48.939＝267.686(万元)

5.

(1) B酒厂应代收代缴消费税和应纳增值税；

代扣代缴消费税＝[30×(1－13％)＋11.4]/(1－25％)×25％＋0.000 05×30×2 000＝15.5(万元)

应纳增值税＝11.4×17％＝1.938(万元)

(2) A酒厂应纳消费税和增值税

应纳消费税＝[30＋0.234/(1＋17％)]×25％＋0.000 05×20×2 000＋10×5％＋0.025×100＝12.55(万元)

增值税销项税额＝[60＋30＋(1＋0.234)/(1＋17％)＋10＋32]×17％＝22.619(万元)

增值税进项税额＝(30＋80)×13％＋1.938＋4×7％＝16.518(万元)

应纳增值税＝22.619－16.518＝6.101(万元)

6.

进口应纳消费税＝(14＋8.8)×280/(1－5％)×5％＝336(万元)

进口应纳增值税＝[(14+8.8)×280+336]×17%＝1 142.40(万元)

国内销售应纳增值税＝26×280×17%−1 142.40＝95.20(万元)

7.

(1) 进口环节应纳税

化妆品进口关税＝(120+10+2+18)×40%＝60(万元)

设备进口关税＝(35+5)×20%＝8(万元)

化妆品进口消费税＝(120+10+2+18+60)/(1−30%)×30%＝90(万元)

化妆品进口增值税＝(120+10+2+18+60+90)×17%＝51(万元)

设备进口增值税＝(35+5+8)×17%＝8.16(万元)

(2) 国内销售环节应纳税

应纳消费税＝[290+51.48/(1+17%)]×30%−90×80%＝28.20(万元)

应纳增值税＝[290+51.48/(1+17%)]×17%−51−8.16＝−2.38(万元)

第五章　营　业　税

1.

应纳营业税＝(250 000+35 200+38 000−20 000)×3%＝9 096(元)

2.

应纳营业税＝(800−140−100−130−70)×100×5%＝1 800(元)

3.

建筑公司应纳营业税＝(8 000−2 000−1 500)×3%＝135(万元)

建筑公司应扣缴营业税＝(2 000+1 500)×3%＝105(万元)

4.

(1) 建筑公司应纳建筑业营业税＝(16 000−7 000)×3%＝270(万元)

(2) 建筑公司应扣缴乙建筑公司建筑业营业税＝7 000×3%＝210(万元)

(3) 房地产开发公司应纳销售不动产营业税＝4 000×5%＝200(万元)

(4) 建筑公司应纳销售不动产营业税＝2 200×5%＝110(万元)

5.

(1) 应纳营业税＝(65 200×3%)+(3 800×5%)＝2 146(元)

(2) 增值税进项税额＝200 000×17%＝34 000(元)

(3) 增值税不含税销售额＝333 450÷(1+17%)＝285 000(元)

(4) 增值税销项税额＝2 850×17%＝48 450(元)

(5) 应纳增值税额＝48 450−34 000＝14 450(元)

6.

应纳增值税＝8 000/(1+17%)×17%−600＝1162.39−600＝562.39(万元)

应纳消费税＝8 000/(1+17%)×8%＝6 837.61×8%＝547.01(万元)

汽车租赁业务应纳营业税＝20×5％＝1(万元)

7.

应纳营业税＝(1 000＋500＋28 000)×5％＋(120 000＋8 000)×3％＝5 315(元)

代扣代缴营业税＝21 000×3％＝630(元)

8.

(1) 应纳营业税＝1 000×5％＝50(万元)

(2) 应纳营业税＝(800＋300＋100＋500)×5％＝85(万元)

(3) 应纳营业税＝(200＋50)×5％＝12.5(万元)

(4) 应纳营业税＝20×5％＝1(万元)

(5) 应纳营业税＝(5 160－3 600－400－200)/(12×4)×5％＝1(万元)

(6) 应纳营业税＝[(800－50)＋(500－100)＋16 000×2‰]×5％＝59.1(万元)

(7) 应纳营业税＝[(5－4)×200＋(6－6.5)×100]×5％＝7.5(万元)

第六章 关 税

1.

应纳关税＝(1 000＋50＋20＋30)×20％＝220(万元)

2.

应纳关税＝[0.28×1 000/(1＋20％＋20％)]×20％＝40(万元)

3.

应纳关税＝[(160－6－4)/(1＋20％)]×20％＝25(万元)

4.

应纳关税＝(2＋0.1＋0.2)×500×10％＝115(万元)

5.

应纳关税＝35×5％＝1.75(万元)

6.

应纳关税＝300×10％×(5－3)/5＝12(万元)

7.

关税完税价格＝1 410＋50＋15－10＋35＝1 500(万元)

应纳关税＝1 500×20％＝300(万元)

应纳消费税＝(1 500＋300)/(1－10％)×10％＝200(万元)

应纳增值税＝(1 500＋300＋200)×17％＝340(万元)

8.

(1) 外贸公司进口：

化妆品应纳关税＝(206＋2＋0.4＋0.2＋0.4＋1)×8.3×40％＝697.2(万元)

摄像机应纳关税＝(0.22×1 000＋4＋1)×8.3×3％＋0.548×1 000＝604.025(万元)

化妆品应纳消费税＝[(206＋2＋0.4＋0.2＋0.4＋1)×8.3＋697.2]÷(1－30％)×30％＝1 045.8(万元)

化妆品和摄像机应纳增值税＝[(206＋2＋0.4＋0.2＋0.4＋1)×8.3＋697.2＋1 045.8]＋[(0.22×1 000＋4＋1)×8.3＋604.025]×17％＝1 012.78(万元)

(2) 外贸公司销售：

应纳增值税＝(3 200＋3 500)×17％－1 012.78＝126.22(万元)

(3) 外贸公司出口：

应退消费税＝0.25×5 000×6％＝75(万元)

应退增值税＝0.25×5 000×13％＝162.5(万元)

第八章　企业所得税

1.

应纳税得额＝1 400＋200－840－120－90－30－40－40＋60－80＝420(万元)

应纳企业所得税＝420×25％＝105(万元)

2.

境内外所得合计应纳企业所得税＝6 400×25％＝1 600(万元)

境外所得抵免限额＝2 300×25％＝575(万元)

该企业抵扣后应纳企业所得税＝1 600－460＝1 140(万元)

3.

会计利润＝7 000－3 000－820－270＝2910(万元)

应纳税所得额＝2 910－35×40％－40×50％＝2 876(万元)

应纳企业所得税＝2 876×25％＝719(万元)

设备抵扣后应纳企业所得税＝719－200×10％＝699(万元)

4.

(1)准予列支的三项经费＝250×(14％＋2％＋2.5％)＝46.25(万元)

(2)准予列支的业务招待费＝50×60％＝30(万元)

(3)应纳税所得额＝8 000－4 500－59.5－150－46.25－30－1 500＝1 714.25(万元)

(4)应纳所得税额＝1 714.25×25％＝428.56(万元)

5.

(1)房产清理应计的应纳税所得额＝900－[900×5％×(1＋7％＋3％)]－30－(1 000－300)＝120.50(万元)

(2)投资国债利息不征所得税。

(3)无赔款优待应计入应纳税所得额 70 万元。

(4)应纳税所得额合计＝1 300＋120.50＋70＝1 490.50(万元)

(5)应纳企业所得税＝1 490.5×25％＝372.625(万元)

(6)应补缴企业所得税＝372.625－325＝47.625(万元)

6.

(1)会计利润总额＝8 600－5 400－800－700－400－500－140＝660(万元)

(2)应纳税所得调整增加额：

调整三项经费增加应税所得＝240－1 200×(14％＋2％＋2.5％)＝18(万元)

调整公益性捐赠增加应税所得＝100－660×12％＝20.8(万元)

缴纳税收滞纳金增加应税所得 40 万元

(3)应纳税所得额＝660＋18＋20.8＋40＝738.8(万元)

(4)2008 年度应缴企业所得税＝738.8×25％＝184.7(万元)

7.

应纳增值税＝[9 000＋46.8/(1＋17％)]×17％－(408＋50×7％－50×17％)＝1 133.8(万元)

应纳城市维护建设税＝1 133.8×7％＝79.366(万元)

应纳教育费附加＝1 133.8×3％＝34.014(万元)

应纳企业所得税

会计利润＝9 000＋46.8/(1＋17％)－6 000－(79.366＋34.014)－1 200－320－960－[50×(1＋17％)－10]－8＝390.12(万元)

应税所得调整：

借款利息调整增加应税所得＝120－2 000×5％＝20(万元)

业务招待费调整增加应税所得＝60×40％＝24(万元)

新产品开发费调整减少应税所得＝80×50％＝40(万元)

三项经费调整增加应税所得＝460－2 300×(14％＋2％＋2.5％)＝34.5(万元)

应纳税所得额＝390.12＋20＋24＋34.5－40＝428.62(万元)

应纳所得税＝428.62×25％＝107.155(万元)

8.

(1)应缴纳流转税：

增值税＝[6 000＋2 340/(1＋17％)]×17％－(408－30×17％)＝957.1(万元)

消费税＝[6 000＋2 340/(1＋17％)]×30％－2 500×30％＝1 650(万元)

营业税＝100×5％＝5(万元)

(2)应缴纳城市维护建设税和教育费附加：

城市维护建设税＝(957.1＋1 650＋5)×7％＝182.85(万元)

应纳教育费附加＝(957.1＋1 650＋5)×3％＝78.36(万元)

(3)应缴纳企业所得税：

应扣除产品销售成本＝(25＋8)×94＝3 102(万元)

应扣除商标权销售成本＝60－(60/10/12×8)＝56(万元)

应扣除的费用＝820＋270＋940－60×40％＝2 006(万元)

营业外支出＝30×(1＋17％)－5＝30.1(万元)

应纳税所得额＝6 000＋2 340/(1＋17％)＋100－1 650－5－182.85－78.36－3 102－56－2 006－30.1＝989.69(万元)

生产经营所得应纳企业所得税＝(989.69－80×50％)×25％＝237.42(万元)

9. 应纳所得税＝(1 500＋800)×25％－800×20％＝415(万元)

10.

(1)2008 年境内、外所得应纳所得税额＝[800＋(110－30)×7.5＋50×7.5]×25％＝443.75(万元)

(2)A 国所得应予抵免的税额＝(110－30)×7.5×25％＝150(万元)

在 A 国实纳的税额＝(110－30)×7.5×30％＝180(万元)

所以可抵税额为 150 万元

(3)B 国所得可抵免的税额＝50×7.5×25％＝93.75(万元)

在 B 国实纳的税额＝50×7.5×20％＝75(万元)

所以可抵税额为 75 万元

(4)2008 年实纳企业所得税额＝443.75－150－75＝218.75(万元)

11.

(1)2007 年所得税申报错误：

调整折旧费增加应纳税所得额＝500－200×8.2×(1－10％)×1/5＝204.8(万元)

调整开办费增加应纳税所得额＝80－80×1/5＝64(万元)

调整业务交际应酬费增加应纳税所得额＝60－500×10‰－700×5‰＝51.5(万元)

调整外方借款利息增加应纳税所得额 82 万元

2007 年娱乐场经调整后应纳税所得额＝－130＋204.8＋64＋51.5＋82＝272.3(万元)

当年应纳企业所得税和地方所得税额＝272.3×33％＝89.86(万元)

(2)2008 年所得税申报错误：

调整折旧费增中应纳税所得额＝500－295.2＝204.8(万元)

调整业务招待费增加应纳税所得额＝60×40＝24(万元)

调整开办费减少应纳税所得额＝80×1/5＝16(万元)

调整违法经营罚款增加应纳税所得额 20 万元

调整外方投资借款利息增加就纳税所得额 82 万元

调整借款利息增加就纳税所得额＝20－100×10％＝10(万元)

2007 年应纳税所得额经调整后未发生亏损,2008 年不得弥补亏损

2008 年经调整后应纳税所得额＝262＋204.8＋24－16＋20＋82＋10＝586.8(万元)

当年应纳企业所得税＝586.8×25％＝146.7(万元)

12.

2008 年度的所得税计算表　　　　　单位：万元

	项　目	自行填列数	审查核定数
成本费用 扣除额	1. 本年产品销售收入净额	4 000	4 000
	2. 本年产品销售成本	3 200	3 200
	3. 本年产品销售税金	120	75
	4. 本年期间费用	372.5	333
	其中:交际应酬费	30	18
	利息支出	22.5	5
	特许权使用费		
	5. 扣除合计(2＋3＋4)	3 692.5	3 608
应纳税所 得额计算	6. 本年产品销售利润(1－5)	307.5	392
	7. 本年其他业务利润额	80	65
	8. 投资收益	45	104
	其中:境内投资收益		44
	境外投资收益	45	60
	9. 营业外收支净额	10	45
	10. 抵补以前年度亏损额	35	35
	11. 应纳税所得额(6＋7＋8＋9－10)	407.5	571
应纳企业所 得税额计算	12. 税率%	25％	25％
	13. 应缴纳企业所得税额(11×12)	101.875	142.75
	14. 减免企业所得税		
	15. 实际应缴企业所得税额(13－14)	101.875	142.75
应补(退)所 得税额计算	16. 境外所得扣除税额	9	12
	17. 全年已预缴所得税额	70	70
	18. 应补所得税额(15－16－17)	22.875	60.75

注:期间费用＝(22.5÷9×2)＋(350－10－30×40％)＝333(万元)

投资收益＝[30－(50－24)＋(250－210)]＋48÷(1－20％)＝104(万元)

营业外收支净额＝60－(30－15)＝45(万元)

第九章　个人所得税

1

汇总应纳所得税＝(30 000＋40 000)×35％－6 750＝17 750(元)

A企业应纳所得税＝17 750×30 000/(30 000＋40 000)＝7 607.14(元)

B企业应纳所得税＝17 750×40 000/(30 000＋40 000)＝10 142.86(元)

2. 应纳所得税＝400 000×20％×35％－6 750＝21 250(元)

3.

应纳税所得额＝300－150－(80－10)－30－(1.4＋0.6)＝48(万元)

应纳个人所得税＝48×35％－0.675＝16.125(万元)

4.

(1) 稿酬所得税

出版社＝(50 000＋10 000)×(1－20％)×20％×(1－30％)＝6 720(元)

报社＝(3 800－800)×20％×(1－30％)＝420(元)

(2) 审稿所得税＝15 000×(1－20％)×20％＝2 400(元)

(3) 翻译所得税＝(3 000－800)×20％＝440(元)

(4) 境外所得补税:

A国应纳税＝30 000×(1－20％)×30％－2 000＝5 200(元)

B国应纳税＝70 000×(1－20％)×40％－7 000＝15 400(元)

还应补缴A国所得税＝5 200－5 000＝200(元)

5.

雇佣单位代扣代缴税额＝(8 000－2 000)×20％－375＝825(元)

派遣单位代扣代缴税额＝4 000×15％－125＝475(元)

个人申报补税＝(8 000＋4 000－2 000)×20％－375－825－475＝800(元)

特许权使用费应纳税额＝18 000×(1－20％)×20％－1 800＝1 080(元)

劳务费收入应纳税额＝30 000×(1－20％)×30％－2 000＝5 200(元)

6.

(1)中国境内工薪收入应纳税额＝(9 000－2 000)×20％－375＝1 025(元)

(2)中国境内稿酬收入应纳税额＝(5 000－800)×20％×(1－30％)＝588(元)

(3)A国收入按我国税法规定计算的应纳税额(即抵扣限额)＝8 000×(1－20％)×20％＝1 280(元)

该纳税人在A国实际缴纳的税款超出了抵扣限额。因此，只能在限额内抵扣

1 280 元。不用在我国补缴税款。

(4)B 国收入按我国税法规定计算的应纳税额(即抵扣限额)＝3 000×20％＝600(元)

该纳税人在 B 国实际缴纳的税款低于抵扣限额,因此,可全额抵扣,并需在我国补缴税款 100 元(600 元－500 元)。

第十章　资　源　税

1.

应纳资源税＝20×(6+1)＝140(万元)

2.

应纳资源税＝(40 000×6+9 000÷40％×6)×(1－30％)＝262 500(元)

3.

应纳城镇土地使用税＝10×(23 000+2 000)＝250 000(元)

4.

应纳城镇土地使用税＝14×(65 000－3 000－1 200)＝851 200(元)

5.

应纳城镇土地使用税＝(30 000－2 000－3 500－1 000)×8＝188 000(元)

第十一章　财　产　税

1. 应纳房产税＝2 000×50％×(1－20％)×1.2％+95×12％＝21(万元)

2. 应纳房产税＝2 500×(1－30％)×(1－20％)×1.2％+50×12％＝22.8(万元)

3. 应纳房产税＝4 000×(1－20％)×1.2％×1/2+(4 000－200)×(1－20％)×1.2％×1/2+500×(1－20％)×1.2％×1/3+1.5×6×12％＝40.12(万元)

4. 应纳车船税＝60×5×10+60×8×5+500×3+250×10＝9 400(元)

第十二章　行　为　税

1.

应纳城市维护建设税＝(30+50)×5％＝4(万元)

2.

应纳城市维护建设税＝[8 000×8％+(8 000×17％－600)+50×3％]×7％＝99.05(万元)

3.

应纳城市维护建设税＝(60 000－30 000－20 000)×5％×5％＝25(元)

4.

应纳印花税＝1 200 000×0.3‰＋300 000×0.5‰＋600 000×0.05‰＝540(元)

5.

应纳印花税＝2 000×0.3‰＋(2 000＋1 000)×0.05‰＝7 500(元)

6.

应纳印花税＝100×0.5‰＋300×0.05‰＋(350＋450)×0.3‰＋(15＋20)×0.5‰＋(8－0.5)×0.5‰＋20×0.5‰＝3 362.5(元)

7.

应纳印花税＝500 000×1‰＝500(元)

8.

应纳印花税＝128 000×1‰＝128(元)

9.

应纳印花税＝(300 000＋400 000)×0.3‰×2＝420(元)

10.

应纳印花税＝(8 000＋3 000)×0.3‰＝3.3(万元)

11.

应纳印花税＝(500＋400)×0.5‰－0.2＝0.25(万元)

12.

扣除项目金额＝(500＋1 500)×(1＋5％＋20％)＋(120－10)＋5 000×5％＋25＝2 885(万元)

增值额＝5 000－2 885＝2 115(万元)

增值率＝2 115/2 885＝73.3％

应纳土地增值税＝2 115×40％－2 885×5％＝701.75(万元)